Pletícha
Deutsche Geschichte

Deutsche Geschichte

Band 2

Von den Saliern
zu den Staufern
1024–1152

Herausgegeben von
Heinrich Pleticha

BERTELSMANN
LEXIKON VERLAG

Die Autoren dieses Bandes:
Werner Dettelbacher, Manfred Firnkes, Siegfried Grißhammer, Hermann Hofmann, Dr. Günter Merwald, Dr. Hanswernfried Muth, Prof. Dr. Heinrich Pleticha, Dietger Reinhold, Christian Roedig, Winfried Stadtmüller, Dr. Roland Vocke

Zeichnungen und Karten:
Hermann Schäfer

Redaktion: Erhard Bethke und Margarete Schwind
Schlußredaktion: Birgit Willmann
Graphische Gestaltung: Hans Roßdeutscher

Druck und Verarbeitung: Elsnerdruck – Ein Mohndruck-Betrieb
Printed in Germany. ISBN 3-570-03756-8

Inhalt

Ein Wort zu diesem Band · 11

CHRISTIAN ROEDIG
MACHTVOLLE KÖNIGE: DIE ERSTEN SALIER · 15

Konrad oder Konrad – Wer wird deutscher König? 16
Unterwegs im Dienste des Rechts: Konrad II. 17
Auch der König will leben: Der Haushalt des Hofes 21
Unterstützt durch den Adel gegen den Rebellen Ernst 22
Indizien starker Königsmacht –
Frühe Nachfolgesicherung und geschickte Heiratspolitik 24
Die unruhige Ostgrenze 26
Burgund und Italien –
Paßstraßen und Kampf um die Papstkrone 27
Kaiserkrönung, Streit und Krieg: Konrad II. in Italien 30
Krisenherd Oberitalien:
Konrads II. zweiter Italienzug 1037–1038 32
Im Zeichen der Kirchenreform –
Die ersten Regierungsjahre Heinrichs III. 33
Französische Einflüsse 35
Der Krieg mit Böhmen und Ungarn 39
Königsgut, Burgen und Ministeriale – Nürnberg entsteht 41
Reformbedürftiges Papsttum – Rauhes kaiserliches Eingreifen,
legitimiert durch das Reichskirchensystem 41
Ungeliebte Deutsche 44
Neuer politischer Faktor im Süden Italiens: Die Normannen 44
Kaiser – Papst – Normannen:
Von Machtkämpfen zerrissenes Italien 45

›Italienische‹ Bündnisse gegen den Kaiser 47
Reiche Pfalz – Mißmutige Sachsen 48
Preis der Kirchenreform: Kirchliche Verselbständigung 49

DIETGER REINHOLD
Lehnswesen und Heer · 53

Das Lehen: Grundlage von Heer und Staatsverwaltung 54
Der frühmittelalterliche Staat als ›Personenverband‹ 56
Schwächung der Königsmacht – Stärkung der Fürsten: Frühe Verhinderung eines geschlossenen deutschen Nationalstaats 56
Das Heer der Frankenzeit – Bewaffnung, Disziplin, Ernährung 58
Das ritterliche Vasallenheer 60

ROLAND VOCKE
Cluny und Gorze und ihre Reformen · 64

Im Geiste Benedikts – Mönchisches Leben nach der Reform 65
Cluny, Mittelpunkt eines Klosternetzes 67
Deutschland importiert mönchische Zucht: Hirsau 72
Gorze: Reform Hand in Hand mit dem Kaiser 73
Der Dombau von Cluny, ein Jahrhundertwerk 79

HANSWERNFRIED MUTH
Die romanische Kunst der Salierzeit · 83

»Romanik« – Etikett für einen internationalen europäischen Kunststil 84
Die Auftraggeber: Herrscher und Geistlichkeit, nun aber auch Bürger und Handwerker 85
Die Baukunst der salischen Zeit 93
Die großen salischen Dome 97
Die »Hirsauer Bauschule« 100
Bildkünste und Goldschmiedearbeiten in salischer Zeit 104

GÜNTER MERWALD
Literatur in der salischen Zeit · 109

Geistliche Literatur vor der cluniazensischen Reform 110
Erste Zeugnisse des durchgeistigten Diesseitsverständnisses – Literatur im Bannkreis der Kirchenreform 110

Von cluniazensischen Einflüssen zu ersten Formen höfischer Literatur 111

SIEGFRIED GRISSHAMMER
DIE ZEIT DES INVESTITURSTREITS · 117

Bischöfliches Kidnapping – Entführung des jungen Königs und Ende der Regentschaft 120
Versuchte Sicherung des Königsgutes – Heinrichs IV. erste Jahre 121
Der sächsische Aufstand gegen Heinrich IV. 121
Hilfe von Bürgertum und Papst – Sieg über Otto von Northeim 125
Der Streit zwischen Kaiser und Papst: Prinzipielle Fragen spalten die Einheit der mittelalterlichen Welt 126
Das Dokument päpstlichen Machtanspruchs 131
Politische Hintergründe 132
Päpstliche Banndrohung und die Antwort Heinrichs IV. – Die Synode von Worms 1076 137
Papst Gregor VII. schlägt zurück – Heinrich IV. im Kirchenbann 138
Handlungsunfähig zwischen Fürstenopposition und Papst 141
Der Gang nach Canossa – Unterwerfung oder Kalkül? 141
Erneute Fürstenopposition: Rudolf von Rheinfelden zum Gegenkönig gewählt 144
Zweiter Kirchenbann – Vertiefte Spaltung 145
Der König gewinnt die Oberhand 153
Bündnispartner Papst Gregors VII.: Die Normannen in Unteritalien 154
Erfolge in Deutschland – Rückschläge in Italien 157
Weitere Erfolge für Papst Urban II. 160
Ordnung im Reich: Neue Herzöge, neuer Erbe, Gottesfrieden 162
Der Kampf mit Urban II. geht weiter – Der Sohn fällt Heinrich IV. in den Rücken 164
Das Erbe für Heinrich V.: Kämpfe im Inneren und andauernder Investiturstreit 165
Ungewöhnliche Methoden – Zäh errungene Erfolge 170
Die Verständigung zwischen Kaiser und Papst 172

WINFRIED STADTMÜLLER
Die deutschen Städte – Entstehung und erste Blüte · 176

Bischofssitz, Königspfalz, Fluchtburg – Vorläufer der deutschen Stadt 177
Fernhandel und Wachstum 178

Der ›ummauerte Markt‹: Frieden für alle 180
Frühe Städte – Geschäftstüchtige Gründer 182
»Stadtluft macht frei«, nicht aber gleich 183
Ringen um das Stadtregiment 187

WERNER DETTELBACHER
Bauern und Agrarwirtschaft · 189

Der Boden entscheidet über Wohnsitz, Dorfgröße und Ernte 190
Dreifelderwirtschaft und Viehwirtschaft 191
Zunehmender Nahrungsbedarf durch wachsende Bevölkerung 192
Der Wald lichtet sich: Rodungsinseln und neue Dörfer 193
Bessere Erträge, neue Pflanzen 195
Probleme mit dem Vieh 197
Zunehmende Technisierung 197
Die Stadt als Absatzmarkt landwirtschaftlicher Produkte 198

WERNER DETTELBACHER
Die Juden in Deutschland bis zum 12. Jahrhundert · 200

Rechtlicher Schutz und Toleranz –
Zum Nutzen der Schutzherren 201
Das Los jüdischer Handwerker und Bauern 202
Zwangstaufen und Verfolgungen – Judenrechte und
Judengemeinden im 11. Jahrhundert 203
»Wer einen Juden tötet, erhält Vergebung seiner Sünden« –
Die Kreuzzüge beginnen 206
1103 erstmals Schutzbedürftigkeit aller Juden festgelegt 208
Juden als angebliche Ritualmörder – Erneute Greuel 208
Zum Thema Geldverleih und ›Wucher‹ –
Konkurrenz für Christen 209
Auch die Kirche dekretiert: Juden sind als ›Sonderklasse‹ zu behandeln 210

DIETGER REINHOLD
NACH 100 JAHREN SALIERHERRSCHAFT:
LOTHAR III. VON SUPPLINBURG
UND KONRAD III. VON STAUFEN · 215

Wahlkampf in Mainz 216
König Lothars Kämpfe im Reich 219
Lothar III., ein Pfaffenknecht? 222

Missionierung und Besiedlung, Kern der Ostpolitik 227
Lothar III., Mittelpunkt europäischer Poliuik? 227
Kampf gegen Roger II. und Ende des Schismas 228
Lothar III. von Supplinburg tot –
Erbfolge- oder Wahlprinzip? 231
Freie Wahl bringt Konrad von Schwaben die Königskrone, dem Reich den Krieg 231
Ein Schwabe in Geldnot 233
Erbmonarchie und Freiheitsbewegungen:
Politisches Kräfteverhältnis in Europa 235
Gott will es: Zweiter Kreuzzug 236
»Taufe oder Tod« – Ziele und Folgen des Wendenkreuzzugs 236
»Sie gaben alles, um Leben und Land zu retten« 237
Eroberung, Kolonisation, Mission:
Das Reich expandiert nach Osten 240
Krieg in Europa? – Ergebnis des Zweiten Kreuzzugs 241

HEINRICH PLETICHA
Pilgerreisen im Mittelalter:
Rom – Santiago – Jerusalem · 245

Zu den Aposteln nach Rom – Die Straßen der Pilger und Heere 246
Zum heiligen Jakob in Santiago – Pilgerlast und Pilgerlust 248
Jakobsbruderschaften und Pilgerführer 249
Im schweren Pilgermantel durch halb Europa 251
Gefahrvolle Schiffsexpeditionen ins Heilige Land 255

MANFRED FIRNKES
Zweihundert Jahre Kreuzzüge · 258

Gegen Ablaß bewaffnet nach Jerusalem 260
Der Erste Kreuzzug (1096–1099):
Judenverfolgung, Führungsstreit und Rückschläge 260
Balancepolitik Kaiser Alexios' –
Egoistische »Kreuzfahrerstaaten« 263
Das christliche Königreich Jerusalem und die lehnsabhängigen »Kreuzfahrerstaaten« 268
Johanniter und Templer – Die neuen Ritterorden 268
Der Zweite Kreuzzug (1147–1149):
Großes Aufgebot, Naivität, Uneinigkeit 272
Der Dritte Kreuzzug (1189–1192):
Der Tod des Kaisers führt Regie 276

Die Kreuzzüge des 11. und 12. Jahrhunderts: Eine Zwischenbilanz 280
Der Vierte Kreuzzug (1202–1204): Plünderung Konstantinopels, Gewinn und endgültiger Verlust Jerusalems 281
König Ludwig von Frankreich und seine beiden Kreuzzüge 1248–1254 und 1270 282
Wesen und Auswirkungen der Kreuzzüge 283

MANFRED FIRNKES
Geschichtsschreibung unter Ottonen und Saliern · 288

Regino von Prüm 288
Frutolf von Michelsberg, Ekkehard von Aura und Otto von Freising 289
Christlicher Kalender und politische Annalen im Mittelalter nah verwandt 291
Vitae und Gesta 295
Geschichtsschreibung in Sachsen – Produkt sächsischen Selbstbewußtseins 296
Die Klöster – Zentren der Geschichtsliteratur 298

HEINRICH PLETICHA
Die Reichskleinodien · 300

Geheimnisvoller Ursprung: Die Kaiserkrone 301
Säbel, Reichsevangeliar, Reichskreuz und Heilige Lanze 302
Die Kaisermäntel 307
Die ›Gralsburgen‹ der wandernden Reichskleinodien 308

Allgemeine Literaturhinweise · 310
Sach- und Namensregister · 312
Abbildungsnachweis · 320

Ein Wort zu diesem Band

Auch dieser Band der »Deutschen Geschichte« setzt sich wieder aus drei politischen Übersichtskapiteln und einer Reihe von zugeordneten Sonderkapiteln zu kulturellen, mehr künstlerischen und soziologischen Themen zusammen, die typisch für die Zeit sind. Einige dieser Kapitel greifen aber auch in frühere Zeiten zurück oder greifen der Zeit vor, da sie so komplexe, grundsätzliche und übergreifende Bereiche wie z. B. die Kreuzzüge, die Juden im Mittelalter oder das Leben der Bauern behandeln.

Im Mittelpunkt dieses zweiten Bandes der »Deutschen Geschichte« steht das »Salische Jahrhundert«. Im Sommer 1024 war der ottonische Kaiser Heinrich II. aus dem sächsischen Geschlecht der Liudolfinger gestorben, »nachdem er den Frieden des Reiches gesichert hatte und nach langer Anstrengung und Arbeit dessen Früchte zu ernten begann«, wie der zeitgenössische Chronist Wipo bedauernd feststellte. Die deutschen Fürsten wählten mit Konrad II. den ersten König aus dem salischen oder fränkischen Geschlecht, das nun bis 1125, also genau ein Jahrhundert, insgesamt vier Könige stellte.

Konrad II. und seinem Sohn Heinrich III. ist das erste umfangreiche politische Übersichtskapitel gewidmet. Die politische Geschichte wird dann in einem weiteren Übersichtskapitel, dem sechsten Kapitel des Buches, fortgeführt. Es behandelt die Regierungszeit Heinrichs IV. und Heinrichs V. und den sogenannten Investiturstreit, also den ersten großen Zusammenstoß zwischen dem deutschen König und dem Papst.

Mit Heinrich V. endet die Geschichte des salischen Königshauses, und mit dem sechzigjährigen Lothar von Supplinburg, der nun den deutschen Thron besteigt, ist das Geblütsrecht durchbrochen, haben die Fürsten die Verwandten der ihnen inzwischen verhaßten Salier ausge-

schlossen. Lothar und sein Nachfolger, der Schwabenherzog Konrad – als deutscher König Konrad III. – stehen im Mittelpunkt des dritten politischen Überblicks im zehnten Kapitel. Konrad III. leitet zugleich über zum dritten Band der »Deutschen Geschichte«, der sich mit dem »Jahrhundert der Staufer« beschäftigen wird.
In die Regierungszeit Heinrichs IV. fällt 1095 der Beginn des ersten Kreuzzugs zur »Befreiung« der Heiligen Stätten in Palästina. Konrad III. nimmt dann am zweiten teil. Obzwar der dritte bis fünfte Kreuzzug eigentlich erst in die im dritten Band dargestellte Zeit fallen und die folgenden die deutsche Geschichte nicht mehr berühren, schien es doch sinnvoll, die ganze Kreuzzugsbewegung geschlossen als Einheit zu behandeln, also zeitlich vorzugreifen und auch über die Entstehung der Ritterorden zu berichten. Der speziell »Deutsche Ritterorden«, der mit der Geschichte des Reiches aufs engste verbunden ist, wird dann später ausführlich im vierten Band des Gesamtwerks behandelt.
Den genannten umfangreichen Abschnitten über die politische Geschichte des 11. und beginnenden 12. Jahrhunderts sind mehrere kultur- und sozialgeschichtliche Sonderkapitel beigeordnet. So beschäftigt sich das zweite Kapitel des Buches eingehender mit dem Lehnswesen, dessen System man kennen muß, um gewisse Probleme mittelalterlicher Geschichte richtig verstehen zu lernen. Im dritten Kapitel wird mit der Geschichte Clunys zwar ein Thema außerdeutscher Geschichte berührt; denn dieses Kloster lag ja in Ostfrankreich, aber die von hier und von Gorze ausgehenden Reformen haben besonders nachhaltig auch in das Heilige Römische Reich hineingewirkt und nicht zuletzt das Schicksal der salischen Könige beeinflußt.
Im Salischen Jahrhundert, das man wegen der Bedeutung seiner Reformklöster und seiner tiefen Religiosität auch das »Mönchische Zeitalter« genannt hat, entstanden auch die schönsten Werke romanischer Kunst. Ihre Bedeutung würdigt das vierte Kapitel, während das fünfte die deutsche Literatur dieser Zeit vorstellt. Es muß im Zusammenhang mit dem dreizehnten Kapitel gesehen werden, das – auf die ottonische Zeit zurückgreifend – einen 200 Jahre umfassenden Überblick über die Geschichtsschreibung und die historischen Quellen der sächsischen und salischen Zeit gibt, die zugleich auch als Grundlage für unsere Darstellung dient.
Das 11. Jahrhundert bringt die erste Blüte der deutschen Städte. Ihren Anfängen spürt das siebte Kapitel nach, während uns das neunte Kapitel einen Einblick in die Lebensverhältnisse der Juden in diesen Städten gewährt, die gerade während der ersten beiden Kreuzzüge schweren Verfolgungen ausgesetzt waren. Da der weitaus größte Teil der damaligen Bevölkerung aber auf dem Lande wohnte, war es drin-

gend notwendig, auch das bäuerliche Leben in einem eigenen Kapitel zu behandeln, das zugleich einen Überblick über die Agrarverhältnisse auch der folgenden Jahrhunderte bietet; denn die Welt der Bauern hat sich in dieser Zeit nur wenig verändert. Der kulturhistorischen Abrundung dienen schließlich die Kapitel elf und vierzehn. Das eine beschäftigt sich mit den zahlreichen großen Pilgerfahrten, einem für das Mittelalter typischen Phänomen, dem wir auch in Deutschland begegnen, das andere mit den Krönungsinsignien und -kleinodien der römisch-deutschen Kaiser und Könige und ihren Schicksalen vom Mittelalter bis heute.

Die Illustration des Bandes bemüht sich, wie die der ganzen Reihe, möglichst authentisches Material aus der angesprochenen Zeit oder aus eng benachbarten Jahrzehnten zu bringen, um so einen echten Eindruck der Epoche zu vermitteln. In diesem Band wird auch in der Illustration sichtbar, daß es um das »Mönchische Jahrhundert« geht: kirchliche und klösterliche Kunst drängen immer wieder in den Vordergrund.

Allen Kapiteln wurden wieder Quellentexte und Biographien sowie Informationskästchen beigegeben, die für die jeweilige Zeit wichtige Begriffe und Vorgänge hervorheben und erläutern. Ebenso findet der Leser am Ende eines jeden Kapitels spezielle Literaturhinweise und am Ende des Buches eine Übersicht über allgemeine und weiterführende Literatur.

Herausgeber und Verlag

Sigel:
W. D. = Werner Dettelbacher
S. G. = Siegfried Grißhammer
H. H. = Hermann Hofmann
H. P. = Prof. Dr. Heinrich Pleticha
C. R. = Christian Roedig
D. R. = Dietger Reinhold
W. S: = Winfried Stadtmüller

K: verweist auf Informationskästchen mit Erläuterungen wichtiger und für die Zeit symptomatischer Begriffe oder Vorgänge.

Hinter den Herrschernamen werden in der Regel die Regierungsdaten angegeben, hinter sonstigen Namen die Lebensdaten. Im Einzelfall erfolgt auch Angabe des Geburts- oder Todesjahres, Klammerangaben in Übersichten geben zusätzlich zu den Regierungsdaten, wo es interessant erscheint, auch die Lebensdaten.

*›**Geheiligte Majestät**‹. Die Bedeutung des Königsamtes spiegelt sich durch Jahrhunderte in der kirchlichen Kunst: Heinrich III. am Karlsschrein (1200 – 1215). Aachen, Domschatz.*

CHRISTIAN ROEDIG

MACHTVOLLE KÖNIGE: DIE ERSTEN SALIER

Der Beginn der salischen Monarchie – Grundlagen des Königtums Konrads II. – Der Osten und Burgund – Der Kaiser, Rom und Italien – Der Beginn Heinrichs III. – Grundgedanken seines Herrschertums – Der Osten – Kaiser und Papsttum – Die Normannen – Der Kaiser auf dem Höhepunkt der Macht – Erste Rückschläge – König, Kirche und Adel – Tod Heinrichs III. – Das Lehnswesen im Früh- und Hochmittelalter – Vom ›Milizheer‹ zum ritterlichen Vasallenheer – Die Klosterreformen von Cluny und Gorze – Leben im Geiste Benedikts – Hirsau – Die Kunst der Salierzeit: Der Begriff Romanik – Die großen Dome – Die Hirsauer Bauschule – Salische Plastik und Goldschmiedekunst – Die Literatur der Salischen Zeit – Von geistlicher zu höfischer Literatur

Im Jahre 1900 kam es im Speyerer Dom zu einem archäologischen Unternehmen, das mit einer großen Überraschung endete. Durch eine meterdicke Zwischendecke vor Grabräubern geschützt, fand man die Herrschergräber der Salier. Unversehrt ruhten sie in den Gräbern. Die Köpfe trugen noch die aus Kupferblech getriebenen Kronen, und man glaubte sogar, die edlen Gesichtszüge zu erkennen, die den Saliern schon von ihren Zeitgenossen nachgerühmt wurden. Hölzerne Reichsäpfel lagen neben den Gebeinen.
Der Speyerer Dom ist der Dom der deutschen Geschichte: in seiner Krypta unter dem erhöhten Chor ruhen vier Kaiser, vier Könige, vier Kaiserinnen, darunter Konrad II., Begründer der salischen Königsherrschaft, der um 1030 den Bau des Domes begann, sein Sohn Heinrich III., der ihn fortführte, sein Enkel Heinrich IV., der ihn vollendete und die Einweihung im Jahr 1061 erlebte. Er ließ das Mittelschiff in einen Gewölbebau umwandeln, ein waghalsiges Unternehmen, das der Grabstätte der Salier den Ruf einbrachte, eines der großartigsten Werke abendländischer Baukunst zu sein. Hier liegt auch Heinrich V., der Urenkel Konrads II., der 1125 gestorbene letzte Herrscher aus salischem Haus.
Die Geschichte des deutschen Reiches zeigt tiefe Einschnitte durch den relativ raschen Wechsel der großen Königsfamilien. Weil die Erbfolge abriß, folgten nach dem Aussterben der Karolinger im Abstand von nur rund hundert Jahren die Herrschergeschlechter der sächsischen Ottonen (919), dann der fränkischen Salier (1024) und schließlich der schwäbischen Staufer (1138) auf den Thron des Reiches.

Konrad oder Konrad – Wer wird deutscher König?

Mit Heinrich II. war das sächsische Herrscherhaus der Ottonen erloschen, denn Kinder waren ihm versagt. Im September 1024 versammelten sich deshalb in Kamba, einem später verlassenen Ort gegenüber Oppenheim am Rhein, die deutschen Fürsten, um über die Person des neuen Königs zu beraten. Zwei Vettern namens Konrad stellten sich zur Wahl, beide Urenkel von Herzog Konrad dem Roten, einem Schwiegersohn Ottos des Großen. Spätere Zeiten haben ihr Geschlecht mit dem Namen »Salier« belegt, wohl in Erinnerung an den Stamm des ersten Frankenkönigs Chlodwig († 511). Von den Franken war das Königtum ausgegangen, es sollte nun wieder an einen Franken fallen, der zudem den Vorzug hatte, mit den sächsischen Ottonen verwandt zu sein. *(Siehe K: Translationstheorie, rechts)* In Abwesenheit der Sachsen und gegen die Lothringer setzte Aribo, der machtbe-

Translationstheorie

(lat. ›translatio imperii‹: Übertragung von Weltherrschaft)

Zentralbegriff in der mittelalterlichen Politik. Er brachte zum Ausdruck, daß die Franken- und Sachsenkönige ihre Herrschaft als unmittelbare Fortsetzung der Römerherrschaft interpretierten: die Herrschaft über die zivilisierte Welt sei von den Römern auf die Franken, von diesen auf die Sachsen und dann auf das Deutsche Reich übergegangen – Deutschland wurde damit als Erbe Roms definiert, die deutschen Könige waren auch als Nachfolger der Cäsaren legitimiert (siehe auch Band 1, Seite 299 ff.).

wußte Mainzer Erzbischof, die Wahl des älteren Konrad durch. Er leitete die Wahlversammlung, und seine Stimme hatte auch deshalb besonderes Gewicht. Aribo tat mit dieser Wahl einen guten Griff, denn der ältere Konrad ist als eine der erfolgreichsten Herrscherpersönlichkeiten in die Geschichte des Mittelalters eingegangen.

Unterwegs im Dienste des Rechts: Konrad II.

Konrad II., wie sich nun der Franke nannte, war vierunddreißig Jahre alt, als er die Königswürde errang, eine Wende in seinem Leben, die unerwartet eintrat. Von der Mutter, einer elsässischen Gräfin, nach dem frühen Tod des Vaters verlassen, wuchs der Knabe in der Obhut eines Wormser Bischofs auf, der es nicht für nötig hielt, seinen Zögling mit Bildung zu belasten. Konrad konnte weder lesen noch schreiben, sprach keine fremden Sprachen und besaß nur dürftige theologische Kenntnisse, was ihn von seinen Vorgängern deutlich unterschied. Schon als Kind war er von seiner Verwandtschaft aus seinem reichen fränkischen Erbe verdrängt worden, so daß seine Machtstellung wenig glanzvoll war, als er sich zur Wahl stellte.

Gegen den Willen des Papstes und der Geistlichkeit, die an dieser Verbindung wegen weitläufiger Verwandtschaft Anstoß nahm, hatte Konrad II. sich mit Gisela von Schwaben vermählt, die ihm 1017 seinen einzigen Sohn, den späteren Kaiser Heinrich III., gebar. Fesselnde Schönheit wird dieser außergewöhnlich begabten, der Kunst und Wissenschaft aufgeschlossenen Frau nachgerühmt, sicher nicht zu unrecht, denn es ist erstaunlich, daß es der zum zweitenmal verwitweten Frau reiferen Alters gelang, den jungen Konrad an sich zu binden.

Demonstration der Herrschermacht: Der Königsumritt Konrads II. 1024
Nach dem Bericht des Wipo

Nachdem der König Konrad sein königliches Gefolge um sich gesammelt hatte, kam er zuerst durch das Gebiet der Ripuarier bis an den Ort, der die Pfalz Aachen genannt wird, wo von den alten Königen und vorzüglich von Karl ein Königstuhl errichtet ist, der für den Erzstuhl des ganzen Reiches gilt. Dort sitzend, ordnete er die Angelegenheiten des Reiches in ausgezeichnetster Weise, berief Fürsten und Volk zu öffentlicher Verhandlung und waltete trefflich nach göttlichem und menschlichem Recht. Sein Ruf wuchs durch seine vorzüglichen Eigenschaften. Als Verkünder des Friedens wurde er heute noch mehr als gestern geehrt, war allen noch teurer wegen seiner Güte und seines Wohlwollens, wurde geehrt wegen seines Wirkens als königlicher Richter. Obwohl er die Wissenschaften nicht beherrschte, unterwies er doch ungemein verständig die Geistlichkeit sowohl öffentlich in liebenswürdiger und freundlicher Weise, wie auch im geheimen mit gebührender Strenge. Die Ritter aber gewann er dadurch, daß er die ihren Vätern verliehenen Lehen nicht von ihnen zurückverlangte. [...] Man würde mir vielleicht gar nicht glauben, wenn ich berichtete, wie freigebig er war, wie freundlich, wie standhaft, wie unerschrocken, gegen alle Guten gütig, streng gegen alle Bösen, gegen die Untertanen wohlwollend, hart gegen die Feinde und energisch durchgreifend. Für das Wohl des Reiches war er unermüdlich tätig, und in kürzester Zeit gelang ihm so viel, daß niemand zweifelte, seit Karls (des Großen) Zeiten habe kein Würdigerer als er auf dem Thron gesessen. Daraus entstand auch das Sprichwort:
»An Konrads Sattel hängen Karls Steigbügel.«
Unter solchen Umständen verbreitete sich der Name und der Ruhm des Königs über die Grenzen der Völker, er drang bis über die Fluten der Meere; überall erzählte man sich von seiner Kraft und Tüchtigkeit. [...]
Nach seiner Rückkehr aus Ripuarien ging der König nach Sachsen, wo er die ungemein strengen Gesetze des Volkes nach ihrem Wunsch durch königlichen Machtanspruch bestätigte. Dann empfing er von den benachbarten Barbaren Tribut und forderte jede dem Fiskus schuldige Abgabe. Von da aus zog er durch Baiern und Ostfranken nach Alemannien. Durch diesen Umritt schützte er die einzelnen Teile des Reiches, faßte sie zu einer Einheit zusammen und festigte den Landfrieden durch königlichen Schutz.

Aus: Wiponis gesta Chuonradi II imperatoris (Leben Konrads II. von Wipo). Nach der Übersetzung von W. Pflüger

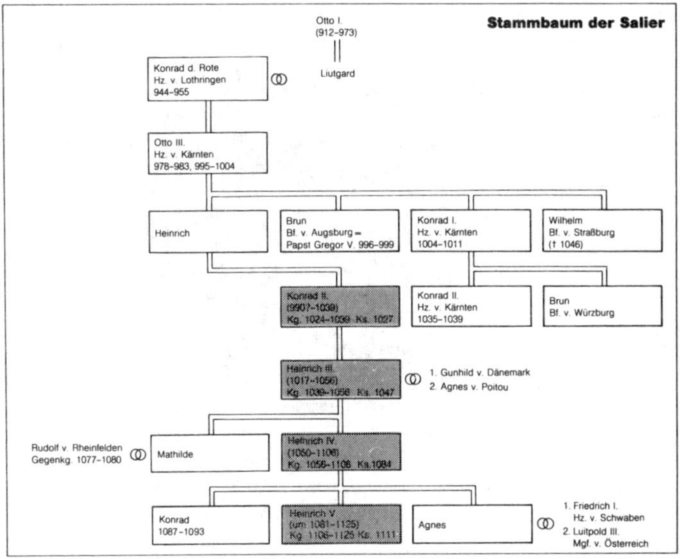

Stammbaum der Salier

Trotz aller widrigen Schicksale war Konrad II. ein nüchterner Mann geblieben, erfüllt von einem starken Gerechtigkeitssinn und dem Tatendrang des Unterdrückten und Benachteiligten, der endlich eine Chance bekommt, sich zu bewähren. Über seine Wahl, die anschließende Krönungsfeier und den Königsritt, der ihn quer durch die Stammesgebiete des Reiches führte, sind wir durch Wipo († um 1046), seinen Hofkaplan und Biograph, gut unterrichtet. Mit dem Umritt nahm der König persönlichen Besitz von seinem Amt und seiner Herrschaft. Nach zwei stürmischen Jahren huldigten auch die lothringischen Fürsten dem König, der Widerstand gegen seine Wahl erlosch damit.
Die Reisetätigkeit des Königs war mit dem Königsritt keineswegs beendet und hielt den königlichen Hof fast ununterbrochen in Bewegung. Rastlos zog der König mit dem bunten Haufen von Kriegern, Damen, Geistlichen, Jägern, Spielleuten, Knechten und Mägden durch das Reich. Er leitete Hof- und Reichstage, bestrafte die Schuldigen und schützte die Schwachen. Den Bischof von Verden, der seine Knechte meistbietend verkaufte, zog er zur Rechenschaft. Schließlich seien Knechte auch Menschen und nicht unvernünftiges Vieh. Das brachte ihm die Sympathie des Volkes. Denn: was in den rauhen Zeiten des 11. Jahrhunderts am meisten begehrt wurde, war Schutz gegen Unrecht und Gewalt. Das Ansehen des Königs hing davon ab, daß mit

›Bildnis‹ und Siegel. *Noch sind die Darstellungen der Herrscher mehr Formel, mehr Symbol als Porträt: Konrad II. und seine Gemahlin Gisela. Goldenes Buch von Prüm. Trier, Stadtbibliothek.*

seinem persönlichen Erscheinen rechnen mußte, wer immer die Rechtsordnung und den inneren Frieden verletzte, und Konrad II. erfüllte diese Pflicht mit eiserner Härte: Konrad II. war beim Volk beliebt. »An Konrads Sattel hängen Karls Bügel«, hieß ein Sprichwort der Zeit, das den Salier als wirklichen Nachfolger Karls des Großen interpretierte. Heute belächeln wir manchmal das Bestreben der Politiker allgegenwärtig zu erscheinen. Für den mittelalterlichen König war dies unverzichtbar. Er regierte ohne Hauptstadt, ohne Residenz, ohne zentrale Verwaltung, ein Leben im Sattel, über dessen Strapazen sich der moderne Mensch nur ein unvollkommenes Bild macht. Die alten Römerstraßen waren stark verfallen, die unbefestigten Wege wurden zu tückischen Fallen, wenn Regen oder Schnee den Boden in eine glitschige Masse verwandelten – und doch legte der König mit seinen Begleitern durchschnittlich 30 bis 40 Kilometer täglich zurück.
Konrad II. ist 49 Jahre alt geworden, fast schon ein Methusalem in der Reihe der deutschen Könige, deren Lebenskraft meist in viel früheren Jahren erlosch. Vielleicht lag dies an seinem tüchtigen jüdischen Leibarzt, gewiß an seiner kraftstrotzenden Natur, mit der er zu Pferde im Ernstfall bis zu 150 Kilometer in vierundzwanzig Stunden zurücklegte, wenn es galt, einen berüchtigten Raubritter an den Galgen hängen zu lassen.

Auch der König will leben: Der Haushalt des Hofes

Bei der Versorgung des Hofes war der König, da Geld knapp war, auf die Eigenwirtschaft angewiesen. Die königlichen Güter lagen jedoch weit verstreut über das Reich, vornehmlich in Schwaben und Franken, so daß der König zwangsläufig auf Reisen gehen mußte, wenn er den Bedarf seines Gefolges, das 300 bis 4000 Personen umfassen konnte, befriedigen wollte. Über den Tagesverbrauch des königlichen Hofes sind wir nur unzureichend informiert. Eine Quelle des 12. Jahrhunderts übertreibt ohne Zweifel, wenn sie hierfür 1000 Schweine und Schafe, 10 Fuder Bier, 10 Fuder Wein, 1000 Malter Getreide und acht Rinder angibt – nimmt man 1000 bis 1800 Liter für das Fuder und 1,2 bis 1,5 Hektoliter für das Malter, ergibt sich ein enormer Pro-Kopf-Verbrauch, zu dem die Jahresrente einer einfachen Frau nicht so recht passen will: sie braucht sieben Malter Getreide, 30 Scheffel Gerste, einen Malter Käse und einen Schinken. Grünzeug, Kohl oder Steckrüben galten als Arme-Leute-Essen, als unstandesgemäß, eine Erklärung für die Verdauungs- und Ernährungsprobleme der königlichen Tafel.
Viele Güter, zum Beispiel das von feindlich gestimmten Sachsen umgebene Goslar, dem wegen der Harzwälder und der Silbergrube am Rammelsberg besondere Bedeutung zukam, mußten immer verteidigungsbereit sein. Konrad setzte deshalb *Ministeriale (K, Seite 22)* ein, königliche Verwaltungsbeamte unfreier Herkunft, die militärische Tüchtigkeit mit Verwaltungsgeschick verbanden und so Macht und Einfluß gewannen.
Von Haus aus wenig begütert, ein Habenichts verglichen mit der reichen, wohlgenährten Kirche, war Konrad II. nicht gewillt, ohne Not etwas zu verschenken. Der Begehrlichkeit der Bischöfe und Äbte, die ja, was Güter und Schätze anging, unersättlich waren, trat er noch reservierter entgegen als sein Vorgänger Heinrich II. Rücksichtslos beutete er das Kirchenvermögen aus und betrachtete es als Staatsschatz. Von ihm wußte jedermann, selbst sein Biograph Wipo mußte es eingestehen, daß er ohne Zahlung nicht leicht ein Bistum hergab. Die besonders gefragten, weil gewinnträchtigen Bischofssitze in den italienischen Handelsstädten wurden fast öffentlich verschachert. Erst spätere Zeiten nahmen an diesem Geschäft des Kaufs geistlicher Ämter Anstoß. Sie nannten es »Simonie« nach Simon dem Magier, der von Petrus die Gabe, Wunder zu wirken, mit Geld erkaufen wollte.
Im übrigen war Konrad II. ein frommer Mann, und dies nicht weniger als so mancher heiliggesprochene König oder Kirchenfürst. Der Analphabet schätzte die Dienste seiner Hofkapläne, die ihm die königliche

Ministeriale

(lat. ministerium: Dienst)

Dienstleute, ursprünglich Unfreie, die von den Grundherren zu Hof- und Waffendiensten herangezogen und damit von den übrigen Hörigen gesondert wurden. Dieser wichtige Vorgang spiegelt sich in den Hof- und Dienstrechten: In der zweiten Hälfte des 11. Jahrhunderts treten die Ministerialen als eigener genossenschaftlicher Stand auf.
Seitdem auch der König Ministeriale zu seinem bewaffneten Schutz heranzog, entstand neben dem Hochadel eine neue Schicht, die die Königsherrschaft trug.
1037 hatte Konrad II. den Untervasallen die Erblichkeit ihrer Lehen zugestanden, folglich wurde der Ministerialenstand gegenüber dem Adel gestärkt: Die Ministerialen blieben zwar unfrei, obwohl sie Dienstgut empfingen, waren aber politisch viel leichter verwendbar als Adelige, denen man weitaus größere wirtschaftliche und rechtliche Zugeständnisse für militärische Hilfe machen mußte. Weil sie ritterlichen Kriegsdienst leisteten, wurden die Ministerialen nach und nach in den niederen Adel eingegliedert, mit dem sie sich bald vermischten. Höfische Kultur, Ritterideale und Minnesang wären ohne diese kulturell unglaublich fruchtbare Schicht nicht entstanden.

Schreibstube, die Kanzlei, besorgten und auch die Reichsbischöfe, so lange sie willfähige Befehlsempfänger waren. Bei allem hatte Konrad nur ein Ziel: die Durchsetzungskraft der königlichen Gewalt zu stärken.

Unterstützt durch den Adel gegen den Rebellen Herzog Ernst

In dieser Zeit begannen die Adeligen, die bisher in den Dörfern lebten, u.a. auf Bergen und Felsvorsprüngen Burgen zu bauen, ein untrügliches Zeichen dafür, wie spannungsvoll, ja kriegerisch sich ihr Verhältnis zu ihren hörigen Bauern und benachbartem Adel inzwischen gestaltete. Sie nannten sich nun nach ihren Burgen, so zum Beispiel jener Friedrich von Büren, der als Urahn der Staufer in die Geschichte einging. Seine Burg stand beim heutigen Wäschenbeuren unweit Göppingen. Viele dieser Burgherren verdankten ihre Stärke der Tatsache, daß ihre Lehen (siehe Seite 53 und Band 1, Seite 282 ff.) allmählich erblich wurden, geliehenes Land sich so in Familienbesitz verwandelte und der König dies nicht verhinderte. Sie dankten dies Konrad II. durch unverbrüchliche Treue, vor allem auch, als er zum einzigen Mal wäh-

»Acht und Bann«
(mhd. âhte: öffentlich gebotene Verfolgung)

Acht:	*Rechtsgeschichtlicher Begriff für den Ausschluß aus der weltlichen Friedensgemeinschaft nach schweren Missetaten: selbst wer einen Geächteten bei sich aufnahm und bewirtete, verfiel der Acht. Nach germanischem Recht konnte ein Geächteter von jedermann getötet werden, sobald die Gerichtsgemeinde oder der König die Acht verhängt und verkündet hatte. Im Mittalter war die Acht – oft in Verbindung mit dem kirchlichen Bann – eine häufig verhängte Strafe für Friedensbrecher. Die Strafe hatte vorläufigen Charakter und wurde gegen denjenigen angewandt, der unentschuldigt der Gerichtsverhandlung fernblieb. Hatte sich der Geächtete nicht binnen »Jahr und Tag« durch freiwillige Gestellung rehabilitiert, traf ihn die*
Ober- oder Aberacht:	*volle Fried-, Rechts- und Ehrlosigkeit. Die Ächtung ging so weit, daß sogar das Eigengut eingezogen und anfänglich verwüstet wurde.*
»Acht und Bann«	*bezeichnet mitunter die Reichsacht und die damit verbundene kirchliche Exkommunikation.*
Kirchenbann	*(Anathema, Exkommunikation): Höchste Kirchenstrafe, die als ›kleiner Bann‹ den Ausschluß von Sakramenten und Kirchenämtern, als ›großer Bann‹ die Lösung jeder Beziehung zur Kirche bedeutete. Wie am gebannten deutschen König Heinrich IV. geschehen, konnte die Kirche Gebannten das kirchliche Begräbnis vorenthalten. Ab 1220 zog er automatisch die Reichsacht nach sich.*

rend seiner Herrschaft mit Anfeindungen im Inneren zu ringen hatte, als er sich nämlich gegen Herzog Ernst von Schwaben durchsetzen mußte. Eine wirkliche Bedrohung für sein Königtum stellten die wiederholten Rebellionen, die dieser Stiefsohn aus enttäuschtem Erbanspruch anzettelte, zwar nicht dar, dennoch eine Machtprobe. Die Bitten der Mutter Gisela und die Nachsicht des Stiefvaters, der mehrfach Begnadigungen aussprach, konnten den jugendlichen Empörer nicht mäßigen. Sie weckten im Gegenteil in ihm kriegerischen Ehrgeiz, der von verwegenen Freunden, so dem Grafen Welf, noch geschürt wurde. Als sich Herzog Ernst von Schwaben im Jahre 1030 weigerte, die

Reichsacht über seinen Freund Werner von Kiburg (bei Zürich) zu vollziehen, fiel er selbst in *Acht und Bann (K, Seite 23).* Für vogelfrei erklärt, verlassen von ihren Verbündeten, führten die beiden Reichsfeinde im Dickicht des Schwarzwaldes, auf dem Falkenstein unweit Schramberg, einer steilen Felsenburg, eine Art Räuberleben, ehe sie noch innerhalb eines Jahres im Verzweiflungskampf gegen die Häscher des Königs fielen. Die Vollstreckung der Reichsacht soll Konrad mit den Worten kommentiert haben: »Bissige Hunde haben selten Junge.« Dennoch bildete sich eine Legende, in der die schicksalhafte Freundschaft der Rebellen, ausgeschmückt mit Kreuzzugserlebnissen, als Beispiel von Treue bis in den Tod verherrlicht wird.

Indizien starker Königsmacht – Frühe Nachfolgesicherung und geschickte Heiratspolitik

Mit unerbittlicher Härte verteidigte Konrad II. die Erbansprüche seines einzigen leiblichen Sohnes Heinrich (III.), auch gegenüber dem Halbbruder Gebhard, der hinter den Mauern eines Würzburger Klosters verschwand, so sehr er sich anfänglich gegen die Mönchstonsur aufbäumte. Bereits Anfang 1026 wurde der neunjährige Heinrich mit Zustimmung der Fürsten zum Thronfolger bestimmt, zwei Jahre später gekrönt und gesalbt. Schon zu Lebzeiten des Vaters beherrschte er ganz Süddeutschland, die Herzogtümer Franken, Schwaben und Baiern, ein Zeichen, wie energisch und machtbewußt der erste Salier das Erbe der Ottonen seinem Geschlecht sicherte. Auch die Ehe seines Sohnes sollte nach Konrads II. Willen der politischen Stärkung seiner Macht dienen. So hatte er bereits für den zehnjährigen Sohn eine byzantinische Prinzessin bestimmt. Diese Ehe blieb dem jungen König allerdings erspart – die Prinzessin hatte nicht den besten Ruf, und vielleicht hatte man auch bedacht, daß am Hof in Konstantinopel Giftmischerei nicht unüblich war, wenn man den Ehemann los werden wollte. Neunzehnjährig, also im besten Heiratsalter, wurde Heinrich III. stattdessen mit Gunhild, der Tochter des Dänenkönigs Knut des Großen, verheiratet, wahrlich ein diplomatisches Meisterstück Konrads II.

In nur einem Jahrzehnt hatte Knut der Große, ein Nachfahre der Wikinger, im Nordseeraum ein Imperium geschaffen, das die Königreiche Dänemark, England und Norwegen in einer Hand vereinigte. Das Bündnis mit dem mächtigsten Herrscher eines Nachbarreiches schien Konrad II. die Abtretung der Mark Schleswig wert: Auf Gebietsansprüche zu verzichten, die außer Kriegsruhm und Heldentod nichts

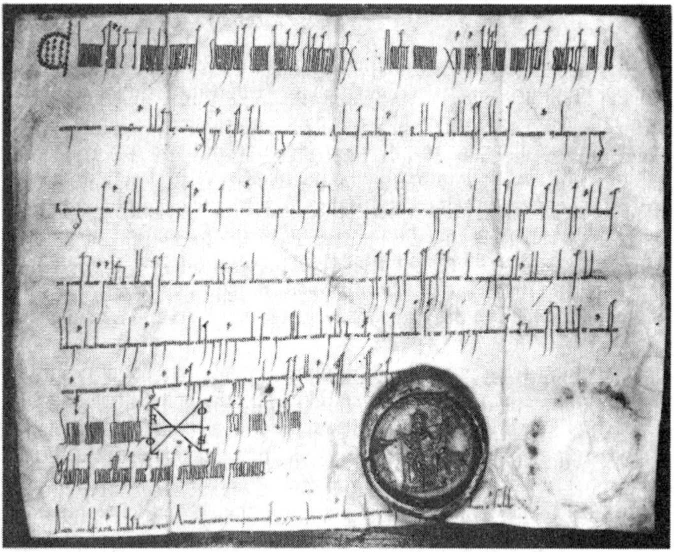

»Im Namen des Königs«.
Urkunde Kaiser Konrads II., rechtskräftig durch die charakteristische Herrschersignatur und das Siegel des Kaisers. Fulda, um 1025.

einbrachten, war eine der großen Tugenden des Politikers Konrad. Wie begrenzt die militärischen Möglichkeiten des Reiches blieben, kann man daran ablesen, daß das Reich damals einschließlich Italien nicht mehr als neun Millionen Einwohner besaß – und das bei einem Territorium, dessen Grenzen von der Elbe und der Oder bis tief in den Süden Italiens reichten.
Mit seiner so großen Vielfalt an kulturellen und wirtschaftlichen Reichtümern lockte der Süden mehr als der Osten mit seinen schwer durchdringbaren Wald- und Sumpflandschaften. Schließlich hatte das Reich den schnell aufblühenden skandinavischen Königreichen im Norden und den slawischen bzw. magyarischen im Osten eine in mehr als einem Jahrhundert gefestigte Machtstellung voraus.
Als im Jahre 1036 endlich die Hochzeit der beiden Königskinder Heinrich III. und Gunhild gefeiert wurde, lebte Knut der Große schon nicht mehr. Sein skandinavisches Großreich zerfiel so schnell wie es erstand.

Die unruhige Ostgrenze

Auch gegenüber Ungarn, das einen Gebietsstreifen beiderseits der Donau bei Preßburg zugesichert bekam (1033), bewährte sich Konrads II. Strategie, Außenpolitik nicht unter dem Vorzeichen des reinen Prestigegewinns zu machen. In nur einer Generation hatte der Magyarenherzog Waik, der sich taufen ließ, eine baierische Frau nahm und mit Hilfe der Deutschen seine heidnischen Landsleute bekehrte und unterwarf, die Magyaren vom Nomadentum in die Seßhaftigkeit geführt. Unter dem Namen Stephan I. (der Heilige) schwang er sich zum König von Ungarn (1001) auf. Doch auch sein Reich blieb gefährdet, noch ausschließlich durch die einigende Kraft seines starken Herrschers geeint.

Beim Beginn der Regierung Konrads II. erlebte das junge polnische Reich gerade einen ersten Höhepunkt und eine erstaunliche Expansion seiner Macht. Boleslaw I. Chrobry, der den Böhmenherzog Udalrich kurzerhand absetzte und gefangennahm, um sich zeitweise selbst zum Herrn über Böhmen und Mähren zu machen, verwirklichte im Jahre 1024 seinen Traum von einem polnischen Königreich, indem er sich selbst zum König erhob, starb jedoch ein Jahr darauf. Dieses polnische Königreich hatte seine Grenzen im Westen bis zur Oder, in die Lausitz und zum Böhmerwald, im Osten bis Kiew vorgeschoben. Durch die Expansion mit der deutschen Ostbewegung konfrontiert, kam es zum Konflikt mit dem Reich, der 1018 im Frieden von Bautzen beigelegt wurde. Polen erhielt die Lausitz und das Milzener Land als Lehen.

Durch den Ausgleich mit Dänemark und Ungarn in der Flanke nicht bedroht, wagte Konrad II. einen Feldzug gegen Boleslaws Sohn Mieszko II., der jedoch in den weiten Wäldern und Sümpfen des Ostens steckenblieb. Entmutigt und halb verhungert retteten sich die deutschen Krieger auf das linke Elbufer. In Břetislav I., dem neuen Führer Böhmens, der Mähren den Polen wieder entriß, fand Konrad II. einen starken Bündnispartner im Kampf gegen Polen. Zuverlässigster Verbündeter des Kaisers war jedoch der Zwist, der im polnischen Adel herrschte. Er zwang Mieszko II. zum Verzicht auf die Königswürde und die Eroberungen seines Vaters, die Mark Meißen und die Niederlausitz. Diese Verluste waren Ausdruck eines allgemeinen Niedergangs des polnischen Großreiches, das nach dem Tode Mieszkos II. (1034) durch die Abspaltung Pommerns und Schlesiens seine Großmachtstellung einbüßte.

In Polen, wie auch in vielen anderen slawischen Völkern, gewannen in dieser Zeit heidnische Glaubenshandlungen zumindest zeitweise wie-

Deutsche und europäische Geschichte in Daten

	Deutschland	Europa
1024	Tod Heinrichs II., Ende der sächsischen Dynastie	
1024–1125	Die fränkischen oder salischen Könige	
1024–1039	Konrad II., König und Kaiser	
1032	Königreich Burgund (Arelat) wird formell mit dem Deutschen Reich vereinigt	
1037		Constitutio de feudis: kleine Lehen erblich
1039–1056	Heinrich III., König und Kaiser	
1046	Synoden von Sutri und Rom: drei Päpste werden abgesetzt	
1054		Schisma zwischen der römischen und der griechischen Kirche

der Oberhand. Dies ist nicht verwunderlich, da man mit äußerst grausamen Maßnahmen versuchte, diesen Menschen den christlichen Lebenswandel anzuerziehen: die Verletzung der Fastenvorschriften beispielsweise büßte der Delinquent mit dem Verlust der Zähne, auf Anstiftung zum Ehebruch stand die Todesstrafe, neben dem Überführten lag ein scharfes Messer, mit dem er sich entmannen mußte, wenn er Begnadigung erlangen wollte.

Burgund und Italien – Paßstraßen und Kampf um die Papstkrone

Der größte außenpolitische Erfolg Konrads II. war die Erwerbung Burgunds, auch Arelat genannt, das sich von Basel über das Rhônegebiet bis zum Mittelmeer erstreckte. Bedrängt von dem rebellischen Adel und mächtigen Nachbarn beherrschte der letzte kinderlose Burgunderkönig Rudolf III. (der »Träge«) nur seine Kronlande, die heutige französische Schweiz, wirklich. In angespannter Aufmerksamkeit verfolgte das Abendland den Lebensabend Rudolfs, der über 40 Jahre regierte und seinen Erben und Neffen, den Kaiser Heinrich II., überlebte. Zielstrebig sicherte sich Konrad II. das dem Reich durch Erbvertrag zugesicherte Königreich, als Rudolf III. endlich starb. Im Februar 1033 konnte Konrad II. sich selber, bald darauf seinen Sohn Heinrich III. zum burgundischen König krönen lassen. Mehrere Paßstraßen über die Alpen (St. Bernhard, Mont Cenis, Simplon) lagen damit in der Hand Konrads, dem nun alle wesentlichen Wege nach Italien offen standen.

Italien – das hieß vor allem Rom und die Städte der Lombardei. Der mittelalterliche Mensch liebte und verehrte Rom, die Ewige Stadt, in deren Erde die Apostel Petrus und Paulus und so viele Märtyrer wie sonst nirgendwo bestattet waren. Diese Stadt mit ihren rund dreihundert Kirchen, darunter so riesenhafte wie die Basilika Santa Maria Maggiore oder die Peterskirche. Der imperiale Glanz Roms, das einst ein Weltreich beherrschte, lebte in den antiken Ruinen weiter, die längst zu Steinbrüchen verwahrlost, bereits damals als Sehenswürdigkeiten bestaunt wurden. Zu Hunderttausenden strömten schon um die Jahrtausendwende die Menschen nach Rom, aus allen Teilen Europas, häufig unter Einsatz des Lebens, denn Reisen steckten voller Gefahren. Das Grab des Apostels Petrus allein, nicht das Papsttum gab Rom seine Bedeutung.

Es ist hier nicht der Platz, das Sittengemälde bis in die Details nachzuzeichnen, das der Nachwelt vom frühmittelalterlichen Papsttum überliefert ist. Ein Hort geistigen, ja mönchischen Lebens war der Lateran gewiß nicht, aber auch kein Bordell wie es Kritiker bezeichneten. Das höchste Amt der Kirche war damals fest in der Hand der Grafen von Tusculum, die mit einer anderen Familie, den Crescentiern, ständig um die Macht in Rom stritten. Wenn in der weitverzweigten Familie gerade kein geistlicher Herr vorhanden war, wie es bei dem Tod des Tusculaners Benedikt VIII. der Fall war, sicherte sich notfalls der Chef des Hauses selbst die Tiara, die Papstkrone, indem er an einem einzigen Tag durch alle Weihen – von der Priesterweihe bis zur Papstweihe – ging. Papst Johannes XIX. (1024–1032), von dem hier die Rede ist, war sogar bereit, einen zäh behaupteten Anspruch, nämlich den Vorrang des weströmischen Bischofs, an den Patriarchen von Konstantinopel zu verschachern. Konrad II. wußte angesichts derartiger Vorkommnisse die Reichsbischöfe auf seiner Seite, wenn er die Verwaltung der Kirche diesseits und jenseits der Alpen selbst in die Hand nahm und dem ohnmächtigen, weil moralisch bedenklichen Papsttum eine Statistenrolle zuwies.

KONRAD II.

Mit Konrad wurde ein »krasser Außenseiter« zum deutschen König gewählt. Den Anspruch auf den Thron hatte er allein verwandtschaftlichen Beziehungen zum ausgestorbenen ottonischen Herrscherhaus zu verdanken. Um 990 geboren, besaß Konrad nicht einmal den Grafentitel, das Familienvermögen war durch unglückliche Erbgänge zusammengeschrumpft; der Bischof von Worms gewährte dem früh Verwaisten Lebensunterhalt, eine gelehrte Ausbildung hielt man für einen so unbedeutenden Edelmann nicht für notwendig. Mit dem zähen Machtwillen des Aufsteigers verstand es der Herrscher, diese Schwächen seiner Herkunft auszugleichen. Die Heirat mit der Herzogswitwe Gisela von Schwaben verschaffte ihm Prestige und politischen Einfluß. Wenn ihm als ›Laien‹ der Sinn für das traditionelle geistlich-religiöse Selbstverständnis der deutschen Könige gänzlich fehlte, so war sein Blick um so mehr für die praktischen Notwendigkeiten der Politik geschärft. Von großer Vitalität und starkem Willen, setzte er seine Ziele notfalls mit äußerster Rücksichtslosigkeit durch. Wie das tragische Schicksal seines Stiefsohnes Ernst von Schwaben, der sich gegen ihn empört hatte, zeigt, machte diese Unerbittlichkeit auch vor der eigenen Familie nicht halt.

Durch seine Herkunft hat sich der König zeitlebens Verständnis für die Nöte des Volkes bewahrt. Als bei seinem Krönungszug einfache Bittsteller zurückgedrängt wurden, herrschte er die umstehenden Fürsten an: »Gerechtigkeit für jeden, ohne Rücksicht und Verzug!« Solche Haltung und seine draufgängerische Tapferkeit in den Schlachten, aber auch seine imponierende Gestalt haben Konrad große Volkstümlichkeit gesichert.

Noch nicht fünfzigjährig, ist der König 1039 einem schweren Gichtleiden erlegen. Er wurde im Dom zu Speyer beigesetzt, den er als Grabstätte für seine Familie hatte erbauen lassen. *(W. S.)*

Kaiserkrönung, Streit und Krieg: Konrad II. in Italien

Am Ostertage des Jahres 1027, fast drei Jahre nachdem er die Königswürde errungen hatte, wurden Konrad II. und seine Gemahlin durch Johannes XIX. zum Kaiser gekrönt. Kriegsgeschrei und Waffenlärm begleiteten diese Zeremonie. Die Frage, wer von beiden das Königspaar zum Altar führen sollte, löste eine Rauferei zwischen den Erzbischöfen von Ravenna und Mailand aus. Die Stimmung war – wie in ähnlichen Fällen üblich – so ›aufgeheizt‹, daß Deutsche und Römer schon wegen des Streits um eine Rinderhaut in verlustreiche Kämpfe gerieten. Akzente setzen auch die Berichte, daß Konrad II. einen der gefallenen Krieger neben dem Grab Ottos II. beisetzen ließ, und daß er einem anderen, dem ein Bein abgehauen war, den nutzlos gewordenen Stiefel mit Goldmünzen bis zum Rand füllte. Turbulenzen dieser Art gehörten einfach zu Rom.

Seit Otto dem Großen war der Erwerb der römischen Kaiserwürde und die Sicherung der Herrschaft in Italien zum festen Bestandteil des deutschen Königtums geworden. Otto III., der Enkel Ottos des Großen, hatte Rom zur Hauptstadt eines christlichen Weltreiches machen wollen, die Römer trieben den jugendlichen Phantasten aus der Stadt. Solche Weltherrschaftspläne lagen Kaiser Konrad II. fern, wie überhaupt in seiner Politik wenig von der Sehnsucht der Deutschen nach dem Süden zu spüren ist.

Mit unerbittlicher Härte hatte sich der König den Weg nach Rom freikämpfen müssen. Anfangs schien es so, als sei Konrad II. nicht einmal die Eiserne Krone von Monza, die begehrte Langobardenkrone, sicher. Die Fürsten der Lombardei waren entschlossen, die italienische Königswürde an den Meistbietenden zu verkaufen, an den französischen König oder dessen mächtigsten Lehnsmann, den Herzog von Aquitanien.

Die Bewohner Pavias hatten die ihnen verhaßte deutsche Königspfalz zerstört, als Kaiser Heinrich II. starb. Berühmt geworden ist die Antwort, die der Salier Konrad II. den Pavesen gab, als sie sich damit herauszureden suchten, die Stadt sei frei, weil königlos gewesen. »Wenn der König gestorben ist«, erwiderte er, »so ist doch das Reich geblieben, wie das Schiff bleibt, dessen Steuermann fällt.« Konrad formulierte damit erstmalig eine Staatsvorstellung, die man als »transpersonal«, d.h. unabhängig von der Person des Herrschers, bezeichnen kann – eine kleine Revolution des Geistes.

Durch Zerstörung der Burgen, Verwüstung des Umlandes und Sperrung des Tessins suchte nun Konrad II. die bevölkerungsreiche und

wehrhafte Stadt vom Handel abzuschneiden und auszuhungern. Und: die Stadt entging seinem Strafgericht nicht.
Unliebsame Überraschungen erwarteten den König selbst da, wo sich die Tore der Stadt bereitwillig öffneten: In Ravenna besetzten die Einwohner die Brücken und Tore, trieben ihre deutschen Gäste aus den Unterkünften und bewarfen die so Eingeschlossenen von hohen Türmen und Mauern herab mit Balken und Steinen. Der Kampf endete blutig und nicht ohne Tapferkeitsbeweise der Deutschen, die sich mit

Städtisches Autonomiestreben in Oberitalien

In Italien hatten die Städte seit der Antike eine größere Bedeutung behalten als in anderen Teilen Europas. In der Spätantike befestigt, wurden sie für die langobardischen und fränkischen Eroberer zu Stützpunkten ihrer Herrschaft. Hier saß der Graf, der das Umland verwaltete und verteidigte, im Schutz der Mauern residierte aber auch der Bischof, der von Anfang an weltliche Aufgaben übernahm und allmählich die Herrschaft über die Stadt erlangte. Handel und Gewerbe bewahrten, durch die stadtfremden Eroberungsvölker nur zeitweilig beeinträchtigt, das Erbe der römischen Stadtkultur.
Das Bild der italienischen Stadt prägten die Paläste und befestigten Wohntürme des Stadtadels. Während der deutsche Adel in einsamen Burgen auf dem Lande hauste, lebten die grundbesitzenden Adeligen Italiens in der Stadt. Vielfach beteiligten sie sich an Handelsreisen und deren Finanzierung, wirtschaftliches Gewinnstreben ergriff auch den Adel, der nicht selten mit den reichen Kaufleuten zu einer Führungsschicht verschmolz. Im 11. Jahrhundert erlebten die Städte Oberitaliens einen wirtschaftlichen Aufschwung, der mit dem aufblühenden Handel mit Byzanz und der islamischen Welt, dem heutigen Ägypten und Syrien, verbunden war. Seestädte wie Venedig, Pisa und Genua schufen sich mit ihren Kriegs- und Handelsflotten ein Netz von Stützpunkten im Mittelmeer. Aber auch die Binnenstädte wie Mailand, Pavia oder Cremona strebten, durch den wachsenden Fernhandel wirtschaftlich gestärkt, nach politischer Macht. Sie suchten ihre Herrschaft auf das umliegende Land auszudehnen und Flächenstaaten (Territorien) zu bilden.
Oberitalien zerfiel deshalb in viele rivalisierende Einzelkräfte. Die deutschen Könige konnten die Gefahren, die dem Reich aus dieser Entwicklung drohten, nicht erkennen, da sie zunächst aus ihr Nutzen zogen. Sie konnten stets auf Städte rechnen, die im Kampf gegen reichsfeindliche Städte zur Unterstützung der fremden Herrscher bereit waren, wirtschaftliche Konkurrenz verhinderte die Einigung der Städte. Der Italienfeldzug Konrads II. macht jedoch deutlich, wie feindselig die Haltung war, die dem Reich in einzelnen Städten entgegengebracht wurde.

den Schwertern in der Hand, angeführt von einem baierischen Fahnenträger, freie Bahn erkämpften. Die Schreckensszene von Ravenna wiederholte sich später in Parma, wo die Deutschen nur dadurch einem nächtlichen Aufstand entgingen, daß Konrad II. Brandfackeln in die Häuser werfen ließ. Der grelle Schein der brennenden Stadt rief die umliegenden Truppen zu Hilfe.
Dieses *städtische Autonomiestreben in Oberitalien (K, Seite 31)* richtete sich jedoch nicht allein gegen den König, sondern auch gegen die bischöflichen Stadtherren, die bei den städtischen Massen, aber auch den Inhabern kleinerer Lehen, den »Valvassoren«, als Ausbeuter verschrien waren. Die Reichsbischöfe – viele von ihnen waren Deutsche – hatten sich ihre Königstreue mit der Überlassung von Steuer- und Zollrechten (Regalien) und anderen Einnahmen belohnen lassen. Der Gegensatz zwischen arm und reich, Fürsten und Rittern, städtischen Massen und Stadtherren war in Italien viel ausgeprägter als im übrigen Europa, eine Folge des Bevölkerungsreichtums und des wirtschaftlichen Aufstiegs, der mit dem aufblühenden Levantehandel verbunden war. In Italien trafen sich Kaufleute aller Nationen, Christen und Ungläubige, um ihre Geschäfte abzuwickeln.

Krisenherd Oberitalien: Konrads II. zweiter Italienzug 1037–1038

Über zehn Jahre vergingen, eine für damalige Verhältnisse lange Zeit, ehe der Kaiser ein zweitesmal in Italien eingreifen mußte. Inzwischen hatten die sozialen Kämpfe, vor allem in den Städten der Lombardei, ein Ausmaß angenommen, daß selbst Aribert, der kriegerische Erzbischof von Mailand, den Volkszorn bitter zu spüren bekam. In Turin, Cremona, Brescia und Mailand kam es zur Rebellion der kleinen Lehnsnehmer, zu »Valvassorenaufständen«. Da diese sozialen Gegensätze auf engstem Raum, innerhalb der Stadtmauern, ausgetragen wurden, waren die Kämpfe besonders hart und blutig.
Die streitenden Parteien riefen schließlich den Kaiser an, der sich für die »Valvassoren« und gegen die Stadtherren, also auch gegen Aribert, seinen treuesten Anhänger in Oberitalien, entschied. Das entsprach Konrads Generallinie, denn wie in Deutschland suchte er auch hier sich einen Anhang im niederen Adel zu schaffen, womit er natürlich die weltlichen und geistlichen Fürsten gegen sich aufbrachte. Deren Herrschaft hing ja u. a. davon ab, daß sie ihren Lehnsleuten, den Rittern, das geliehene Land in besonderen Fällen entziehen konnten. Der Kaiser erklärte deshalb im Mai 1037 die Lehen der »Valvassoren« ge-

setzlich zu erblichem Besitz. Dieses neue Lehnsgesetz (Constitutio de feudis) verursachte erbitterten Widerstand:
Aribert von Mailand widersetzte sich dem Urteilsspruch und wurde gefangengesetzt. Als seine Wächter den in Aquileja Inhaftierten eines Morgens aus dem Bett holen wollten, steckte unter der Decke nicht Aribert, sondern dessen Fluchthelfer, ein Mönch. Nach dieser wunderbaren Rettung, einem Werk des Stadtpatrons Ambrosius, wie es nun hieß, schlug die Stimmung in Mailand um. Als »Freiheitsheld« konnte der zurückgekehrte Aribert nun den Widerstand gegen die Deutschen organisieren, die Mailand, eine der größten und am besten befestigten Städte des Abendlandes, ohne Erfolg belagerten. Der Erzbischof soll damals die Bewaffnung aller Stände, der Armen und der Reichen, eingeleitet haben. Feldzeichen dieses Volksheeres, das den deutschen Königen das Fürchten lehren sollte, war der »Carrocio«, ein Fahnenwagen, an dessen Mastbaum ein heiliges Kreuz als Symbol des Freiheitskampfes gegen die Deutschen schwebte.
Aus eigener Machtvollkommenheit und ohne rechtliches Verfahren setzte nun der Kaiser Aribert ab, ernannte einen Nachfolger und legte drei weitere Bischöfe in Ketten, ein als Skandal betrachteter Übergriff auf die Eigenständigkeit der Kirche. Dem willfähigen Papst blieb nichts übrig, als die Urteile nachträglich zu billigen.
In die Geschichte ist Konrad II. als »vollsaftiger Laie mit schwertkundiger Faust« eingegangen, wie der Historiker Hampe sehr pathetisch formuliert, als rücksichtsloser ›Tatmensch‹, der mit der Kirche umsprang, als sei sie nur der Handlanger der königlichen Gewalt. Doch erst die folgende Generation, die in einem ganz andersartigen religiösen Klima aufwuchs, sah in dieser Beherrschung der Kirche durch weltliche Gewalten eine Gefahr, ja einen Frevel.
Konrad II. starb kaum fünfzigjährig am 4. Juni 1039 in Utrecht. Seine sterblichen Reste ruhen in Speyer, sein Herz in Utrecht. Über den Leichenzug, der über Köln, Mainz und Worms nach Speyer führte, berichtet Wipo, des Kaisers Sohn Heinrich III. habe selbst an allen Kirchenportalen und zuletzt auch bei der Beisetzung in demutvoller Ehrerbietung des Vaters Leib auf seine Schultern gehoben.

Im Zeichen der Kirchenreform – Die ersten Regierungsjahre Heinrichs III.

Der noch nicht zweiundzwanzigjährige Heinrich III. war bereits eine erfahrene und gereifte Persönlichkeit, als er zur Regierung kam. Nirgendwo regte sich Widerstand, das Reich war im Innern und nach au-

***Kaiser Heinrich III.** Rund 250 Jahre nach seinem Tod gestiftet: das Denkmal des Kaisers in der von ihm errichteten Ulrichskapelle. Es birgt das Herz des Kaisers, Goslar, Kaiserpfalz.*

ßen befriedet, ein Erfolg des machtvollen Wirkens Konrads II. Durch geistliche Erzieher sorgfältig und umfassend auf sein Amt vorbereitet, war Heinrich III. im Gegensatz zu dem ganz der Welt zugewandten Vater tiefreligiös und fromm. Damals breitete sich von dem burgundischen Kloster Cluny (nördlich Lyon) eine religiöse Bewegung nach Deutschland aus, die auf den jungen König, ernst wie seine Natur war, den nachhaltigsten Einfluß ausübte. Während man in deutschen Klöstern, ganz im Sinn der Benediktinerregel, durch Arbeit und Gebet den Segen Gottes erflehte, führten die Mönche Clunys ein Leben in »rei-

ner Heiligkeit«, frei von körperlicher Arbeit im eigentlichen Sinn, versunken in unablässige Gebete, weltfern, ja weltverneinend.
Auf die in weltliche Politik verstrickten römischen Päpste sahen die Reformmönche mit Verachtung herab. Streng wie sie mit sich selbst waren, urteilten sie auch streng über andere, über Priester, die sich in kirchliche Weihen einkauften, die heirateten, Kinder zeugten oder mit einer Magd zusammenlebten, ihre Pflicht der religiösen Unterweisung aber vernachlässigten oder darin äußerst ungebildet waren.
Die Besinnung auf die wahre Aufgabe der Kirche, ihre Reinigung von den Lastern der Priesterehe und der Simonie (Käuflichkeit geistlicher Würden) mußten deshalb Ziele jeder Kirchenreform sein.
In der Malerei und Plastik dieser Zeit ist uns ein lebendiges Zeugnis der religiösen Erregung überliefert, die damals viele Menschen ergriff. Die großen ausdrucksvollen Augen der dargestellten Personen sind wie in eine andere Welt gerichtet. In eine Welt voller Gefahren gestellt, bedroht von Krankheiten und Seuchen, die, weil unerklärbar und unbezwingbar, nur als Strafen Gottes gedeutet werden konnten, lebte der Mensch in ständiger Furcht vor dem Jüngsten Gericht. Damals kam die lateinische Urfassung des Liedgedichtes »Mitten im Leben sind wir vom Tod umfangen« (»Media in vita in morte sumus . . .«) auf.

Französische Einflüsse

Heinrich III. wurde 39 Jahre alt, was der durchschnittlichen Lebenserwartung der Zeit entsprach. Kriegsruhm hatte der junge König schon an der Seite des Vaters im Übermaß geerntet. Sein jugendlicher Idealismus ließ ihn nach einem Betätigungsfeld suchen, das seiner Begabung und seinem religiösen Verantwortungsgefühl entsprach. Er fand es in der Reform der Kirche aus dem Geist der Mönche von Cluny.
Heinrichs Gemahlin Gunhild war, ein damals häufiges Unheil, der Malaria zum Opfer gefallen. Der junge Witwer heiratete im Jahre 1043 zum zweitenmal eine Ausländerin, nämlich Agnes, die Tochter des Herzogs Wilhelm von Aquitanien und Poitou. Das war nicht ungewöhnlich: Die deutschen Könige schätzten ausländische Ehefrauen, denn sie bedeuteten meist einflußreiche Verschwägerungen. Auch Agnes, die der mächtigsten Familie Frankreichs entstammte und in Italien und Burgund reich begütert war, brachte eine Mitgift ein, die sich sehen lassen konnte.
Die Provence, die Heimat der Agnes, war die Wiege der höfischen Kultur, die in der Verfeinerung der Umgangsformen, in Spiel und Tanz, Musik und amourösen Abenteuern ein ritterliches Ideal er-

blickte. Das war für die Deutschen damals noch ungewohnt. Und: die Südfranzosen zwirbelten den Bart und schnitten ihre Röcke kurz. Unvorstellbar! Es gab deshalb nicht wenige am Königshof, verdienstvolle Kampfgefährten des Königs, die Agnes mißtrauisch, ja feindselig gegenüberstanden. Doch auch sie hatte sich einem enthaltsamen, bußfertigen Leben verschrieben. Das Kloster Cluny war eine Gründung ihrer Familie, der Abt Hugo von Cluny († 1109) wurde Taufpate des 1050 geborenen Thronfolgers Heinrich (IV.).
Als im November 1043 in Ingelheim die Vermählungsfeier stattfand, strömten aus dem Süden Scharen von Gauklern, Spielleuten, Possenreißern und Sängern in die biedere rheinische Pfalz. Sie mußten ohne Auftritte und milde Gaben abreisen: höfische Lebensfreude widerstrebte dem religiösen Pflichtbewußtsein des Königs, das durch den Einfluß seiner Gemahlin Agnes noch gesteigert wurde.
Bei allem höfischen Anstand war der französische Adel, der schon früh feste Burgen baute und sich auch so der Königsgewalt entzog, nicht zimperlich, wenn Übergriffe auf Schutzlose materiellen Gewinn brachte und wenn es erfolgversprechend schien, Adelsnachbarn zu bekämpfen. So kam es zu einer Unzahl von ›Adelsfehden‹. In Frankreich entstand, von den Reformmönchen eifrig gefördert, als Reaktion auf diese Zustände, der Gedanke der »treuga dei«, einer Waffenruhe Gottes, die für bestimmte Wochentage und alle hohen Festtage ein absolutes Fehdeverbot aussprach und Schwache (Frauen, Kinder, Witwen, Priester etc.) ausdrücklich schützte. In Deutschland war zwar das Ansehen des Königs stark genug, um Faustrecht und Privatrache zu unterbinden, dennoch begeisterte der religiöse Friedensgedanke auch Heinrich III., der es liebte, sich öffentlich als Sünder zu bekennen und den Gegnern zu verzeihen. So konnte es geschehen, daß der wortgewaltige König im Konstanzer Münster den versammelten, nicht wenig verdutzten schwäbischen Rittern, Äbten und Bischöfen vom Altare herab Buße und Umkehr predigte. Bevor er Kettenhemd, Schild und Helm anlegte, pflegte er zu beten und zu fasten. Noch auf dem Schlachtfelde, umgeben von siegestrunkenen Kriegern, entblößte er sich bis auf ein einfaches Linnen und kniete barfuß und mit Asche auf dem Haupt vor dem mitgeführten Splitter des heiligen Kreuzes nieder. All diese Handlungen zeigen die tiefe religiöse, ja priesterliche Sendung, die Heinrich III. mit seinem Herrschertum verband. Im Gegensatz zu seinem Vater verzichtete er darauf, Bischofssitze und Reichsabteien gegen Geld zu besetzen. Dennoch wählte er die Amtsträger nach politischen Gesichtspunkten persönlich aus und investierte sie, das hieß, er wies sie in ihr Amt ein, indem er neben dem Hirtenstab auch den Ring als Symbol der Vermählung mit der Kirche überreichte.

HEINRICH III.

›Riesenwuchs‹, verbunden mit einer auffällig dunklen Gesichtsfarbe, wegen der er auch der »Schwarze Heinrich« genannt wurde, soll dem Sohn des ersten Saliers Konrad II. ein düsteres, furchteinflößendes Aussehen verliehen haben. Geboren 1017, errang er als deutscher König (1039) und römischer Kaiser (1046) fast eine bedeutendere Machtstellung als Otto der Große. Er regierte mit sicherer Hand die drei Königreiche Deutschland, Italien und Burgund und beherrschte unangefochten Rom. Drei Päpste setze Heinrich III. ab und erhob vier Deutsche in ununterbrochener Reihenfolge auf den Stuhl Petri. Machtbewußt unterstützte er dennoch die Mönche von Cluny, die eine Befreiung der Kirche von weltlichen Einflüssen forderten. So stärkte er indirekt das Papsttum, offenbar ohne zu beachten, daß ein im Ansehen gefestigtes Papsttum beanspruchen konnte, fortan ohne oder über den Kaiser hinweg die Geschicke der Christenheit zu lenken, eine Tragik seines Herrschertums, die sein Bild in der Nachwelt wesentlich geprägt hat.

Auf Abbildungen erscheint der Kaiser in christusähnlicher Gestalt, in einer Mandorla, dem mandelförmigen Heiligenschein. Er wird von Christus selbst gekrönt und tritt gemeinsam mit seiner Gemahlin Agnes vor die Muttergottes, um ihr persönlich eine kostbare Handschrift zu überreichen. Die Darstellungen zeigen die erstrebte, unmittelbare Gottesnähe des Kaisers, der priesterliche Würde für sich beanspruchte.

Seit jeher bestand ein Widerspruch zwischen dem Wesen der Königsherrschaft und den königlichen Eingriffen in kirchliche Belange. Er wurde jedoch überbrückt durch theokratische Herrschaftsauffassungen. (Unter Theokratie, griech.: Gottesherrschaft, verstehen wir, vereinfacht, den von einem Priesterkönig geleiteten Staat.) Heinrich III. († 1056) gelang es als letztem der deutschen Kaiser und Könige, dieser Reichsidee Geltung zu verschaffen. *(C. R.)*

Kampf Mann gegen Mann und Martyrium. *Szenen vom Abdinghofer Tragaltar des Roger von Helmarshausen (um 1100), ein Zeitdokument auch für Rüstungen und Waffen. Paderborn, Franziskanerkirche.*

Wann immer Heinrich III. auf einem seiner zahlreichen Züge, die ihn durch ganz Europa führten, der sterblichen Reste eines wundertätigen Heiligen habhaft werden konnte, schaffte er sie mit der Leidenschaft des Sammlers nach Speyer oder Goslar, seinen Lieblingssitzen, um sie zu verehren und so Fürsprecher im Himmel zu gewinnen. Überall kam es zu aufsehenerregenden »Funden« von Leichen und Leichenteilen, die in kleinste Einheiten zerstückelt, in kostbaren Schreinen, den Reliquiaren, aufbewahrt wurden. Sie waren in der Form dem Gegenstand angepaßt, den sie enthielten: einen Kopf, einen Fuß oder einen Finger.

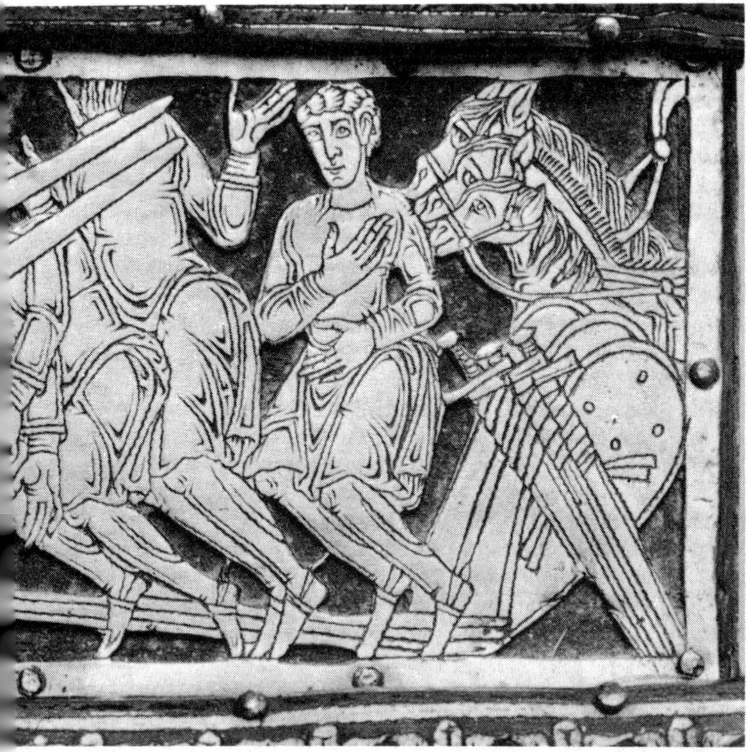

Reliquien waren begehrt, brachten sie doch ihrem Besitzer nach christlichem Glauben Segen, Ansehen und den Zustrom der Gläubigen, sie wurden deshalb nicht nur gehandelt, manchmal wurde um ihren Besitz Krieg geführt, wie zu Beginn der Regierung Heinrichs III. im Osten.

Der Krieg mit Böhmen und Ungarn

Der Nationalheilige der Polen war der Tscheche Adalbert († 997), ein Freund Ottos III., der von seinen Landsleuten aus seinem Prager Bistum vertrieben, den Märtyrertod starb, als er im Auftrag des Polenherzogs die Preußen missionierte. Die Gebeine des Heiligen, die in der Marienkirche zu Gnesen ruhten, wurden im Sommer des Jahres 1039 Anlaß eines Krieges, den der von religiösem Eifer besessene Böhmenherzog Břetislav I. († 1055) anzettelte. Wie einst Boleslaw Chrobry von Polen aus, versuchte nun Břetislav I. von Böhmen aus, ein vom deutschen König unabhängiges Reich zu errichten, das alle christlichen Westslawen einigen sollte. Prag sollte das polnische Gnesen als Hauptstadt des christlichen Ostens ablösen – ›legitimiert‹ durch einen angesehenen Heiligen. Diesem Zweck diente der Raub der Reliquie Adalberts.

Die Böhmen fielen in ein schutzloses, weil heillos zerstrittenes Polen ein, weite Teile des Landes wurden ausgeplündert und dem Erdboden gleichgemacht, viele Polen gerieten in Gefangenschaft und wurden auf die Sklavenmärkte Europas verschleppt, das Nationalheiligtum der Polen wurde nach Prag überführt. Doch die phantastischen Pläne des Böhmenherzogs zerschlugen sich, als Heinrich III. in das Geschehen eingriff und nach einigen Rückschlägen 1041 Prag umstellte. Barfuß und im Büßergewand unterwarf sich 1042 der Böhmenherzog dem König in Regensburg, entsagte der polnischen Eroberungen und bat um Begnadigung, was ihm Heinrich III., beeindruckt von diesem reumütigen Auftritt, nicht versagen konnte. Böhmen erkannte fortan die Oberhoheit des Reiches an.

Um die ungarische Stephanskrone entbrannte in dieser Zeit ein heftiger Machtkampf, der schließlich den wegen seiner Grausamkeit und Willkür im Volk verhaßten König Peter, einen Neffen Stephans des Heiligen, zur Flucht ins Reich zwang. Die Reiterscharen der Magyaren hatten, auch wenn sie längst Christen waren, nichts von ihrem Schrekken für das Abendland verloren. Auch deshalb kam es sofort zum Krieg, als der Rebell Aba († 1044) die Grenzgebiete mit Raub- und Eroberungszügen überfiel. Heinrich III. schlug bei Menfö (1044) das an Zahl überlegene ungarische Heer, zwang den Ungarn die Wiedereinsetzung des früheren Königs Peter auf und schob die Reichsgrenze bis zur March und Leitha vor. Die Fürsten Ungarns unterwarfen sich und verpflichteten sich 1045 zur Treue gegenüber dem Deutschen Reich. Doch ein Jahr später schon wurde Peter († 1046) erneut verstoßen und geblendet.

Die Regierung Heinrichs III. endete mit zwei Ungarnfeldzügen (1051/1052), die trotz Einsatz aller Kräfte ergebnislos abgebrochen werden mußten. Ungarns Weg in die nationale Unabhängigkeit war nicht aufzuhalten. 1058 wurde definitiv seine Unabhängigkeit anerkannt.

Königsgut, Burgen und Ministeriale – Nürnberg entsteht

Welche Herausforderung für den Bestand des Reiches damals von den Böhmen und Ungarn ausging, mag ermessen, wer eine der noch erhaltenen Burgen besichtigt, die Heinrich III. in den Grenzmarken, aber auch im Innern des Landes bauen ließ. Noch heute erhebt sich, auf mächtig aufragendem Felsen errichtet, die salische Königsburg über der Reichsstadt Nürnberg, die von Heinrich III. um 1040 gegründet wurde. Der fünfeckige Turm, auch »Alt-Nürnberg« genannt, ein Wahrzeichen der Stadt, soll der Bergfried der ursprünglichen Burganlage gewesen sein. Der befestigte Platz diente als Etappenort für die Reichsfeldzüge des Kaisers im Osten, aber auch als Verwaltungssitz für die im ostfränkischen Raum liegenden »Königsgüter«. Diese »Königsgüter« sorgten in Kriegszeiten für Nachschub, im Frieden stellten sie eine wichtige Einnahmequelle des Königs dar. Noch stärker als sein Vater suchte Heinrich III. durch die straffe Zusammenführung der weit zerstreuten Güter dem Königtum eine unabhängige Machtstellung zu sichern.
Unter dem Schutz der Nürnberger Königsburg entwickelten sich, durch das breite Sumpfgebiet der Pegnitz getrennt, zwei Siedlungen. Hier wohnten die königlichen Beamten, die Ministerialen, die für Verwaltung und Verteidigung von Burg und Umland zuständig waren. Hier ließen sich aber auch Handwerker und Kaufleute nieder, die Waffen, landwirtschaftliche Güter und andere Erzeugnisse verkauften und einen regen Warenaustausch mit dem süddeutschen Handelsplatz Regensburg betrieben, der Drehscheibe des Ostwesthandels. Am Fuß der Burg blühte, zunächst in einfachen Holzhäusern, städtisches Leben auf. Es entstand eine Bürgerstadt, die spätere Reichsstadt Nürnberg, die also ihre Entstehung vor allem der Grenzpolitik Heinrichs III. verdankt.

Reformbedürftiges Papsttum – Rauhes kaiserliches Eingreifen, legitimiert durch das Reichskirchensystem

Seit dem Jahr 1046 konnte sich Heinrich III. seinem Lebenswerk zuwenden, der Reform der Kirche. Und diese Reform schien – vor allem mit Blick auf Rom – dringend nötig: Unerhörte Dinge wurden dem Tusculanerpapst Benedikt IX. schon von seinen Zeitgenossen nachgesagt; die Legende sieht in dem Papst, der angeblich schon als zwölfjähriger Knabe auf den Stuhl Petri gelangt sein soll, einen Ausbund sittli-

Deutschland von 1024 bis 1125
Hamburg
Verden
HZM. SACHSEN
Gnesen
Posen
Utrecht
Minden
Hildesheim
Magdeburg
Paderborn
Goslar
Lüttich
Aachen
Köln
Breslau
HZM
NIEDERLOTHRINGEN
FRANKEN
THÜRINGEN
BÖHMEN
Prag
ab 1046
lehnspflichtig
Trier
Bamberg
Reims
HZM.
OBER
LOTHRINGEN
Regensburg
MÄHREN
Olmütz
Freising
Clairvaux
Straßburg
HZM.
SCHWABEN
Salzburg
Konstanz
HZM.
BAIERN
Cluny
Besançon
KÖNIGREICH
Lausanne
BURGUND (Arelat)
Gurk
Lyon
MGFT.
VERONA
Aquileja
Mailand
Verona
KÖNIGREICH
ITALIEN
Venedig
Genua
Ravenna
Embrun
Aix
Ancona
Pisa
KORSIKA
seit ca.1020
zu Pisa
SPOLETO
Rom
BENEVENT
CAPUA
Benevent
Neapel
SALERNO
SARDINIEN
seit Mitte des 11. Jhs.
zu Pisa
Salisches Hausgut
Mathildische Güter
Deutsches Reich u. Reichsgrenze
Grenzen der Herzogtümer
Böhmen u. Mähren
Marken
Kirchenstaat

cher Verwahrlosung. An unwürdige Päpste war man in Rom jedoch gewöhnt, auch daran, daß sich zwei Päpste das höchste Amt der Kirche streitig machten, nun waren es aber drei Päpste zugleich. Benedikt IX., der sich für viel Geld die Papstwürde erkauft hatte, trat zurück, nachdem ihm der Gegenpapst Silvester III. offenbar die Lust am Regieren gründlich verdorben hatte. Er tat dies freiwillig, aber nicht ohne eine stattliche Abfindung in Höhe von 2000 Pfund Gold. Das Geld stammte von einer jüdischen Bankiersfamilie, Vermittler soll der Mönch Hildebrand gewesen sein, der spätere Papst Gregor VII., dessen weitere Karriere wir im Auge behalten wollen. Die Kirchenreformer, sonst leidenschaftliche Gegner jeden Ämterkaufes, nahmen an diesem Geschäft keinen Anstoß, denn es brachte einem ihrer Anhänger, einem frommen Kirchenmann, der sich nun Gregor VI. nannte, die Tiara ein. Doch Silvester III. hatte noch Anhänger, und Benedikt IX., des Müßiggangs überdrüssig, betrachtete sich bald wieder als rechtmäßiger Papst, was ja nach dem Kirchenrecht zutraf, das weder den Kauf noch den Verkauf des Amtes vorsah. Reform der Kirche war für Heinrich III. gleichbedeutend mit der Ausrottung der Simonie (Handel mit Kirchenämtern). Undenkbar, daß er sich damit abfinden konnte, von einem simonistischen Papst zum Kaiser gekrönt zu werden. Bereits zu Beginn seiner Regierung hatte er sich mit Erzbischof Aribert von Mailand, dem Feind des Vaters, versöhnt und fand so eine befriedete Lombardei vor, als er im Herbst 1046 in die Hauptstadt Pavia einzog. Hier versammelte er die Bischöfe und Erzbischöfe des ganzen Reiches und ließ jeden Kauf oder Verkauf von kirchlichen Ämtern mit dem Bannspruch belegen. Auf zwei weiteren *Synoden (K, unten)* in Sutri und Rom wurden alle drei Päpste abgesetzt. Gregor VI., dessen Anhang am stärksten war, ging in die Verbannung nach Köln, wo er starb, begleitet von seinem Kaplan Hildebrand. An ihre Stelle trat ein Sachse, der Bamberger Bischof Suidger, der sich Clemens II. nannte und am Weihnachtstage 1046 die Kaiserkrönung an Heinrich III. voll-

Synode

In der katholischen Kirche wird so jede kirchliche Versammlung unter Vorsitz eines zuständigen Oberen bezeichnet. Im allgemeinen wurde sie durch den Bischof einberufen, jedoch führten die deutschen Könige vor dem Investiturstreit häufig den Vorsitz. Die Synode beriet allgemeine Angelegenheiten, die die Kirche – oft aber auch die allgemeine Reichspolitik – betrafen. Im Mittelalter sehr häufig und oft mit weitreichenden Ergebnissen.

zog. Zu den reichen Schätzen des Bamberger Domes zählt auch die Grabstätte des Papstes, der nach nur neunmonatigem Pontifikat starb und als einziger deutscher Papst in Deutschland sein Grab fand.

Ungeliebte Deutsche

Bei seinem Rombesuch ließ sich Heinrich III. den goldenen Stirnreif aushändigen, das Abzeichen des weltlichen Stadtherrn, des Patricius von Rom. Der Kaiser errang so die erste und entscheidende Stimme bei der Papstwahl. Der römische Stadtadel verlor jeden Einfluß auf das Papsttum, das mit drei weiteren Deutschen in ununterbrochener Reihenfolge besetzt werden konnte: Dem Sachsen Suidger folgte der Baier Poppo nach, der in dem Südtiroler Städtchen Brixen Bischof war, ehe er als Damasus II. den Papstthron bestieg. Die Römer, von Ahnenstolz durchdrungen, sahen in den deutschen Päpsten nichts anderes als Statthalter des deutschen Kaisers und Rom zur Provinz erniedrigt. Der schwere Zungenschlag der deutschen Päpste erregte Heiterkeit, ihre Enthaltsamkeit, was die geschäftliche Seite des Amtes anbelangte, galt als Halsstarrigkeit und Hochmut. Kein Wunder, daß man nördlich der Alpen von Giftmord sprach, als Damasus II. nach drei Wochen starb, auch wenn sein Tod der Malaria zuzuschreiben ist, die in den Sümpfen der römischen Campagna brütete. Bei deutschen Bischöfen galt fortan die Papstwürde als eine Art Himmelfahrtskommando, dem man sich entzog, so weit man es konnte. Dem Elsässer Brun von Toul, einem Vetter des Kaisers, der als Leo IX. (1049–1054) in den Lateran einzog, stand dies nicht an. Er war ein leidenschaftlicher Vertreter der Kirchenreform. Ihm folgte noch einmal ein Deutscher, Gebhard von Eichstätt, als Victor II. (1055–1057) auf dem Stuhl Petri nach.

Neuer politischer Faktor im Süden Italiens: Die Normannen

In der Mitte des 11. Jahrhunderts teilten sich drei Mächte die Herrschaft über Italien. Im Norden lag die Macht beim deutschen Kaiser, der zugleich König von Italien war, in Rom und Mittelitalien regierte der Papst als Herr des Kirchenstaates, im Süden beanspruchte Byzanz, das oströmische Kaiserreich, die Herrschaft auch über langobardische Gebiete, wurde jedoch immer stärker von den Langobarden und Normannen in Unteritalien und den Sarazenen in Sizilien zurückgedrängt.

Die Normannen oder Wikinger waren einst unter rücksichtslosen Führern wie Erik Blutaxt, Harald Blauzahn oder Ivar dem Knochenlosen der Schrecken Europas gewesen (siehe Band 1, Seite 109 ff). Jetzt lebten viele von ihnen seit über einem Jahrhundert, seßhaft geworden und bereits romanisiert, in Nordfrankreich, in der heutigen Normandie. Von hier kamen 1016 die ersten Normannen nach Unteritalien, nicht als Eroberer wie in England, sondern als Rompilger und Söldner im Dienst langobardischer Fürsten (siehe auch Band 1, Seite 121). Ihrer Tapferkeit und überlegenen Kriegskunst - sie kämpften in geschlossenen Einheiten - verdankte der Fürst Waimar von Salerno († 1052) seine Siege über Byzanz, die ihn zeitweise zum Herrn über ganz Unteritalien machten, nur Benevent und Neapel blieben selbständig. Seine Krieger entlohnte der Fürst, indem er ihnen besetzte oder noch zu erobernde Landschaften und Städte zur Nutzung überließ, also zu Lehen gab. Unter Wilhelm Eisenarm nahmen die Normannen die Grafschaft Apulien in Besitz, Rainulf I. gewann Aversa, später auch Capua. Als Heinrich III. im Jahr 1047 von Rom nach Capua weiterzog, bestätigte er den Normannenfürsten ihre Besitzungen und ließ sich von ihnen und Waimar von Salerno huldigen.

Kaiser – Papst – Normannen: Von Machtkämpfen zerrissenes Italien

Das Kaisertum der Deutschen hatte jetzt seine größte Ausdehnung erreicht. Die Grenzen, innerhalb derer die kaiserliche Gewalt Geltung beanspruchen konnte, reichte von der Oder und der Donau bis zur Rhône und Saône, von Prag bis Gent, von der dänischen Grenze im Norden bis tief in den Süden Italiens. Die Pommern, Polen, Böhmen und Ungarn huldigten dem Kaiser, der die drei Königreiche Deutschland, Italien und Burgund vereinigte und Rom und das Papsttum beherrschte wie kein Kaiser vor ihm. Und doch liegen, wie die Geschichte der großen Weltreiche lehrt, Höhepunkt und Wendepunkt nur zu oft dicht beieinander. Auch Heinrich III. mußte Rückschläge hinnehmen. Der Prestigeverfall des Kaisers begann dort, wo er ihn am empfindlichsten traf, in Rom - ausgelöst durch seinen Vetter, ›seinen‹ Papst Leo IX.

Papst Leo IX., ein Mann von großer Ausstrahlungskraft auf die Volksmassen, war hochgebildet und voll religiösem Eifer. Die meiste Zeit war er auf Reisen, Frankreich, Deutschland, selbst Ungarn besuchte der »fahrende Papst«, der ganz im Sinne Heinrichs III. überall die Kirchenreform propagierte, energisch, aber kompromißbereit. Den Prie-

Der Papst der Reformen und Kaisernähe: Leo IX.
Er förderte u. a. den Mönch Hildebrand und Friedrich von Lothringen, die späteren Päpste Gregor VII. und Stephan IX.

stern schärfte er das Keuschheitsgelübde ein, ihre Begleiterinnen verfluchte er als Dirnen, verheiratete Priester wurden samt Anhang in die gefahrvolle Heidenmission strafversetzt, die Priester Roms mußten ihre Lebensgefährtinnen im Lateran abliefern, was als sicherer Verwahrungsort galt. Böse Zungen behaupten, daß eine allzu engherzige Durchführung der Reform die Schließung der Gotteshäuser bedeutet hätte, denn unbelastet im Sinn der neuen Regeln war kaum ein Diener der Kirche. Leo IX. umgab sich mit den intelligentesten Köpfen der Zeit, etwa den Lothringern Humbert, Kardinalbischof von Silva Candida († 1061), und Friedrich, seinem Kanzler, oder dem zum Kardinal aufgestiegenen Mönch Hildebrand, der die Finanzen übernahm, eine Schaltstelle der Macht seit jeher. Dennoch endete das Pontifikat dieses großen Reformers mit einer politischen Fehlentscheidung von weitreichenden Folgen. Er legte sich mit den Normannenfürsten an, mehr noch, er zog gegen sie in den Krieg, und dies ohne Unterstützung des Kaisers. Als »treuloses Volk von unersättlicher Habgier« beschimpft ein Mönch von Monte Cassino die Normannen; eroberungssüchtig waren sie in der Tat: so war ihnen Benevent zum Opfer gefallen, Salerno und Kalabrien. Doch ehrgeizige Pläne, die auf eine Oberherrschaft über ganz Unteritalien zielten, verfolgte auch der kriegerische Papst, als er 1054 mit einem bunten Haufen von Abenteurern nach dem Süden aufbrach. Bei Civitate (am Gargano) metzelten die normannischen Lanzenreiter die päpstlichen Truppen nieder. Leo IX. geriet in Gefangenschaft, eine Ehrenhaft, die er in Benevent verbrachte. Als gescheiterter, todkranker Mann, auf einer Sänfte getragen, kehrte er in den Lateran zurück, wo er starb, umgeben von römischen Plünderern.

Das ruhmlose Ende des deutschen Papstes wirft ein Schlaglicht auf die politische Situation in Italien. Nicht Byzanz, das diesen Titel immer noch beanspruchte, nicht der deutsche Kaiser, sondern die Normannen, angeführt von Robert Guiscard († 1085), waren die Herren Unteritaliens.

›Italienische‹ Bündnisse gegen den Kaiser

Seit jeher suchte der Kirchenstaat, durch seine geographische Mittellage leicht verletzbar, Schutz bei mächtigen Nachbarn. Papsttum und Normannen, eben noch erbitterte Gegner, verbündeten sich schon in den folgenden Jahren gegen den Kaiser, was den normannischen Fürsten die Anerkennung ihrer Eroberungen, dem Papst aber Macht einbrachte, zum Schaden des deutschen Kaisers.

Eine neue Bedrohung erwuchs Heinrich III. auch in Tuscien. Seit jeher kam der Markgrafschaft Tuscien (= Toscana) eine besondere Bedeutung zu, als Durchzugsland für die Romzüge der Deutschen, als führender Macht Mittel- und Norditaliens. Hier nistete sich nun der Lothringer Gottfried der Bärtige ein, der sich aus enttäuschtem Erbanspruch auf das Herzogtum Lothringen mit Heinich III. verfeindet hatte. Der Lothringer vermählte sich heimlich mit Beatrix, der Witwe des Markgrafen von Tuscien. Auf Heinrichs III. Italienfeldzug (1055) kam es zum Kampf mit Gottfried. Der Kaiser vertrieb ihn, nahm Beatrix und ihre Tochter Mathilde gefangen und verschleppte sie nach Deutschland. Gottfried der Bärtige war zwar der gefährlichste, jedoch längst nicht der einzige Feind, den sich Kaiser Heinrich III. gemacht hatte.

Die Volkstümlichkeit seines Vaters Konrad II., der Volk, Adel und Geistlichkeit gleichermaßen hinter sich wußte, errang Heinrich III. niemals. Er wurde gefürchtet, nicht geliebt.

Zentrum kaiserlicher Macht: Kaiserpfalz Goslar. *Schon Heinrich II. zeichnete Goslar durch einen Palast aus, Heinrich III. errichtete eine großartige neue Anlage, die in der Stauferzeit um 1200 ihre Vollendung fand.*

Reiche Pfalz – Mißmutige Sachsen

Feinde des Königtums waren immer wieder die Sachsen. Die Entdekkung der Silbererze im Rammelsberg bei Goslar löste einen ›Silberrausch‹ aus, dem sich das Königtum, von ständiger Finanznot geplagt, nicht entziehen konnte. Abbau und Nutzung der Silbermine, etwa durch das Schlagen von Münzen, galten als Vorrecht des Königs. Bereits Heinrich II. hatte in Goslar einen königlichen Palast, ein schlichtes Fachwerkhaus, errichtet, um die ergiebige Geldquelle zu sichern. Konrad II. baute die Pfalz nach dem Vorbild Aachens aus. Heinrich III. erweiterte die von seinem Vater mit der doppelgeschossigen Liebfrauenkirche und dem Wohnpalast begonnene Pfalzanlage durch den mächtigen Saalbau des »Kaiserhauses«, auch Pallas genannt, der als unbestritten großartigster Profanbau des 11. Jahrhunderts gerühmt wird. Den Sachsen mißfiel die Vorliebe der landfremden Franken für Goslar, dem reichsten Ort Sachsens, der nun Lieb-

lingssitz der Könige wird, ›heimliche Hauptstadt‹ des Reiches, das ja ohne feste Residenz durch einen umherziehenden König regiert wurde.
Ohnmächtig standen die Sachsen dem Zustrom fränkischer ›Gastarbeiter‹ gegenüber, die sich auf die Metallgewinnung verstanden und auch die Rodung und Besiedlung der Harzwälder vorantrieben. Doch der Unwillen vor allem der sächsischen Adeligen gegen den Salier hatte noch einen anderen Grund. Im Gegensatz zu seinem Vater Konrad II. verzichtete Heinrich III. auf Schmiergelder, wenn er einem geistlichen Herrn ein Bistum oder eine Reichsabtei überließ. Er enthielt sich jeder wirtschaftlichen Ausbeutung der Kirche, was ihm zwar den Beifall der Kirchenreformer einbrachte, aber auch den Unwillen der Adeligen, die nun von ihm stärker zur Ader gelassen wurden. Sie mußten für die Einnahmeverluste aufkommen, die dem Staatshaushalt durch Heinrichs Verzicht auf jeglichen Handel mit kirchlichen Ämtern entstanden. Und: Kirchenmänner, etwa der Bremer Erzbischof Adalbert († 1072), dessen Missionare bis Finnland, Island und Grönland vordrangen, wurden mit reichen Schenkungen bedacht, der Adel ging leer aus und bekam Heinrichs hochfahrendes und herrisches Wesen bitter zu spüren, wenn er auf seinem Recht bestand.

Preis der Kirchenreform: Kirchliche Verselbständigung

Der Preis war hoch, den das salische Königtum für die Unterstützung der Kirchenreform zahlte. Den Stuhl Petri besetzten bald machtbewußte Päpste, die sich wenig darum kümmerten, daß sie die Handlungsfähigkeit und das Ansehen ihres Amtes dem Salier Heinrich III. verdankten, der das Papsttum von dem übermäßigen Einfluß des stadtrömischen Adels befreit hatte. Befreiung der Kirche wurde nun als Loslösung von jeder weltlichen Gewalt aufgefaßt, also auch der kaiserlichen. Schon zu Lebzeiten des Kaisers diskutierten Anhänger der Kirchenreform, wer mehr zu dem ewigen Heil der Gläubigen beitrage, der König oder das Priestertum. »Es ist ein Unterschied zwischen der Weihe, die Ihr, o Herr, empfangen und der unsrigen«, mußte sich Heinrich III. vorhalten lassen. »Die priesterliche Weihe ist lebensspendend, die kaiserliche lebensvernichtend, und je größer der Vorzug des Lebens vor dem Tod ist, um so höher sind wir erhaben über Euch.« Bischof Wazo von Lüttich, von dem diese Zeilen stammen, tadelte die Absetzung des Erzbischofs von Ravenna durch Heinrich III., obwohl dessen Amtsführung schlecht war. Dies zu entscheiden, sei al-

Der Thron eines Kaisers – aus Stein und Bronze. *Der Thron Heinrichs III. in der Vorhalle des ehemaligen Goslarer Doms (in des »Reiches Kapelle«), ein Beispiel vollendeter Handwerkskunst (11. bis 12. Jh.). Goslar.*

lein Sache des Papstes. »Ihm sind wir Gehorsam schuldig«, schrieb der Kirchenfürst dem Kaiser, »Euch, o Herr, nur Treue. Euch haben wir über das Weltliche Rechenschaft abzulegen, ihm über das Geistliche.« Die Kirchenreformer fühlten sich also schon zu Lebzeiten des Königs stark genug, die religiöse Rechtfertigung des Herrschertums in Frage zu stellen.
Gegen Ende seiner Regierung hatte Heinrich III. mehrere Verschwörungen zu überwinden, die jedoch auf wunderbare Weise scheiterten, noch ehe sie zur Ausführung gelangten. Ein Mordanschlag wurde rechtzeitig aufgedeckt, Verschwörer starben plötzlich oder retteten sich todkrank in ein Kloster, um sich durch eifrige Geständnisse von Gewissensnot zu befreien. An den Verschwörungen waren die Fürsten von Baiern, Kärnten und Sachsen beteiligt. Die Fürsten fühlten sich von Heinrich III. schlecht behandelt und daher auch zu nichts verpflichtet, als die kaiserliche Familie in Not geriet und das Herrscheramt geschwächt wurde. Dies trat ein, als der Kaiser kurz vor seinem 39. Geburtstag plötzlich starb (5. Oktober 1056) und das Reich einem sechsjährigen Knaben, seinem Sohn Heinrich IV., hinterließ.
Dem Tod des Kaisers soll ein Jagdessen vorausgegangen sein, krönender Abschluß einer fröhlichen Treibjagd durch die Harzwälder bei Bodfeld, an der auch der jagdfreudige Papst Victor II. teilnahm. Der Genuß einer verdorbenen Hirschleber soll dem Kaiser zum Verhängnis geworden sein. Er wurde an der Seite des Vaters in Speyer bestattet, sein Herz ruht in Goslar.
Mit Heinrich III. erreichte das Kaisertum den Gipfel der Macht. Es gilt dies nicht nur im Sinn äußerer Machtentfaltung. Der Erwerb von Ländern und Königreichen, die Herrschaft über Menschen und Ein-

Literatur

Die Zeit Konrads II. und Heinrichs III. spiegelt sich vor allem in zahlreichen kleineren Einzeluntersuchungen und wissenschaftlichen Aufsätzen, die sich unter den Literaturangaben der grundlegenden Werke finden (siehe Allgemeine Literaturhinweise am Schluß).

Beumann, Helmut: Wissenschaft vom Mittelalter, Köln 1972
Mitteis, Heinrich: Die deutsche Königswahl, Brünn/München/Wien 1944
Schieffer, Theodor: Heinrich II. und Konrad II., Darmstadt 1969
Tellenbach, Gerd: Kaisertum, Papsttum und Europa im hohen Mittelalter. In: Fritz Valjavec (Hrsg.): Historia Mundi, Bd. 6, Bern 1958

richtungen, etwa die Kirche, waren für den christlichen Herrscher nie Selbstzweck oder alleinige Richtschnur, an der er selbst seinen Erfolg bemaß: Mit der Königs- und Kaiserwürde verband sich die Verpflichtung, irdische Ziele in Einklang zu bringen mit der göttlichen Weltordnung. Diesen religiös-geistlichen Sinn des Kaisertums brachte Heinrich III. zur vollen Entfaltung, indem er seine Herrschaft ganz in den Dienst der Erneuerung der Kirche stellte, über das Maß der politischen Vernunft hinaus, was seinem Rang in der Geschichte jedoch keinen Abbruch tut.

Stichworte zur frühen Salierzeit

Fortführung der ottonischen Reichspolitik: Stärkung des Königtums gegenüber Fürsten und Bischöfen durch Unterstützung der kleinen Vasallen und Ministerialen; Niederwerfung einer Fürstenopposition unter Ernst von Schwaben; Machtkonzentration unter Heinrich III. durch Übernahme dreier Herzogtümer durch den König; Unterstützung der Missionstätigkeit Adalberts von Hamburg-Bremen im Norden; Schwächung der königlichen Machtstellung in Sachsen und Aufstand in Lothringen gegen Heinrich III.
Expansion und Grenzsicherung: Siegreicher Feldzug Konrads II. gegen Polen; Vereinigung des Königreiches Burgund (Arelat) mit dem Deutschen Reich; Verhinderung einer böhmischen Monarchie, der Böhmenherzog nimmt sein Land zu Lehen; Unterwerfung Ungarns; Feldzug gegen Dänemark und England.
Italien- und Reichspolitik: Festigung der kaiserlichen Macht in Italien (1027 Kaiserkrönung Konrads II.), im Süden gegenüber Normannen nominale, in Nord- und Mittelitalien reale Herrschaft; städtische Aufstandsbewegungen in der Lombardei erfordern zweiten Italienzug Konrads; 1037 Hoftag in Pavia (Lehnsgesetz: Erblichkeit der kleinen Lehen in Italien); Konrad II. steht der Kirchenreform fern, Heinrich III. dagegen fördert sie; Synoden von Sutri und Rom mit Absetzung dreier Päpste; Beherrschung der Kirche und des Papsttums durch den Kaiser; Kritik an der Herrschaftsauffassung Heinrichs III. aus den Reihen der Kirchenreformer.

DIETGER REINHOLD

Lehnswesen und Heer

Romanen, Kelten, Germanen: Anfänge des Lehnswesens – Aufkommen der Panzerreiterheere – Lehnswesen als umfassendes Organisationsprinzip von Staat und Gesellschaft – Rittertum – Fränkische Heere der Merowinger und Karolinger – Das Ritterheer – Seine Stärken und Schwächen – Weiterentwicklung des Heereswesens.

Lehnswesen und Heer sind die zwei Seiten ein und derselben Medaille: Wie auch bei anderen mittelalterlichen Institutionen handelt es sich hier um eine Synthese spätrömischer, keltischer und germanischer Elemente. Das Lehnswesen entsteht aus der Auseinandersetzung der germanischen Adelsherrschafts- und Gefolgschaftsidee mit der römischen Form von Großgrundbesitz und dem keltischen Vasallitätsbegriff (siehe auch Band 1, Seite 282 ff.). Lehen (lat.: beneficium = Wohltat, ahd.: fehu = Vieh; vgl. Feudalismus) kann grundsätzlich alles sein: Grundbesitz, Rechte und Privilegien, öffentliche Einkünfte, Ämter; es wird vergeben gegen Treue und Leistungen, es umfaßt eine sachenrechtliche und eine personenrechtliche Komponente.
Die Anfänge des Lehnswesens liegen im Merowingerreich zwischen Loire und Rhein, als »fertige« Einrichtung wird es für uns um 750 in der frühen Karolingerzeit faßbar. Es breitet sich dann als umfassendes Organisationsprinzip in verschiedenen Ausprägungen über ganz Europa hin aus. In Deutschland reichen seine besonderen Auswirkungen bis weit in die Neuzeit hinein.
Die Merowingerkönige begannen damit, an die Mitglieder ihrer persönlichen, bewaffneten Gefolgschaft Land leihweise zu vergeben; dabei muß man beachten, daß der »Königsdienst« jedem Mann – ob frei oder unfrei – eine sozial hervorgehobene Stellung verschaffte. Der so vom König mit einem »beneficium« Bedachte hatte an diesem sogenannten »Nießbrauch« (mhd.: niezen = zunutze machen), also das Nutzungsrecht an einer fremden Sache, und wurde so de facto Grundherr, auch wenn ihm das überlassene Land gar nicht gehörte. Als königlicher Lehnsmann erhielt er Zugang zum Hochadel: neben dem alten Geblütsadel und der galloromanischen Senatorenschicht entstand auf diese Weise ein »neuer« Adel. Der Ausleihende – zunächst der

König, bald darauf auch viele andere Große des Reiches, die sehr schnell dem königlichen Beispiel folgten – erfüllte so seine Unterhaltspflicht als Gefolgschaftsherr, der Empfangende schuldete seinem Lehnsherrn, dem er sich anvertraut, »kommendiert« hatte, Treue und Hilfe durch Rat und Tat besonders bei bewaffneten Auseinandersetzungen – unbeschadet seiner Stellung als freier Mann! Schon vor dem 8. Jahrhundert wurden solche Vasallenverträge auf Gegenseitigkeit der römischen Rechtstradition folgend schriftlich abgeschlossen; ›Formulare‹ hierfür sind uns überliefert, in denen der Kernsatz meist so lautet: ». . . und habe frei beschlossen, mich in Eure Munt (d. h. Gewalt, Vormundschaft) zu begeben oder zu kommendieren . . . es soll so sein, daß Ihr mir mit Speise und Kleidung helft und mich unterhaltet, und zwar in dem Maße, wie ich Euch dienen und mir damit Eure Hilfe verdienen kann . . .«

Aus diesem zunächst rein persönlichen Vertragsverhältnis entstand dreihundert Jahre später ein allgemein gültiger Verhaltenskodex des Dienstadels.

Das Lehen: Grundlage von Heer und Staatsverwaltung

Bald brachten dann die Erfordernisse der Zeit es mit sich, daß solche gefolgschaftliche Leiheverhältnisse in ihrer Zielsetzung erweitert wurden. Als die Einfälle der Araber im 8. Jahrhundert die Aufstellung eines Panzerreiterkorps nötig machten, gewann der Hausmeier des Frankenreiches die dafür nötigen Berufskrieger durch die leihweise Ausgabe von Königs- bzw. Kirchenland; diese Berufssoldaten besaßen einen hervorgehobenen Sozialstatus, obwohl sie wohl manchmal von ganz ›unten‹ kamen. Vor allem wurden sie durch die Leihe materiell unabhängig. Sie waren dazu verpflichtet, aus dem Ertrag ihres Lehens die teure Reiterausrüstung zu kaufen und inklusive Streitroß zu unterhalten; im Kriegsfall hatten sie der Krone auf Abruf zur Verfügung zu stehen.

Festgelegt wurde dies Verhältnis durch Vasallenvertrag und Treueid (= Lehnseid!).

Auch die Kirche konnte Land vom König leihen mit der Auflage, Panzerreiter für das Heer abzustellen, wobei deren Zahl sich nach Größe und Wert des Lehens richtete.

Noch eine weitere Zielsetzung des Lehnswesens wurde spätestens in der Karolingerzeit ganz deutlich, nämlich die ›Finanzierung‹ der Reichsverwaltung: Die Überreste des römischen Berufsbeamtentums

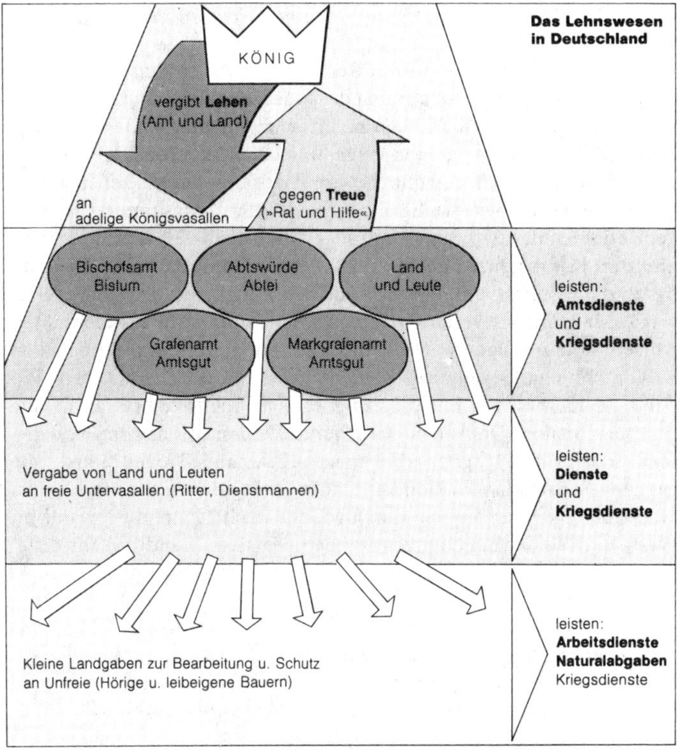

waren damals längst verschwunden, die Verkehrsverbindungen zu den einzelnen Reichsteilen in jämmerlichem Zustand. Autarkie (Selbstgenügsamkeit) hieß die Devise des bescheidenen Wirtschaftslebens, und eine Besoldung der regionalen Vertreter der Königsgewalt war unter solchen Umständen weder möglich noch sinnvoll. Dies zwang die Staatsleitung, ihr Verwaltungspersonal vor Ort zunehmend in das Lehnswesen mit einzubeziehen, zumal das Land als ›Zahlungsmittel‹ in reichem Maße vorhanden war; das Lehen wurde so quasi zum ›Beamtengehalt‹ des frühen Mittelalters, der Vasallenvertrag fungierte als Bestallungsurkunde und der Lehnseid als Amtseid. Für diese regionalen Vertreter des Königs bestand selbstverständlich auch die Verpflichtung, im Kriegsfall mit ihren eigenen Vasallen, die sie sich sehr bald zugelegt hatten, zum königlichen Aufgebot zu stoßen, um es zu verstärken.

Der frühmittelalterliche Staat als ›Personenverband‹

Abgesehen von den materiellen Bedingungen hatte sich also im Vergleich zum römischen Reich auch das Staatsverständnis geändert: Unter »Staat« verstand man eben nicht mehr eine abstrakte juristische Person mit dem Kaiser an der Spitze, welcher schnell wechseln konnte, sondern einen durch persönliche Treue zusammengehaltenen Personenverband auf Gegenseitigkeit. Einen Verwaltungsapparat in antikem oder modernem Sinne mit spezialisierten Behörden und abgegrenzten Kompetenzen gab es nicht. Wer im königlichen Auftrag auftrat und handelte, tat dies als persönlicher Vertrauter; der König selbst war keine völlig souveräne Macht, sondern starken Bindungen unterworfen – die Adeligen waren keine Untertanen, sondern standen zum König in einem Gegenseitigkeitsverhältnis, ausgestattet mit dem ›Widerstandsrecht‹ – wie F. Kern es nennt. Das Lehnswesen war die diesem ›personalen‹ Denken entsprechende Organisationsform. Von diesem Leiheprinzip gegen »Dienst um Hilfe und Treue« wurde die ganze Gesellschaft vom kleinen, schollengebundenen Bauern bis zum Hochadel nach und nach durchwoben, auch wenn die jeweiligen Wert- und Statusvorstellungen je nach sozialem Standort sehr differierten.

Schwächung der Königsmacht – Stärkung der Fürsten: Frühe Verhinderung eines geschlossenen deutschen Nationalstaats

Als jedoch nach Karl dem Großen die Macht der Karolinger zu zerbröckeln begann, wurden die Schwachstellen dieses Systems rasch sichtbar: menschlich völlig verständlich, strebten die Lehnsträger bald danach, ihre geliehenen Ländereien oder Ämter auf ihre Nachkommen zu vererben, was ihnen im Lauf des 9. Jahrhunderts fast durchweg gelang. Für den König ergab sich auch bald der Zwang, jeweils Einheimische mit bestimmten Ämtern zu belehnen; besonders östlich des Rheins gelang es im Übergang vom 9. zum 10. Jahrhundert vielen Lehnsträgern, ihre Lehen in privaten Familienbesitz umzuwandeln. Etwa zur gleichen Zeit werden dort auch Bestrebungen sichtbar, Lehnsgut durch »Streuung« der Lehnsbindungen abzusichern – mit anderen Worten, Lehen von verschiedenen Lehnsherrn zu nehmen. Dadurch wurde das Treue- und Ergebenheitsverhältnis zum Lehnsherrn in einem ganz wichtigen Punkt berührt: im Konfliktfall konnte nun der Lehnsmann wählen, welchem Herrn er seine Loyalität zu-

wandte, was in der Praxis oft darauf hinauslief, daß er nach dem Grundsatz handelte »je größer das Lehen, um so größer die Treue«! Da nun aber nur die hohe Reichsaristokratie und die Spitzen der Kirche direkte Lehnsträger der Krone, also »Kronvasallen« waren, der größte Teil des restlichen Adels jedoch Lehen vom Hochadel oder der Reichskirche genommen hatte, wurde ein großer und vor allem militärisch wichtiger Teil der Gesellschaft von der direkten Treueverpflichtung zur Krone abgeschnürt. Die deutschen, französischen und englischen Könige erkannten diese Gefahr wohl, aber nur in Frankreich und England gelang es, im 12./13. Jahrhundert diese letztlich »staatsauflösenden« Tendenzen innerhalb des Lehnswesens unter Kontrolle zu bringen; in die Lehnsverträge wurde dort eine Vorbehaltsklausel (der Ligeitas- oder Ligesse-Eid) aufgenommen, die den Lehnsinhaber zuallererst zur Treue gegenüber der Krone verpflichtete und dem alle anderen Bindungen nachordnete. Dies hatte zur Folge, daß es in diesen Staaten bald Adelsherrschaft ohne Lehnsbindung zur Krone überhaupt nicht mehr gab. Der Grund für die geschlossenen Nationalstaaten Englands und Frankreichs war damit gelegt.
In Deutschland verlief die Entwicklung anders: Obwohl auf die Lehnstreue der Herzöge und Markgrafen keineswegs immer Verlaß war, konnten die Könige mit Hilfe der ergebenen Reichskirche machtvoll regieren. Als aber im Investiturstreit (siehe Seite 126 ff.) diese Loyalität der hohen Geistlichkeit zusammenbrach, geriet das Königtum sofort in große Schwierigkeiten, da inzwischen aus den großen »Kronvasallen«, auch den geistlichen, so etwas wie ›Mitregenten‹ von solcher Macht geworden waren, daß der König sich auf wenig mehr als deren guten Willen verlassen konnte. Das war nun eine sehr schwankende Machtbasis bei Partnern, die alle mehr oder minder nach Selbständigkeit strebten. Unter solchen Umständen mußten in Deutschland auch Versuche nach dem englischen oder französischen Vorbild zu retten, was vielleicht noch zu retten war, scheitern. Als Friedrich Barbarossa im 12. Jahrhundert noch einmal daranging, die Königsmacht auf lehnsrechtlicher Grundlage zu stabilisieren, gelang es nicht, einen solchen Treuevorbehalt zugunsten der Krone ins Lehnsrecht hineinzubringen. Vielmehr kam eine siebenstufige ›Lehnspyramide‹ heraus mit einem nun völlig exklusiven Reichsfürstenstand. Da der König auf der ersten Stufe nur zu den geistlichen und weltlichen Fürsten der zweiten und dritten Stufe direkte Lehnsverbindungen hatte, nicht jedoch zur großen Masse der Lehnsträger der vierten bis siebten Stufe, war endgültig die Bildung einer beamteten Reichsverwaltung verhindert, da diese nur aus den untersten Stufen der Pyramide hätte hervorgehen können. Dieser Reformversuch wurde voll-

ends zum Mißerfolg, weil sich Friedrich I. dazu verpflichten mußte, durch Tod des Inhabers frei gewordene Kron(=Fürsten)lehen sofort wieder auszuleihen, statt sie zur Erweiterung des Krongutes nutzen zu können – die Fürsten hatten ja jetzt praktisch ein Vetorecht! Damit war ein Zustand festgeschrieben, der zunächst zur Ausbildung von Landesherrschaft, später de facto zur »Feudalisierung«, d. h. zur territorialen Zerstückelung des Reiches führen mußte. Die Macht deutscher Herrscher konnte von nun an nur auf ihrem persönlichen Besitz beruhen; war dieser zu gering, sank der Monarch zum Spielball der Reichsfürsten ab.

Das Heer der Frankenzeit: Bewaffnung, Disziplin, Ernährung

Das Heer der Merowinger- und frühen Karolingerzeit war hauptsächlich ein Milizheer zu Fuß. Schwert, Streitaxt, Hirschfänger und Schild bildeten die Hauptbewaffnung, Helm und Panzer konnten sich nur reichere Adelige leisten – der Strohhut war die vorherrschende Kopfbedeckung! Die Sammlung des Aufgebots war etwas langwierig, schwieriger noch war es, das Heer dann zusammenzuhalten, da die Soldaten ja ihre Arbeit als Landwirte zu leisten hatten. Der Kampfwert war allerdings nicht gering, was die großen Erfolge der Merowingerdynastie beweisen.

Technisch waren die Franken zur Produktion hochwertiger Waffen durchaus fähig; so waren, wie die Quellen beweisen, fränkische Schwerter ein in ganz Europa berühmter und begehrter Artikel, was ebenso für die Schuppenpanzer galt. Der Export dieser Waffen war auch wohlweislich durch Gesetz verboten.

Die arabische Invasionsbedrohung führte dann im 8. Jahrhundert zu einer tiefgreifenden Umgestaltung des fränkischen Militärwesens: Aus dem bäuerlichen Infanterieheer wurde allmählich eine Truppe berittener Berufskrieger, die mit Eisenhelm, Schuppenpanzer (viel später »Plattenrüstung«), Beinschienen, Schild, einer langen Stoßlanze und mit dem berühmten Frankenschwert bewaffnet waren. Sattel und Steigbügel garantierten festen Sitz und brachten diese vorzügliche Bewaffnung erst richtig zur Geltung. Aus karolingischen »Einberufungsbefehlen« wissen wir, daß manchmal auch Pfeil und Bogen zur Ausrüstung gehören konnten, die dann später aus den Ritterheeren verschwanden. Diese Befehle geben auch genaue Anweisungen für Troß und Bagage: so mußte auf Wagen alles nötige »Pioniergerät« wie Schaufeln, Bohrer u. ä. mitgeführt werden. Bewaffnung und Montur

Wächter des frühen 11. Jahrhunderts. *Detailgenaue Darstellung eines Kriegers, seiner Rüstung und Waffen vor einem Stadttor. Weihwassergefäß (Ausschnitt), Elfenbein. Aachen, Domschatz.*

Solidus, Plural: Solidi
(lat. solidus: massiv)

Eine seit Kaiser Konstantin dem Großen (306–337) in ihrem Wert festgelegte Goldmünze. Sie war bis zum 10. Jahrhundert in Ostrom Hauptmünze; der von ihr abgeleitete Schilling war wichtiges Zahlungsmittel im Mittelalter, während der Solidus sich zur Rechnungseinheit entwickelte. In Zusammenhang mit dem Solidus stehen die nhd. Begriffe Sold und Söldner; der Solidus war also ursprünglich auch Einheit für die Bezahlung von Kriegsdiensten.

sollten für sechs, die Verpflegung für drei Monate reichen. Sehr bestimmt wurde strikte Marschdisziplin angemahnt – das Aufgebot durfte in seinem Durchzugsgebiet nichts requirieren außer Futter, Feuerholz und Wasser. Unterhalt und Ausrüstung waren für diese Zeit sehr kostspielig, die Heere dementsprechend klein! Fränkische Rechtsquellen besagen, daß im 8. Jahrhundert ein Panzer 12 Goldsolidi, das war der Wert von sechs Kühen, kostete und ein Streitroß etwa den gleichen Wert repräsentierte. Heute hat man die Kosten für einen kompletten Panzerreiter jeweils auf 45 bis 48 *Solidi (K, oben)* berechnet. Hier war schon ein stattliches Lehen nötig, damit diese Summe aufgebracht werden konnte.

Das ritterliche Vasallenheer

Abgesehen von gewissen Detailverbesserungen in der Bewaffnung änderte sich an dieser Ausrüstung dann lange nichts mehr. Ein solches Panzerreiter–, später Ritterheer war vor allem ein Angriffsinstrument, das den Gegner durch den wuchtigen Anprall zurückwarf und dann verfolgte. Darauf zielte auch das Einzel- wie das Gruppentraining ab, das bereits im jugendlichen Alter begann und eine regelrechte Lehrzeit miteinschloß. Im Ernstfall focht man in Familien- und Stammesverbänden, wie z. B. bei der Lechfeldschlacht. Eine Reserve zurückzuhalten, mit der man im entscheidenden Moment des Kampfes unversehens aus einer verdeckten Stellung heraus die Sache entschied, galt als hinterlistig und unfein. Die taktischen Manöver auf dem Schlachtfeld waren sehr einfach und variantenarm. Man kämpfte nach der Methode »Drauf und Dran«, denn diese Vasallenheere wurden nicht auf dem Exerzierplatz gedrillt; auch Straßenkampf oder reine Verteidi-

***Schildwache im Schuppenpanzer. 12. Jahrhundert.** Die Verwandtschaft zum vorangegangenen Bild ist unübersehbar, obwohl Waffen und Rüstung differieren. Radleuchter (Ausschnitt). Groß Comburg, Stiftskirche.*

gung waren nicht so sehr ihre Sache. Im Laufe der Zeit wurde die Defensivbewaffnung immer schwerer, der Kämpfer immer schwerfälliger, was sich ganz besonders dann verhängnisvoll auswirkte, wenn er zu Fuß fechten mußte oder gar aus dem Sattel geholt wurde. Wie eine Schildkröte auf dem Rücken wurden die Ritter in einer solchen Situation nahezu wehrlos ein leichtes Opfer oder eine willkommene Lösegeldquelle für die nichtadeligen Infanteristen, die in einem Ritterheer militärisch wie sozial eine untergeordnete Rolle spielten! Wenn man in den Kreuzzügen auch einiges dazulernte, so war doch die technische Kriegführung nicht gerade die starke Seite eines Ritterheeres – hier hinkte Europa im 12. Jahrhundert noch weit hinter dem brillanten Können antiker oder byzantinischer Militäringenieure her. Eine technische Kriegsführung entsprach auch nicht der Mentalität und dem Selbstverständnis dieser Adelssoldaten, an die der Bauer mit wenigen regionalen Ausnahmen seine Waffenfähigkeit verloren hatte.
Die Verwundbarkeit gepanzerter Ritterheere war relativ hoch, wenn

Fundamente einer mittelalterlichen Befestigung.
Diese mächtigen Fundamente eines Turmes aus der ersten Hälfte des 11. Jahrhunderts wurden in Hamburg Speersort freigelegt.

ein leicht gerüsteter Gegner beweglich als berittener Bogenschütze kämpfte, sich dem geballten Stoß entzog, floh, wieder umkehrte und die Ritter mit Pfeilen eindeckte. Dies zeigten deutlich die Kämpfe mit Ungarn, Normannen und Arabern; blieb ein solcher Gegner aber stehen, erwies sich der europäische Ritter als ›König des Schlachtfeldes‹.
In südlichen Gefilden wurde eine andere Schwäche der gepanzerten Reiterheere sichtbar: Heiße Witterung war für Roß und Reiter schieres Gift, da der Kämpfer in seiner Eisenrüstung fast gebacken wurde und auch der Ventilation entbehrte, während das schwer belastete Roß schnell ermüdete. Was im Süden die Hitze, das waren im Norden Wald, Sumpf, Schnee und Eis.
Im Laufe der Zeit wurde auch in Europa für den Panzerreiter der zunächst taktisch verbesserte Einsatz der Fernwaffen immer gefährlicher. So zerbrachen z. B. die stürmischen Attacken der französischen Ritterschaft an den geschlossenen aus Feldbefestigungen abgegebenen Pfeilsalven der englischen Langbogenschützen. Auch die Arm-

brust, von einem kaltblütigen Schützen aus einer gewissen Deckung heraus bedient, war für den Ritter und sein Pferd eine tödliche Waffe: sie schoß präziser als der Bogen und ihre rasanten Bolzen durchschlugen bei günstigem Auftreffwinkel auch die Panzerung, weswegen sie auch als etwas unstandesgemäße »Meuchelwaffe« galt!
Eine andere, gegen Ritterheere überaus erfolgreiche Taktik, die das Ende der Ritterschaft auf dem Schlachtfeld überhaupt einläutete, war der dicht gestaffelte Verband der Langspießträger zu Fuß. Geriet ein solches Karree bzw. »Igel« beim Ansturm der Reiter nicht in Panik, so mußte deren Angriff zerschlagen bzw. sich selbst aufspießen. Hier waren es die eidgenössischen Milizheere, welche der österreichischen und burgundischen Ritterschaft empfindliche Lektionen erteilten. Das endgültige »Aus« für die ritterliche Kampfweise, die sich nur noch als ritterliches Turnier hielt, brachte dann im 14./15. Jahrhundert die Verbreitung der Feuerwaffen im Verbund mit Soldkriegern zu Fuß.
Da Zusammensetzung und Struktur des Ritterheeres ein Produkt des Lehnswesens waren, hatte das Heer auch die Nachteile dieses Systems: Zumindest in Deutschland waren die kleinen Vasallen, die ja die große Masse des Heeres ausmachten, mehr ihren direkten fürstlichen Lehnsherren als dem königlichen Oberbefehlshaber verpflichtet. Dies machte die Befehlsstruktur sehr uneinheitlich; manche Kronvasallen im Westen des Reiches waren gleichzeitig Lehnsträger Frankreichs, was ihre Zuverlässigkeit auch nicht gerade vergrößerte. Heeresfolgepflicht galt zwar auch in Deutschland allgemein, war aber durch eine Reihe von Klauseln durchlöchert und konnte dazu noch durch eine Steuer abgelöst werden. So hatte Deutschland keine festen Ziffern für das Reichsaufgebot! Alles in allem war das ritterliche Vasallenheer bei starkem Königtum und loyaler Fürstenschaft für Jahrhunderte ein scharfes Kampfinstrument, verlor diese Eigenschaften aber, als sich die politischen und technischen Voraussetzungen änderten.

Literatur

Bosl, Karl: Frühformen der Gesellschaft im mittelalterlichen Europa, München/Wien 1964
Dhondt, Jan: Das Heer der Karolinger, Frankfurt 1968
Ganshof, François Louis: Was ist das Lehnswesen?, Darmstadt 1965
Goez, Werner: Lehnsrecht und Staatsgewalt, Darmstadt 1969
Goez, Werner: Der Leihezwang. Eine Untersuchung zur Geschichte des Lehnsrechts, Tübingen 1962

ROLAND VOCKE

Cluny und Gorze und ihre Reformen

Mißstände in den Klöstern erwecken den Wunsch nach Reformen – Das burgundische Reformkloster Cluny – Der Einfluß Clunys erfaßt große Teile Europas – Das deutsche Reformkloster Hirsau – Gorze: die andere Reform – Die Bauten von Cluny – Was heute von Cluny übrig ist.

Die Erschütterungen, die das Abendland im Laufe des 9. Jahrhunderts heimsuchten (Zerfall der königlichen Autorität, innere Wirren, Einfälle der Normannen, Sarazenen und Ungarn), gingen auch an den Klöstern nicht spurlos vorüber. Ganz abgesehen davon, daß viele Niederlassungen zerstört, Mönche und Nonnen erschlagen oder vertrieben wurden, vergriffen sich manche adelige Herren, deren Pflicht es gewesen wäre, die Klöster mit bewaffneter Hand zu schützen, nicht selten am Gut ihrer Schutzbefohlenen. Bei den Abtswahlen war es weithin üblich geworden, daß der zuständige Bischof oder die adelige Stifterfamilie das Wahlrecht der Mönche einschränkte und ihren eigenen Kandidaten durchsetzte, einen Verwandten zum Beispiel, der auf diese Weise eine angemessene Versorgung erhielt und für die Einsetzung unter Umständen noch eine Geldsumme zu bezahlen hatte. Nicht immer kamen auf diese Weise die geeigneten Persönlichkeiten zur Würde eines Abtes, so daß sich in zahlreichen Klöstern, besonders in den vornehmeren mit vorwiegend adeligen Insassen, die mönchische Zucht bedenklich zu lockern begann.

Diese Zustände ließen nicht nur bei Männern der Kirche, sondern auch bei vielen frommen Laien den Wunsch nach Reformen aufkommen, der zu Beginn des 10. Jahrhunderts zu einer Reformbewegung führte, die von dem lothringischen Kloster Gorze und von dem burgundischen Kloster Cluny ausging.

Ein frommer Laie, der Herzog Wilhelm von Aquitanien, war es, der im Jahre 909 im Zusammenwirken mit dem sitten- und regelstrengen Abt Berno die Reformabtei Cluny gründete. In der Gründungsurkunde verbot er ausdrücklich allen geistlichen und weltlichen Männern, sich am Klostergut zu vergreifen oder in irgendeiner Weise auf die Wahl des Abtes einzuwirken. Um die Freiheit Clunys zu sichern, entzog er

das Kloster jeglicher Einflußnahme eines geistlichen oder weltlichen Herrn, auch des Königs, und unterstellte es direkt dem päpstlichen Schutz.
»Klosterreform ist Regelreform und Reform der Lebensführung nach der Regel« formuliert Gerd Tellenbach, ein Spezialist auf diesem Gebiet und einer der »großen« Historiker des 20. Jahrhunderts. Auch in Cluny wurde nicht etwa eine ganz neue Regel des mönchischen Lebens geschaffen; vielmehr griff Abt Berno auf die Regel des Ordensgründers Benedikt von Nursia (um 500) zurück, die Benedikt von Aniane, der Berater Ludwigs des Frommen, im 9. Jahrhundert neugefaßt und für alle Klöster des fränkischen Reiches verbindlich gemacht hatte. Gewiß haben die späteren großen Äbte von Cluny das Reformwerk des Gründungsabtes weiter entwickelt, aber die Grundsätze blieben unverrückt: Bete und arbeite und lerne zu schweigen!

Im Geiste Benedikts – Mönchisches Leben nach der Reform

Die Gebetsgewohnheiten, wie sie der Ordensgründer Benedikt empfohlen hatte, änderten die Reformäbte von Cluny ab, indem sie lange Chorgebete einführten, die auch die besonderen Bitten der einzelnen Mönche und die Fürbitten für Auftraggeber umfaßten. Die Gottesdienste erhielten ihr besonderes Gepräge durch den Chorgesang der Mönche und durch die Pracht der liturgischen Gewänder und Geräte, die in auffallendem Gegensatz zu der asketischen Erscheinung der Mönche standen. Petrus Damiani, einer der großen Führer der Kirchenreform, berichtet um 1063: »Die gottesdienstlichen Handlungen füllen derart den Tag aus, daß neben den notwendigen Arbeiten den Brüdern kaum eine halbe Stunde zu ehrbarer Unterhaltung und zu den notwendigen Besprechungen übrigbleibt.« Ausgefüllt war auch ein Teil der Nacht, denn im Sommer begann der erste Gottesdienst bald nach ein Uhr, und die Stunden der Ruhe waren gering.
Da konnte es nicht ausbleiben, daß manchmal ein Mönch beim nächtlichen Gottesdienst einnickte. Um das zu verhindern, machte der Klosterprior regelmäßige Kontrollgänge unter Assistenz eines Laternenträgers: jeder Mönch mußte mit Kopfnicken kundtun, daß er noch wach war. Zeigte es sich, daß er schlief, mußte er um Vergebung bitten und die Lampe weitertragen.
Es ist dennoch nicht anzunehmen, daß alle Mönche an allen Gottesdiensten und Chorgebeten immer teilnehmen mußten und konnten. Zwar waren die Mönche von den schwereren Arbeiten befreit; wer aber in der Küche Dienst tat oder im Krankenraum, wer sich um Gäste

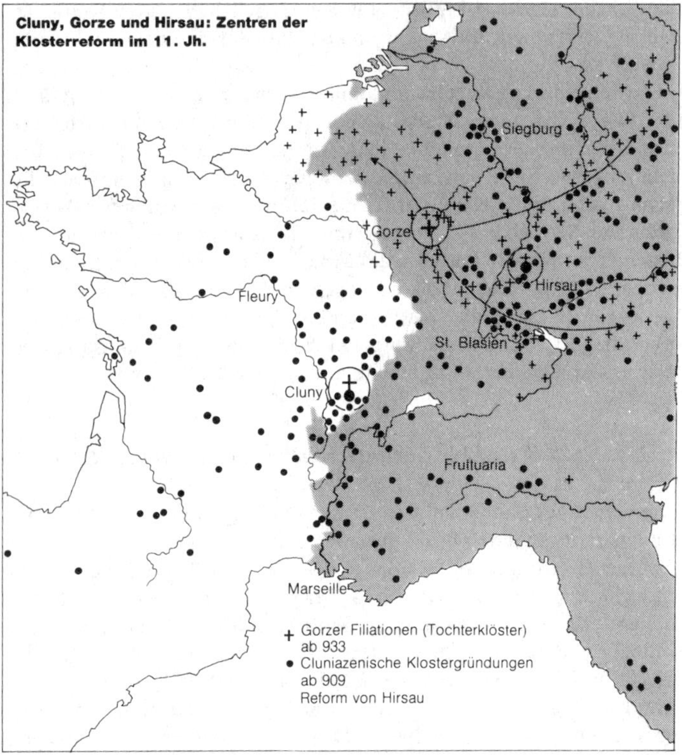

kümmerte oder Almosen unter die Armen verteilte, erhielt einen Dispens, und mancher wurde sogar befreit, wenn er sich rasieren oder baden mußte. So liegt die Annahme nahe, daß auch jene Brüder gelegentlich eine Befreiung erhielten, die sich mit Büchern beschäftigten. Gewiß gab es Klöster, deren Leistungen in den Wissenschaften und in der Literatur berühmter waren als die Clunys. Aber bei aller Askese und Abgeschlossenheit des Lebens in Cluny – es wurde dort auch geschrieben, und zwar nicht nur über Dinge, die das Kloster betrafen, und es wurde gelesen und studiert. Die Sammlung von Handschriften soll sogar die reichste und größte Bibliothek Frankreichs gewesen sein. Es besteht also kein Zweifel, daß man auch in Cluny Bücher schätzte. Was auf den Tisch kam, war recht einfach, aber gewiß gesund und bekömmlich. Das Mittagessen bestand vorwiegend aus Gemüse oder Fisch, Eier und Käse. Abends wurden rohe Früchte, Brot und Mehlku-

chen gegessen, Dinge also, die das Kloster selbst produzierte. Fleisch gab es nicht, es sei denn, ein Kranker bedurfte der Stärkung. Das gewöhnliche Getränk, bereits zum Frühstück, war Wein, der unter Umständen auch gewürzt werden konnte.
Grundsätzliche Unterschiede zwischen den Mönchen gab es nicht. Die dunkle Kutte, die gemeinsame Regel und das gemeinsame Leben unter dem strengen Regiment des Abtes machten sie gleich, so daß der Mann von einfacher Herkunft sich prinzipiell nicht von einem Adeligen unterscheiden sollte. Allen gemeinsam war auch das strenge Gebot des Schweigens, das unnütze Worte unterband, die Besinnung förderte und die Mönche zwang, sich zu gewissen Zeiten nur durch bestimmte Zeichen zu verständigen. Bewundernd faßt Petrus Damiani seine Eindrücke zusammen, wenn er schreibt: »Was soll ich sagen von der strengen Abtötung der Sinne, von der Disziplin im Einhalten der Regel, von der Ehrfurcht vor dem Kloster und vom Stillschweigen? Außer im Notfall wagt es niemand, zur Zeit des Studiums, der Arbeit oder der geistlichen Lesung im Kreuzgang umherzugehen oder zu reden.«

Cluny, Mittelpunkt eines Klosternetzes

Am Anfang von Cluny stand der Wille des Gründers und des Gründungsabtes zur Reform. Da dieser Wille auch bei anderen adeligen Klosterherrn lebendig war, wurden bereits dem Abt Berno weitere Klöster in Burgund unterstellt, die die Regel von Cluny übernahmen. Damit bahnte sich eine Entwicklung an, aus der unter den folgenden

Kunst im Dienst der Kirche.
Schlichtheit der Form und Intensität der Aussage: Schlußstein »Das Lamm Gottes« aus dem Chor der Abtei von Cluny, Frankreich.

Äbten bis ins 12. Jahrhundert das »Reich« von Cluny hervorging, jener ordensähnliche Verband von Klöstern (Kongregation), der sich über weite Teile Frankreichs, Englands, Italiens und Spaniens erstreckte und – in geringerem Maße – auch Deutschland erreichte. Die Zahl der Klöster, die sich den Reformen Clunys anschlossen, wuchs unter Bernos Nachfolger Odo rasch an; unsicher bleibt freilich, ob er bereits die Bildung eines engeren Verbandes ins Auge faßte. Die Ausdehnung der Kongregation machte rasche Fortschritte unter den Äbten Majolus und Odilo, bis sie unter Hugo dem Großen einen vorläufigen Höhepunkt erreichte und Anfang des 12. Jahrhunderts weit über 1400 Klöster umfaßte.

Es ist Cluny gelungen, einen großen Teil der zur Reform anvertrauten monastischen (d. h. mönchischen, von lat.: monasterium = Kloster) Niederlassungen mehr oder weniger von sich abhängig zu machen. Mochten im einzelnen auch Zugeständnisse an bestimmte regionale Besonderheiten gemacht werden, die wichtigsten Entscheidungen traf der Großabt von Cluny. Er konnte die Äbte und Prioren der abhängigen Klöster nach Belieben einsetzen und absetzen; er überwachte auf ausgedehnten Inspektionsreisen die Einhaltung der klösterlichen Zucht und der gemeinsamen Regel und er forderte seit dem 11. Jahrhundert alle Mönche zum Empfang der Weihe nach Cluny. Was den cluniazensischen Klosterverband zusammenhielt, war die Bindung der Tochterklöster zum Mutterkloster Cluny und seinem Abt, während die Einzelklöster untereinander nur wenige Beziehungen hatten.

Für diese wahrhaft europäische Bedeutung Clunys gibt es eine Reihe von Gründen, darunter auch seine Sonderstellung gegenüber geistlichen und weltlichen Herren und das energische Wirken der ersten drei großen Äbte, deren Regierungszeit zusammen mehr als 150 Jahre umfaßte: Majolus (954–994) – eine hervorragende Erscheinung, gewandt im Umgang mit Fürsten und Päpsten und als Berater selbst im Kaiserhaus geschätzt; Odilo (994–1048) – fruchtbarer Schriftsteller, Staatsmann und Friedensfürst; Hugo (1049–1109) – Stütze der Päpste im Investiturstreit, Pate Heinrichs IV. und Vermittler von Canossa, der große Bauherr und Repräsentant der glänzendsten Epoche Clunys.

Der Historiker Gerd Tellenbach schreibt über diese Äbte: »In ihrer Zeit kommt es für die kirchliche Entwicklung darauf an, daß die Ideale strenger christlicher Lebensführung, der Hingabe an den Sakramentendienst, die Achtung vor den kirchlichen Ordnungen, des betenden Einstehens des Christen für seine Mitchristen in weiten Kreisen durchdringen. Und dieses ist es, worin die Cluniazenser [. . .] vorangingen.«

Ihr Wirken entsprach also in besonderem Maß den religiösen Bedürf-

Reformkloster Hirsau im Schwarzwald. *Die Ansicht eines Flügelaltars von 1480 zeigt in der Mitte die Aureliuskirche. Calw, Besitz der Stadtgemeinde.*
Unten rechts: Abt Wilhelm von Hirsau. Miniatur aus einem Codex des Klosters Reichenbach aus der Zeit von 1143–1152. Stuttgart, Württembergische Landesbibliothek.
Das ehemalige Benediktinerloster Hirsau war im Investiturstreit Zentrum der Gegner Heinrichs IV., und auch Gegenkönig Rudolf von Rheinfelden weilte in Hirsau, dessen Reform auf ganz Deutschland ausstrahlte.

Im Zeichen Christi und der Kirchenreform. *Das Christusbild von 1147 steht symbolhaft für ein ganzes Jahrhundert. Trier, Neutor (Landesmuseum). – Unten und rechts: Kloster Paulinzella/Thüringen, entstanden in Hirsauer Tradition.*

nissen ihrer Zeitgenossen. Und dennoch gehörten vermutlich sie nicht zu den treibenden oder gar unversöhnlichen Kräften des Investiturstreits im 11. Jahrhundert.

Deutschland importiert mönchische Zucht: Hirsau

Anders in Deutschland. Dort fanden zunächst vor allem die Reformbestrebungen des lothringischen Klosters Gorze Widerhall und erreichten etwa 160 Abteien (z. B. in Erfurt, Füssen, Regensburg, Passau, Salzburg), während der Geist von Cluny erst verhältnismäßig spät Einzug hielt. Clunys Einfluß blieb gering, bis im Investiturstreit, (siehe Seite117 ff.) eine erst später entstandene kirchenpolitisch äußerst aktive Gruppe, die ›Jungcluniazenser‹ von Hirsau aus sich ausbreiteten. Diese ›Hirsauer‹ hatten ihren Ausgangspunkt in der 830 gegründeten und später wieder verfallenen Benediktinerabtei Hirsau im nördlichen Schwarzwald nicht weit von dem Städtchen Calw. Im Jahre 1065 wieder hergestellt, entfaltete die Abtei unter ihrem zweiten Abt Wilhelm (1069–1091), der aus Regensburg berufen worden war, eine rege Reformtätigkeit im Sinne Clunys, in die allerdings auch die radikalen Kirchenreformideen der Männer um Papst Gregor VII. mit einflossen. In den Jahrzehnten der Blüte wurde Hirsau, inzwischen mit ähnlichen Rechten wie Cluny ausgestattet, Mittelpunkt des Reformmönchtums in Deutschland und gleichzeitig Zentrum der Papstpartei im Kampf Gregors VII. gegen Kaiser Heinrich IV.

Als Abt Wilhelm das Regiment übernahm, war dort, wie der Biograph Haimo berichtet, »die Strenge mönchischer Zucht ein wenig erschlafft.« Nun, Wilhelm war der Mann, der »durch die Gnade Gottes immer bessere Fortschritte« machte und sich energisch für die Verbesserung der Stellung der Klöster in Kirche und Gesellschaft einsetzte. Im Zuge seiner Bemühungen wurde weltlicher Einfluß auf die Klöster enorm verringert, da es ihm – wie auch den Cluniazensern – gelang, sich der *Vogtei (Siehe K: Vogt, Seite 187)* des Klostervogts zu entledigen; auch löste er Hirsau aus dem Diözesanverband und damit von bischöflicher Gewalt und Einflußnahme (Exemption): dem sehr mächtigen Abt war damit – wie auch in Cluny – nur noch der Papst übergeordnet.

Die Klostergesetze (Konstitutionen) Hirsaus regelten den Tagesablauf in allen Einzelheiten und für alle Verrichtungen – seien es religiöse Pflichten oder Arbeiten im Klosterbereich, sei es das Schweigegebot oder sei es die Form der Unterhaltung – und sie ließen auch die Körperkultur nicht aus: »Sonst pflegen sich die Menschen, wenn sie sich

rasiert haben, zu baden. Von unseren Brüdern brauchen wir nicht viel zu sagen. Nur zweimal im Jahre, dann freilich ohne Erlaubnis, kann baden wer will: vor Weihnachten und vor Ostern. Sonst darf man mit Erlaubnis baden, wenn es die Gesundheit erfordert [. . .].« Der sittlichen Gefährdung jüngerer Brüder wußte man dadurch zu begegnen, daß man ihr Bett neben dem eines älteren Wächters aufstellte, der den Jüngeren stets zu beobachten und während der Nacht »zu Notwendigem« zu führen hatte, wobei er ihn, wenn auch »bescheiden«, mit der Laterne im Auge behalten mußte.
Wohl erreichte Hirsau nie die Bedeutung Clunys; in Deutschland aber wurde das Kloster im Schwarzwald – vor allem zwischen Elsaß und Bodensee, an der Donau und in Thüringen (Ruine von Paulinzella) Vorbild für viele Klöster und sichere Bastion der Papstpartei gegen Kaiser Heinrich IV. und seine – auch oft bischöflichen – Anhänger.

Gorze: Reform Hand in Hand mit dem Kaiser

Anstöße zu einer Klosterreform in Deutschland kamen aber nicht nur von Cluny, sondern auch von der lothringischen Benediktinerabtei Gorze bei Metz.
Gorze war im Jahr 749 von Bischof Chrodegang von Metz als Eigenkloster gegründet und dann dem Bistum Metz übertragen worden. Nach einer ersten Blütezeit setzte vorübergehender Verfall unter der Herrschaft von Laienäbten ein. Dann jedoch, im reformfreudigen 10. Jahrhundert, trat unter dem Bischof Adalbero von Metz ein entscheidender Umschwung ein. Seit 933 wurde Gorze Zentrum und Ausgangspunkt eines neuen strengen, mönchischen Geistes im Sinne benediktinischer Tradition mit herber Askese und strengen Bußbestimmungen. Diese Reform fand selbständig und ohne Abhängigkeit von der gleichzeitigen Entwicklung in Cluny statt. Gorze mit seiner berühmten Klosterbibliothek war auch die Stätte der wissenschaftlichen Studien, aus der während der Blütezeit der Abtei bis zum 12. Jahrhundert eine Reihe gelehrter Männer hervorging.
Johannes, der zweite Abt, scheint ein Mann gewesen zu sein, der die in Gorze propagierten Tugenden besonders rein verkörperte. Sein Biograph, Abt Johannes von St. Arnulf in Metz, rühmt ihm nach, daß er außerordentliche Strenge gegen sich selbst mit großer Güte gegenüber anderen verbunden habe und daß er einer der belesensten und kenntnisreichsten Männer seiner Zeit gewesen sei.
Die von Gorze ausgehende Reform erfaßte zunächst die benachbarten lothringischen Diözesen, fanden aber bald durch die Vermittlung des

Aus der Klosterregel des seligen Wilhelm von Hirsau

»An welchen Orten das Stillschweigen zu halten ist«
Der Novize muß auch die Zeichen sorgfältig lernen, mit ihnen spricht er in gewissem Sinne schweigend. Ehe er in den Konvent aufgenommen wird, darf er nur sehr selten sprechen. Die Orte aber, an denen im Kloster nach der Überlieferung und den Bestimmungen unserer Väter ein immerwährendes Stillschweigen zu beachten ist, sind diese: Kirche, Schlafsaal, Speisesaal, Klosterküche. Wird an einem dieser Orte, sei es bei Tag oder bei Nacht, nur ein Wort gesprochen und gehört, so muß man freiwillig um Verzeihung bitten. Kommt diese Nachlässigkeit nur zuweilen vor, so wird sie nicht bestraft [...] Wenn ein Novize nur eine Antiphon oder ein Responsorium oder irgend so etwas ohne Buch spricht oder beim Sprechen nicht zugleich in das Buch sieht, dann wird das beurteilt, als hätte er das Stillschweigen völlig gebrochen. Im Sprechraume darf er nicht im Sitzen sprechen außer mit dem Herrn Abt oder Prior [...] Auch wird niemals, wenn zwölf Lektionen sind, oder im Sommer an gewöhnlichen Tagen vor Beendigung der Litanei oder im Winter vor Beendigung der Terz dort oder in irgendeinem Raum des Klosters etwas gesprochen. Dies gilt auch für die Zelle der Novizen, nur kann hier der Herr Abt, der Prior oder Novizenmeister zur gewöhnlichen Zeit die Beichte eines Novizen hören.

»Von der Zeichensprache«
Das allgemeine Zeichen: Man schlägt die Finger der einen Hand in die der anderen und umschließt so die eine Hand mit der anderen. Das Zeichen für Brot: Mache mit den beiden Daumen und den beiden Zeigefingern einen Kreis, dann meinst du ein rundes Brot. Für das Brot, das in Wasser gekocht wird und etwas besser als das tägliche Brot ist, mache zuerst das allgemeine Zeichen, dann lege die eine Handfläche auf den Rücken der anderen Hand und bewege die obere Hand im Kreise. [...]

»Von Strafarten«
Wir haben auch noch andere Arten von Strafen, die nicht nur der Herr Abt, sondern auch der Herr Prior in dessen Abwesenheit verhängt. Nichts entehrt nämlich die Klostergemeinde so sehr, als wenn sich ein Bruder schwer vergeht und dies dann vernachlässigt wird, und wenn der, welcher gefehlt hat, ohne entsprechende Buße bleibt. Kommt einer bei dem Volke ins Gerede wegen einer Schuld, die er außerhalb des Klosters begangen hat, so soll er auch vor dem Volke büßen, damit, wer seine Sünden erfahren hat, auch seine Sühne sehe. Vor allen, die zuschauen wollen, werde er mitten auf einem freien Platz, an dem Ort, wo er sich verging, entblößt, gebunden und gegeißelt.
Ist aber der Fehler nicht gerade besonders schwerer Art, sondern hat er z. B. mit jemandem ungehörig gestritten, so daß es Leute aus der Bevölkerung hören konn-

ten, dann stelle er sich an einem Sonn- oder Feiertage, der festlich begangen wird und an dem das Volk zahlreich zum Frühamt kommt, mit bloßen Füßen vor die Kirchentür mit einem ziemlich großen Buch in der Hand. Die Kapuze aber setze er nicht auf, damit ihn alle erkennen. Zu keinem, der ein- oder ausgeht, spreche er ein Wort. Ein Diener aber stehe immer bei ihm, der alle Fragen, warum der Mönch büßen muß, beantwortet. Vor Beendigung der Messe darf er diesen Platz nicht verlassen.

»VOM AUFSTEHEN DER MÖNCHE ZUM NÄCHTLICHEN CHORGEBETE«

Sobald der Bruder das Zeichen zum Aufstehen vernommen hat, eile er sich zu erheben. Ehe er jedoch die Decke abwirft, ziehe er im Bett sitzend die Kukulle (Obergewand) an und bedecke damit seine Beine, ehe er sich vor sein Bett stellt. [. . .] Er darf aber das Bett nicht nachlässig liegen lassen, er muß die Decke anständig darüber ausbreiten und es so in Ordnung bringen. Das Kopfpolster verbirgt er vollständig unter der Decke [. . .], dann weckt er nötigenfalls mit Zischen die Brüder, die ihm zunächst liegen [. . .], er erinnere sich auch immer daran, daß er nicht auf die Treppen des Schlafsaales spucken soll.

Aus: Wilhelmi consuetudinis Hirsaugienses . . . (Konstitutionen des Wilhelm von Hirsau).
Übers.: J. Bühler

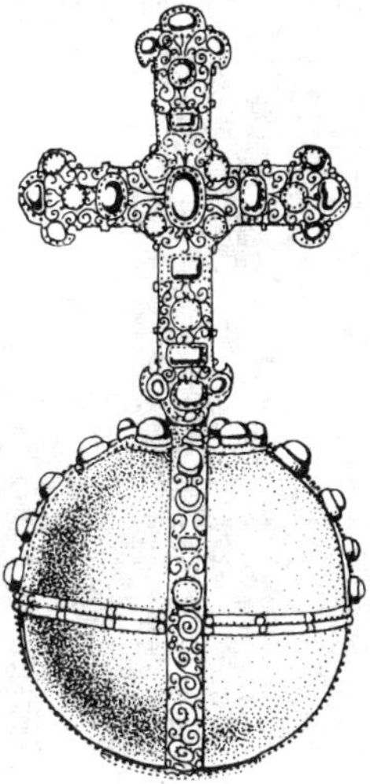

Cluny — ›Bollwerk Gottes‹ und Symbol kirchlichen Anspruchs.
Das Modell von Cluny III, der dritten, 1088 begonnenen und 1132 fertiggestellten Kirche läßt die Monumentalität, Dimension und Wucht dieser größten

Kirche der Menschheit ahnen. Das fünfschiffige Langhaus war 187 Meter lang und 30 Meter hoch. Zwei Querhäuser mit 10 Apsiden und ein Chor mit 5 Kapellen bestimmten zusammen mit den Türmen ihr Bild.

Klosterreform in Gorze und Cluny
Unterschiede in Stichworten

Gorze	**Cluny-Hirsau**
Askese	*Prunkvolle Liturgie.*
Einem Bischof unterstellt	*Freiheit von bischöflicher und weltlicher Gewalt.*
Schutzherr: Vogt oder Eigenklosterherr	*Einziger Schutzherr: Papst.*
Einzelklöster	*Klosterverband (Filiation: Tochter- und Mutterklöster).*
Abt: Primus inter pares, d. h. relativ gleichgestellt	*Abt: herausragende Stellung: »König der Mönche«.*
Klostervogtei unumstritten	*Vogtei und Eigenkirchenwesen werden bekämpft.*
	Systematische Verbreitung der eigenen reformierten Regel.
	Aristokratische Führungsschicht.
Insgesamt weniger radikal in der Kirchenreform engagiert, in der Tendenz und in der Sache eher auf kaiserlicher Seite.	*Stark auf der Seite des Reformpapsttums. Ob Cluny den Investiturstreit verursacht hat, ist umstritten (siehe* K: »Ursachen des Investiturstreits«, Seite 134).

Klosters St. Maximin bei Trier Eingang nach Deutschland. Dank der Anteilnahme, die adelige Klosterherrn, Bischöfe und Könige, unter ihnen besonders Heinrich II. und Konrad II., an der Gorzer Reform nahmen, breitete sie sich weit über das deutsche Reich aus und erfaßte unter anderen die großen Abteien Prüm, St. Emmeram in Regensburg, Fulda, Corvey und Reichenau.

Anders als Cluny strebten die Gorzer Klöster keine streng organisierte Kongregation an, sondern entwickelte eine Art von klösterlichem ›Föderalismus‹ aus losen Klostergruppen, deren Grenzen sich auch verändern konnten. Die Gorzer suchten sich auch nicht von dem jeweiligen Diözesanbischof oder von dem adeligen Eigenkirchenherrn zu lösen (siehe *K: Klosterreform in Gorze und Cluny, oben*).

Gegen Ende des 11. Jahrhunderts setzten sich radikalere Gruppen durch und schlossen sich teilweise Cluny an, dessen Geist nun – obgleich nicht unwidersprochen – in manchen Reichsklöstern Eingang fand und die antikaiserliche Partei stärkte.

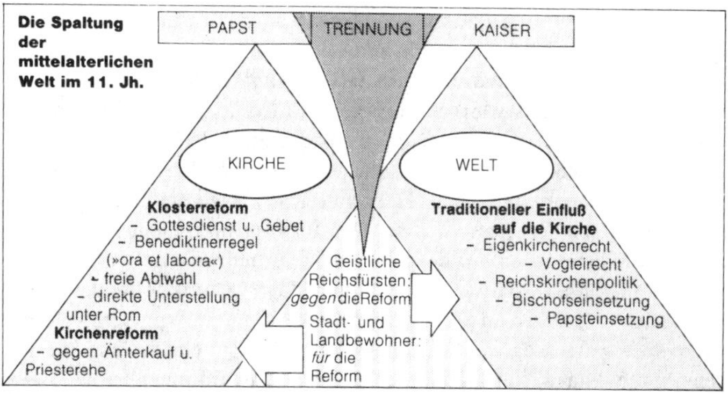

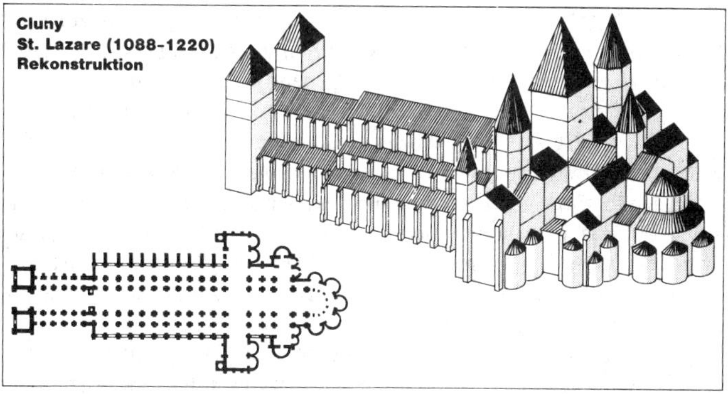

Der Dombau von Cluny, ein Jahrhundertwerk

Cluny selbst wurde noch in anderer Hinsicht wenigstens für den burgundischen Raum vorbildlich, nämlich durch seine Baukunst. Als Abt Hugo im Jahre 1109 die Augen schloß, ging die Kirche St. Peter und Paul allmählich ihrer Vollendung entgegen, die größte Kirche der damaligen Christenheit, fast um die Hälfte größer als die damalige Peterskirche in Rom.

Die Anfänge – zweihundert Jahre früher – waren bescheidener gewesen, denn das Kirchlein St. Peter und Paul (Cluny I), das einst der Gründungsabt Berno hatte errichten lassen, dürfte kaum größer als eine Kapelle gewesen sein. Gegen Ende des 10. Jahrhunderts errichtete man, da die Zahl der Mönche zunahm, an Stelle von »Cluny I« eine größere Peterskirche (Cluny II), der auch kunstgeschichtliche Be-

deutung und Wirkung zukam, denn ihr strenger Stil wurde beispielhaft für andere Abteikirchen bis hin nach Deutschland.
Diese Peterskirche blieb bestehen, als unter Abt Hugo der schon erwähnte Bau der Riesenkirche St. Peter und Paul (Cluny III) in Angriff genommen wurde. Cluny war reich geworden, vielleicht zu reich und zu üppig. Die Fürbitten der Mönche standen beim Adel in hohem Ansehen, und so mancher großer Herr stattete die Abtei mit Schenkungen aus, um für sein Seelenheil zu sorgen. Im Jahre 1085 legte Abt Hugo den Grundstein zu einem ehrgeizigen Unternehmen, das in Konkurrenz treten sollte zum Symbol weltlicher Macht: Cluny sollte den Dom der Salier in Speyer an Pracht und Größe übertreffen. Bereits zehn Jahre später war man so weit, daß Papst Urban II., einst selbst Cluniazenser, die Altarweihe vornehmen konnte. Obwohl im Jahre 1125 ein Teil des Gewölbes einstürzte, machten die Arbeiten gute Fortschritte; 1130, zur Zeit des Abtes Petrus Venerabilis, weihte Papst Innozenz II. die vollendete Kirche. Ihre Maße seien hier genannt, um eine Vorstellung des gewaltigen Kirchenraums zu geben: Die Länge einschließlich Vorkirche betrug 187,31 Meter, die Höhe des Hauptschiffs 30 Meter, die Breite des Hauptschiffs dagegen nur zehn Meter, so daß der Blick nach oben gezogen wurde und nach vorne, wo allerdings die Schranken des mächtigen Mönchschors dem Besucher entgegenstanden. Von außen bot das Gotteshaus »mit seinen um den mächtigen Vierungsturm versammelten Türmen, mit dem Aufbau in gestufte Dächer, Querschiffe und den gleich Küchlein um den Chor gescharten Kapellen des Chorumgangs das Bild einer gleichsam hierarchischen Gliederung der Bauteile [. . .]«, wie der Clunyforscher Domke schreibt.
Die Klosteranlagen selbst dürften sich – insbesondere vor dem Bau von Cluny III – grundsätzlich nur wenig von anderen Klöstern unterschieden haben, die nach der Regel des heiligen Benedikt errichtet wurden. Auch Cluny war im Grunde ein Wohnhaus der Gemeinschaft, und mußte materielle und geistige Bedürfnisse befriedigen.
Wir wissen nicht genau, wie viele Mönche etwa zur Zeit des Abtes Odilo das Kloster beherbergte; es läßt sich aber aus manchen Anzeichen erschließen, daß damals etwa 75 dort gelebt haben dürften: die Ausmaße des Dormitoriums (Schlafsaal) und des Refektoriums (Speisesaal) und schließlich die Zahl der Latrinen legen diese Schätzung nahe.
Eine Klosterbeschreibung aus dieser Zeit wird weitgehend von den Ergebnissen der Ausgrabungen im Klosterbereich bestätigt: Odilos Cluny war ein Kloster, das nicht zu geräumig war und trotzdem für alle Bedürfnisse genügend Platz hatte. Seine Proportionen waren human und harmonisch.

***Vorbildhafte Kunst für spätere Künstler.** Das wahrscheinlich vor 1100 entstandene Kapitell »Der dritte Ton der gregorianischen Kirchenmusik« aus Cluny ist in seiner Vollkommenheit der Zeit weit voraus. Cluny, Musée Ochier.*

Luft, Helligkeit und frisches Wasser – diese Gaben der Natur; Kanalisation und eine ausreichende Zahl von Latrinen; Badeöfen und hygienisch eingerichtete Krankenräume – diese Einrichtungen menschlicher und mönchischer Kultur beweisen, daß in Cluny nicht nur für das Heil der Seele, sondern auch für die Gesundheit des Leibes gesorgt war.
Wer allerdings heute ins Tal der Grosne in Burgund kommt, um dort als Kunstfreund oder als Geschichtsbeflissener die Stätte zu besuchen, deren Wirkungen über ganz Europa ausstrahlten, wird bitter ent-

täuscht sein. Er findet nämlich kaum etwas von der alten Klosterpracht, kaum etwas von Cluny III und nichts von Cluny II.
1790 wurde die Abtei im Zuge der Französischen Revolution aufgelöst – und die Gebäude standen leer. Doch neues Leben kam in die Mauern, als der französische Staat die Klosteranlagen wenig später an einen Abbruchunternehmer verkaufte, der diesen Schatz gründlich mit Pickel und Sprengladungen wie eine Goldmine ausbeutete. »Weiß Gott, welche Häuser, Straßen und Dämme man mit dem erlauchten gelben Stein von Cluny zusammengeschustert hat«, fragt Domke.
Von den Ausmaßen und der künstlerischen Bedeutung der großen Kirche Cluny III künden heute nur noch die Reste zweier Querschiffe und die großartigen Säulenkapitelle im Museum, Bildhauerarbeiten von höchster Qualität. Was sonst zu sehen ist, gehört im wesentlichen späteren Bauepochen an.

Literatur

Bühler, Johannes: Klosterleben im deutschen Mittelalter. Nach zeitgenössischen Quellen, Leipzig 1923

Domke, Helmut: Burgund, München 1970

Grundmann, Herbert: Religiöse Bewegungen des Mittelalters, Darmstadt 1961

Hallinger, Kassius: Gorze–Kluny, Studien zu den monastischen Lebensformen und den Gegensätzen im Hochmittelalter, 2 Bde., Rom/Freiburg 1950/51

Jacobs, Hermann: Die Hirsauer. Ihre Ausbreitung und Rechtsstellung im Investiturstreit, Köln/Graz 1961

Kempf, Friedrich: Renovations- und Reformbewegungen von 900 bis 1050. In: Hubert Jedin (Hrsg.): Handbuch der Kirchengeschichte 3/1, Freiburg/Basel/Wien 1966

Richter, Helmut (Hrsg.): Cluny. Beiträge zur Gestaltung und Wirkung der cluniazensischen Reform, Darmstadt 1975

Tellenbach, Gerd: Libertas. Kirche und Weltordnung im Zeitalter des Investiturstreits, Stuttgart 1936

Werner, Ernst: Die gesellschaftlichen Grundlagen der Klosterreform im 11. Jahrhundert, Berlin (O) 1953

HANSWERNFRIED MUTH

Die romanische Kunst der Salierzeit

Die historischen Voraussetzungen der romanischen Kunst – Zeitliche Abgrenzung und Phasenverschiebung in den einzelnen Ländern – Der Begriff »Romanik« – Die Auftraggeber – Romanische Kunst im Zeitalter der Salier: Baukunst – Die Kaiserdome Speyer und Mainz – Die kölnische Bauschule – Die »Hirsauer Bauschule« – Die Bildkünste im Zeitalter der Salier – Die Bedeutung der Kunst der salischen Zeit für die Kunstentwicklung im 12./13. Jahrhundert.

Die Romanik ist ein früher, archaischer Stil, der eigentliche Beginn der europäischen, abendländischen Kunst. In ihm wird aus dem vielfältigen Nebeneinander von spätantiken Traditionen, frühchristlich-byzantinischer Beeinflussung und überkommener germanisch-keltischer Formwelt, wie es die Zeit der Vorromanik – die karolingische und ottonische Kunst – kennzeichnete, eine einheitliche, künstlerische Ausdrucksform entwickelt, die zwar von den einzelnen Nationen ihrem Wesen und Temperament entsprechend abgewandelt wird, in ihrer Grundhaltung aber verbindliches und verbindendes Allgemeingut der europäischen Völker ist.

Jede historisch-systematische Epocheneinteilung eines einst mit Leben erfüllten Zeitraumes erscheint bei näherem Zusehen zufällig oder willkürlich. Dies gilt in besonderem Maße für die zeitliche Abgrenzung des romanischen Stils, der im deutschen Sprachraum auf die ottonische Kunst folgt und hier wie in ganz Europa im Übergangsstil zur Gotik hin sein Ende findet. Dagegen wird in Frankreich, Italien und Spanien der Beginn der romanischen Kunst unter anderen Aspekten gesehen, nämlich als kontinuierliche Weiterentwicklung der frühmittelalterlichen Kunst; die französische Kunstgeschichtsforschung führte demgemäß für die Zeit der karolingischen und der ottonischen Epoche den Begriff »premier art roman« (frz.: erste romanische Kunst) ein, während in der deutschen Forschung die Eigenständigkeit der um 1030 einsetzenden Entwicklung stärker betont wird. In Deutschland erreichte die romanische Kunst mit den Kaisern aus dem salischen Hause (1024–1137) und unter ihrem Einfluß ihren Höhepunkt. Der Wille zur monumentalen Gestaltung, zu Strenge und Einfachheit ist jetzt – besonders in der Architektur – am deutlichsten sichtbar. Diese »hochromanische« Phase geht gegen 1150 in Frank-

In der Tradition von Hirsau und neues Vorbild — St. Godehard, Hildesheim.
Die 1133–1172 entstandene Kirche folgt dem Prinzip der flachgedeckten Säulenbasilika, sticht aber u. a. durch die Chöre und die szenischen Figurenkapitelle hervor.

reich unmittelbar in die gotische Zeit über - um 1140 wird der Bau der Kathedrale von St. Denis begonnen - während in Deutschland und Italien noch bis etwa 1250 in einer reichen, späten Blüte, der Kunst der Stauferzeit, die romanische Stilepoche ausklingt.

»Romanik« – Etikett für einen internationalen europäischen Kunststil

Die Bezeichnung dieses Stils mit dem Namen »Romanik« erfolgte erst im 19. Jahrhundert, als mit zunehmendem Interesse der Romantiker für das Mittelalter und seine Kunst allmählich auch die vorgotische Zeit, die man zunächst »altdeutsch«, »germanisch« oder auch »byzantinisch« genannt hatte, als ein eigengesetzlicher Formenbereich erkannt und gewürdigt wurde. Die Wahl der Bezeichnung trifft das Wesen dieser Kunst insofern gut, als er deren Ableitung vom römischen

Kunst- und vor allem Bauerbe andeutet. Der Kirchenbau knüpft – bei den Reformorden bewußt – an die altchristliche Basilika an; das charakteristische Kennzeichen der Architektur ist der Rundbogen; die Baukunst liebt klare, überschaubare, blockhaft-massige Bauten und Komplexe; sie wagt wieder die seit der Spätantike vernachlässigte Überwölbung weiter Räume. Obgleich sich also die romanische Kunst antiker Formelemente bedient, neben dem Rundbogen auch der Säule, der *Pilaster,* der *Arkaden*folge und der *Lisenen* (*K, Seite 91*), will sie – anders als die »Karolingische Renaissance« die Antike nicht nachahmen, sondern sie verwandelt das Römische zu einer neuen Einheit.
Im 11. Jahrhundert gewinnt die Kunst auch ein neues Verhältnis zur Ornamentik und zur zweckfreien Dekorationsform. Dies zeigt sich in einer allmählich reicher werdenden Differenzierung und plastischen Gliederung des Baukörpers, in einer gefälligeren Ausdrucksweise in der Bildkunst. Dieser damals neuentwickelte Formenvorrat entspringt der schöpferischen Gestaltungskraft der politisch wie wirtschaftlich erstarkten Völker des ›Nordens‹, zwischen Alpen und Nordsee. So erscheint die Romanik als erster monumentaler Kunststil seit der Antike, der erste, in dem das Abendland sich als Einheit präsentiert.
Dieser internationale Charakter der romanischen Kunst beruht auf der verwandten Geisteshaltung aller Menschen ebenso wie auf dem einigenden Band der Kirche und der Mönchsorden; nicht zuletzt auch auf einem lebhaften Austausch künstlerischer Ideen über weite Entfernungen hin, der durch Reisen und ausgedehnte Pilgerfahrten gefördert wurde. Die romanische Kunst sprach zwar verschiedene Dialekte, aber sie kannte keine Landesgrenzen oder nationale Schranken: sie war die Kunst des ganzen christlichen Westens.

Die Auftraggeber: Herrscher und Geistlichkeit, nun aber auch Bürger und Handwerker

Während die karolingische Kunst vom Hofe und einer schmalen intellektuellen Elite getragen wurde, die ottonische von einer Aristokratie, der die Könige und Bischöfe angehörten, hatte die romanische Kunst einen weitaus größeren Kreis von Auftraggebern: Zu Kaisern und Königen, zu Feudalherren und zur Geistlichkeit traten zahlreiche Stifter von geringerem Rang und Stand, wohlhabende Bürger und vereinzelt auch schon reiche Handwerker. Sie alle machten für den Bau und die Ausstattung der Kirchen große finanzielle Zuwendungen, sei es aus Frömmigkeit, zur Erfüllung von Gelübden oder auch, um den Nachruhm zu sichern.

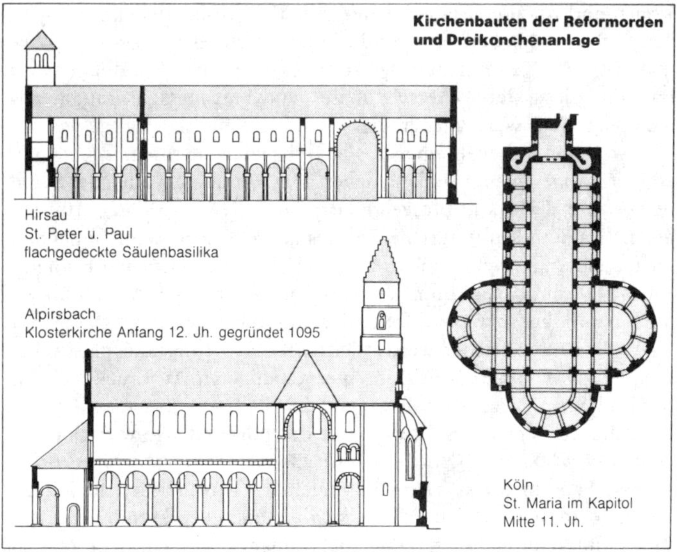

Die deutschen Reformorden entfalten eine rege Bautätigkeit (vorwiegend schlichte, dreischiffige Basiliken mit Flachdecke und zusätzlichen Nebenchören). – Im Rheinland entstehen Dreikonchenanlagen. – Die Entwicklung zur Gotik hin bringt eine Neugliederung der Hauptschiffwände mit doppelter Fensterreihe, zweigeschossigen Arkadenreihen und schließlich dem Triforium (Galerie in der Höhe des Seitenschiffdaches).

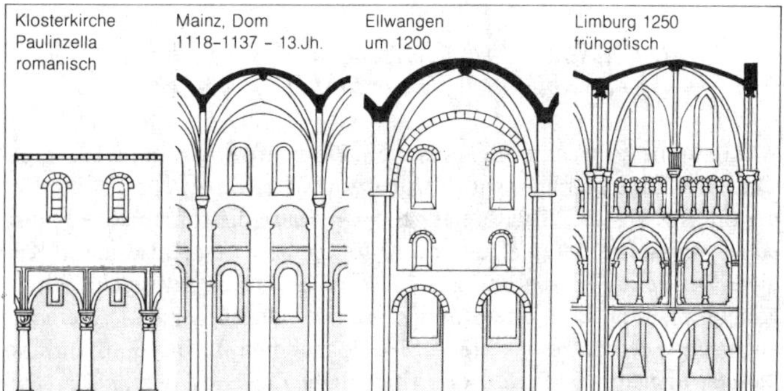

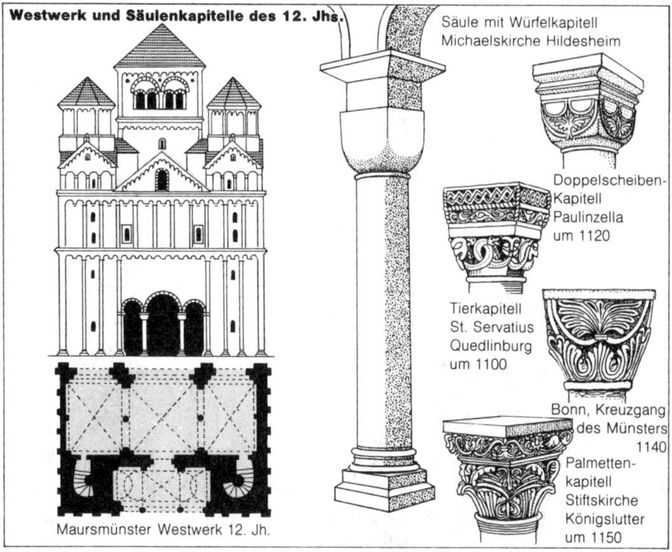

Das seit der karolingisch-ottonischen Zeit als Eigenkirche vor das Hauptschiff gesetzte Westwerk wird auch in dieser Epoche in vielfacher Abwandlung beibehalten. – Das Würfelkapitell zeigt immer häufiger kunstvoll gestalteten ornamentalen, pflanzlichen oder figürlichen Schmuck. – Die kaiserlichen und fürstlichen Pfalzen wie zum Beispiel die Kaiserpfalz von Goslar werden weiter ausgestaltet.

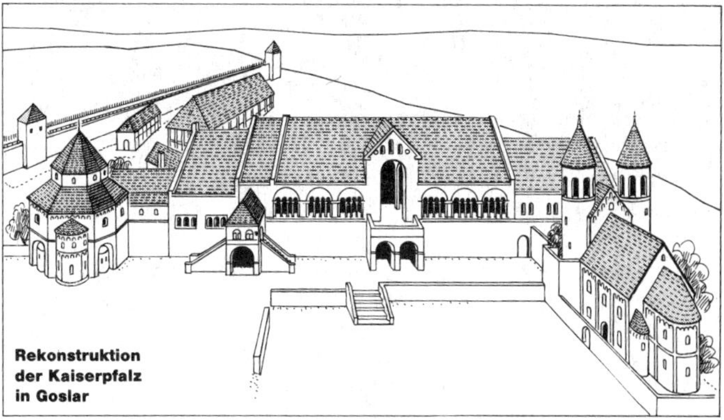

Salisch-romanischer Kirchenbau – Geschlossenheit des Baus und Turmgruppen.
Oben: Ehemalige Benediktinerabteikirche Brauweiler. Baubeginn 1048, Weihe von Westbau, Langhaus, Dreiturmgruppe 1061 bis Anfang 12. Jahrhundert. Vollendet erst im 19. Jahrhundert. – Rechts oben: Maria Laach, errichtet 1093–1230. – Rechts unten: Ste. Marie, Nonnenstiftskirche Ottmarsheim/Elsaß (Oktogon nach dem Vorbild der Aachener Pfalzkapelle).

Flachdecke und Stützenwechsel – Harmonie norddeutscher Kirchenbaukunst:
Die 1129 geweihte Stiftskirche St. Servatius in Quedlinburg – richtungweisend für die hochromanischen norddeutschen Kirchenbauten.

Stilelemente der romanischen Baukunst

(oft auch in späteren Baustilen weiter verwendet)

Apsis, Apsiden	*Halbrunder Abschluß des Chors oder sonstige halbrunde Anbauten bzw. eine halbrunde Nische.*
Arkade	*Bogenreihe auf Säulen oder Säulen-Pfeilerwechsel.*
Basilika	*Mehrschiffiger Bau mit hohem Hauptschiff.*
Dienst	*Säulchen, großen Säulen oder Pfeilern vorgelagert, um eine Gewölberippe zu tragen.*
Doppelchor	*Kirche mit West- und Ostchor.*
Doppelkirche	*Kirche mit übereinanderliegenden Räumen.*
Dreiapsidenchor	*Apsidenabschluß der Kirche sowohl am Hauptschiff wie an den beiden Seitenschiffen.*
Dreikonchensystem	*Dreifacher halbrunder oder vieleckiger (Apsiden-) Abschluß des Chores oder des Chores und der Querschiffe, kann sich zu Mehrfachkonchen steigern.*
Galerie	*Arkadenreihe oder Arkadenabschluß einer Fassade.*
Gebundenes System	*Mittelschiffquadrate (Joche) stehen im festen Verhältnis zu anderen Teilen des Grundrisses (Vierung oder Seitenschiffjochen).*
Gurtbogen	*Bogenband zwischen zwei Pfeilern oder Säulen.*
Joch	*Gewölbefeld bzw. Mittelschiffeld (-Quadrat).*
Kämpfer	*Widerlage eines Gewölbes.*
Konchen	*Siehe Dreikonchensystem.*
Lettner	*Schranke vor dem Chor, meist aus Stein.*
Lisene	*Bandförmige Wandvorlage, gliedert die Wand.*
Obergaden/Obergadenfenster	*Wandfläche des Hauptschiffes über dem niedrigeren Seitenschiff, meist mit Fensterreihe.*
Palas	*Romanischer Wohnbau der Burganlage.*
Pfalz	*Kaiserpalast des Mittelalters (von lat.: palatium).*
Pfeiler	*Im Gegensatz zur runden Säule rechteckig.*
Pilaster	*Der Wand vorgelegter Pfeiler.*
Rundbogenfries	*Reihe kleiner, der Fassade vorgelegter Bogen, oft in Verbindung mit Lisenen.*
Tonne	*Gewölbe mit exakt halbkreisrundem Querschnitt. Zwei senkrecht sich schneidende Tonnen ergeben das Kreuzgewölbe, bei dem auch die Gewölbegrade Halbkreise bilden.*
Vierung	*Quadrat, das durch die Überschneidung von Hauptschiff (Langhaus) und Querschiff entsteht.*
Vierungsturm	*Wuchtiger Turm über der Vierung.*
Zwerggalerie (Zwerchg. = Querg.)	*Rings um romanische Bauten laufende Säulengänge oder Arkaden dicht unter dem Dachgesims.*

Maursmünster/Elsaß – Die Stauferzeit kündigt sich an. *Das in der Mitte des 12. Jahrhunderts entstandene Westwerk hat noch die alte Geschlossenheit, zeigt aber doch schon Gliederungselemente kommender Zeit.*

Doch bedurfte es mehr als nur materiellen Einsatzes und frommer Begeisterung, um große Kirchen zu bauen und um die damit auftretenden künstlerischen und technischen Probleme zu lösen. Es bedurfte fähiger Architekten und Bauleute, über die zeitgenössische Quellen leider schweigen. Das Künstlerhandbuch »De diversis artibus« (lat.: »Über die verschiedenen Künste«), das Theophilus um 1100 schrieb, beweist aber die technische Perfektion dieser Zeit in allen Kunstgattungen. Er schrieb sein Werk »zur Ehre Gottes«; die religiöse Motivation des künstlerischen Tuns erscheint ganz selbstverständlich, da die

Schlichtheit und Wehrhaftigkeit — Prämonstratenser Klosterkirche in Steinfeld/Nordrhein-Westfalen. *Mitte des 12. Jahrhunderts entstanden – Stützpunkt der Ostchristianisierung der Prämonstratenser.*

Werke der Kunst fast ausschließlich dem kirchlichen Gebrauch bestimmt und zugeordnet waren.

Die Baukunst der salischen Zeit

Während der Herrschaft der sächsischen Kaiser hatte bereits die erste Blüte der deutschen Baukunst eingesetzt. Diese Blüte steigerte sich im 11. Jahrhundert. Überall entstanden großartige Bauten, die vielfach

Salische Kirchenbaukunst

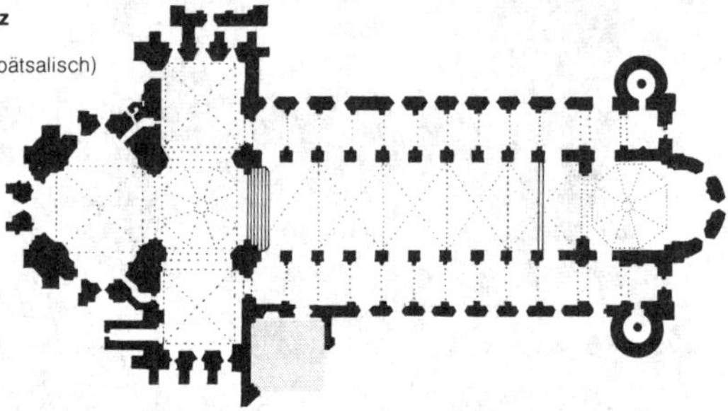

Dom zu Mainz

1118–1137 (spätsalisch)

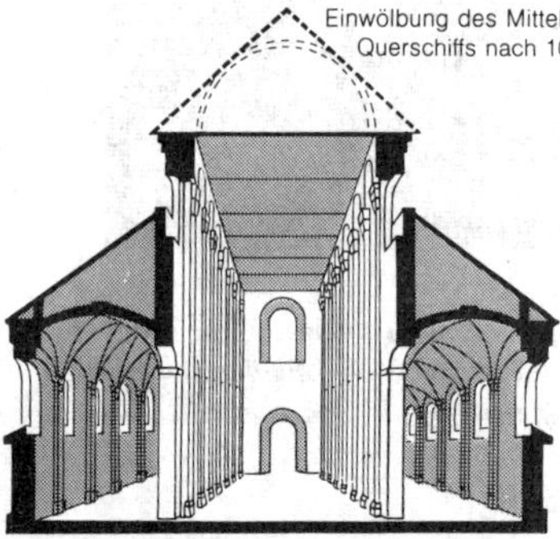

Dom zu Speyer, Rekonstruktion der ursprünglichen Basilika (1061), Einwölbung gestrichelt

Wandgliederung Speyer

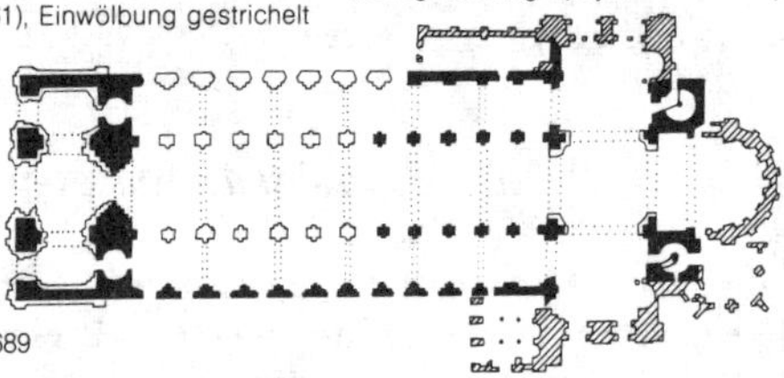

- 1061 Bestand des geweihten Baues
- Umbau unter Heinrich IV.
- Wiederaufbau nach 1689

die ottonischen Kirchen ersetzten, so daß uns heute diese vorangehende Zeit nicht mehr entsprechend ihrer tatsächlichen Leistung bewußt ist. Die Epoche der salisch-fränkischen Kaiser hat damit das Bild der romanischen Baukunst in Deutschland bestimmt. Zugleich sind die deutschen Bauten dieser Jahrzehnte zwischen etwa 1030 und 1140 grandioser, in ihrer Haltung einheitlicher und stilgeschichtlich bedeutsamer als die französischen, die – zu unterschiedlichen Bauschulen sich gruppierend – eher tastend einem gänzlich Neuen zustreben, das dann in der frühen Gotik sich offenbaren wird.
Die deutsche romanische Baukunst, deren charakteristisches Kennzeichen das Beharren auf Wandflächen, auf dem ruhig verlaufenden Rundbogen ist, liebt Bauten mit klar überschaubarer räumlicher Ordnung. Die Grundrisse der Kirchen folgen der Tradition, die im Ottonischen wurzelt (siehe Band 1, Seite 266): Die großen Kirchen sind zumeist dreischiffige Basiliken mit einem Querhaus und halbrunder Apsis. Neu ist jedoch die auffallende Betonung des Chores. Hierfür waren zahlreiche Gründe Anlaß: Die vor allem unter dem Einfluß der Reformorden vielfach bereicherte, feierliche und formenreiche Liturgie verlangte ausgedehnte Choranlagen. Zudem wurden die Reliquien der Heiligen, früher in den Krypten verehrt, jetzt in kostbaren Schrei-

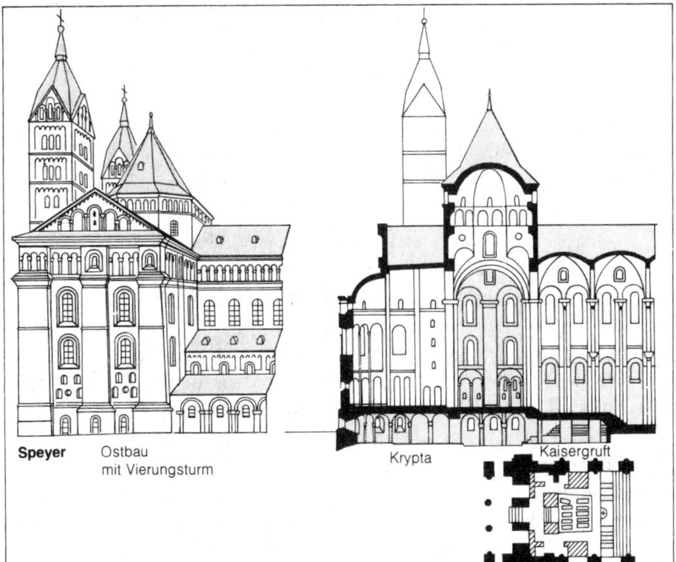

St. Klemens, Schwarzrheindorf bei Bonn. *Die 1151 geweihte, als Zentralbau geplante Doppelkapelle (für Herrschaft und Gefolge) sticht als Bau und durch Wandmalereien hervor.*

nen hinter dem Hochaltar aufgestellt; dem entspricht die Betonung der Ostteile der Kirchen durch Chorumgänge, Kapellen und durch den Vierungsturm, der über dem Altar aufragt. Die Krypten unter den hochgelegenen Chören werden nun zu wirklichen Unterkirchen, zu gleichhoch gewölbten, von Säulen getragenen und unterteilten, mehrschiffigen Hallenanlagen. Daneben hält man in Deutschland an der ottonischen Doppelchörigkeit fest.
Im Innenraum zeigt sich das Bestreben, das langgestreckte Kirchenschiff in der Senkrechten zu gliedern. Dies Bemühen führte dazu, den Wandflächen Pfeiler, Halbsäulen und Rundbogen vorzulegen. Schließlich begann man, den lange Zeit mit einer flachen Holzdecke geschlossenen Raum einzuwölben. Hierzu bediente man sich in Deutschland besonders des Kreuzgratgewölbes, bei dem sich zwei gleich hohe Tonnengewölbe so durchdringen, daß sämtliche Bogenlinien gleich den Fenstern und Portalen der romanischen Bauten reine Halbkreise bilden. Diese Tonnengewölbe und Bogen gliedern nun die

Kirchenschiffe in quadratische Abschnitte, die »Joche«. Die Maßeinheit für ein solches Joch ist durch die ebenfalls quadratische Vierung vorgegeben. Man nennt diese straffe Konstruktion das »gebundene System«: alle Einzelheiten fügen sich dem additiv geformten Ganzen unter; es ergibt sich der Eindruck einer harmonischen Regelmäßigkeit, die romanischen Bauwerken in hohem Maße zu eigen ist. Wie im Innern summiert sich auch im Außenbau die monumentale Gesamterscheinung aus der Vielfalt klar umrissener und umschriebener Einzelteile.
Als 1024 die Großen des Reiches den Salier Konrad zum deutschen König kürten, verwandelte dieser die Stammburg seiner Familie Limburg an der Haardt in eine Benediktinerabtei. Die von Abt Poppo von Stablo (978–1048), einem Anhänger der Reform von Cluny, errichtete Kirche, die noch als Ruine dank ihrer burgenmäßigen Lage die Erinnerung an den kaiserlichen Sitz bewahrt, ist der älteste Hauptbau salischer Baukunst. Als Säulenbasilika mit ausgeschiedener Vierung und gerade geschlossenem Chor erweist sie sich als Bau des Reformordens. Die Innenwände von Chor und Querschiff werden durch große, die unteren Fenster umgreifende Blendarkaden gegliedert. Dieses antike Motiv wurde von der römischen Basilika in Trier übernommen, ein hinweisendes Kennzeichen dafür, woran sich die entscheidenden Männer der Salierzeit orientierten.

Die großen salischen Dome

Als Kaiser Konrad II. nach der Kaiserkrönung aus Rom heimkehrte, entschloß er sich, in Speyer einen Neubau des Domes zu errichten. Nie wieder ist die Idee des deutschen Kaisertums in seiner weltumspannenden, im festen Glauben sich zu Gott erhebenden Art so überwältigend großartig gestaltet worden wie in diesem Dom, der bei Baubeginn zur größten Kirche des christlichen Abendlandes werden sollte – allerdings wenig später von der Abteikirche Cluny übertroffen wurde. Sein Grundriß gleicht einem großen lateinischen Kreuz. Ein dreiteiliger Westquerbau legt sich vor die drei Schiffe des Langhauses. Elf freistehende Stützenpaare trugen die Hochwände des Mittelschiffs. Blendbogen, wie in Limburg vorgebildet, aber höher gespannt, und damit sowohl die Arkaden wie die *Obergadenfenster (K, Seite 91)* übergreifend, charakterisieren den Rhythmus des Baues. Seitenschiffe und Chor, Westquerhaus und Krypta waren bereits gewölbt, das Mittelschiff ebenso wie das östliche Querhaus flach gedeckt. Doch schon unter Heinrich IV. wird der Dom mitten in den Kämpfen des Investi-

Der Kaiserdom zu Speyer – Anlage und Baudetail. *Links oben: Modell der Gesamtanlage des salischen Kaiserdoms von Speyer, wie sie bis zum 17. Jahrhundert aussah. (Modell des Bildhauers Martin, 1930.) Speyer, Historisches Museum der Pfalz. – Links: Charakteristisch für die Salierzeit: Zwerggalerien an Chor und Giebel des Ostbaus. – Oben: Geschlossenheit des nördlichen spätsalischen Querhauses, und wieder Zwerggalerien, Lisenen und Rundbogenfriese.*

turstreites in einer unübertrefflichen technischen Vollendung und in gesteigerter Schönheit umgebaut: Umstellung auf den monumentalen Quaderbau, Verdoppelung der Wandstärke, Gliederung der Wände durch Pfeiler und Blendfelder, reiche Stufung der Fenstergewände, Bereicherung des Außenbaues durch die festliche *Zwerggalerie (K, Seite 91),* Einwölbung des Mittelschiffs gaben dem Dom fortan sein kaiserliches Gepräge. Das erste große Gewölbe war damit in einem deutschen Kirchenbau gewagt worden. Unter dem Eindruck des monumentalen Baues in Speyer steht der große Dombau in Würzburg (begonnen um 1035), der sich am Bau Konrads II. orientiert, und der Mainzer Dom, der die alte Doppelchörigkeit beibehält. Nach einem der zahlreichen Brände veranlaßte Heinrich IV. 1081 dort den Bau des Ostchores und des Langhauses, das im Aufbau der Mittelschiffwände dem in Speyer entwickelten System folgt.
Ein anderer salischer Bau von großer Bedeutung ist die Kirche St. Maria im Kapitol in Köln. Die Schlußweihe 1065 beendete eine lange Bauperiode, in deren Verlauf die drei gewaltigen *Konchen (K, Seite 91)* mit Umgängen entstanden, die nach Osten, Norden und Süden die Vierung umstehen – ein völlig neuer Baugedanke. Dieses stark zentralisierende Motiv, das ohne unmittelbares Vorbild ist, steht am Beginn der Kölner romanischen Bauschule. Noch ungewöhnlicher ist der Grundrißgedanke des Domes in Trier: dort entwickelte man kurz vor der Mitte des 11. Jahrhunderts auf teilweise römischen Grundmauern ein System eines vielfach gruppierten Baues. Die Zwerggalerien über den Portalnischen sind die frühesten in Deutschland, ein zukunftsreiches Element der Außengliederung. Solche Zwerggalerien wurden besonders in Italien als schmückendes Beiwerk des Außenbaues beliebt und kehrten mit lombardischen Bauleuten nach Deutschland zurück, als der Chor des Speyerer Domes unter Heinrich IV. umgestaltet wurde.

Die »Hirsauer Bauschule«

Eine Sonderform der deutschen romanischen Architektur ist die sogenannte »Hirsauer Bauschule«, ausgehend vom Kloster St. Peter und Paul in Hirsau im Schwarzwald, das sich der von Cluny ausgehenden Reform des Benediktinerordens und dem vorbildlichen Bau der dortigen Klosterkirche angeschlossen hatte (siehe auch Seite 79). Gegenüber den kaiserlichen Bauten und Domkirchen ist der Kirchenbau der Reformer bewußt vereinfacht; auf Dekoration und Einwölbung wird verzichtet, an den Säulen als Arkadenträger festgehalten. Die bedeutendsten Kirchen dieses Typus, die uns erhalten blieben, sind die Al-

Christus – der leidende Sohn Gottes – Schmerz und Majestät.
Kruzifix von 1067 aus St. Georg in Köln. Heute: Köln, Schnütgen-Museum.

lerheiligenkirche in Schaffhausen (ab 1087) und die Klosterkirche in Alpirsbach im Schwarzwald (gegründet 1095).
Fast gleichzeitig mit Alpirsbach wurde die Abtei Maria Laach gegründet. Die Kirche, erst gegen Ende des 12. Jahrhunderts fertiggestellt, zeigt, daß die doppelchörige Basilika mit zwei wuchtigen Haupttürmen und vier flankierenden Treppentürmen noch immer ein Ideal des Kirchenbaus darstellte. Der burgartige Eindruck wird durch ein kurzes Langhaus verstärkt. Nur zögernd ging das 12. Jahrhundert von dieser konservativen Bauform ab. Die Bereicherung der Wandflächen durch horizontale Gesimse, Lisenen, Blendarkaden heben die Flächigkeit der Mauern auf und beleben sie zu einem plastischen Organismus. Dieser reicheren Durchbildung entsprechen die mannigfachen Turm- und Dachformen. Dennoch bleibt die Ausgewogenheit der Baukörper auch in diesem späten Meisterwerk der salischen Zeit gewahrt und typisch für die monumentale Grundhaltung aller romanischen Architektur.

Vielfalt der Krypten — Vorhallen — Kreuzgänge.
Oben links: Am Beginn der Stauferzeit – Vorhalle der Nonnenkirche von Lippoldsberg/Weser (Mitte 12. Jahrhundert). – Links: Unterkirche der Stiftskirche St. Servatius, Quedlinburg (spätes 11. Jahrhundert). – Oben: Kreuzgang der Stiftskirche Königslutter bei Braunschweig mit lombardischer Steinmetzarbeit (um 1150).

Strenge figürlicher Bildkunst. *Links: Maria Magdalena vom Heiligen Grab (um 1000–1100). Gernrode, St. Cyriacus. – Bischof Dionysius (um 1050). Regensburg, St. Emmeram. – Imad-Madonna (um 1055). Paderborn, Diözesanmuseum.*

Bildkünste und Goldschmiedearbeiten in salischer Zeit

Nur in bescheidenem Maße gab es in der Architektur der salischen Zeit Bauplastik. Erst gegen 1100 entwickelt sich, offensichtlich von Italien und Südfrankreich beeinflußt, auch in Deutschland eine reichere Bauplastik. Gleichzeitig finden sich die ersten Beispiele plastischer Einzelwerke: Chorschrankenreliefs, Grabplatten und schließlich vereinzelt Madonnenbilder.
Die Malerei schmückte als Wandmalerei – die uns freilich bis auf geringfügige Reste verloren ist – die Kirchenräume oder sie diente als Buchmalerei durch Schmuck der heiligen Schriften unmittelbar der Liturgiefeier. Plastik und Malerei spiegeln inhaltlich den Charakter des »Mönchischen Jahrhunderts« getreu wider: profane Themen werden völlig ausgespart.
Im Zusammenhang mit der Kirchen- und Klosterreform nimmt die

Das bedeutendste steinerne Taufbecken des 12. Jahrhunderts in Deutschland:
Der mit reichem Relief geschmückte Taufstein von Freckenhorst/Westfalen (1129) zeigt das Leben Christi von der Verkündigung bis zum Weltgericht.

Goldschmiedekunst eine hervorragende Stellung ein und muß besonders gewürdigt werden. Von allen Werken der Kunst waren es ja gerade die Arbeiten der Goldschmiede, Reliquiare und Antependien (lat.: Altarvorsätze) insbesondere, die dem Heiligen am nächsten und am engsten verbunden waren.

Die inbrünstige Religiosität, der Glaube und Sinn für gottgewollte Ordnung, die der Romanik eigen sind, finden ihren Ausdruck auch in dieser Wertordnung der Künste. Reliquiare und jegliche Architektur, die gleich einem Schrein das Heiligtum umschließt, sind deshalb im Sinne der romanischen Zeit gleichwertig. Malerei und Bildhauerkunst haben daneben trotz aller Schönheit und Kostbarkeit untergeordnete Bedeutung.

Zusammenfassend kann man sagen: Die großen Kirchenbauten der salischen Zeit, die Schöpfungen der Goldschmiedekunst und – wenn auch in geringerem Ausmaß – die Werke einer zaghaft tastenden Bildhauerkunst und der Malerei sind ein Zeugnis der Bemühungen, Glau-

Belebte Szenen und Figuren — Die andere, von der Spätantike beeinflußte Seite frühromanischer Bildkunst: *Oben: Szenen der Vincentius-Legende. Relief mit reichem Detail und lebhafter figürlicher Gestaltung von den Chorschranken des Baseler Münsters (1070). Links: Die fast beschwingte Figur des Frühlings, wohl auch, was die Gestaltung von Kleidung, Figur und Fläche betrifft, von spätantiker-byzantinischer Tradition beeinflußt; Augsburg, Bronzetür (um 1060). Rechts: Standkreuz, von drei Löwen getragen, Niedersachsen (Mitte 11. Jh.). Berlin-Charlottenburg, Kunstgewerbemuseum.*

bensinhalten, Ideen und Gefühlen Ausdruck zu verleihen. Im 11. Jahrhundert begann man allgemein, sich für die »höheren Dinge« des Lebens zu interessieren, die man bis dahin in dieser Weise nicht gesehen hatte. Bewußt oder unbewußt war dies der Anfang einer fruchttragenden Kultur, und in dieser Hinsicht ist die romanische Epoche der Salierzeit der archaischen Kunst Griechenlands vergleichbar. Aus der Strenge dieser frühen Kunst erblühte die reife Ernte der staufischen Spätromanik des 12. und 13. Jahrhunderts.

Literatur

Beenken, Hermann: Romanische Skulptur in Deutschland, Leipzig 1924
Busch, Harald: Germania Romanica, Wien 1963
Frankl, Paul: Die frühmittelalterliche und romanische Baukunst (Handbuch der Kunstwissenschaft), Potsdam 1926
Gall, Ernst: Dome und Klosterkirchen am Rhein, München 1956
Hoffmann, Wolfbernhard: Hirsau und die »Hirsauer Bauschule«, München 1950
Kubach, Erich/Bloch, Peter: Früh- und Hochromanik, Baden-Baden 1964
Schrade, Hubert: Die romanische Malerei, Köln 1963

GÜNTER MERWALD

Literatur in der salischen Zeit

Schwierigkeiten der Epochenabgrenzung – Der Neueinsatz deutscher Literatur um 1060 – Die Bedeutung der cluniazensischen Reform für die frühmittelhochdeutsche Periode – Literarische Zeugnisse aus der Zeit vor dem Eindringen der Reformideen – Erste Spiegelung, Breitenwirkung und Höhepunkte der neuen Haltung – Der radikale Geist der Weltabkehr weicht ab der Jahrhundertmitte langsam einer Aufgeschlossenheit für das Diesseits – Vorankündigung der kommenden »höfischen« Periode.

Die deutsche Literatur dieser Zeit genau auf das Jahrhundert der Salierkaiser, also auf die Jahre zwischen 1024 bis 1125 einzugrenzen, wäre unangemessen. Einmal setzt eine nennenswerte literarische Überlieferung nach der stark lateinisch orientierten ottonischen Zeit erst etwa 1060 ein; zum anderen lassen sich die folgenden hundert Jahre recht leicht zu einer inneren Einheit zusammenfassen: steht doch das meiste, was in diesem Zeitraum geschrieben wurde, stark unter dem Eindruck der Reformbestrebungen innerhalb der Kirche, die mit dem Schlagwort »cluniazensisch« grob umrissen sind. Diese Bewegung erfaßt auch breite Teile der Bevölkerung und stellt asketische Weltabsage und absoluten Gehorsam in den Mittelpunkt mönchischen, aber auch allgemein christlichen Lebens; die Kirche wird dabei als eine unabhängige, weltlichen Herrschern übergeordnete Macht verstanden, von der die Masse der Bevölkerung innere Reform und den klaren Verzicht auf irdische Güter erwartet.

Als diese Reformbewegung über das Kloster Hirsau um 1070 in Deutschland wirksam wird, wendet sie sich vor allem an die Laien, bedient sich dazu der Volkssprache und steht damit im Gegensatz zur lateinischen Literaturproduktion der Ottonenzeit, die von und für Gebildete geschrieben war. Diese Volkssprache hat sich gegenüber dem Althochdeutschen des 8./9. Jahrhunderts inzwischen deutlich weiterentwickelt. Die ersten Zeugnisse dafür haben wir ebenfalls aus der Zeit um 1060. Und diese als frühmittelhochdeutsch bezeichnete Periode umfaßt nun gleichfalls – zweites Bindeglied unserer Epoche – den Zeitraum bis etwa 1160/70.

Beides, inhaltliche und sprachliche Einheitlichkeit, berechtigt dazu, den Begriff ›Literatur in der salischen Zeit‹ etwas abweichend von der Regierungszeit der salischen Herrscher zu verstehen.

Geistliche Literatur vor der cluniazensischen Reform

Etwa 1063 entsteht in ostfränkischer Mundart das »Ezzolied«, das älteste Denkmal der frühmittelhochdeutschen Literatur und das erste Gedicht in deutscher Sprache seit der Mitte des 10. Jahrhunderts. Als Verfasser nennt sich ein Bamberger Domherr namens Ezzo. Wohl als Festgedicht, vielleicht auch in Zusammenhang mit der Einführung einer strengeren Klosterregel geschrieben, fand es auf einem Pilgerzug nach Jerusalem 1064/65, an dem auch ein Scholastiker Ezzo teilnahm, rasch Verbreitung. »Lied von den Wundern Christi« lautet sein genauer Titel; es schildert in knappem Chronikstil die Heilsgeschichte von der Erschaffung des Menschen über den Sündenfall bis zu Leben und Tod Christi. Schon in der älteren Fassung dieses Preislieds steht Christus im Mittelpunkt. Er hat teil an den Anfängen der Welt wie auch an der Erlösung der Kinder Adams. Eine zweite, jüngere Handschrift stellt die Rolle Jesu im Erlösungsplan Gottes noch mehr heraus: durch ihn ist der Mensch gerettet. Aus dieser Sicherheit lebt das »Ezzolied«, noch ganz frei vom cluniazensischen Geist.
Etwa der gleichen Zeit entstammt die österreichische sogenannte »Wiener Genesis«, ein Epos von über 3000 Reimpaaren. Sie erzählt das Buch Mose nach, setzt jedoch eigene Schwerpunkte in der Ausgestaltung; immer wieder schiebt der geistliche Verfasser auch moralische Belehrungen ein. Dennoch ist die »Wiener Genesis« keine trokkene Erbauungsschrift, sondern anschauliche Dichtung. Ausführlichkeit, erbauliche Einschübe zur Läuterung und Stärkung der Seele und der recht schmucklose Stil lassen vermuten, daß der Autor für ein weniger ›bibelfestes‹ Publikum geschrieben hat als etwa Ezzo. Auch hier noch wenig Einfluß der cluniazensischen Bewegung: der Erde mit ihren Schönheiten wird – fern von strenger Askese – der ihr gebührende Platz eingeräumt.

Erste Zeugnisse des durchgeistigten Diesseitsverständnisses – Literatur im Bannkreis der Kirchenreform

Ganz im Gegensatz zum »Ezzolied« und zur »Wiener Genesis« atmet das um 1070 verfaßte alemannische »Memento mori« (lat.: »Gedenke des Todes«) eines Schweizer Mönchs namens Noker deutlich den weltabgewandten Geist der Reform von Cluny. Dieses Gedicht hat die Hinfälligkeit der Welt und alles menschlichen Tuns zum Gegenstand. Fußte Ezzos Gesang auf der Sicherheit, daß alle Menschen in Gottes

Heilsplan aufgehoben sind, so ist die Mitte dieses Textes die Angst und die Warnung vor einem Aufgehen im irdischen Leben; diese Reimpredigt stellt den Menschen die Aufgabe, sich durch ein rechtes Leben selbst für das Jenseits zu qualifizieren. Wir haben hier eines der frühesten Zeugnisse für die neue Haltung der Weltabsage, von der die deutsche Literatur des folgenden Jahrhunderts weithin geprägt ist.
Diese Weltsicht zeigt sich sehr deutlich im »Annolied«, einem mittelfränkischen Heiligenleben, das um 1085 im Bistum Köln von einem geistlichen Verfasser in Versen verfaßt wurde. Erzbischof Anno von Köln, Entführer und Erzieher Heinrichs IV., eine damals recht umstrittene Persönlichkeit, wird hier als Heiliger dargestellt und in die als Heilsgeschichte interpretierte Weltgeschichte eingeordnet. Fast die Hälfte der etwa 900 Verse des Werks nimmt ein Abriß der Weltgeschichte ein, frei arrangiert und eher phantasievoll als historisch exakt. Ihm folgt das eigentliche Leben Annos. Die in den göttlichen Heilsplan eingebettete Weltgeschichte erreicht in Bischof Anno ihren Gipfel: er gehört als weltlicher Fürst und Bischof zu beiden Bereichen. Zugleich unterstreicht diese Verbindung von weltlicher und Heilsgeschichte in der Person eines Kirchenfürsten den Herrschaftsanspruch der Kirche, wie er im Investiturstreit die politische Szene bestimmte.
Die neue Geisteshaltung setzt sich in den ersten Jahrzehnten des 12. Jahrhunderts in der deutschen Literatur durch und findet in einer ganzen Reihe geistlicher Werke von geringerer literarischer Bedeutung ihren Niederschlag. Nur weniges ist hier erwähnenswert, zum Beispiel das »Leben Jesu« der Klausnerin Ava, ein österreichisches Werk, das etwa 1120 bis 1125 entstanden sein dürfte. Wie hier die erste deutschsprachige Autorin das Leben des Herrn in einer von persönlichem religiösen Gefühl getragenen Erzählung darstellt, einfach und schmucklos, aber voll menschlicher Wärme, das hebt diese Nacherzählung über den Durchschnitt hinaus. Der Lebenslauf Jesu wird durch Einfügung legendenhafter Züge farbig gestaltet, der heilsgeschichtliche Charakter in den Vordergrund gestellt und die Auferstehungsgeschichte ähnlich wie in späteren mittelalterlichen Osterspielen geschildert – vielleicht ein Hinweis auf eine damals schon existierende, verlorengegangene christliche Dramatik.

Von cluniazensischen Einflüssen zu ersten Formen höfischer Literatur

Diese geistliche Literatur beherrscht die ganze erste Hälfte des 12. Jahrhunderts und erreicht zahlenmäßig einen Höhepunkt um die Jahrhundertmitte. Dieser Zeitpunkt markiert zugleich den Wendepunkt: etwa ab 1140/50 werden Veränderungen erkennbar. In der gesellschaftlichen Wirklichkeit tritt der Stand des Geistlichen als Kulturträger allmählich zurück und beginnt dem Laienstand der gebildeten Ritter Platz zu machen. Eine neue, mehr weltliche Lebensauffassung wird andeutungsweise in den Dichtungen dieser Übergangsphase sichtbar. Die Haltung der strengen Askese und Weltabkehr muß sich mit den neuen Kräften auseinandersetzen.

Literarische Auswirkungen zeigen sich schon in der »Kaiserchronik«, einem gewaltigen epischen Werk wahrscheinlich mehrerer Regensburger Autoren, das vermutlich – dies ist in dieser Zeit noch eine Besonderheit – einen Laien als Auftraggeber hat. Es enthält in über 17000 Reimpaar-Versen eine Chronik der römischen und deutschen Kaiser von Caesar bis zu Konrad III. Kurz nach 1147 wurde es wohl unvollendet abgeschlossen. Wie das »Annolied« stellt auch die »Kaiserchronik« die Weltgeschichte ›zweisträngig‹ dar: Entsprechend dem cluniazensischen Geschichtsbild wird die heilsgeschichtliche Linie mit der weltlichen Geschichte verschlungen. In den Kaiserbiographien und der parallel geschalteten Papstreihe erhält das Ineinander der beiden Welten sichtbare Gestalt. Die »Kaiserchronik« verfolgt die weltliche Geschichte zurück bis in die Römerzeit und sortiert die Kaiser gewissenhaft in vorbildliche und verwerfliche. Entscheidender Maßstab ist ihr Verhältnis zum Christentum. Natürlich geht es dabei nicht ohne Beugung der historischen Wahrheit ab: Es kam dem Chronisten eben nur auf die Wiedergabe der höheren Wahrheit in der Bewertung der Ereignisse an. Oft verdecken Legenden, Anekdoten und sagenhafte Erzählungen völlig den historischen Kern. Der lehrhafte Charakter dominiert; die »Kaiserchronik« will mahnende Beispiele vorführen. Doch wird den Novellen und Legenden auch ein gewisser Unterhaltungswert zugekommen sein – ein Hinweis auf den veränderten Geschmack des adeligen Laienpublikums. Schließlich treffen wir in dieser ersten weltlichen Dichtung seit dem »Hildebrandslied« auch Züge, die auf die allmähliche Entwicklung einer mehr diesseitigen Kultur hinweisen: Die Menschen im Gefolge der Kaiser erhalten das Prädikat »hövesch« (mhd.: höfisch fein und gebildet), und die Macht der Minne über sie wird dargestellt (siehe auch Band 3).

Etwa zur gleichen Zeit schreibt im Moselfränkischen der Pfaffe Lamprecht sein »Alexanderlied«, eine Darstellung von Leben und Tod Alexanders des Großen. Die Größe, aber auch das jähe Ende dieses Mannes hatten schon in einigen anderen Alexanderromanen reiche Ausschmückung erfahren. Auch der Pfaffe Lamprecht sieht seinen Helden in der Spannung zwischen irdischem Ruhm und Vergänglich-

Frühe Darstellung heilkundlicher Anleitungen.
Illustration aus einer medizinischen Sammelhandschrift. Berlin, Staatsbibliothek Preußischer Kulturbesitz, Handschriftenabteilung.

keit; er folgt damit einem französischen Vorbild, das er ziemlich genau ins Deutsche überträgt. Zwar bewertet er seinen Helden »cluniazensisch«: sein Hochmut macht ihn zum typischen Vertreter dieser veralteten Welt. Andererseits bleibt er doch ein Held, dessen Leistungen Bewunderung abnötigen. Eine spürbare Achtung vor dem ›Anderssein‹ des heidnischen Menschen ist zu erkennen, und diese Haltung verträgt sich nicht mehr mit dem cluniazensischen Radikalismus. Sie weist auf die kommende Umwertung voraus.

Auch das rheinische »Epos von König Rother« (um 1150) trägt Züge des Übergangs. Der zugrunde liegende geschichtliche Stoff, die Werbung des Königs Roger von Sizilien um eine byzantinische Prinzessin, ist weniger auf Belehrung und Erbauung zugeschnitten, sondern hat mehr unterhaltenden Charakter. Zwar erhält Rother vom geistlichen Verfasser einen Platz in der karolingischen Dynastie und damit in der christlichen Heilsgeschichte; doch ist diese Herrschergestalt zugleich durch eine fast schon höfische Haltung gekennzeichnet, und in der rit-

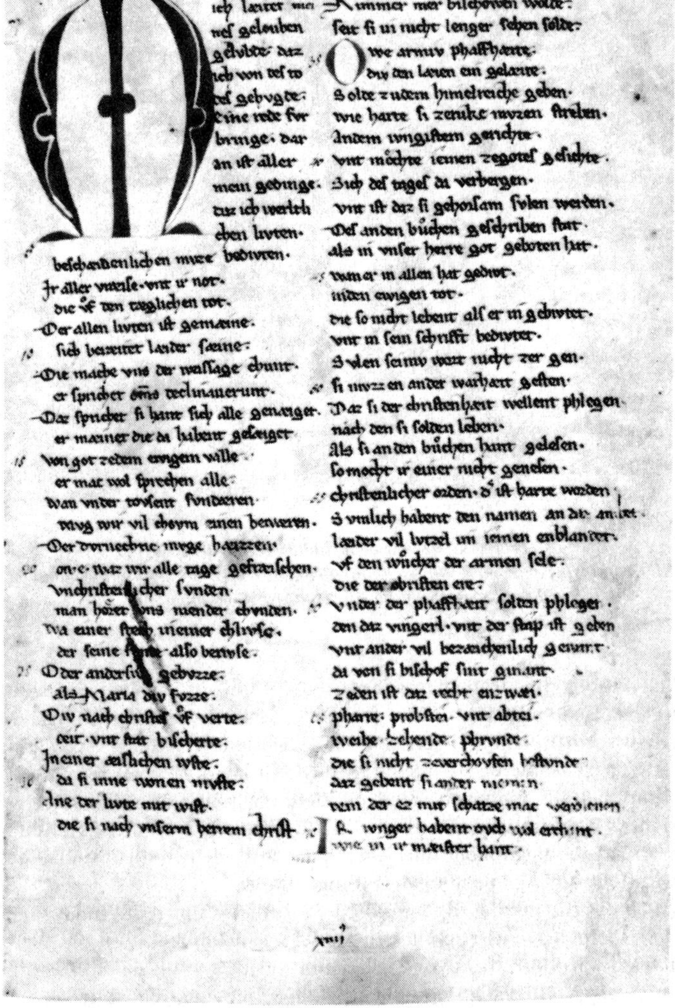
ich laiter mi
nes gelauben
gehvlde daz
ich von des to
des gehugde:
eine rede fur
bringe. dar
an ist aller
mein gedinge.
daz ich werltli
chen liuten.
beschaidenlichen mege bediuten.
In aller werlte. wi ir not.
die uf den taglichen tot.
Der allen liuten ist gemaine.
sich bewiset lauter saine:
Die mache uns der wissage chunt.
er spricht omnes declinaverunt.
Daz spricht si hant sich alle geneiget.
er mainet die da habent gesaiget
von got ze dem ewigem wille.
er mac wol sprechen alle:
wan under tousent sundaeren
mug wir vil chovm ainen bewaeren.
Der wernde mege haeren.
owe. wir wir alle tage gefraischen.
unchristenlicher sunden.
man hoeret uns niender chunden.
wa einer sich in einer chluse.
der seine sunde also bewise.
Oder anders sus gebuzze:
als Maria diu suzze.
Diu nach christes uf verte.
deit. unt sat bischerte.
In einer aislichen wste:
da si inne wonen muste:
ane der liute mit wist.
die si nach unserm herren christ
Anummer mer bischowen wolte:
sent si in nicht lenger sehen solde:
Owe armiu phaffhaite.
diu den laien ein gelaite.
Solte zu dem himelriche geben.
wie harte si zenihte muzen streben.
In dem iungistem gerichte.
unt mochte iemen ze gotes gesichte.
Sich des tages da verbergen.
unt ist daz si gehorsam sulen werden.
Des an den buchen geschriben stat.
als in unser herre got geboten hat.
wan er in allen hat gedrot.
in den ewigen tot.
die so nicht lebent als er in gebiutet.
unt in sein schrifft bediutet.
Sulen seiniu wort nicht zergen.
si muzzen ander warhait gesten.
Daz si der christenhait wellent phlegen.
nach den si solten leben.
Als si an den buchen hant gelesen.
so mocht ir einer nicht genesen.
christenlicher orden. der ist harte worden
Sumlich habent den namen an dem ambet.
laider vil lutzel un iemen enblandet.
uf den wucher der armen sele.
die der christen ere.
under der phaffhait solten phlegen.
den daz vingerl. unt der stap ist gegeben
unt ander vil bezaichenlich gewant.
da von si bischof sint genant.
Zeden ist daz recht enzwai.
pharre: probstei. unt abtei.
weihe. zehende. phrunde:
die si nicht zeverchoufen bestonde
daz gebent si ander niemen.
wan der ez mit schatze mac verdienen
Ir iunger habent ouch wol erchant.
wie in ir maister hant.

Gedenke des Todes!
Seite aus Heinrich von Melks »Memento mori!« mit dem Anfang des Liedes »Von des Todes gehugede«. Wien, Österreichische Nationalbibliothek.

terlichen Gesellschaft erscheint bereits die Liebe zwischen Mann und ›hoher‹, d. h. adeliger Frau als Motiv. So kündigt sich auch hier die weltfrohe Lebensauffassung der Stauferzeit unüberhörbar an.
Doch noch einmal findet in diesen letzten Jahrzehnten unseres Zeitraums, wo das Diesseits wieder positiver gesehen wird, der Gedanke der Weltabsage starken Ausdruck: im »Memento mori« (1160) des Österreichers Heinrich von Melk. Der Laienbruder aus dem Ritterstand versucht, die Menschen durch den Gedanken an den Tod aufzurütteln. Hatte Noker in seinem gleichnamigen Gedicht rund 100 Jahre vorher Gott und Welt noch als zwei einander ausschließende Gegensätze dargestellt, so nimmt Heinrich immerhin die Welt in ihren schillernden Erscheinungen zur Kenntnis. Er prangert sie zwar scharf an, doch er stellt sie anschaulich dar und macht damit ihre Bedeutung für seine Zeitgenossen sichtbar. Sein »Gedenke des Todes!« ist zugleich eine Art Abgesang auf die cluniazensische Epoche.
Eine ähnliche Akzentverschiebung zeigt sich auch in der Auslegung des Hohen Liedes aus dem Alten Testament im »Sankt Trudperter Hohen Lied«, entstanden um 1150. Diese oberdeutsche Prosainterpretation wendet sich an Nonnen und deutet den Text als Schilderung der liebenden Beziehung Gottes zur Jungfrau Maria, die in einer mystischen Vereinigung gipfelt. Was Maria vergönnt war, sei jeder gläubig liebenden Seele möglich; Voraussetzung sei zwar die Abkehr von der Welt, aber zugleich auch die persönliche Liebesbeziehung zu Gott. Williram, ein baierischer Abt, der drei Generationen vorher eine kommentierende Übersetzung desselben Textes verfaßte, ist direktes Vorbild. Williram deutete den biblischen Text aber ganz anders: bei Williram steht er als Bild für die mystische Einheit von Christus und seiner Kirche. Jetzt dagegen ist das liebende Verhältnis des einzelnen Menschen zum Heiland in den Mittelpunkt gerückt – Ausdruck des gewandelten Verständnisses von Frömmigkeit. Diese Heraushebung Mariens als Modell für menschliches Verhalten, die Betonung der Liebe als bewegender Kraft weisen ebenfalls auf die Dichtung der Stauferzeit voraus, insbesondere auf den Minnesang.

Literatur

Bertau, Karl: Deutsche Literatur im europäischen Mittelalter, Bd. 1, 800–1197, München 1972

Boor, Helmut de/Newald, Richard: Geschichte der deutschen Literatur von den Anfängen bis zur Gegenwart, Bd. 1, Berlin 1971

Christus — Richter und Herrscher der Welt.
Der Ausschnitt aus dem Tympanon von St. Pierre in Moissac/Frankreich verkündet das ›Programm‹ der Kirche: Gottes Reich auch auf Erden.

SIEGFRIED GRISSHAMMER

DIE ZEIT DES INVESTITUR-STREITS

Die Jugend Heinrichs IV. – Adalbert von Hamburg-Bremen – Der Sachsenaufstand – Bruch mit dem Papsttum – Canossa – Der weitere Verlauf des Investiturstreits – Die Normannen in Italien – Gregors Flucht und sein Tod in Salerno – Das Auf und Ab im Kampf mit der Fürstenopposition – Urban II. – Der Landfriede von Mainz – Absetzung und Ende Heinrichs IV. – Heinrich V. und das Ende des Investiturstreits – Die Entstehung und Entwicklung der deutschen Städte – Römische und kirchliche Traditionen – Städtische Freiheiten – Handel und Handwerk – Die Stadtherrschaft – Bauern und Landwirtschaft im Früh- und Hochmittelalter – Bevölkerungsentwicklung, Rodungen und Neusiedlungen – Viehzucht und Ackerbau – Herrschaftsverhältnisse – Agrarische ›Revolution‹ – Das Schicksal der Juden im mittelalterlichen Deutschland – Schutzherren, Rechte und Tolerierung – Verfolgungen und Morde – Die Kreuzzugszeit – Die wirtschaftlichen Existenzgrundlagen der Juden – Handel und Geldverleih.

Als Heinrich III., der wie kaum ein anderer deutscher König des Hochmittelalters den sakral-priesterlichen Charakter seiner Herrschaft betont hatte, am 5. Oktober 1056 in Bodfeld am Harz starb, war sein im Jahre 1054 vom Kölner Erzbischof gekrönter Sohn Heinrich (IV.) noch keine sechs Jahre alt. Die Mutter des Jungen, Kaiserinwitwe Agnes, übernahm die Vormundschaft über ihren minderjährigen Sohn, war aber von den schweren Aufgaben, die ihrer harrten, überfordert. So machte sie taktische Fehler bei der Neuverteilung von Herzogtümern. In Süddeutschland berief sie Rudolf von Rheinfelden, der umfangreiche Güter in der Südwestschweiz besaß, an die Spitze des Herzogtums Schwaben und vertraute Otto von Northeim, dem durch seine Frau, eine verwitwete Gräfin, reicher Besitz in Westfalen zugefallen war, das Herzogtum Baiern an. Nachdem Agnes im gleichen Jahr auch noch Kärnten Berthold von Zähringen übertragen hatte, verfügte das salische Königshaus über kein eigenes Herzogtum mehr. Die politische Machtgrundlage des Königtums war dadurch schwächer geworden, was sich in den schon sich abzeichnenden Auseinandersetzungen mit den machtgierigen Fürsten negativ auswirken

Schisma

(griech.: Trennung, Spaltung innerhalb der Kirche)

1054 *Großes Schisma zwischen der griechisch-orthodoxen und der römisch-katholischen Kirche, dauert bis heute;*

1378–1417 *großes abendländisches Schisma: zwei, mitunter drei Päpste und deren Anhänger standen sich gegenüber. Diese Spaltung teilte ganz Europa in feindliche Lager und war Ausdruck der europäischen Mächtekonstellation und unterschiedlicher Positionen innerhalb der kirchlichen Orthodoxie.*

In der Antike und im Mittelalter gab es zahlreiche ›kleinere‹ Spaltungen, wenn Kaiser, Adelsgruppen in Italien und Deutschland und hoher Klerus sich nicht auf einen Kandidaten für den Papstthron einigen konnten. Gegenpäpste gab es beispielsweise:

844 *Johannes zu Sergius II.*

1012 *Gregor zu Benedikt VIII.*

1061–1064 *Honorius II. zu Alexander II.*

1080–1100 *Clemens III. zu Gregor VII., Victor III., Urban II. und Paschalis II.*

1159–1180 *Victor IV., Paschalis III., Calixt III., Innozenz III. zu Alexander III.*

Dabei ist nicht immer eindeutig die Rechtslage zu klären, jeder »Papst« ging davon aus, der rechtmäßige zu sein.

Vier Herrscher – die das Gesicht einer Epoche bestimmten:
Relief von 1480 aus der Kaisergruft zu Speyer mit den Darstellungen der hier bestatteten Herrscher Konrad II., Heinrich III., Heinrich IV., Heinrich V.

mußte. Die drei neu eingesetzten Herzöge wurden in der Folgezeit gefährliche Gegner des jungen Heinrich und brachten ihn mehrfach in fast ausweglose Situationen.

Wenig glücklich war auch der Kaiserin Verhältnis gegenüber dem Papsttum. Heinrich III. hatte sich einst selbst mit großem Ernst und nimmermüder Energie an die Spitze der kirchlichen Reformbewegung gestellt und selbstbewußt Einfluß auf die Papstwahl genommen. Die Kaiserin aber zeigte sich nach dem Tod Victors II. (1057), der als ihr wichtigster Berater fungiert hatte, sehr unentschlossen. Die Reformer um Kardinal Hildebrand, den späteren Papst Gregor VII., ließ Agnes frei gewähren. Als dieser ohne königliche Mitwirkung den Bischof Anselm von Lucca 1061 wählen und als Alexander II. auf den päpstlichen Thron erheben ließ, kam es zum *Schisma (K, links).* Der oberitalienische Episkopat wählte den Bischof Cadulus von Parma als Gegenpapst (Honorius II.). Die Kaiserin blieb weiterhin unentschlossen. Ihre unsichere Haltung mißbilligten die Großen des Reiches und schmiedeten Staatsstreichpläne. Das entscheidend Neue im Verhalten des Königtums war, daß nun nicht mehr wie in den Zeiten Heinrichs III. der deutsche König die Reformpäpste entschieden unterstützte und – das ist die Kehrseite – auch lenken und in gewisser Weise kontrollieren konnte. Seit 1061 ging das Reformpapsttum eigene Wege, tendierte gegen den deutschen König und Kaiser.

Bischöfliches Kidnapping – Entführung des jungen Königs und Ende der Regentschaft

Es war dann der Erzbischof Anno von Köln, der sich durch einen wohlvorbereiteten Überfall (1062) in Kaiserswerth des jungen Königs bemächtigte. Der suchte sich zwar mutig zu befreien und sprang entschlossen in voller Kleidung in den Rhein. Doch vergebens. – Daß der ehrgeizige Anno mit diesem Coup seinen eigenen Einfluß im Reich steigern wollte, versteht sich von selbst. Dabei hatte er von der Kaise-

Erzbischof Adalbert von Hamburg-Bremen

war bereits 1043 durch Kaiser Heinrich III. zum Erzbischof von Hamburg-Bremen ernannt worden und hatte 1046 auf eine Erhebung zum Papst verzichtet. Um so eifriger betätigte er sich im slawischen Missionsraum, in dem er die Kirchenorganisation im Gebiet des Abodritenfürsten Gottschalk geschickt und energisch ausbaute. Sein Wirken ließ jedoch bald die Grenzen Ostholsteins und des mittleren Mecklenburgs weit hinter sich und konzentrierte sich auf die Schaffung eines die Nord- und Ostseeländer umfassenden Patriarchats. Aber Adalbert, dessen Verdienste um die Mission bis ins weit entlegene Grönland umstritten sind, stieß auf heftigen Widerstand des Reformpapsttums und der um ihre nationale Selbständigkeit besorgten Kirchen des Nordens. Natürlich verfolgte auch die Mehrzahl der anderen Reichsfürsten seine Politik mit wachsendem Mißtrauen. Sie erreichten 1066 bei einem Fürstentag in Tribur (Pfalz), daß Adalbert sich vom Königshof zurückziehen mußte. Hatte er doch sogar die berühmten Reichsabteien Corvey an der Weser und Lorsch bei Worms seinem »Imperium« eingliedern wollen.

Im Jahre 1069 kehrte Adalbert wieder in die Umgebung des Königs zurück, erreichte allerdings seinen früheren Einfluß nicht mehr. Lampert von Hersfeld, der spätere Abt des Klosters Hasungen bei Kassel, behauptete in seinen »Annalen« wohl nicht zu Unrecht, daß dieser gewiß hochbegabte, seine Macht ohne Bedenken einsetzende und sehr selbstbewußte Kirchenfürst sich zunächst »fast die Alleinherrschaft anzueignen schien«.

rin, die sich kurz darauf zu Papst Alexander II. zurückzog und später als treue Anhängerin Gregors VII. zwischen ihrem Sohn und dem Papst zu vermitteln suchte, zunächst nichts zu befürchten. Doch mußte er bald mit dem *Erzbischof Adalbert von Hamburg-Bremen (K, links unten)* seine Macht teilen und diesem einen entscheidenden Einfluß auf die Reichsgeschäfte einräumen.

Versuchte Sicherung des Königsgutes – Heinrichs IV. erste Jahre

Der König, der im Jahre 1070 zwanzig Jahre alt geworden war, wollte freilich immer weniger untätig dabei zusehen, wie das über alle Herzogtümer verstreute Königsgut, die Grundlage seiner Macht, Stück für Stück die Beute eines Adels wurde, der die Reichseinheit zwar mit Lippenbekenntnissen beschwor, in Wirklichkeit aber höchst egoistisch die Erweiterung des eigenen Besitzes betrieb. Das mußte zu einer Kraftprobe führen, bei der nicht weniger als das überkommene deutsche König- und Kaisertum auf dem Spiele stand.
Der König stützte sich bei diesem Kampf auf die aufstrebende Schicht der *Ministerialen (K, Seite 22)*. Einer von ihnen hatte bereits unter Heinrichs IV. Vater Karriere gemacht und war 1069 als Benno II. Bischof von Osnabrück geworden. Zusammen mit anderen schwäbischen Ministerialen legte er im Auftrag des Königs eine Reihe von Burgen an, die den ausgedehnten, reichen Königsbesitz am Harz sichern sollten. Diese ›landfremden‹ Herren aus dem süddeutschen Raum traten sehr selbstbewußt auf, es häuften sich die Klagen über ihr allzu hartes Durchgreifen im Namen des Königs. Dieser selbst hielt sich mit dem gesamten Hof häufig in Sachsen auf und belastete die Bevölkerung mit den nicht unerheblichen Ausgaben seiner Hofhaltung.

Der sächsische Aufstand gegen Heinrich IV.

An die Spitze des Aufstandes setzte sich Otto von Northeim, der ohnehin mit dem König eine Rechnung zu begleichen hatte: Im Jahre 1070 hatte er sein Herzogtum Baiern verloren, weil Heinrich IV. ihm einen Attentatsversuch vorwarf, Otto aber der Ladung vor das königliche Gericht nicht gefolgt war. Nun also schlug er zurück. Er überfiel Heinrich in der Harzburg. Der König konnte im letzten Moment entkommen, die auf seinen Befehl angelegten Burgen fielen den Empörern in kürzester Zeit zum Opfer.

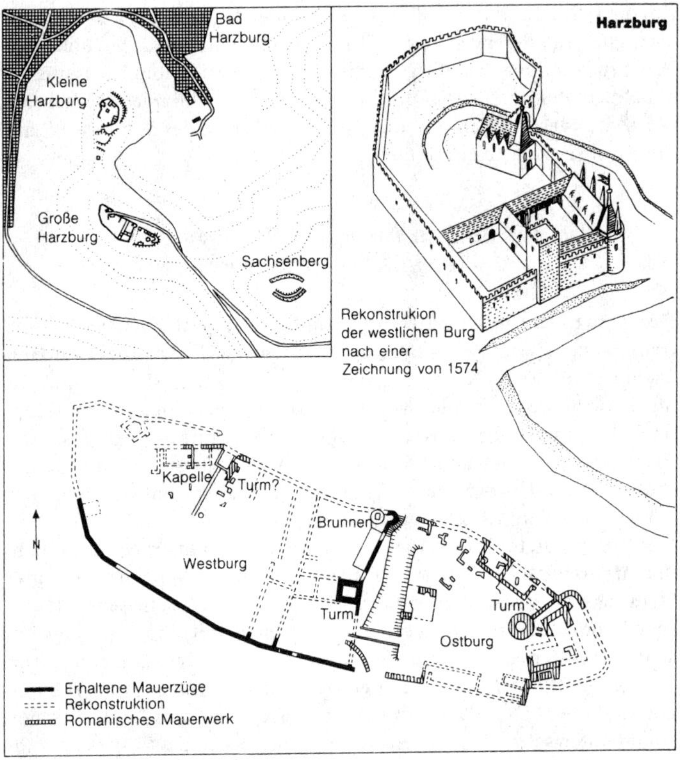

Der ›erwachsene‹ König war zum ersten Mal in eine Lage geraten, in der sowohl die positiven als auch die negativen Seiten seines Charakters deutlich hervortraten. Eine ausgeprägte zähe Hartnäckigkeit bei der Verfolgung seiner Ziele verband sich mit einem stürmischen, oft voreilige und überstürzte Entschlüsse bewirkenden Temperament. Auch in aussichtslos erscheinenden Situationen gab Heinrich nie auf, schlimmste Niederlagen überstand er und fand, wenig wählerisch in seinen Mitteln, immer wieder Auswege und Möglichkeiten, unveräußerliche Rechte des deutschen König- und Kaisertums zu verteidigen und zu neuer Geltung zu bringen. Der hochgewachsene, oft schroff auftretende Mann hielt auch in den dunkelsten Stunden seines Lebens an den Grundüberzeugungen fest, die ihm aus seinem religiös verstandenen Herrschaftsauftrag zu erwachsen schienen, und war bis zum letzten Atemzug nicht bereit, sich untätiger Resignation zu überlassen.

Verfolgt von Unglück und Zwietracht: Kaiser Heinrich IV.
Bildnis des Salierherrschers von der Giebelwand der Domvorhalle in Goslar (um 1230). – Rechts: Judas Thaddäus.

Nun aber, nach dem plötzlichen Losschlagen der sächsischen Empörer, geriet der König in eine verzweifelte Lage. Als sich auch noch die Thüringer dem Aufstand anschlossen, versuchte Heinrich IV. von Hersfeld aus mit den Empörern zu verhandeln. Diese gingen in ihrem gewiß nicht ganz unberechtigten Mißtrauen so weit, dem König die Auslieferung seiner bei den Sachsen tief verhaßten schwäbischen Räte zuzumuten. Als Heinrich IV. nicht nachgab, erklärten sie, daß die »gegen alle Natur gehenden Verbrechen des Königs« einer kirchlichen Sühne bedürften. Ein letzter Versuch des Königs, ein schlagkräftiges

HEINRICH IV.

Das Leben Kaiser Heinrichs IV. »gehört zu den unglücklichsten, von denen die Weltgeschichte zu berichten weiß« (Hampe). Unglücklich verlief schon die Kindheit des 1050 geborenen Königssohnes. Mit fünf Jahren stand er an der Totenbahre seines Vaters, durch die Entführung von Kaiserswerth wurde dem Elfjährigen auch die Mutter weggenommen. Günstlingswirtschaft am Hof und der Streit um seine Erziehung zwischen der überforderten Mutter und rivalisierenden Erzbischöfen haben den Charakter des Kindes geprägt. Früh eignete sich Heinrich so jene Neigung zur Verstellung an, die ihm seine Gegner ankreideten. Oft wurde er gedemütigt, und er lernte, sich selbst tief zu demütigen, um seine Ziele zu erreichen.

Als er mit 15 Jahren mündig wurde, schüttelte der junge König jegliche Bevormundung ab. Aus einer Laune heraus suchte er seine Gattin zu verstoßen, die ihm bereits im Alter von vier Jahren anverlobt worden war. Viele der späteren Schwierigkeiten haben in ähnlich jugendlichem Ungestüm ihre Ursache! Nach seinen Anlagen hätte Heinrich IV. dennoch ein sehr erfolgreicher Herrscher werden können, ungünstige politische Konstellationen haben das verhindert.

Äußerlich von stattlicher Erscheinung, war der König auch hochbegabt, gebildet und kunstsinnig. Er galt als tapferer Krieger und blieb trotz aller Auseinandersetzung mit der Kirche persönlich ein gläubiger Mensch. Mit der gleichen Zähigkeit, mit der er seine häufigen Krankheiten niederkämpfte, überwand er die vielfältigen Schicksalsschläge seines Lebens. Menschlich erschüttert hat ihn nur der Verrat der eigenen Familie: die Empörung seiner Söhne, die Untreue und die Verleumdungen seiner zweiten Gattin. Damals spielte Heinrich mit dem Gedanken, sein Leben selbst zu beenden! Verbittert und gedemütigt starb der Kaiser 1106 nach kurzer Krankheit in Lüttich. *(W. S.)*

Reichsheer aufzustellen, scheiterte an der ablehnenden Haltung der Herzöge von Baiern, Schwaben und Kärnten. Selbst ein Kniefall (!), den Heinrich in seiner Verzweiflung vor seinen Vasallen getan haben soll, stimmte die Herzöge nicht um.

Hilfe von Bürgertum und Papst – Sieg über Otto von Northeim

Auf der Flucht vor den sächsischen Aufständischen hatte sich der König schließlich dem Schutz der Mauern von Worms anvertraut (1073). Die Bürger dieser Stadt nahmen ihn mit Jubel auf, und zwar gegen den ausdrücklichen Willen ihres Bischofs, den sie wegen seiner königsfeindlichen Haltung aus der Stadt vertrieben. Zum ersten Mal trat im mittelalterlichen Deutschland das Bürgertum als selbständige politische Kraft hervor. Seine Interessen gingen mit denen des Königs insofern in die gleiche Richtung, als es sich Freiheit von der Grundherrschaft des Adels erkämpfen wollte.

Die Wendung zugunsten des Königs bewirkte ein kluger, von seinen Gegnern kaum erwarteter Schachzug Heinrichs IV. Er entschloß sich nämlich, an den schon erwähnten Kardinal Hildebrand, der im gleichen Jahr als Gregor VII. den Stuhl Petri bestiegen hatte, einen Brief zu schreiben, dessen unterwürfiger Ton diesen auf dem diplomatischen Parkett erfahrenen Mann doch überraschte und beeindruckte. Gregor VII. wirkte daraufhin im Sinne des Königs auf die deutschen Fürsten mäßigend ein. Heinrich gewann wieder Mut und Zuversicht. Die Verhandlungen mit den Aufständischen, die auf beiden Seiten mit Vorbehalten und der Bereitschaft, ja der Neigung zum Wortbruch geführt wurden, brachten den Frieden von Gerstungen (1074) zustande, der den königlichen Besitzstand wahrte, den Rebellen jedoch Straflosigkeit und die Schleifung der verhaßten Ministerialenburgen in Sachsen zusicherte.

Die für kurze Zeit eintretende Ruhe trog. Als sich die sächsischen Bauern bei der Zerstörung der Harzburg dazu hinreißen ließen, die Grabkapelle zu schänden und die Gebeine königlicher Verwandter aus den Gräbern zu reißen, schlug die Stimmung in den Kreisen der Königsopposition um. Die süddeutschen Fürsten konnten dem König ihre tatkräftige Unterstützung nun nicht mehr versagen, wenn sie ihr Gesicht nicht völlig verlieren und nicht als Landesverräter dastehen wollten. Der Aufmarsch des Reichsheeres erfolgte im Sommer 1075 an der Unstrut, einem Nebenfluß der Saale. Bei Homburg erfocht das Heer Heinrichs IV. einen glänzenden Sieg über die von Otto von Northeim

Wer krönt wen? – Ein Dokument des Investiturstreits:
Die Miniatur des Mainzer Pontifikales zeigt die Krönung eines Königs durch einen Bischof entsprechend der Vorstellung der Kirche. Schaffhausen, Stadtbibliothek.

mit nur wenig Geschick geführten Gegner, die sich bedingungslos unterwarfen und ihre Anführer dem König auslieferten. »Es war vielleicht der einzige ganz glückliche Augenblick in der langen Regierung Heinrichs IV.« urteilte Johannes Haller, ein sonst stark mit dem Papst sympathisierender Historiker.

Der Streit zwischen Kaiser und Papst: Prinzipielle Fragen spalten die Einheit der mittelalterlichen Welt

Das gute Verhältnis zu dem neuen Papst Gregor VII. konnte nicht von Dauer sein. Die Zeiten waren vorüber, in denen ein Kaiser, wie Heinrichs IV. Vater, sich an die Spitze der kirchlichen Reformbewegung stellen und gleichzeitig aufgrund seiner unbestrittenen Autorität darüber entscheiden konnte, wer den Stuhl Petri bestieg, wie das bei Cle-

Investitur
(lat. investire = einkleiden)

Im Mittelalter versteht man unter Investitur die Einführung eines Lehnsträgers in den Besitz seines Lehens. Seit dem 10. Jahrhundert wird das Wort besonders für die Einsetzung eines Geistlichen in weltliche Besitzrechte mit gleichzeitiger Übertragung geistlicher Befugnisse gebraucht. So erfolgte die Übertragung von Bistümern und Abteien durch den König mit dem Symbol des Stabes. Heinrich III. setzte die hohen geistlichen Würdenträger mit den Symbolen des Ringes (Zeichen der geistlichen Vermählung mit der Kirche) und des Stabes (Zeichen der Hirtensorge) ein und nahm nach dieser »Investitur«, die zugleich die Übertragung von im Namen des Königs ausgeübten Rechten und Besitztiteln (Regalien) darstellte, den Treueid des neuen »Amtsinhabers« entgegen. Da diese ›Einkleidung‹ durch einen Laien vorgenommen wurde, nannte man sie ›Laieninvestitur‹. Mit dem Stichwort Investiturstreit ist jedoch nicht allein die Frage abgedeckt, wer Bischöfe einsetzen darf; es geht vielmehr um die grundsätzliche Frage, wieviel Einfluß der deutsche König auf die römische Kirche nehmen darf. Die radikalen Kirchenreformer lehnten die Laieninvestitur und den Einfluß des Königs grundsätzlich ab.

mens II. (Suidger, Bischof von Bamberg), Damasus II. (Poppo, Bischof von Brixen) und Victor II. (Gebhard, Bischof von Eichstätt) um die Mitte des Jahrhunderts der Fall gewesen war. Das Papsttum hatte in den zwei Jahrzehnten nach dem Tod Heinrichs III. mehr Unabhängigkeit von deutschen Kaiser gewonnen und diese durch entsprechende Beschlüsse und Verlautbarungen rechtlich abgesichert und in der Öffentlichkeit bewußt gemacht. So war das Ergebnis der im römischen Lateran tagenden Ostersynode des Jahres 1059 das folgenreiche Papstwahldekret gewesen, wonach nur noch Klerus und Volk der Wahl der Kardinäle zustimmen konnten. Wörtlich lauten die entscheidenden Artikel:
»(3) Beim Tode eines Bischofs dieser universalen Kirche sollen zuerst die Kardinalbischöfe in sorgfältiger Überlegung beraten und dann möglichst bald die Kardinalkleriker heranziehen. Dann soll der übrige Klerus und dann das Volk der neuen Wahl zustimmen. (4) Um zu verhindern, daß etwa das Leiden der Käuflichkeit Simonie eindringe, kommt der Vortritt bei der Wahl eines neu zu erhebenden Papstes den Geistlichen zu, und erst dann können die anderen folgen.«
Der deutsche König und die »Pflichten des Papstes« ihm gegenüber erscheinen in dem Dekret in folgender Formulierung:

»(6) Dabei bleibt unberührt die schuldige Ehre und Ergebenheit gegen unseren sehr geliebten Sohn Heinrich [gemeint ist Heinrich IV.], der im Augenblick als König gilt, von dem wir aber hoffen, daß er mit Gottes Hilfe unser Kaiser sein wird. Das haben wir ihm bereits zugestanden. Dies gilt auch für seine Nachfolger, wenn sie dieses Recht persönlich von diesem apostolischen Sitze empfangen haben.«
Der Ton dieses Dekrets läßt keinen Zweifel daran aufkommen, daß der Papst Selbstbewußtsein und Unabhängigkeit gewonnen hatte. Selbstverständlich drang Nikolaus II. im Sinne der von Cluny ausgehenden, geförderten und tatkräftig in die Wirklichkeit umgesetzten kirchlichen Reformen auf strenge Einhaltung des Zölibats (Ehelosigkeit der Geistlichen) und verbot die Annahme von geistlichen Ämtern aus Laienhand *(Investitur, K, Seite 127).* Andererseits strebte er aber nun für einen wichtigen Bereich der Kirche an, was auch in Cluny Ziel Nummer eins war: die völlige Unabhängigkeit von weltlichen Personen oder Institutionen, d.h. letztlich auch die Zerschlagung des ottonisch-salischen Reichskirchensystems.
Papst Alexander II. (1061–1073), Nachfolger Nikolaus' II., setzte trotz militärischer Auseinandersetzung mit dem Gegenpapst Honorius II. unter Mithilfe Kardinal Hildebrands eifrig den Reformkurs fort. Als nun jener Hildebrand, energisch auf Unabhängigkeit der Kirche drängender und damit besonders dynamischer »Motor« der Reformbestrebungen, im Jahr 1073 zum Papst gewählt wurde, war eine Auseinandersetzung zwischen dem deutschen Kaisertum und dem Papsttum unausweichlich geworden. Ging es doch bei der vom Papst bekämpften Laieninvestitur um die für den König entscheidende Frage, inwieweit er in Zukunft mit Bischöfen und Äbten seiner Wahl rechnen und diese mit weltlichen Aufgaben betrauen könne. Ruhte doch die Macht des deutschen Königs seit Otto dem Großen zu einem nicht unwesentlichen Teil auf der Möglichkeit, ergebene und fähige Männer als geistliche Würdenträger in ihr Amt einzusetzen und ihnen wichtige Aufgaben der Reichspolitik anzuvertrauen!
Die reichlich fließenden schriftlichen Zeugnisse aus der Zeit des Investiturstreits lassen nach mehr als neunhundert Jahren noch immer die Leidenschaft empfinden, mit der Kaiser und Papst, die beiden charakterlich so verschiedenen Männer, gegeneinander stritten. Karl Hampe hat in seinem Werk »Herrschergestalten des deutschen Mittelalters« die Gegensätze, die Heinrich IV. und Gregor VII. verkörperten, eindrucksvoll umrissen: »Es war Heinrichs Schicksal, daß ihm hier [in Gregor VII.] eine Figur von weltgeschichtlicher Größe entgegentrat, ein Mann von ganz geschlossener Weltanschauung, mystischen Antrieben, kühner Folgerichtigkeit und dämonisch-stürmischem Tempe-

rament, der gewillt war, das irdische Gottesreich unter päpstlicher Leitung, wie es ihm vorschwebte, rücksichtslos zur Wirklichkeit zu gestalten. Welche Gegensätze prallen da aufeinander! Der vielerfahrene Fünfziger und der noch ungereifte Jüngling, der das Bestehende umstürzende derbe Bauernsohn von urwüchsiger, ungebrochener Wucht und der auf die Vergangenheit zurückgreifende Dynastensprößling von verwickelter, vielgewandter, aber innerlich zerrissener Natur; der eine von mächtiger Zeitwoge, die er lenkt, doch auch vorwärts getragen, der andere ihr mit äußerster Zähigkeit seine Brust bietend, oft überflutet, stets wieder auftauchend, schließlich wohl ein Stück zurückgeschleudert, aber noch immer kämpfend [. . .] Keine beneidenswerte Rolle [für Heinrich] wahrlich, Gegenspieler eines weltgeschichtlichen Durchbruchsmenschen zu sein, und auf gerechte Beurteilung ist da selten zu zählen [. . .].«

Die Härte und Unerbittlichkeit des Kampfes erklären sich daraus, daß die beiden Kontrahenten stellvertretend einen die gesamte Christenheit umfassenden, also universalen Herrschaftsanspruch verkörperten, einen Anspruch, den sie als göttlichen Auftrag verstanden wissen wollten: der Kaiser als von Gott eingesetztes Oberhaupt der Christenheit, das den »ordo« (lat. = Ordnung) dieser Welt sogar noch, wenn es sein muß, gegen das Papsttum sichern muß, und der Papst als Stellvertreter Christi auf Erden, der, geistliches Oberhaupt der Christenheit, auch noch gegen den Kaiser, wenn dieser einen Irrweg gehen sollte, für das Seelenheil aller Gläubigen sorgen muß. Zudem standen hinter den Kontrahenten die starken Blöcke ihrer Bündnispartner – der Konflikt weitete sich mitunter zu militärischen Zusammenstößen großen Stils. Wer mochte bei einem solchen Ringen Recht und Unrecht, Verdienst und Egoismus, Bereitschaft zum Opfer und Lust an bedenkenlos eingesetzter Macht sauber voneinander trennen? So ist es kein Wunder, daß selbst in der wissenschaftlichen Literatur und in den großen Geschichtsdarstellungen des 19. und beginnenden 20. Jahrhunderts die Urteile über die beiden Träger dieses Konflikts oft weit auseinandergingen: je nach persönlichem Standpunkt des Betrachters erscheint Papst *oder* Kaiser als Sieger oder Unterlegener.

Mittlerweile ist es der Forschung der letzten Jahre gelungen, in weniger leidenschaftlicher, vor allem von konfessionellen Vorurteilen befreiter Betrachtung beiden Männern besser gerecht zu werden, stärker das Machbare in ihrer Politik herauszuarbeiten und die Kräfte zu benennen, die auf ihr politisches Handeln einwirkten: außenpolitische Konstellationen, Wirtschaftsentwicklung, Differenzen zwischen hohem und niederem Klerus, städtische Unterschichten, Bürger, Ministeriale, Nieder- und Hochadel.

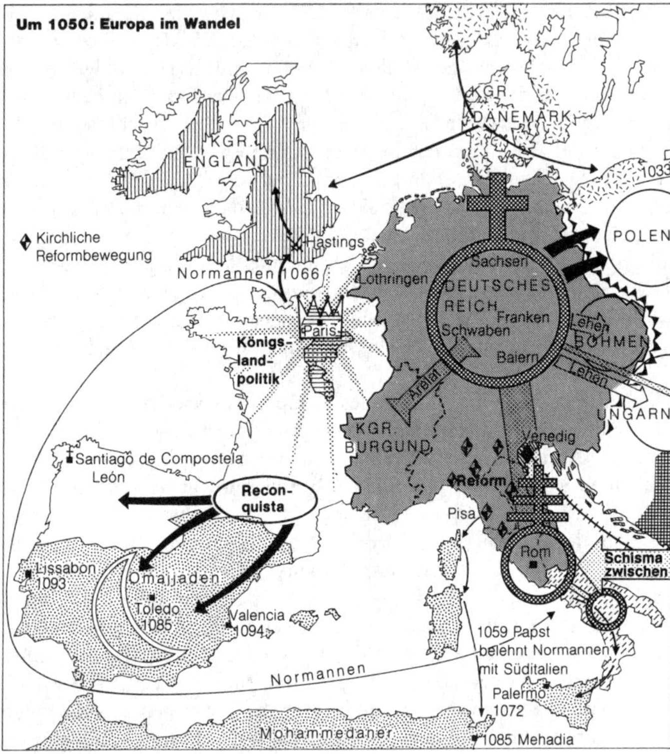
Um 1050: Europa im Wandel
Kirchliche Reformbewegung
KGR. ENGLAND
KGR. DÄNEMARK
1033 Bündnis
POLEN
Hastings
Normannen 1066
Lothringen
Sachsen
DEUTSCHES REICH
Franken
Schwaben
Baiern
Lehen
BÖHMEN
Lehen
UNGARN
Paris
Königs-landpolitik
Arelat
KGR. BURGUND
Venedig
Reform
Pisa
Santiago de Compostela
León
Reconquista
Rom
Schisma zwischen
Lissabon 1093
Omaijaden
Toledo 1085
Valencia 1094
1059 Papst belehnt Normannen mit Süditalien
Normannen
Palermo 1072
Mohammedaner
1085 Mehadia

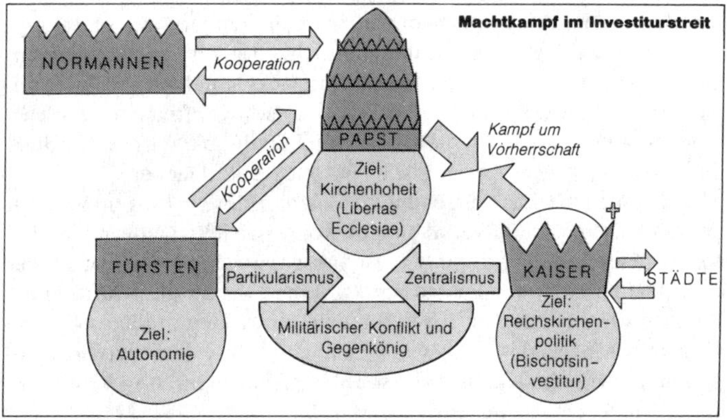
Machtkampf im Investiturstreit
NORMANNEN
Kooperation
PAPST
Ziel: Kirchenhoheit (Libertas Ecclesiae)
Kooperation
Kampf um Vorherrschaft
FÜRSTEN
Ziel: Autonomie
Partikularismus
Zentralismus
Militärischer Konflikt und Gegenkönig
KAISER
Ziel: Reichskirchenpolitik (Bischofsinvestitur)
STÄDTE

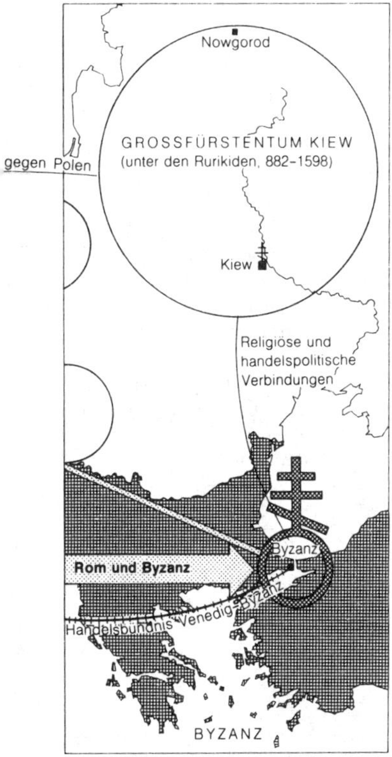

Im 11. Jahrhundert sieht sich das römisch-deutsche Reich entscheidenden Wandlungen in Europa gegenüber: Im Süden kommt es zur Spaltung der Kirche zwischen Rom und Byzanz. Die Normannen in Unteritalien und auf Sizilien sind ein neuer Faktor, den Kaiser und Papst zu beachten haben. In Frankreich offenbart die Königslandpolitik erste Ansätze zu einem Zentralstaat, in Spanien drängt die christliche Reconquista die Mauren zurück. Während im Westen die Normannen die Macht in England übernehmen, erstarkt im Osten der polnische Staat.

Doch nun zu den wichtigsten Ereignissen und Stationen dieses mitreißenden und spannenden Kampfes!

Das Dokument päpstlichen Machtanspruchs

In keinem Dokument zeigt sich die eiserne Konsequenz, mit der Gregor VII. (1073–1085) das Papsttum zu festigen und gegen fremde, d. h. vor allem kaiserliche Einflüsse immun zu machen gedachte, so unverhüllt wie in dem sogenannten »Dictatus papae« (lat.: Niederschrift des Papstes). Es offenbart wie kaum ein anderes Schriftstück den Absolutheitsanspruch des Papstes. In kurzen, wie Hammerschläge klingenden Sätzen heißt es dort: »Der Papst allein kann Bischöfe absetzen oder begnadigen.« Oder: »Nur der Papst verfügt über die kaiserlichen

Deutsche und europäische Geschichte in Daten

	Deutschland	Europa
1056–1106	Heinrich IV., König und Kaiser	
1059		Papstwahldekret Papst Nikolaus' II.; Normannen päpstliche Lehnsleute
1060		Robert Guiscard Herzog von Apulien
1061–1091		Normannen besetzen Sizilien
1066		Schlacht von Hastings; Normannenherzog Wilhelm I. König von England
1073/74	Sachsenaufstand	Investiturstreit in Mailand
1073–1085		Papst Gregor VII.
1075	Heinrich IV. besiegt die Sachsen	Dictatus papae Gregors VII.
1076	Synode in Worms setzt Gregor VII. ab; Papst bannt Heinrich IV; Fürstentag Tribur	
1077	Heinrich IV. in Canossa	

Insignien.« Und in unüberbietbarer Kürze und Prägnanz: »Nur dem Papst kommt es zu, Kaiser abzusetzen.« Und: »Über den Papst hat niemand richterliche Gewalt.« Schließlich nimmt der Papst mit herausfordernder Selbstverständlichkeit für sich das Recht in Anspruch, daß er die »Untertanen vom Treueid gegen ungerechte Herrscher lösen kann.«

Politische Hintergründe

Wer die Sätze aus dem »Dictatus papae« auf sich wirken läßt, erkennt sofort, welche Brisanz sie haben, aber auch, wie sehr die tatsächliche Lage zur Zeit der Niederschrift ihnen widersprach. So gab es Streit um die Besetzung des Bischofsstuhles von Mailand. Das Papsttum unterstützte die sogenannte »Pataria« (ital., vermutlich nach dem Trödel-

1077–1088	Rudolf von Schwaben Gegenkönig; Bürgerkrieg	
1084	Heinrich IV. in Rom von Gegenpapst Clemens III. zum Kaiser gekrönt	
1090		Almoraviden machen das maurische Spanien zu einer Provinz ihres nordafrikanischen Reiches
1094		Rodrigo Diaz (El Cid) erobert Valencia
1095		Papst Urban II. ruft zum Kreuzzug auf
1096	Judenverfolgungen in deutschen Städten	
1096–1099		Erster Kreuzzug
1099		Eroberung Jerusalems durch die Kreuzfahrer; Gründung des christlichen Königreiches Jerusalem
1105	Absetzung Heinrichs IV.	
1106–1125	Heinrich V., König und Kaiser	
1111	Verträge von Turri und Ponte Mammolo	
1122	Wormser Konkordat: Ende des Investiturstreites	

markt in Mailand), eine Bewegung städtischer Unterschichten, die den Klerus mit ihren Reformforderungen bedrängte und ein Gegengewicht gegen die reichen reichstreuen Bischöfe in der Lombardei (Oberitalien) zu schaffen trachtete. Der König erhob im Einverständnis mit dem königstreuen hohen Klerus nach dem Rücktritt des Erzbischofs seinen Kandidaten auf den Bischofsstuhl, indem er nach altem Brauch das Recht der Investitur ausübte, während die Pataria einen Gegenkandidaten ins Spiel brachte, der die Anerkennung und Unterstützung des Papstes fand.

Nach seinem so glorreichen Sieg über die Sachsen (siehe Seite 125) sah der König, der aus begreiflichen Gründen bisher zurückhaltend taktiert und dem Papst demütige Briefe geschrieben hatte, keinen Grund zur Mäßigung mehr und ließ den neuen Erzbischof durch seine Beauftragten endgültig einsetzen. Der Papst, dessen Vorgänger schon einige Räte des Königs, die bei der Vergabe von Bistümern Geld angenom-

Ursachen des Investiturstreits

1. Deutsche Könige fördern die Kirchenreform
Heinrich III. glaubte noch, die Kirche im Sinn der Reformer umgestalten und dabei noch die Herrschaft über sie behaupten zu können.
Heinrich IV. wollte sich weiterhin des Reichskirchensystems bedienen, hielt strikt an der Besetzung von Bistümern fest, konnte dies aber aufgrund wachsenden Widerstands nicht durchsetzen.

2. Reformpäpste emanzipieren die Kirche vom deutschen Kaiser
Leo IX. (1049–1054): Reform gemeinsam mit dem Kaiser.
Stephan IX. (1057–1058): Ohne Zustimmung des Kaisers erhoben, fordert nicht nur Reform, sondern »Freiheit« der Kirche. Verbindung zur Pataria.
Nikolaus II. (1058–1061): Papstwahldekret: Wahl des Papstes liegt einzig in der Hand der Kardinäle. Es richtet sich primär gegen den römischen Adel, tendenziell gegen den Kaiser. Erstes Verbot der Laieninvestitur und Verbot der Priesterehe. Normannen werden Lehnsleute: machtpolitische Befreiung der Kirche 1059.
Alexander II. (1061–1073): Abkehr des deutschen Hofes vom Reformpapsttum; aus latentem Gegensatz zwischen Hof und Kurie wird offener Konflikt. Ausdehnung des politischen Einflusses: Spanien, Reconquista.
Gregor VII. (1073–1085): Radikaler Reformer, der die politische Einheit des Abendlandes durch die geistliche Weltherrschaft der Reformpäpste herstellen möchte. Simonie- und Zölibatsbeschlüsse sollen auch im Deutschen Reich wirksam werden, dadurch Opposition des deutschen Episkopats. 1075 Dictatus papae: Die Vorrangstellung des Papstes wird dogmatisch und kirchenrechtlich festgelegt.

3. Streitschriften
Petrus Damiani: Strebt Reform im Zusammenwirken Kaiser/Papst an.
Humbert von Silva-Candida: Drei Bücher gegen die Simonisten. Forderung nach kanonischer Wahl des Papstes, Abschaffung von Eigenkirchenrecht und Laieninvestitur und Einhaltung des Zölibats.

4. Die Pataria
Eine religiös-reformerische Bewegung städtischer Unterschichten u.a. in Oberitalien, teilweise unter Beteiligung von Adelsgruppen, die sich gegen die Herrschaft der feudalen Hochkirche, die Verweltlichung des Klerus richtete und Urchristentum, Freiheit der Kirche anstrebte. 1045–1059 Aufstände der Pataria in Mailand.

5. Die Klosterreform
Cluny und Gorze. Auswirkungen auf Deutschland.

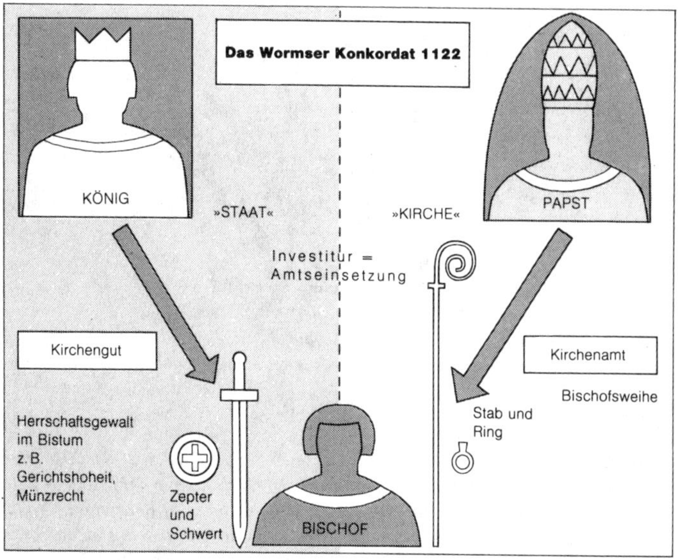

men hatten (Simonie), exkommuniziert hatte, schrieb nun, besorgt über die oberitalienischen Verhältnisse, wo Heinrich IV. weitere Bischöfe eingesetzt hatte, an den König einen Brief, den dieser am Neujahrstag des Jahres 1076 erhielt. Die darin enthaltenen Vorwürfe ließen an Deutlichkeit nichts zu wünschen übrig. Wenn es der Wahrheit entspreche, daß der König Gebannte in seiner Umgebung dulde, dann müsse er selbst wissen, daß er »weder Gottes noch des Apostels Segen« empfangen könne. Gregor rät dem König weiter, die eigene Schuld durch rasche Beichte bei einem frommen Bischof zu tilgen; dieser solle ihm (dem Papst) dann mit Einwilligung Heinrichs brieflich die Art der auferlegten Strafe melden.
Und im Schlußteil des Briefes muß sich der König sogar den wenig schmeichelhaften Vergleich mit dem alttestamentarischen Judenkönig Saul gefallen lassen. Dieser habe sich nach seinem Siege, den er dem Propheten verdankte, seines Triumphes gerühmt und die Weisungen des Propheten nicht befolgt. Gott habe ihn dann aber unmißverständlich zurechtgewiesen. König David jedoch sei große Gnade zuteil geworden für seine »Demut unter dem Zeichen der Macht«. (David hatte eine Zeitlang an Sauls Hof gelebt, wo er Eifersucht und Haßliebe Sauls geduldig ertrug. Allerdings wurden Sauls Hinterlist und Arglist so groß, daß David floh.)

GREGOR VII.

Hildebrand, wie Papst Gregor VII. ursprünglich hieß, wurde zwischen 1020 und 1030 wahrscheinlich in dem kleinen, abgelegenen Ort Soana in der heutigen südlichen Toscana geboren. Er stammte aus einer wohlhabenden Bürgerfamilie und kam schon in jungen Jahren nach Rom, wo er in das Marienkloster auf dem Aventin eintrat, das sein Onkel leitete. Er empfing die niederen Weihen und gehörte dann eine Zeitlang zum Gefolge Gregors VI., mit dem er vielleicht weitläufig verwandt war. Als dieser in der Verbannung starb, ging Hildebrand nach Cluny, wurde aber von Papst Leo IX. bald wieder nach Rom zurückgerufen und mit der Verwaltung der Kirche S. Paolo betraut. Er stieg zum Haupt der Reformpartei in Rom auf, diente mehreren Päpsten und galt bald als der mächtigste Mann in der päpstlichen Verwaltung. Zeitgenossen beschreiben ihn als einen kleinen, häßlichen Mann mit tiefschwarzen Haaren. Er soll nüchtern und oft schroff gewesen sein, doch hebt man auch seine gelegentliche Liebenswürdigkeit und Beredsamkeit hervor.

1073 wurde er zum Papst gewählt. Für sich selbst wollte er in der neuen Würde nichts und trug auch weiterhin sein einfaches Mönchsgewand, um so mehr setzte er sich aber für ein machtvolles Papsttum ein. Aus seiner kompromißlosen Haltung heraus nahm er den Kampf gegen Heinrich IV. auf, der neun Jahre dauerte. Lagen anfangs noch alle Vorteile auf seiner Seite, so verschlechterte sich nach 1080 die Situation allmählich. Als der 1084 ihm zu Hilfe geeilte Robert Guiscard Rom verwüstete, mußte er mit den abziehenden Normannen vor der Wut der Römer fliehen. Ein Jahr später starb er in Salerno. *(H. P.)*

Päpstliche Banndrohung und die Antwort Heinrichs IV. – Die Synode von Worms 1076

Als die päpstlichen Legaten, die dieses Schriftstück überbrachten, Heinrich IV. im Falle der Verweigerung auch noch mit dem Banne drohten, ging der König, der sich provoziert fühlte, zum Gegenangriff über und berief eine Synode nach Worms (Januar 1076). Heinrich war seiner Sache völlig sicher. Er konnte mit der Zustimmung der meisten deutschen Bischöfe rechnen, wenn er den Papst in die Schranken wies. Hatte doch Gregor VII. vom Beginn seines Pontifikats an mit der Durchsetzung des Zölibats Ernst gemacht und die Absetzung von Geistlichen befohlen, die gegen ihn verstießen. Natürlich fürchteten viele Bischöfe auch um die ihnen bei ihrer Amtseinführung (Investitur) vom König übertragenen Rechte *(Regalien, K, Seite 138),* die sie ja zu äußerst mächtigen Fürsten und wohlhabenden Herren im Dienste von Kaiser und Reich machten. Viele von ihnen sahen mit steigendem Unwillen, wie der Papst, besonders in Fragen der Kirchenreform, in ihre Diözesen (Amtsgebiet eines Bischofs) hineinregierte. Der König ließ nun seine Bischöfe – es waren über 25 in Worms versammelt – eine Erklärung aufsetzen, mit der sie dem Papst die weitere Anerkennung versagten, weil er sein Amt nicht rechtmäßig erlangt habe (eine Anspielung auf die turbulenten Szenen bei der Wahl Gregors VII.). Sie griffen seine Amtsführung scharf an und behaupteten, Gregor VII. mißbrauche seine Stellung bewußt zum Schaden der heiligen Kirche. Ungeniert übernahmen die Bischöfe Verdächtigungen, die nicht bewiesen waren und das Privatleben Gregors in den Schmutz zogen. Als Informanten spielten von persönlichem Haß auf Gregor VII. angetriebene Männer eine recht zwielichtige Rolle. Das am 24. Januar 1076 verfaßte Schreiben endete mit einer unerhört scharfen Anklage gegen den Papst:

Keine Klage reiche aus für die Beleidigungen und Demütigungen, die der Papst den Bischöfen ins Gesicht schleudere, wenn er sie »Hurensöhne« nenne und mit anderen »höchst ungehörigen Ausdrücken« belege. Gregor habe nicht nur sein Amt »mit schweren Meineiden« angetreten, sondern die heilige Kirche durch schlimmste Mißbräuche, die er zu verantworten habe, in große Gefahr gebracht. Wie der Papst sich selbst durch seinen Lebenswandel schändlich entehrt habe, so würden König und Bischöfe ihm auch in Zukunft den Gehorsam verweigern. »Du, der Du vor aller Welt öffentlich erklärt hast, für Dich sei keiner von uns ein Bischof, Du sollst von nun an für niemand von uns mehr Papst sein!« Der König schloß sich den vorgebrachten Anschuldigungen voll an.

Regalien

(lat. iura regalia: königliche Rechte)

Sie existierten schon im Fränkischen Reich und waren nutzbare Rechte, die nur dem König zustanden oder demjenigen, den der König damit belehnt hatte.
Sie wurden erst im Vertrag von Turri 1111 aufgezählt: Sie umfaßten die königliche Verfügungsgewalt über Herzogtümer, Markgrafschaften, Grafschaften, Münze, Markt, Zoll, Gerichtsbarkeit, Königshöfe, Ministeriale, Reichsburgen. 1158 versuchte Friedrich Barbarossa diese vor allem finanziell nutzbaren Rechte auszudehnen: Er nahm die Hoheit über alle Straßen und Flüsse, Zölle, Steuern, Forste, Fischereirechte etc. in Anspruch. Jedoch waren inzwischen viele dieser Regalien an die Städte übergegangen und wurden von diesen genutzt.
Im Zuge der Entstehung von geschlossenen Territorien im 13. Jahrhundert wurden den Landesherren Regalien übertragen (Privilegien); später nahmen die Fürsten Regalien auch ohne ausdrückliches Privileg in Anspruch.

In einem gesonderten, nicht weniger aggressiven und beleidigenden Schreiben endet er, augenscheinlich einer nüchternen Betrachtung der Situation nicht mehr fähig, in scharfem Befehlston: »Diese unerhörte, trotzige Schmähung [nämlich daß Gregor entweder sterben oder dem König Seele und Herrschaft nehmen wolle] glaubte ich nicht mit Worten, sondern mit Taten widerlegen zu müssen. Deshalb hielt ich einen Hoftag mit allen Fürsten des Reiches ab, um den diese selbst dringend baten. Sobald aber nun das, worüber man bisher aus Furcht und Ehrerbietung geschwiegen hatte, in die Öffentlichkeit gedrungen war, da wurde aufgrund der wahrheitsgetreuen Feststellung jener Fürsten [...] öffentlich verkündet, daß Du auf keinen Fall auf dem apostolischen Stuhl bleiben kannst. Da ihre Entscheidung vor Gott und den Menschen gerecht und billigenswert schien, gab auch ich meine Zustimmung und spreche Dir jedes Recht ab, das Du am Papsttum zu haben scheinst, und befehle Dir vom Throne dieser Stadt herabzusteigen, deren Schutzherrschaft mir zusteht, weil Gott sie mir verlieh!«

Papst Gregor VII. schlägt zurück – Heinrich IV. im Kirchenbann

Gregor VII. würde den Fehdehandschuh aufnehmen, das konnte auch für den König kaum zweifelhaft sein. Daß Heinrich IV. den höchsten

Repräsentanten der abendländischen Christenheit wie einen verabscheuungswürdiger Vergehen überführten Verbrecher – wenigstens in Worten! – behandelte, mußte den König, dessen Macht in Deutschland und Oberitalien keineswegs auf Dauer gefestigt war, in einen mörderischen Kampf verwickeln, dessen Ende kein Mensch vorauszusehen vermochte. Jedenfalls büßte der König diesen unüberlegten, ungezügelten Ausbruch seines Temperaments mit einem Leben, das ein ununterbrochener, von ungezählten Rückschlägen begleiteter Kampf war, der noch das Lebensende des Herrschers tragisch überschattete.

Die Antwort Gregors VII. ließ nicht lange auf sich warten. Die Schriftstücke aus Deutschland lösten auf der römischen Fastensynode im Februar 1076 einen ungeheuren Tumult aus. In der Form eines an den heiligen Petrus gerichteten Gebets sprach Gregor die Exkommunikation des Königs aus, ein Vorgang, der bei seinem Bekanntwerden die abendländische Christenheit in leidenschaftliche Erregung versetzte.

»Heiliger Petrus, Du Fürst der Apostel, Wir wenden Uns flehend an Dich, neige Uns gnädig Dein Ohr, und vernehme mich, Deinen Knecht, den Du von Kindheit an genährt und bis zu diesem Tag aus den Händen der Gottlosen gerettet hast, die mich um Deiner Treue willen haßten und immer noch hassen [. . .].«

Und Gregor betont dann die dem Papst von Gott gegebene Gewalt, im Himmel und auf Erden zu binden und zu lösen. Feierlich untersagt er Heinrich, der sich in unerhörtem Stolz erhoben habe, die Herrschaft über das ganze Reich samt Italien und entbindet nicht nur alle Christen von ihrem dem König geleisteten Eid, sondern verbietet sogar jedermann, Heinrich wie einem König zu dienen.

Und Gregor schließt so: »Wer danach strebt, die Ehre Deiner Kirche herabzusetzen, der möge selbst seine Ehre verlieren, die er bis dahin besessen hat. Und weil er [Heinrich] keine Bereitschaft zeigte, wie ein Christ zu gehorchen, und nicht zu Gott zurückkehrte, von dem er abfiel, [. . .] schlage ich ihn in Deiner Vertretung mit dem Anathem [Kirchenbann].«

König Heinrich IV. seinerseits setzte im März 1076 noch ein weiteres Schreiben in Umlauf, das nicht für den Papst bestimmt war, sondern Propagandazwecken diente. Zum ersten Male in der deutschen Geschichte begegnen wir hier einer gezielten politischen Propaganda, die das Volk im Sinne des Herrschers beeinflussen und auf seine Seite ziehen sollte. Heinrich wendet sich einleitend so an seine Adressaten: »Heinrich nicht durch Anmaßung, sondern durch Gottes gerechte Anordnung König, an Hildebrand, nicht mehr den Papst, sondern den falschen Mönch.« Neben den schon bekannten persönlichen Verunglimpfungen enthält das Schreiben auch den Vorwurf, daß

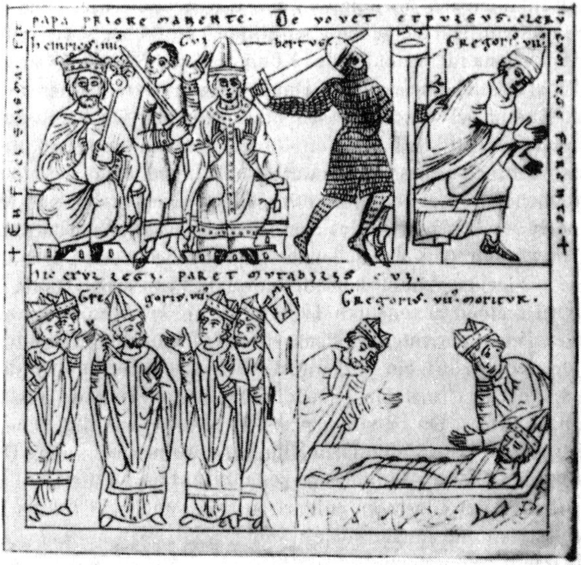

Höhepunkt des Investiturstreits: Papst – Kaiser – Gegenpapst: *Kaiser Heinrich IV. und Gegenpapst Wibert von Ravenna (Clemens III.) vertreiben Papst Gregor VII. aus Rom. Chronik O. von Freisings (um 1177). Jena, Universitätsbibliothek.*

Gregor VII. es gewagt habe, die »Uns von Gott verliehene königliche Gewalt« anzutasten. Die Überlieferung der heiligen Kirche lehre, daß der König nur von Gott gerichtet werden dürfe. Außerdem könne er wegen keines Verbrechens abgesetzt werden, es sei denn, er wiche vom Glauben ab, »was ferne sei«. Selbst der heilige Petrus habe ausgerufen: »Fürchtet Gott und ehret den König!« Und das Schreiben endet mit den berühmten Sätzen: »So steige denn, der Du durch diesen Fluch und die Entscheidung aller Unserer Bischöfe und auch durch Unser eigenes Urteil verdammt bist, herab, verlasse den apostolischen Stuhl, den Du Dir angemaßt hast. Ein anderer möge auf den Thron des seligen Petrus steigen, einer, der Gewalt nicht mit Frömmigkeit bemäntelt, sondern die unverfälschte Lehre des heiligen Petrus lehrt. Ich, Heinrich, durch Gottes Gnade König, sage Dir mit allen meinen Bischöfen: Steige herab, steige herab!«

Handlungsunfähig zwischen Fürstenopposition und Papst

Halten wir einen Moment inne und betrachten wir die Situation: der Papst vom deutschen König für abgesetzt erklärt, Heinrich IV. selbst von Gregor VII. exkommuniziert und gebannt! Beide Männer scheuten vor den schlimmsten und unwürdigsten Anschuldigungen und Unterstellungen nicht zurück. Beide ließen sich in der Hitze des Kampfes zu Äußerungen hinreißen, die einen Kompromiß oder gar eine Versöhnung in naher Zukunft ausschlossen. Und dabei war des Königs Machtstellung und Autorität weder in Deutschland noch in Italien gefestigt. Die Wunden des Sachsenkrieges brannten noch und waren keineswegs verheilt. Die eigentlichen Machtzentren in Italien, nämlich die aufblühenden Städte Oberitaliens, gerieten immer mehr unter päpstlichen Einfluß. Heinrich IV. hatte seine Karten einfach überreizt! Zwar hielten die meisten deutschen Bischöfe nach wie vor zu ihm, aber die Fürstenopposition, mehr gewaltsam unterdrückt als wirklich beseitigt, sah nun ihre Stunde gekommen. Ein Fürstentag in Tribur (Oktober 1076) brachte das unverhüllt an den Tag. Obgleich König und Papst, wohl im Bewußtsein, die zulässigen Grenzen überschritten zu haben, eine gewisse Verständigungsbereitschaft signalisierten, konnte Heinrich IV. nur mit Mühe die Wahl eines Gegenkönigs verhindern. Die Fürsten stellten ihm ein unzweideutiges Ultimatum und setzten dem König eine Frist von einem Jahr, in der er sich vom Bann lösen müsse. Gleichzeitig luden sie den Papst nach Deutschland ein, damit er zwischen ihnen und dem König als Schiedsrichter vermittle.

Der Gang nach Canossa – Unterwerfung oder Kalkül?

Heinrich befand sich in einer verzweifelten Lage. Er mußte sich vom Bann lösen und unbedingt den Besuch des Papstes in Deutschland verhindern, wenn er wieder Herr der Situation werden wollte. Und er tat, was niemand von ihm erwartete. In dem ungewöhnlich kalten Winter, der die großen Flüsse vom November bis weit in den April hinein erstarren ließ, überwand er die von seinen Gegnern, den Fürsten Rudolf von Schwaben, Welf von Baiern und Berthold von Kärnten gesperrten Alpenpässe des Südens umgehend, von Burgund her den Alpenkamm. Im Januar erreichte er den 2000 Meter hohen Gebirgspaß des Mont Cenis. Lampert von Hersfeld, ein zeitgenössischer Chronist, hat ausführlich geschildert, wie der König inmitten einer kleinen Schar von

Getreuen das gefährliche und risikoreiche Abenteuer dieser Reise bestand. Das Weihnachtsfest 1076 hatte Heinrich IV. noch »erstaunlich gut für seine mißliche Lage« in der alten, dem König treu ergebenen Reichsstadt Besançon gefeiert. Doch dann schien die Natur selbst sich dem kühnen Unternehmen entgegenzustellen. Die »sich unabsehbar weit erstreckenden und mit ihren Gipfeln zu den Wolken aufragenden Berge, über die der Weg führte, waren bedeckt von so ungeheuren Schneemassen und Eis, daß weder Reiter noch Fußgänger gefahrlos einen Schritt auf den glatten, steilen Hängen tun konnten.« Die Königin und die Frauen ihres Gefolges setzte man auf Rinderhäute und zog sie so die Hänge hinab. Die Pferde schaffte man mit zusammengebundenen Beinen hinab, und »nur sehr wenige entrannen unverletzt der Gefahr«. Daß der erst zweijährige Sohn Konrad, den Heinrich IV. und seine Gemahlin Bertha auf die Reise mitgenommen hatten, das wag-

Burgruine von Canossa. *Hier, auf der einst mächtigen Bergfestung, erschien Heinrich IV. als Büßer vor Papst Gregor VII., um Absolution zu erhalten – ein einmaliger historischer Vorgang. Holzstich von 1870.*

halsige Unternehmen gesund überstand, grenzt fast an ein Wunder. Die Überraschung in der Lombardei, dem ersten Ziel Heinrichs IV., war vollkommen. Papst Gregor VII., der sich bereits auf dem Weg zu dem in Augsburg anberaumten Fürstentag befand, hielt sich gerade auf der Höhe von Mantua auf. Er ahnte zunächst nicht, daß der König als Büßer kam, sondern befürchtete, Heinrich wolle ihn mit Waffengewalt überfallen. So zog er sich auf die einsame Bergfeste von Canossa (18 Kilometer südwestlich des heutigen Reggio Emilia) zurück, die der Markgräfin Mathilde von Tuscien gehörte. Mathilde, dem Papst sehr

zugetan, war Erbin eines großen, in erster Linie aus Reichslehen bestehenden Besitzes in Ober- und Mittelitalien, um den Kaiser und Päpste noch viele Jahrzehnte miteinander ringen sollten.
Canossa, diese mehrfach ummauerte, uneinnehmbare Festung war also der Ort, wo sich jenes so oft geschilderte Geschehen abspielte, das die Phantasie der Europäer nachhaltig beschäftigt.
Zum ersten Mal erschien Heinrich IV. am 25. Januar 1077, bezeichnenderweise am Tage der Bekehrung des Apostels Paulus, im Büßergewand vor der Burg und wurde in den inneren Mauerring eingelassen. Dieser Vorgang wiederholte sich an den beiden folgenden Tagen.
Gregor VII. konnte, beraten vor allem von dem bei ihm weilenden Abt Odilo von Cluny, der Heinrichs Taufpate war, aber auch gedrängt von der Markgräfin Mathilde und von Heinrichs Schwiegermutter Adelheid von Turin, dem König die Absolution (lat.: Sündenvergebung) kaum verweigern. Doch ließ er sich vorher – gleichzeitig mit dem Bußvorgang wurde hart verhandelt! – von Heinrich IV. eidlich versichern, daß er, der Papst, wenn er über die Alpen und anderswohin reisen wolle, »vor jeder Verletzung von Leib und Leben sicher sei«.
»Sodann hob Gregor den vor ihm in Kreuzesform mit ausgebreiteten Armen auf dem Boden liegenden Heinrich auf und reichte ihm und seinen Begleitern das Abendmahl. Beim anschließenden Versöhnungsessen soll Heinrich sich finster und wortkarg gegeben haben; die Speisen habe er nicht angerührt und mit den Fingernägeln auf der Tischplatte herumgekratzt«, faßt der Herausgeber einer großen Quellensammlung, Horst Fuhrmann, die Berichte über diese welterschütternden Stunden zusammen.
So gewiß der König durch seine persönliche Demütigung einen Augenblickserfolg errungen hatte – er war ja mit der Lösung des Bannes wieder rechtmäßiger deutscher König! –, so unübersehbar ist es doch auch, daß der Gang nach Canossa das Richteramt des Papstes aller Welt deutlich vor Augen geführt hatte. Heinrich war in die Kirche wieder aufgenommen, aber seine Austauschbarkeit hatte sich gezeigt.

Erneute Fürstenopposition: Rudolf von Rheinfelden zum Gegenkönig gewählt

Am 2. Februar 1077 sollte Gregor VII. auf einem Fürstentag in Augsburg das Amt des Schiedsrichters im Streit zwischen König und Fürsten ausüben. Nun aber sahen sich die Fürsten durch Heinrichs IV. klugen Schachzug, mit dem er seine volle Bewegungs- und Handlungsfreiheit wiedererlangt hatte, um den Erfolg ihrer Opposition betrogen.

Entgegen ihrem Versprechen kümmerten sie sich weder um die Frist von einem Jahr, die sie dem König in ihrem Ultimatum eingeräumt hatten, noch warteten sie den Schiedsspruch des Papstes ab und wählten im März 1077 in Forchheim den Herzog von Schwaben, Rudolf von Rheinfelden, zum deutschen König. Rudolf (nebenbei bemerkt ein Schwager Heinrichs) zeigte seine Wahl dem Papst an und sagte ihm freie Bischofswahl zu mit Investitur erst nach der Weihe. Daß er dem Papst absoluten Gehorsam versprach, verstand sich in seiner Situation von selbst. Auf Wunsch der Fürsten mußte er auf die Designation (namentliche Festlegung) seines Sohnes zum Nachfolger verzichten und damit dem Wahlrecht der Fürsten entgegenkommen. Diese freie Wahl des Königs unter Mißachtung des Geblütsrechts des herrschenden Königsgeschlechts und der Verzicht auf jedes dynastische Erbrecht kamen einer Revolution gleich.
Nach der Wahl Rudolfs von Rheinfelden zum Gegenkönig verhielt sich der Papst, der ja eben erst dem Büßer von Canossa verziehen hatte, zunächst neutral und wandte eine vorsichtige Taktik des Hinhaltens an. Heinrich IV. verfügte nach wie vor recht ungeniert über die Reichsgüter und machte, wie bisher, von seinem traditionellen Recht der Laieninvestitur Gebrauch. Gregor VII. mißfiel das sicherlich, doch glaubte er wohl, daß die Zeit ohnehin für ihn arbeiten und der Kampf mit dem Gegenkönig die Kräfte Heinrichs IV. rasch verzehren werde.

Zweiter Kirchenbann – Vertiefte Spaltung

Zwar erneuerte der Papst im Jahr 1078 ausdrücklich das strikte Verbot der Bischofseinsetzung durch Laien, doch dauerte es noch fast zwei Jahre, bis er auf der römischen Fastensynode im März 1080 offen Partei für den Gegenkönig Rudolf ergriff und Heinrich IV. abermals in der Form eines Gebetes an den Apostelfürsten Petrus und den Apostel Paulus, den »Lehrer der Völker«, mit dem Bannfluch belegte. An die versammelten Bischöfe gerichtet, schreibt Gregor am 7. März 1080: »Ich untersage ihm [Heinrich] erneut namens des allmächtigen Gottes und in Eurem Namen die Herrschaft über Deutschland und Italien. Ich entkleide ihn aller Gewalt und königlichen Würde, ich verbiete jedem Christen, ihm als König zu gehorchen, und entbinde alle, die ihm als König die Treue geschworen und ihm noch schwören werden, von diesem Eid.« Gerade diese Lösung vom Treueid, der ja im mittelalterlichen Personenverbandsstaat (siehe Seite 56) die Loyalität gegenüber dem König sicherstellte, mußte für den König höchst bedrohlich sein.
Gregor schließt mit den folgenden Sätzen an die Bischöfe: »Wenn Ihr

Exkommunikation und Absetzung Heinrichs IV. durch Papst Gregor VII. Das päpstliche Schreiben vom Februar 1076

Heiliger Petrus, Fürst der Apostel, neige zu mir, ich bitte Dich, gnädig Dein Ohr, und höre mich, Deinen Knecht, den Du von Kindheit an beschützt und bis auf diesen Tag aus der Hand der Ungerechten gerettet hast, die mich um Deinetwillen haßten und auch jetzt noch hassen. Du bist mein Zeuge, und meine Herrin, die Mutter Gottes, [. . .] mit allen Heiligen sind Zeugen, daß Deine heilige römische Kirche mich wider meinen Willen zu ihrer Leitung berufen hat und daß ich es nicht für einen Raub hielt, Deinen Stuhl zu besteigen. [. . .] Insbesondere ist mir an Deiner Statt übertragen und durch Deine Gnade von Gott die Macht gegeben, zu binden und zu lösen im Himmel und auf Erden. In dieser Zuversicht also und zur Ehre und zum Schutze Deiner Kirche untersage ich im Namen des allmächtigen Gottes, des Vaters, des Sohnes und des heiligen Geistes, kraft Deiner Macht und Gewalt, dem König Heinrich, Kaiser Heinrichs Sohn, der sich gegen Deine Kirche mit unerhörtem Hochmut erhoben hat, die Herrschaft über das gesamte Reich der Deutschen und Italiens und löse alle Christen von dem Bande des Eides, den sie ihm geleistet haben und noch leisten werden, und ich verbiete jedem, ihm als einem König zu dienen. Denn es gebührt sich, daß der, welcher die Ehre Deiner Kirche zu verringern trachtet, selber die Ehre verliere, die er zu besitzen scheint. Und da er es verschmäht hat, wie ein Christ zu gehorchen, und nicht zurückgekehrt ist zu Gott, den er verlassen hat, indem er mit Gebannten verkehrt, vielerlei Bosheit begeht und meine Ermahnungen, die ich um seines Heils willen an ihn gerichtet habe [. . .], verachtet, und er sich selbst von Deiner Kirche losreißt, indem er sie zu spalten trachtet, so binde ich ihn an Deiner Statt mit dem Bande des Fluches: Und so binde ich ihn im Vertrauen auf Dich, daß alle Völker es wissen und erkennen, daß Du Petrus bist und daß auf Deinen Felsen der Sohn des lebendigen Gottes seine Kirche gebaut hat. [. . .]

ABSETZUNGSBRIEF HEINRICHS IV. AN GREGOR VII. – MÄRZ 1077

Heinrich, nicht durch Anmaßung, sondern durch Gottes weise Verordnung König, an Hildebrand, nicht mehr den Papst, sondern den falschen Mönch.

Solchen Gruß hast Du verdient zu Deiner Schmach, der Du keinen Stand der Kirche geschont, sondern alle dem Schimpf anstatt der Ehre, des Fluches anstatt des Segens teilhaftig gemacht hast. Denn, um von vielem nur weniges [. . .] anzuführen, die Vorsteher der heiligen Kirche, die Erzbischöfe, Bischöfe, Priester [. . .] hast Du wie Knechte [. . .] mit Füßen getreten. [. . .] Deine Kenntnisse hast Du nicht zum Aufbau, sondern zur Zerstörung anzuwenden getrachtet [. . .] Wir haben dies alles geduldet, weil wir die Ehre des Apostolischen Stuhles zu wahren suchten. Du aber hieltest unsere Demut für Furcht und scheutest Dich deshalb nicht, Dich auch gegen die königliche Gewalt selbst [. . .] zu erheben und wagtest, die Drohungen auszustoßen, sie uns zu nehmen, wie wenn wir das Reich von Dir empfangen hätten und die Königs- und Kaiserkrone in Deiner und nicht in Gottes

Hand wäre. Unser Herr Jesus Christus hat uns zur Königsherrschaft, Dich aber nicht zum Priestertum berufen. [. . .] Durch List hast Du Dir Geld erworben, durch Geld Gunst und durch Gunst die Gewalt der Waffen. Damit hast Du Dich dann dem Sitz des Friedens genaht und den Frieden vertrieben. [. . .] Weil Du Gott nicht fürchtest, entehrst Du auch mich, den von ihm Eingesetzen. [. . .] Darum hat auch der heilige Paulus da, wo er den himmlischen Engel nicht schonte, wenn er anders predigen würde, auch Dich nicht ausgenommen, der Du auf Erden anders lehrtest. Denn er spricht: »Aber selbst wenn wir oder ein Engel vom Himmel euch ein anderes Evangelium verkündeten, als wir euch verkündet haben, er sei verflucht!« Du also, verdammt durch diesen Fluch und durch aller unserer Bischöfe und unsern eigenen Spruch, steige herab, verlaß den Apostolischen Stuhl! Den Thron des heiligen Petrus besteige ein anderer, der nicht Gewalt durch frommes Tun verhülle, sondern die reine Lehre des heiligen Petrus verkünde. Denn ich, Heinrich, von Gottes Gnaden König, und alle meine Bischöfe, wir sprechen zu Dir: Steige herab, steige herab, Du ewig zu Verdammender!

Nach der Übersetzung von G. Guggenbühl

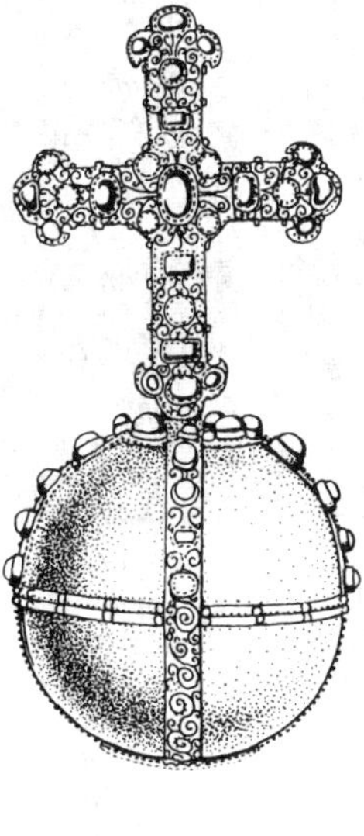

Günstling der Opposition und des Papstes: Rudolf von Rheinfelden.
Das Grabmal des von Fürsten und Kirche unterstützten Gegenkönigs gegen Heinrich IV. Merseburg, Vierung des Doms.

schon Geistliche richtet, wieviel mehr Macht müßt Ihr erst in weltlichen Dingen haben! [...] Alle Könige und Fürsten der Welt mögen nun also erfahren, wie Ihr seid, welche Macht ihr habt und sich hüten, den Befehl Eurer Kirche gering zu achten. Waltet also sofort Eures Richteramtes gegen Heinrich, damit alle erkennen, daß ihn nicht ein

Um 1050: Die große Wende in Europa

Mit dem Ende der normannischen, sarazenischen und ungarischen Invasionen setzte in Europa ein immenser landwirtschaftlicher Fortschritt ein, der in verschiedenen Gebieten einen enormen Aufschwung nach sich zog: Bevölkerungswachstum, Entwicklung der Arbeitsteilung, Stadtentstehung, Bürgeraufstände, Stadtkultur, Entfaltung des Handels, Gilden, Seehandelsverträge, Kirchen- und Klosterreform.
Große Ereignisse gestalten die politische Landkarte Europas radikal um:

1054	*Das große Schisma: zwei Christenheiten; die Slawen werden in unterschiedliche Religionslager getrennt (Polen, Slowaken, Mähren, Tschechen, Slowenen, Kroaten: römisch-katholisch; Russen, Bulgaren, Serben: griechisch-orthodox).*
1059	*Robert Guiscard wird Lehnsmann des Papstes: Der Papst ignoriert Reichsrechte in Süditalien und gewinnt neuen Bündnispartner: machtpolitische Emanzipation des Papsttums.*
1063	*Christliche Reconquista in Spanien erstmals als »heiliger Krieg«. Cluny übernimmt die ideologische Führung.*
1066	*Normannenstaat in England.*
1071	*Die Normannen erobern Bari: die Byzantiner müssen endgültig Italien verlassen.*
1075	*Dictatus papae.*
1077	*Canossa.*
1096–1099	*Erster Kreuzzug.*
1122	*Wormser Konkordat.*

Der Investiturstreit und seine Folgen sind nur Teil eines allgemeinen Prozesses des gesellschaftlichen, wirtschaftlichen und verfassungsrechtlichen Wandels. In der Umbruchperiode von 1050–1125 zerbricht der christliche Universalismus und weicht einem neuen Dualismus zwischen Kirche und Staat.

Zufall zu Fall bringt, sondern Eure Macht. Möge er stürzend zur Reue finden, daß seine Seele am Tage des Herrn gerettet werde!«
Die Spaltung des Reiches und der Kirche vertiefte sich. Eine nicht unbedeutende Anzahl geistlicher Würdenträger blieben Heinrich IV. treu, so zum Beispiel die Erzbischöfe von Köln, Trier und Hamburg-Bremen. In anderen Diözesen, so in Magdeburg, Salzburg und Passau, traten die Amtsinhaber auf die Seite Gregors VII., in wieder anderen Bistümern kam es zu Doppelbesetzungen: ein Gefolgsmann des Königs stand dann gegen einen Anhänger Gregors VII. In jedem Fall

Hindernisse und Gefahren auf dem Weg nach Canossa 1077
Bericht des Lampert von Hersfeld

Auf der Reise nach Italien feierte König Heinrich das Weihnachtsfest (1076) in Burgund an einem Ort, der Besançon hieß, glänzend genug in Anbetracht seines damaligen Unglücks empfangen und bewirtet von einem Verwandten seiner Mutter. Danach zog er weiter, und als er nach Gex [am Genfer See] kam, traf er auf seine Schwiegermutter und deren Sohn. Diese empfingen ihn ehrenvoll, wollten ihm aber den Durchzug durch ihr Gebiet nur gestatten, wenn er ihnen fünf italienische Bistümer dafür abtrete. Allzu hart und unerträglich erschien das allen Ratgebern des Königs, aber weil er sich in einer Zwangslage befand und jene sich weder durch die Verwandtschaft noch durch Mitleid im geringsten bewegen ließen, so erreichte er nur mit großer Mühe, daß sie sich mit einer burgundischen Provinz als Preis für den Durchzug begnügten.

Es war ein ungemein harter Winter, und die Berge, die er überqueren mußte, starrten so von Schneemassen und eisigem Frost, daß man auf den steilen und glatten Hängen weder zu Pferd noch zu Fuß den Abstieg wagen konnte. Aber die Wiederkehr des Tages, an dem er in den Bann gekommen war, stand nahe bevor und duldete keine Verzögerung der eiligen Reise, deshalb mietete er einige Leute, die diese Gegend kannten und an die schroffen Alpengipfel gewöhnt waren. Sie mußten vor seinem Gefolge über das steile Gebirge vorangehen und den Nachfolgenden die rauhen Pfade ebnen. Mit diesen Führern gelangten sie unter den größten Schwierigkeiten bis auf die Scheitelhöhe des Gebirges [am Mont Cenis]. Hier aber konnten sie nicht weiter, weil der schroffe Abhang des Gebirges durch den eisigen Frost so glatt geworden war, daß ein Abstieg unmöglich erschien. Die Männer mußten nach Kräften alle Gefahren zu überwinden suchen, und bald auf Händen und Füßen kriechend, bald sich auf die Schultern ihrer Führer stützend, bald fallend und fortrollend, langten sie schließlich doch in der Ebene an. Die Königin und ihre Frauen setzte man auf Ochsenhäute, und die dem Zug vorausgehenden Führer zogen sie darauf bergab. Von den Pferden ließen sie einige mit Hilfe von Vorrichtungen hinunter, andere schleiften sie mit zusammengebundenen Beinen hinab, so daß viele umkamen, viele schwer verletzt wurden und nur wenige lebend und unverletzt den Gefahren entgingen.

Als sich in Italien die Kunde verbreitete, daß der König angelangt sei und sich schon innerhalb der Grenzen des Landes befinde, da strömten ihm die Bischöfe und Grafen zu und nahmen ihn mit den größten Ehrenbezeigungen auf, und binnen weniger Tage versammelte sich ein unermeßlich großes Heer bei ihm.

Inzwischen hatte Papst Gregor Rom verlassen und bemühte sich, so rasch wie möglich nach Deutschland [zu dem Treffen der deutschen Fürsten in Augsburg] zu gelangen. Er wurde von der Markgräfin Mathilde geleitet. Als er nun hörte, daß der König schon in Italien angelangt sei, so begab er sich auf Anraten der Mathilde in ein wohl befestigtes Schloß, das Canossa heißt, um dort zu warten, bis bekannt würde, ob Heinrich gekommen war, um Verzeihung zu erbitten oder um die Schmach des Kirchenbanns mit den Waffen in der Hand zu tilgen.

Inzwischen lud König Heinrich die Gräfin Mathilde zu einer Unterredung und sandte sie dann, beladen mit Bitten und Versprechungen, zum Papst zurück, mit ihr zusammen seine Schwiegermutter und deren Sohn, den Markgraf Azzo [von Este] und Abt Hugo von Cluny, sowie einige der vornehmsten Fürsten Italiens, von denen er meinte, daß sie in hohem Ansehen beim Papst stünden. Er ließ diesen inständig bitten, ihn vom Bann zu lösen und den deutschen Fürsten nicht blinden Glauben zu schenken. Als der Papst diese Bitten gehört hatte, sagte er, es sei völlig unangemessen und den kirchlichen Gesetzen fremd, daß die Sache des Angeklagten in Abwesenheit der Kläger verhandelt werde. Vielmehr solle Heinrich ohne Bedenken und Furcht in Augsburg erscheinen, dort werde er nach Anhören und Prüfung beider Parteien nur nach den Gesetzen der Kirche ein möglichst gerechtes Urteil fällen. Darauf erklärten die Abgesandten, der König werde sich nirgends dem päpstlichen Richterspruch zu entziehen suchen, aber schon drohe der Jahrestag seiner Verbannung, und die Fürsten des Reiches sähen in gespannter Erwartung und mit ängstlicher Aufmerksamkeit dem Ausgang der Sache entgegen, um Heinrich der königlichen Ehren für unwürdig zu erachten, wenn er an diesem Tag nicht vom Bann erlöst sei, und ihm weiter kein Gehör zu schenken. Daher bitte er inständig, vom Bannfluch gelöst zu werden und die Gnade der Kirchengemeinschaft wiederzuerlangen, und er sei bereit, diese durch jede Art von Genugtuung zu erwerben, die der Papst befehle. Danach wolle er noch, an welchem Ort und Tag es auch immer der Papst vorschreibe, sich wegen aller Beschuldigungen verantworten und danach gemäß der päpstlichen Entscheidung das Reich behalten, wenn er sich von den Vorwürfen gereinigt habe, oder es mit Gleichmut aufgeben, wenn er seine Sache verliere. Da der Papst bei dem König die Unbeständigkeit des jugendlichen Gemüts und den Einfluß der Schmeichler fürchtete, widerstand er lange, aber überwunden durch die Bitten der Unterhändler und ihre Gründe, sprach er: »Wenn ihn die Tat wirklich reut, so übergebe er die Krone und die übrigen königlichen Insignien zum Zeichen echter und von Herzen kommender Buße an uns und erkläre sich selbst nach einer so frevelhaften Tat des königlichen Namens und Amtes für unwürdig.« Den Gesandten schien dies zu hart, und da sie ihn lebhaft baten, er möge das Urteil mildern, ließ er sich endlich mit großer Mühe gerade soweit bewegen, daß er ihm gestattete, vor ihn zu treten, wenn er aufrichtige Reue über seine Vergehen hege, und die Schuld, die er durch die Beschimpfung des Apostolischen Stuhles auf sich geladen habe, nunmehr durch Gehorsam gegen diesen sühnen wolle.

Der König kam, wie ihm befohlen war. Da die Burg von einer dreifachen Mauer umgeben war, wurde er in den zweiten Ring aufgenommen, während sein ganzes Gefolge draußen zurückblieb. Nachdem er die königlichen Gewänder abgelegt hatte, stand er hier ohne ein Zeichen seiner Würde mit bloßen Füßen vom Morgen bis zum Abend fastend, in Erwartung des päpstlichen Schiedsspruches. So tat er es am zweiten und so am dritten Tag. Erst am vierten wurde er vor den Papst gelassen und nach vielen Reden und Gegenreden zuletzt unter folgenden Bedingungen vom Bann losgesprochen: Er solle an einem vom Papst bestimmten Tag und Ort auf einer allgemeinen Versammlung erscheinen, zu der sich auch die deutschen Fürsten einfinden würden, und auf die Anklagen antworten, während der Papst selbst, wenn er dies für richtig erachte, auf dem Richterstuhl säße, um nach dessen Spruch entweder das Reich zu behalten, falls er sich von den Vorwürfen reinige, oder es ohne Widerstreben zu verlieren, wenn er nach erwiesener Schuld gemäß dem Gesetz der Kirche der königlichen Ehre für unwürdig erklärt werde. Unabhängig davon aber dürfe er wegen dieser Demütigung niemals Rache an irgendeinem Menschen nehmen. Bis zu dem Tag aber, an dem seine Sache entschieden sei, dürfe er keinen königlichen Schmuck tragen und sich keiner Zeichen königlicher Würde bedienen, keine Verwaltungsmaßnahmen und keine Verfügung von Gültigkeit treffen und endlich außer der Einforderung der königlichen Gefälle, die er für sich selbst und für die Seinen zum notwendigen Unterhalt bedürfe, kein öffentliches oder königliches Gut verbrauchen. Auch sollten alle, die ihm eidlich Treue gelobt hätten, von der Fessel dieses Eides so lange los und ledig sein. Falls er dann nach Widerlegung der Anschuldigungen mächtig und neugestärkt auf dem Thron bleibe, so solle er dem römischen Papst immer untergeben und seinem Gebot gehorsam sein, auch solle er ihm bei der Besserung aller schlimmen Gewohnheiten gegen die kirchlichen Gesetze, die in seinem Reich eingerissen seien, nach Kräften mitwirken. Falls er aber einem dieser Punkte zuwiderhandle, so werde die jetzt so sehnlich gewünschte Lösung des Bannes für nichtig erklärt. Er würde dann als überführt und geständig gelten müssen und kein Gehör erlangen, um seine Unschuld zu erweisen. Die Fürsten des Reiches sollten dann, ohne an eine weitere Untersuchung gebunden zu sein, von aller Verpflichtung des Eides befreit werden und einen anderen König wählen dürfen.

Mit Freuden nahm der König die Bedingungen an und versprach unter den heiligsten Beteuerungen, alles erfüllen zu wollen. Doch wurde seiner Versicherung nicht allein Glauben geschenkt, sondern der Abt von Cluny gab, weil er sich wegen seines Mönchsgelübdes zu schwören weigerte, sein Wort vor den Augen des allwissenden Gottes zum Pfand, und der Bischof von Zeitz, der Bischof von Vercelli, Markgraf Azzo und die anderen Fürsten, die diese Übereinkunft vermittelt hatten, schwuren einen Eid bei den Gebeinen der Heiligen, die man ihnen dazu darreichte, daß der König halten werde, was er versprochen habe und sich durch keine Widrigkeit noch durch einen Wandel der Verhältnisse sich von seinem Entschluß abbringen lassen würde.

Als der König so vom Bann losgesprochen war, hielt der Papst ein feierliches Hochamt. [. . .] Nach der Beendigung dieses Heiligen Amtes lud er Heinrich zum Frühmahl, und nachdem er ihn aufs freundlichste bewirtet und noch einmal über alles belehrt hatte, entließ er ihn in Frieden zu den Seinigen, die weiter außerhalb des Schlosses geblieben waren.

Aus: Annales Lamperti monachi Hersfeldensis (Jahrbücher des Mönches Lampert von Hersfeld, † etwa um 1088).
Nach der Übersetzung von L. F. Hesse in gekürzter Fassung

mußten die Parteigänger des Königs mit der Exkommunikation rechnen, mit der ja das Kirchenrecht den Verkehr mit einem Gebannten bedrohte. Das Volk war ebenso gespalten; in Deutschland herrschten bürgerkriegsähnliche Zustände. Die Kämpfe zwischen König und Gegenkönig tobten vor allem in Sachsen, dem eigentlichen Zentrum der Opposition gegen Heinrich IV.

Der König gewinnt die Oberhand

Da kam Heinrich IV. ein Zufall zu Hilfe, der seine Lage mit einem Schlag wesentlich verbesserte und ihn allmählich machtpolitisch wieder die Oberhand über den Papst und seine Parteigänger gewinnen ließ. Als Heinrich IV. mit seinem Heer in Thüringen vorrückte, lächelte ihm auch einmal das Glück. Am 15. Oktober 1080 siegte zwar der Gegenkönig in der Schlacht bei Hohenmölsen (in der Nähe von Naumburg), aber Rudolf verlor seine rechte Hand und starb am Tag darauf an seinen schweren Verwundungen. In den Augen des Volkes war das ein Gottesurteil! Hatte Rudolf nicht einst mit ebendieser Hand seinem König Treue geschworen und hatte nicht Gott jetzt seine meineidige Rebellion vor aller Welt sichtbar gerächt? Und hatte sich die Todesprophezeiung, die Gregor VII. in seiner Osterpredigt gegenüber Heinrich IV. ausgesprochen hatte, nicht durch gnädige Fügung am Gegenkönig erfüllt?
Auch in Oberitalien wendete sich die Lage Heinrichs IV. zum Guten. Anhänger des Königs schlugen die für den Papst streitenden Truppen der Mathilde von Tuscien, die erst kurz zuvor ihren weitverzweigten Besitz dem Papst vermacht hatte, in der Nähe von Mantua.
Bereits im Mai 1080 hatte eine unter dem Vorsitz des Königs in Brixen tagende Synode Gregor VII. für abgesetzt erklärt und den integren, klugen Erzbischof Wibert von Ravenna als Clemens III. zum Papst erhoben, der rasch viel Anhang gewann. Heinrich IV. war es gelungen, den Spieß umzudrehen: Gregor VII. mußte sich eines Gegenpapstes erwehren, während der König seinen weltlichen Konkurrenten losgeworden war. Die unentschlossene und teilweise wie gelähmte Fürstenopposition wählte erst fast ein Jahr später den eher unbedeutenden Grafen Hermann von Salm-Luxemburg zum neuen Gegenkönig. Die Wahl dieses Grafen, der lediglich in der kargen Eifel und vereinzelt in Luxemburg einige Besitztümer hatte, spiegelt die Fraktionierung innerhalb der Fürsten: nur auf einen politisch schwachen Gegenkönig konnten sich alle einigen! Dieser wenig glücklich taktierende und von seinen Wählern nicht genügend unterstützte Mann konnte sich immer-

Gerichtet durch ein Gottesurteil? Rudolf verliert die Schwurhand.
Der Tod des Gegenkönigs wendete Heinrichs IV. Schicksal. Sächsische Weltchronik (14. Jahrhundert). Berlin, Staatsbibl. Preuß. Kulturbes.

hin einige Jahre halten und nahm erst mit seinem Tod im Jahr 1088 auch das Gegenkönigtum mit ins Grab.

Bündnispartner Papst Gregors VII. – Die Normannen in Unteritalien

In dieser mißlichen Lage blieb Gregor VII. nichts anderes übrig, als sich der Hilfe der Normannen zu versichern (siehe dazu auch Band 3). Diese aus der Normandie ausziehenden romanisierten Wikinger waren bis nach Süditalien vorgedrungen und versuchten, Konstantinopel zu erobern und das byzantinische Reich unter ihre Herrschaft zu bringen. Ihr Herzog Robert Guiscard (1015–1085) wurde als Anführer einer Normannenschar 1057 Graf von Apulien, besetzte die letzten griechischen Besitzungen und langobardischen Fürstentümer in Unteritalien und war von Gregor VII. im Jahre 1080 auch förmlich mit Süditalien belehnt worden. Politische Klugheit zwang den Papst, sich mit

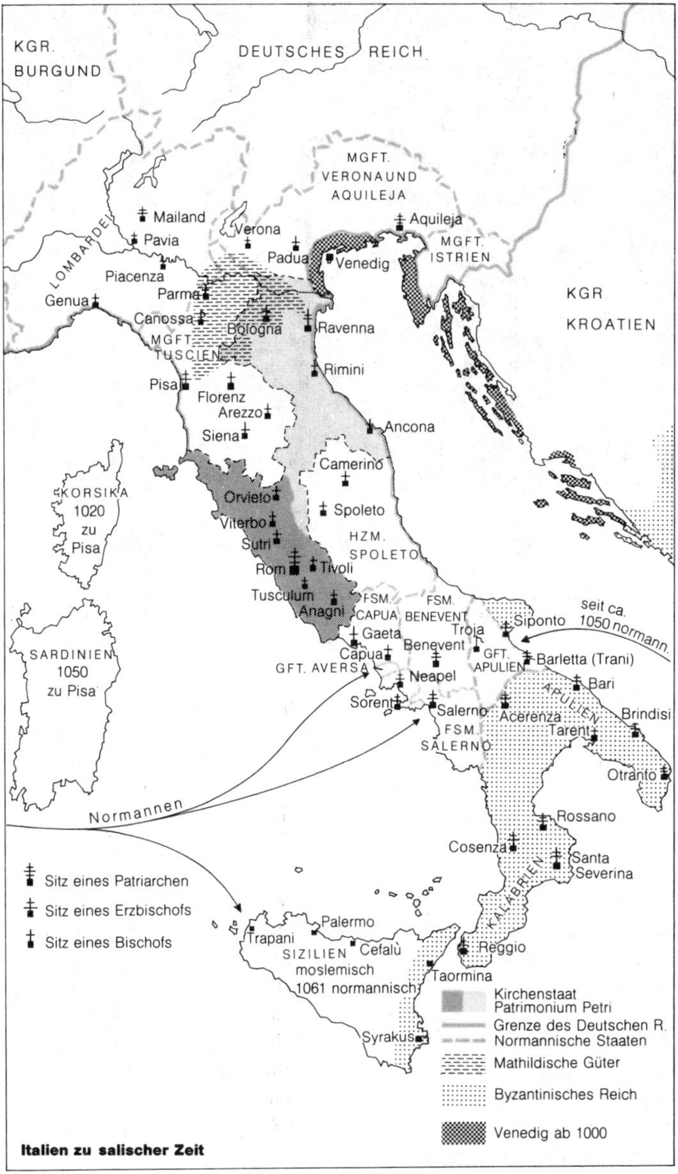

Italien zu salischer Zeit

Ein Papst wird auf einem Esel aus Rom vertrieben.
Das war der größte Schimpf, den man einem Menschen, erst recht aber einem Papst antun konnte. Allein die ›programmatische‹ Darstellung in einem Pamphlet erfüllte ihren Zweck der Herabwürdigung. Sächsische Weltchronik (14. Jahrhundert). Berlin, Staatsbibliothek Preußischer Kulturbesitz.

diesen zunächst keineswegs willkommenen, ungestümen und unberechenbaren Eroberern zu arrangieren. Noch im Belehnungsschreiben wird das deutlich: »Ich, Papst Gregor, setze Dich, den Herzog Robert, zum Herren über das Land ein, das Dir meine Vorgänger, Nikolaus und Alexander, überließen. Auch will ich Dich in den Gebieten, die Du zu Unrecht in Besitz genommen hast, nämlich in Salerno und Amalfi und einem Teil der Markgrafschaft Fermo, voller Langmut dulden, indem ich auf den allmächtigen Gott und auf Deine eigene Güte vertraue; führe Dich in Zukunft zur Ehre Gottes und des heiligen Petrus so, wie es geboten scheint Dich zu verhalten und wie es mir möglich wird, es zu ertragen, ohne Gefahr für Deine oder meine Seele.«
Als König Heinrich IV. 1084 nach mehreren mißglückten Versuchen die Einnahme von Rom gelang, zog sich Gregor VII. zunächst hinter die gewaltigen Steinmauern der Engelsburg auf die rechte Tiberseite zurück. Heinrich IV. ließ sich nun endlich von seinem Papst, Gregors Konkurrenten Clemens III., zum Kaiser krönen. Der wie ein Gefange-

ner in der Engelsburg eingeschlossene Gregor VII. wartete sehnlich auf seine Befreiung. Endlich erschien der in Eilmärschen heranrükkende Robert Guiscard, in dessen Heer auch viele Araber dienten, und Heinrich IV., der sich auf einen offenen Kampf nicht einlassen wollte, mußte schleunigst die Stadt räumen und sich nach Norden absetzen. Robert überließ die Stadt seinen beutegierigen Soldaten. Diese verrichteten ihr Geschäft mit solch beispielloser, von Mord und Vergewaltigung begleiteter Brutalität, daß dem Papst nichts anderes übrigblieb, als vor dem Zorn der aufgebrachten Römer zu fliehen und zusammen mit den Normannen die heilige Stadt zu verlassen. Während er in Salerno Zuflucht suchte, nahm Gegenpapst Clemens III. in Rom seinen Platz ein. Ein Jahr nach der Erstürmung Roms, am 25. Mai 1085, schloß Gregor VII. in Salerno für immer die Augen. Auf dem Totenbett soll er, in Anlehnung an Verse eines Psalms, folgende Worte gesprochen haben: »Ich habe die Gerechtigkeit geliebt und Unrecht gehaßt, darum sterbe ich in der Verbannung.« Es sind Worte, in denen sich bittere Verzweiflung und die felsenfeste Überzeugung, Märtyrer einer gerechten Sache zu sein, gleichsam die Waage halten und doch einander unauflösbar durchdringen.

Schwer ist dieser kantige, unerbittliche, seine Überzeugungen kompromißlos verfechtende Papst mit wenigen Worten zu charakterisieren. Am Ende dieses Abschnitts mag das Urteil eines protestantischen Kirchenhistorikers stehen, der Gregor kritisch betrachtet und zugleich seiner weltgeschichtlichen Bedeutung gerecht zu werden versucht: »Die ganze folgende Zeit trägt den Stempel des hildebrandinischen Geistes. War es ein Geist aus Gott? War er eine große christliche Persönlichkeit? Ein ›heiliger Satan‹? Eine große Persönlichkeit der Geschichte zweifellos – aber eine christliche? Und doch: weder ist die Geschichte des Christentums ohne ihn, noch er ohne das Christentum zu denken!« (H. von Schubert)

Erfolge in Deutschland – Rückschläge in Italien

In den Jahren nach dem Tod Gregors VII. erleben wir Heinrich IV. auf dem Höhepunkt seiner Macht. Der von ihm unterstützte Gegenpapst Clemens III. fand in Italien und Deutschland immer mehr Anerkennung. Die Kardinäle ihrerseits wählten als Nachfolger Gregors VII. den Abt Desiderius von Monte Cassino, der zunächst in sein Kloster zurückkehrte und sich erst nach einem Jahr bereit fand, sich weihen zu lassen. Er bestieg als Victor III. im Jahr 1086 den Stuhl Petri. Obwohl

ROBERT GUISCARD

Robert, den schon seine Zeitgenossen Guiscard, den Schlaukopf, nannten, stammte aus der vornehmen normannischen Familie Tankreds von Hautville. 1047 ging der damals etwa Dreißigjährige mit ein paar Gefährten nach Unteritalien, um dort, wie man so schön sagt, sein Glück zu machen. Seine Karriere begann er als Wegelagerer und Viehdieb mit Erpressungen und Entführungen. Schlauheit und Skrupellosigkeit kamen dem riesigen blonden Normannen sehr zustatten. Durch seine Raubzüge brachte er es schon nach wenigen Jahren zum unumschränkten Herrn über Unteritalien, und eigenmächtig nahm er den Titel eines »Herzogs von Apulien und Kalabrien« an. Als er dem Papst einen Gefolgschaftseid leistete, erkannte dieser sogar seine neue Würde an. Robert gab sich aber damit nicht zufrieden. Gemeinsam mit seinem Bruder Roger ging er 1061 an die Eroberung des von den Sarazenen besetzten Sizilien. Innerhalb von elf Jahren kam die Insel weitgehend in den Besitz der Normannen. Dann räumte Robert unter seinen letzten verbliebenen Gegnern in Unteritalien auf.

1080 plante der fünfundsechzigjährige, das Byzantinische Reich zu erobern. Schon hatte er erste große Erfolge erzielt und das sechzigtausend Mann starke Heer des Kaisers Alexios bei Durazzo besiegt, da rief ihn ein Aufstand der von den Byzantinern bestochenen normannischen Grafen nach Unteritalien zurück, wo er blutig für Ordnung sorgte. Als Heinrich IV. 1084 nach Rom zog, unterstützte der immer noch unermüdliche Alte Papst Gregor VII. Mit einem bunt zusammengewürfelten Heer aus Normannen und Sarazenen eroberte er durch einen schlauen Handstreich Rom, plünderte es und ließ einen Teil der Stadt in Flammen aufgehen. Dann rüstete er einen neuen Feldzug gegen Byzanz, doch starb er unterwegs am 17. Juli 1085 auf einer jonischen Insel. *(H. P.)*

der neue Papst am Verbot der Laieninvestitur festhielt und auch den Bann gegen den Kaiser nicht aufhob, wäre unter diesem gütigen Mann wohl ein Ausgleich möglich gewesen. Doch Victor III. starb schon im darauffolgenden Jahr 1087. Ihm folgte der Kardinalbischof Odo von Ostia, ein Schüler Erzbischofs Bruno von Köln und ehedem Prior in Cluny, ein Franzose.

Urban II. (1088–1099) – so nannte sich der neue Papst –, ein überzeugter Anhänger der Kirchenreform, besaß überdurchschnittliches diplomatisches Geschick. Er starb nach einem erfolgreichen Pontifikat zwei Wochen nach der Eroberung Jerusalems durch die Kreuzfahrer (siehe Seite 267).

In Deutschland hatte die Opposition nach dem Tod ihres führenden Kopfes, Otto von Northeim, der den Gegenkönigen Rudolf von Rheinfelden und Hermann von Salm-Luxemburg Rückhalt gegeben hatte, an Boden verloren. Hermann von Salm-Luxemburg wurde im September 1088 bei der Erstürmung einer Burg in Lothringen tödlich verwundet. Schließlich verlor auch Markgraf Ekbert II. von Meißen, das Haupt der sächsischen Opposition, durch einen ungeklärten Meuchelmord in einer Mühle im Selketal (Harz) das Leben.

Der Kaiser, der nun im Norden Deutschlands weitgehend anerkannt war, wandte sich 1090 wieder Italien zu. Dort hatte der mit raffinierter Klugheit vorgehende Papst Urban II. eine Ehe zwischen dem siebzehnjährigen Sohn des Baiernherzogs Welfs IV. (I.) und der dreiundvierzigjährigen Mathilde von Tuscien zustande gebracht und damit den süddeutschen Gegnern des Kaisers neuen Auftrieb und Rückhalt gegeben. Doch zunächst blieb Heinrich IV. der Erfolg treu. Papst Urban II. mußte, als Heinrichs Heer heranrückte, Rom verlassen und wie sein Vorgänger bei den Normannen Schutz suchen, während der Gegenpapst Clemens III. wieder einmal in die heilige Stadt einzog. Erst als der Kaiser 1092 bei Canossa – welche Erinnerungen mögen ihn bewegt haben? – eine Niederlage einstecken mußte, kam es zum Abfall wichtiger lombardischer Städte wie Mailand, Cremona, Lodi, Piacenza: die in Fragen der Kirchenreform radikale Pataria, einzelne Adelige und Bürger, die für städtische Freiheiten kämpften, hatten sich verbündet. Als sich dann auch noch des Kaisers eigener Sohn Konrad der päpstlichen Partei zuwendete und sich zum König der Lombardei krönen ließ, als Herzog Welf die Alpenpässe sperrte, sah sich Heinrich IV. mit seinem Heer von Deutschland abgeschnitten. Zu allem Unglück verließ in dieser bedrohlichen Lage den Kaiser auch noch seine zweite Frau Praxedis, genannt Adelheid, eine Tochter des Großfürsten von Kiew, die der verwitwete Heinrich IV. im Sommer 1089 in Köln geheiratet hatte. Er hatte sie in Verona wegen des Ver-

Fortführung der Reformpolitik und Kreuzzugsidee: Urban II.
Papst Urban II. übergibt dem Abt Oderisius eine Bulle. Darstellung des 12. Jahrhunderts. Monte Cassino, Archivio della Badia.

dachts ehelicher Untreue festgehalten. Nun, 1094, floh sie zu Mathilde von Tuscien und erhob schwerste Vorwürfe gegen ihren Gemahl, der sie angeblich zum Ehebruch habe veranlassen wollen. Die Vorwürfe trafen den Kaiser tief und lähmten ihn für lange Zeit. Unter all diesen Umständen mußte er froh sein, in Verona und seiner Umgebung für die nächsten Jahre Zuflucht zu finden.

Weitere Erfolge für Papst Urban II.

Der Papst aber konnte im Jahre 1095 einen doppelten Triumph für sich verbuchen. Einmal schleuderte er auf der Synode von Piacenza den Bannfluch erneut gegen den kaisertreuen Papst Clemens III. und seine Anhänger und konnte in Cremona einen Sicherheitseid des Kaisersohnes Konrad, der als äußeres Zeichen seiner Ergebenheit und Dienstbereitschaft des Papstes Pferd am Zügel führte (siehe *K: Stra-*

OTTO VON BAMBERG

»Demütig in Trauerkleidung und mit bloßen Füßen« hielt am Lichtmeßtag (2. Februar) des Jahres 1103 der neue Oberhirte Einzug in seine Bischofsstadt Bamberg. Ungewöhnlich wie der Regierungsantritt war auch der gesamte Lebensweg dieses Mannes, in dem sich »Religiosität, Weltzugewandtheit, Organisationstalent und nicht zuletzt einfühlsames Verständnis für die Mitmenschen« verbanden, wie ein intimer Kenner der Bamberger Geschichte, Otto Meyer, es treffend sagt. Diese Eigenschaften hatten Heinrich IV. bewogen, seinen Kanzler Otto (um 1060/1062), der sich schon als Kaplan der Kaiserschwester Judith am polnischen Herzogshof in Krakau und als Dombaumeister in Speyer um das salische Haus verdient gemacht hatte, an die Spitze der Bamberger Kirche zu berufen. Der Kaiser mochte hoffen, in seinem Kandidaten eine starke Stütze im unverändert anhaltenden Investiturstreit zu gewinnen. Aber auch der Papst ließ sich von der Lauterkeit Ottos überzeugen und erteilte ihm – trotz dessen Ernennung durch einen gebannten Kaiser! – selbst 1106 die Bischofsweihe. Otto rechtfertigte das Vertrauen beider Seiten durch eine hingebungsvolle Vermittlertätigkeit, die ihre Krönung im Wormser Konkordat (1122) fand. Bei aller diplomatischen Betriebsamkeit sah Otto jedoch seine eigentliche Aufgabe stets in der Seelsorge: Er ließ Kirchen und Spitäler errichten, förderte Schulwesen und Klosterreform und missionierte die heidnischen Pommern. Predigend und taufend durchzog der »Apostel der Pommern« das Land zwischen Usedom, Wolgast, Kammin, Kolberg und Belgard und brach den zähen Widerstand der heidnischen Priesterschaft in den reichen Handelsplätzen Stettin und Wollin. Sein glanzvolles Auftreten als Reichsfürst, großzügige Geschenke und die politische Rückendeckung durch Polen und den Kaiser mögen seine Predigt begünstigt haben. Als Otto am 30. Juni 1139 zu Bamberg die Augen schloß, wurde sein Grab rasch zu einer bis heute vielbesuchten Wallfahrtsstätte. Ein halbes Jahrhundert später nahm ihn die Kirche in das Verzeichnis ihrer Heiligen auf.*

(H. H.)

Stratordienst
(lat. strator: Stallknecht)

Beim Aufsteigen auf das Pferd wird der Steigbügel gehalten. Diese höfliche Geste konnte von päpstlicher Seite aus als Geste der Unterwerfung, als Anerkennung lehnsmäßiger Abhängigkeit ausgelegt werden. Dies geschah im Hinblick auf Lothar III.: Ein Fresko im Lateran zeigt ihn mit gefalteten Händen die Kaiserkrone empfangend; Bildunterschrift: Er »wird Lehnsmann des Papstes«.
Die deutschen Kaiser lehnten diese Interpretation selbstverständlich ab und ließen es mitunter zu Zeremoniellstreitigkeiten hinsichtlich des üblichen Strator- und Marschalldienstes kommen (ahd. marah-scalc: Pferdeknecht; Führen des Pferdes).

tordienst, oben), entgegennehmen. Zum anderen gelang es ihm auf einer Synode in Clermont-Ferrand (Zentralfrankreich), die anwesenden Fürsten und Ritter durch eine hinreißende Predigt für einen Kreuzzug zur ›Befreiung‹ Jerusalems und der heiligen Stätten aus der Hand der ›Ungläubigen‹ zu gewinnen und damit der abendländischen Christenheit eine neue, ihre Aktivität zugleich herausfordernde und bindende Aufgabe zu geben (siehe auch Seite 258 ff.).

Ordnung im Reich: Neue Herzöge, neuer Erbe, Gottesfrieden

Die letzten Jahre des Jahrhunderts brachten Heinrich IV. nach so vielen niederdrückenden und entnervenden Rückschlägen wieder Erfolge. Der junge Baiernherzog Welf trennte sich von Mathilde von Tuscien, sein Vater Welf IV. lenkte ein und wurde von Heinrich IV. deshalb erneut als rechtmäßiger Herzog von Baiern eingesetzt. In Schwaben kam es zu einer bedeutsamen Veränderung: Herzog Berthold II. von Zähringen verzichtete auf seinen Anspruch auf das Herzogtum, und der Kaiser belehnte den jungen Friedrich I. von Staufen, dessen Sohn Konrad III. (1138–1152) das Königtum der Staufer in Deutschland begründen sollte, mit dem Herzogtum. Ein Reichstag in Mainz (1098) setzte Heinrichs Sohn Konrad ab und wählte seinen damals noch minderjährigen Sohn gleichen Namens (Heinrich V.) zum König, der jedoch schwören mußte, seinem Vater zu dessen Lebzeiten nicht in die Regierungsgeschäfte dreinzureden.
Es spricht für Heinrich IV. und seine Auffassung vom Herrscheramt,

Nachfolge Heinrichs IV. *Heinrich V. erhält Schwert und Ring vom Vater. Sächsische Weltchronik (14. Jh.). Berlin, Staatsbibl. Preuß. Kulturbes.*

daß er in Zeiten, wo er sich wenigstens in Deutschland einigermaßen durchgesetzt hatte, sich tatkräftig an die Spitze von Friedensbewegungen stellte, die sich zum Ziel machten, dem vor keiner Willkür zurückschreckenden Fehdewesen durch genau umrissene und mit Strafandrohungen verbundene Friedensgebote Zügel anzulegen. Schon 1085 hatte der Kaiser auf einem Reichstag in Worms Ideen des *Gottesfriedens* *(K, Seite 164)*, der sogenannten »treuga dei«, aufgenommen und einen Frieden für das ganze Reich verkündet. Auf dem Reichstag von Mainz kam es endgültig zu einer umfassenden Regelung und Verkündung des *Reichslandfriedens* *(K, Seite 164)* für vier Jahre.

Friedensbewegungen im 11. Jahrhundert

Gottesfriedensbewegung. *Sie war am Ende des 10. Jahrhunderts in Burgund entstanden, das unter den Fehden seiner Barone, Grafen und Herzöge besonders stark zu leiden hatte. Eine der ältesten Friedensabmachungen war der Beschluß einer Synode der Diözese Poitiers 989 in Südwestfrankreich, dessen Vorrede so lautet:*
»Fluch denjenigen, die in Kirchen einbrechen [. . .].«
»Fluch denjenigen, die Eigentum der Armen rauben [. . .].«
»Fluch denjenigen, die Kleriker [Geistliche] angreifen [. . .].«
Es handelt sich bei dieser Abmachung also zunächst um einen Beschluß der Kirche, bestimmte Gruppen der Bevölkerung unter besonderen Schutz zu stellen. Da das einzige Strafmittel der Kirche im Bannfluch bestand, waren die Erfolge der Bewegung gering. Doch bezeugte sie das gesteigerte religiöse Empfinden, das bei den oft emphatischen Massenveranstaltungen unter freiem Himmel zum Ausdruck kam.
Landfriedensbewegung. *Wesentlich weiter ging der Kaiser auf dem berühmt gewordenen Mainzer Reichstag 1103, der einen mit einer Amnestie (Straferlaß) verbundenen Frieden für das ganze Reich verkündete:*
Der Kaiser und die Bischöfe verpflichten sich durch Handschlag zur Überwachung des Friedens, die weltlichen Fürsten leisten einen Eid auf ihn.
Der Friede, unter dessen besonderem Schutz Geistliche, Mönche, Laienbrüder, Frauen und Juden stehen, gilt für vier Jahre.
Verletzungen des Hausfriedens, Brandstiftung, Verwundung und Totschlag, Verteidigung von Schuldigen und wiederholter Diebstahl werden mit dem Verlust der rechten Hand oder der Augen geahndet. Flucht vor dem Urteil bedeutet den Verlust von Eigentum und Lehen; zieht der Betroffene sich auf seine Burg zurück, so sollen eine Belagerung und die Zerstörung der Burg durch die Schwurgenossen erfolgen.
Diese Mainzer Beschlüsse stehen am Anfang einer segensreichen Entwicklung. Trotz unzähliger Rechtsbrüche – Macht ging auch damals oft vor Recht! – setzten die auf den deutschen Reichstagen immer wieder verkündeten Landfriedensbeschlüsse in der Folgezeit doch oft mehr Recht und Sicherheit für den niederen Adel, die Bürger und nicht zuletzt die einfachen Leute durch, brachten dafür aber den hohen Adel gegen den König auf.

Der Kampf mit Urban II. geht weiter – Der Sohn fällt Heinrich IV. in den Rücken

Doch unbeschadet dieser ansatzweise sehr idealistischen Initiative ging Heinrichs Kampf mit dem Papsttum weiter. Obwohl der Kaiser erkannte, daß er ohne Aussöhnung mit dem Papst keinen dauerhaften

Frieden erreichen könne, gelang ihm keine Annäherung. Im Gegenteil: der als Nachfolger Urbans inthronisierte Papst Paschalis II. (1099–1118), ein schroffer und zu keinerlei Entgegenkommen bereiter Cluniazensermönch, war auch nach dem Tod des Gegenpapstes Clemens III. (1100) nicht geneigt zum Einlenken. Obwohl der Kaiser auf dem Mainzer Reichstag 1103 eine Kreuzfahrt nach Jerusalem versprach, wenn der Papst ihn vom Bannfluch löse, blieb Paschalis hart. Als zu allem Unglück auch noch des Kaisers Sohn Heinrich von seinem Vater abfiel, weil er fürchtete, dessen Politik könne zwischen Fürsten und Adel einerseits und dem Königtum andererseits eine unüberbrückbare Kluft entstehen lassen, war der König auf einem neuen Tiefpunkt angelangt. Durch hinterhältige Täuschung gelang es dem Sohn, den Vater auf Burg Böckelheim an der Nahe gefangenzusetzen und auf einem Fürstentag in Ingelheim (Rhein) zur Abdankung zu zwingen. Der König verzichtete zwar auf den Thron, verweigerte aber die Ablegung eines Sündenbekenntnisses. Schließlich gelang ihm die Flucht, und er fand in Lüttich Zuflucht. Am Gründonnerstag 1106 schlug er die Streitmacht des aufrührerischen Sohnes an der Maasbrücke bei Visé, starb aber bald darauf am 7. August in Lüttich.
Selbst der Leichnam Heinrichs IV. fand nur kurze Zeit die Ruhestätte, die sich der sterbende Kaiser gewünscht hatte: die Domgruft von Speyer. Bischof Gebhard, ein Anhänger der Reform, ließ das Grab aufreißen und den Sarg mit dem exkommunizierten Toten in die ungeweihte Kapelle der heiligen Afra zur Seite des Doms stellen. »Fast fünf Jahre stand die Kaiserleiche unter dem Fluche der Kirche in der ungeweihten Kapelle, doch das Volk besuchte gern die Stelle, wohin der Haß des Papstes und des Bischofs den toten Kaiser verbannt hatte. Endlich kamen andere Tage. Der König [Heinrich V.] zwang dem Papst das Investiturrecht ab, um welches der Vater so lange gestritten, und nötigte Rom, den Fluch von dessen Asche zu nehmen. Da wurde am 7. August 1111 – am Todestag des Kaisers – der Sarg abermals in den Dom und die Kaisergruft gebracht und jetzt geschah es mit allen kirchlichen Ehren und unerhörter Pracht« erzählt der Historiker Wilhelm von Giesebrecht.

Das Erbe für Heinrich V.: Kämpfe im Inneren und andauernder Investiturstreit

Neben Kämpfen in Böhmen, das er 1110 wieder der Oberhoheit des Reiches unterwarf, hatte Heinrich V., der 1106 die Herrschaft übernahm, wie sein Vater vor allem an zwei Fronten Krieg zu führen: zum

Der Verrat Heinrichs V. an seinem Vater 1105
Nach dem Bericht in: »Leben Kaiser Heinrichs IV.«

König Heinrich V. berief für Weihnachten eine Reichsversammlung nach Mainz. Er lud hierzu die Fürsten und auch sonst viele Vornehme ein, um allen kundzutun, er wolle jetzt Herr und Herrscher sein. Auch der Kaiser [Heinrich IV.] beschloß mit seinen Getreuesten zum Reichstag zu kommen. [. . .] Als seine Gegner das erfuhren, bangten sie für sich und ihre Sache. [. . .] Sie rieten deshalb dem König zu folgender List: er solle seinem Vater entgegeneilen, sich ganz zerknirscht gebärden [. . .], um Gnade flehen und beteuern, es schmerze ihn, so schlimmen Einflüsterungen nachgegeben zu haben, er sei zu jeder Genugtuung bereit, wenn er nur wieder Gnade fände. Biete sich dann Gelegenheit zu einer neuen List, so solle er sie benützen, wenn nicht, [. . .] so solle die Heuchelei zur Wahrheit werden.
Als er sich demgemäß ränkevoll seinem Vater näherte, glaubte dieser nur zu leicht den Worten und Tränen seines Sohnes [. . .], sah ihm Schuld und Strafe nach und verwies ihm nur mit väterlicher Milde die Kränkungen, die er ihm zugefügt hatte. [. . .] So war es dem Sohn gelungen, den Vater durch erheuchelte Reue zu täuschen, und nun hinterging er ihn noch durch einen listigen Vorschlag. Wie man ihm zuvor beigebracht hatte, überredete er den Kaiser dazu, die ihn begleitenden Truppen zu entlassen [. . .], denn nachdem sie sich beide geeinigt hätten, könnte ihnen auch niemand mehr Widerstand leisten [. . .] Der Kaiser stimmte zu. Er entließ also bis auf dreihundert Mann alle seine Leute und wollte in Begleitung seines Sohnes sich zum Reichstag begeben. Unterwegs mußte man einmal übernachten. Der Sohn widmete sich die ganze Nacht seinem Vater. Der freute sich unsäglich über ihn [. . .], er ahnte nicht, daß es die letzte Nacht der Freude war. Als man sich am nächsten Morgen Mainz näherte, kam die Kunde, die Baiern und Schwaben rückten mit einer ungeheueren Truppenmacht an. Da legte der Sohn dem Kaiser nahe, es sei unsicher, sich mitten unter die Feinde zu wagen, wenn man sich nicht zuvor über ihre Gesinnung vergewissert hätte. [. . .] Es wäre daher am besten, der Kaiser ginge in eine nahe gelegene Burg [Böckelheim], während er sich selbst zu den Feinden begeben, sie von ihrer Absicht abbringen und sie ihm dann um Gnade und Versöhnung flehend zuführen wolle. Der Kaiser tat, wie ihm sein Sohn geraten, und ritt auf die Burg, ohne den Fallstrick zu bemerken, den das gleisnerische Wesen des verlogenen Sohnes so gut zu verbergen verstanden hatte.
Kaum hatte der Kaiser mit ein paar Mannen die Burg betreten, da wurden deren Tore verschlossen und seine Getreuen nicht mehr eingelassen. So ward der Trug offenkundig: er, der wie der Herr aufgenommen war, wurde als Gefangener festgehalten. Der Sohn stellte seinen Vater unter Bewachung und kehrte über seine gelungene List triumphierend nach Mainz zurück. Dort berichtete er, wie er seinen Vater gefangen, und brüstete sich damit, als hätte er ein verdienstvolles Werk vollbracht. Da hallte der Reichstag von tosendem Beifall wider, das Unrecht wurde als Gerechtigkeit, der Trug als Tugend gefeiert.
Der Sohn schickte sofort einen Boten an den Kaiser und ließ ihm sagen, wenn

ihm sein Leben lieb sei, habe er ihm sofort die Krone [. . .] und die Reichskleinodien zu übersenden und ihm seine festesten Burgen zu übergeben. Der Kaiser zögerte nicht, all dem nachzukommen; denn die Herrschaft ging ihm nicht über sein Leben. Doch das schien noch nicht genug, er mußte selbst [in Ingelheim] erscheinen und vor allen auf die Regierung verzichten. Er wurde also nicht als freier Mann, sondern als Gefangener vorgeführt [. . .], und mußte sprechen, wie es das Los eines Gefangenen mit sich brachte. [. . .]
Viele der Anwesenden wurden durch die Rede des Kaisers zu Tränen gerührt, nur den Sohn konnten selbst die natürlichen Gefühle nicht zum Mitleid bewegen. Und während sich der Vater dem Sohne zu Füßen warf und ihn anflehte, er solle doch wenigstens das Naturrecht in sich berücksichtigen, wandte dieser sein Angesicht von ihm ab und verschloß ihm sein Herz.

Aus: Vita Heinrici IV. imperatoris (Das Leben Kaiser Heinrichs IV.), vermutlich von Bischof Ertung von Würzburg. Übers.: J. Bühler

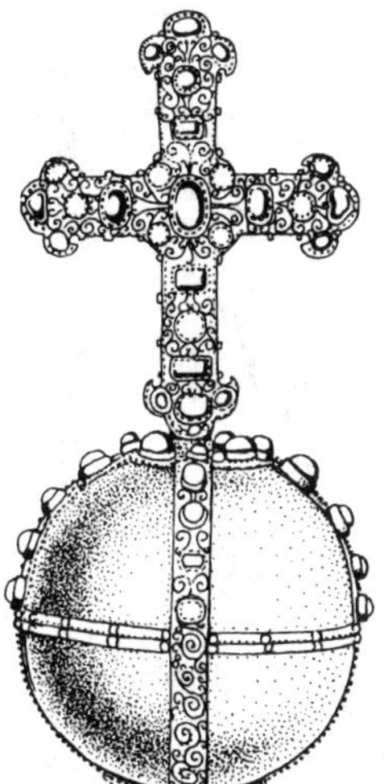

Kampf zwischen Vater und Sohn – Heinrich IV. und Heinrich V.
Höhepunkt des so spannungsreichen und von Schicksalsschlägen gezeichneten Lebens Kaiser Heinrichs IV. war sicher die Rebellion seines eigenen Sohnes, der er schließlich, vom Haß seiner Gegner verfolgt, zum Opfer fiel. Miniatur aus der Chronik Ottos von Freising.

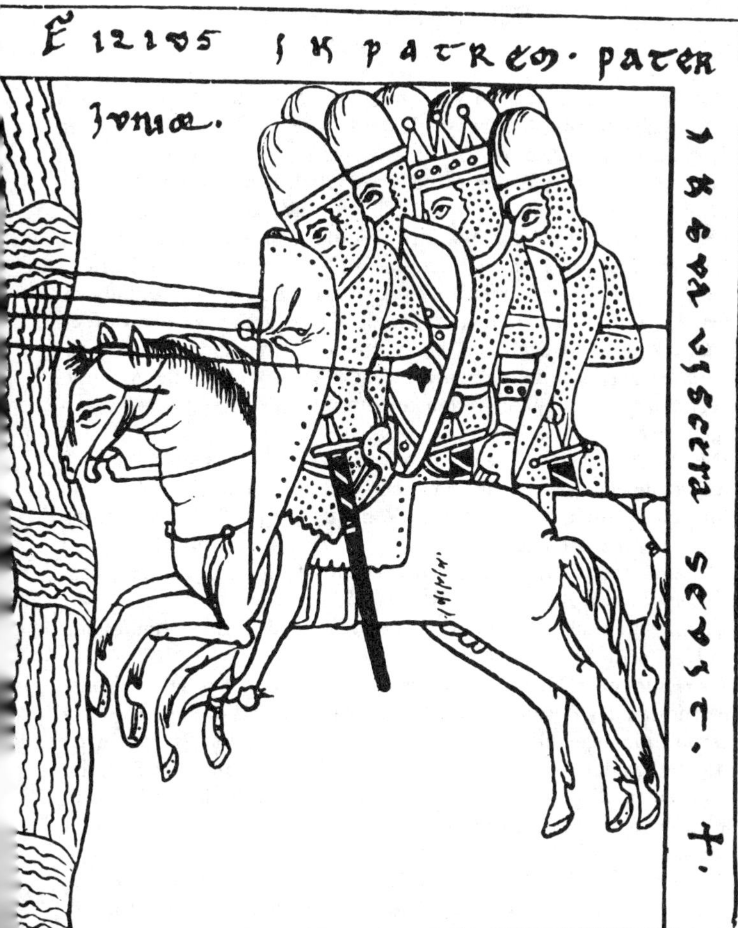

einen gegen die deutschen Fürsten, da sich in Deutschland nach Jahren des Einvernehmens wieder eine starke fürstliche Opposition gegen den König stellte, zum anderen gegen den Papst, mit dem er einen Ausgleich suchte, den er jedoch erst unter Papst Calixt II. (1119–1124) erreichte. Obwohl es schien, als stünde Heinrich V. auf der Seite der Fürsten, war er doch nicht gewillt, königliche Rechte preiszugeben. Geheimverhandlungen mit dem Papst dokumentieren dies.

Ungewöhnliche Methoden – Zäh errungene Erfolge

Als Gegenleistung für den Verzicht auf das königliche Investiturrecht erbot sich der Papst in dem 1111 in der Kirche von Turri geschlossenen Vertrag, den Reichsbischöfen die Rückgabe aller Güter und Regalien an Heinrich V. zu befehlen. Selbstverständlich waren die deutschen Bischöfe, denen hiernach nur die Zehnten und Schenkungen Privater bleiben sollten und die man ihrer Würde jederzeit hätte entkleiden können, über den Inhalt entsetzt und äußerten ihren Unmut über den voraussichtlichen enormen Machtzuwachs des Königs in tumultartiger Weise. Nachdem der Vertrag in der Peterskirche verlesen worden war, erklärten die deutschen Bischöfe und Fürsten aber auch den Anspruch des Papstes für ketzerisch, wonach ihr König auf die Investitur verzichten sollte. Dieser verlangte daraufhin gleich volles Investiturrecht und die Kaiserkrönung.
Der Papst verweigerte beides und wurde sofort samt seinen Kardinälen gefangengesetzt. Nachdem auch noch die Römer einen Aufstand inszeniert hatten, mußte Heinrich V. mit dem Papst im Marschgepäck fliehen. Zwei Monate später gestand er dem König im Vertrag von Ponte Mammolo die weltliche Investitur mit Ring und Stab *nach* der kanonischen Wahl *vor* der geistlichen Weihe zu.
Damit waren die Verhältnisse so weit geklärt, daß die Krönungsfeier in Rom stattfinden konnte.
Als Heinrich V. 1112 in seine Heimat zurückgekehrt war, sah er sich im Nordosten des Reiches wieder einmal einer gefährlichen sächsischen Opposition gegenüber. Hatte er doch das Herzogtum Sachsen nach Aussterben der Billunger in männlicher Linie an Lothar von Supplinburg, einen Mitverschwörer von 1106, vergeben und damit andere Erbansprüche schwer verletzt. Zum Haupt der fürstlichen Opposition schwang sich Bischof Adalbert von Mainz (1109–1137), der ehemalige Kanzler Heinrichs auf. Lothar von Supplinburg unterwarf sich zwar 1114 dem Kaiser, doch die aufständischen Sachsen hatte Heinrich V. damit noch nicht unter Kontrolle. Schließlich erlitt zu allem Überdruß das von Graf Hoyer von Mansfeld geführte kaiserliche Heer 1115 am Welfesholz nördlich von Eisleben eine vernichtende Niederlage. Der Kaiser mußte sich aus Sachsen fluchtartig zurückziehen.
Daß Heinrichs V. Herrschaft nicht ganz zusammenbrach, hatte er einem ›ironisch‹ anmutenden Glücksfall zu verdanken. Und zwar hatte jene mehrfach genannte, Papst Gregor VII. so treu ergebene Markgräfin Mathilde von Tuscien ihr Testament nach dem Tode Gregors VII. mehrfach geändert und schließlich, nachdem Heinrich V. ihre Trup-

HEINRICH V.

Der um 1086 geborene Heinrich V. entstammte der politischen Zweckehe Heinrichs IV. mit Bertha, der Tochter des Grafen Otto von Turin. Wie viele seiner salischen Vorfahren und Verwandten war Heinrich V. ein Mensch von hellem Verstand, stolz, machtbewußt und klug. Doch wuchs er in einer Zeit auf, in der bisher festgefügte ethische und moralische Normen sich zu wandeln begannen und teilweise zerbrachen. Als Kind erlebte er wohl nur wenig Geborgenheit und kontinuierliche Erziehungsbemühungen; den Heranwachsenden umgab eine Atmosphäre voller Unruhe, abrupter Veränderungen, Intrigen, Treulosigkeit und Haß; seine charakterliche Prägung erfolgte also unter ungünstigen Umständen. So entwickelte er besonders die Eigenschaften, die seinen Vorfahren zwar mit zu ihrer Macht verhalfen, die aber, übermäßig vorhanden, einen Menschen nicht eben sympathisch machen: berechnende Schlauheit, Härte, kalter Egoismus, die Fähigkeit zur Verstellung, gepaart mit bisweilen opportunistisch anmutender Grundsatzlosigkeit.

Das Vater-Sohn-Verhältnis erlitt wohl einen unheilbaren Bruch, als Heinrich IV. ihn zu einem Eid zwang, der den gerade zum König erhobenen jungen Mann von jeglicher Mitregierung ausschloß. Von da an scheint diese undurchsichtige, komplizierte Natur immer »auf dem Sprung« gelebt zu haben: Als er seine Stunde gekommen sah, entmachtete er den Vater auf eine beispiellos abgefeimte Weise. Dabei handelte er mit der treuherzig-feierlichen Begründung, den Frieden mit der Reformkirche zu festigen und die Einheit des Reiches wahren zu müssen, obwohl religiöse Gesichtspunkte kaum irgendeine Rolle spielten. Seine weitere Herrschaft als König und Kaiser war von gleicher Art: Als nüchterner Realpolitiker erhielt und mehrte er recht skrupellos seine Macht. Konzessionsbereitschaft und Gewaltanwendung waren ihm nur zwei Seiten einer Medaille. Als er im Alter von erst 39 Jahren starb, wurde er im Gegensatz zu seinem Vater, der in breiten Schichten geradezu religiöse Verehrung genoß, kaum betrauert. *(D. R.)*

Konkordat
(lat. concordare: übereinkommen)

Kein Vertrag im modernen Sinn zwischen zwei Verhandlungspartnern (z. B. zwischen Kirche und Staat), sondern Austausch von Privilegien, d. h. verbrieften Rechten zwischen zwei Herrschern, beispielsweise zwischen Kaiser und Papst. Nach dem Tod eines Partners mußten Privilegien erneuert werden. Konkordat ist also eher ein momentaner Ausgleich als eine dauerhafte Lösung gewesen. Dies zeigt sich am Wormser Konkordat von 1122, dessen Abmachungen spätere Könige wie Lothar von Supplinburg abzuändern oder zu widerrufen strebten. Die heutige Forschung ist hinsichtlich der Auslegung von Konkordaten äußerst gespaltener Meinung.

pen 1111 besiegt hatte, vermutlich unter Druck, nicht den Papst, sondern ausgerechnet Heinrich V. zum Erben ihrer vielumstrittenen Güter gemacht.
Um sein Erbe anzutreten, verließ der Kaiser Deutschland, zog zum zweitenmal (1116–1118) nach Italien und erwies sich bei diesem Romzug als Meister politischer Winkelzüge. Nun wollte der Kaiser endlich den Ausgleich mit der Kirche und dem Papsttum erreichen. Aber solange Papst Paschalis II. am Leben war, gelang das nicht. Zwar hatte Heinrich V. in den ersten Jahren seiner Regierung alles versucht, und in dem trickreichen Spiel hatte es an überraschenden Angeboten nicht gefehlt. So schlug Papst Paschalis II. ihm einmal vor, er solle auf die Investitur verzichten. Tue Heinrich das, dann werde er seinerseits das von der Kirche verwaltete Reichsgut zurückerhalten, was einen modernen Historiker (H. Fuhrmann) zu der Feststellung veranlaßte: »Es ist gerätselt worden, was Paschalis II. zu dieser weltfremden Antwort bewogen haben könnte: seine militärische Hilflosigkeit, die ein Einlenken angeraten sein ließ [. . .] oder seine monastische [mönchische] Weltfremdheit.« Der Kaiser setzte sein listiges Spiel Paschalis II. gegenüber fort, den er schließlich 1117, nach der Besetzung Roms, zusammen mit den Kardinälen in seine Gewalt brachte und trotz des Widerstandes der Römer aus der heiligen Stadt mit sich fortnahm.

Die Verständigung zwischen Kaiser und Papst

Doch erst unter Calixt II. (1119–1124), der nach dem Tod des nur ein Jahr den Stuhl Petri einnehmenden Gelasius II. den apostolischen Stuhl bestieg, kam ein Ausgleich zustande. »Calixt II. entstammte dem

Die Folgen des Investiturstreits

Das Wormser Konkordat war im Grunde genommen lediglich eine Bestätigung des alten Königsrechts der Investitur unter genauer Festlegung der Form.

Insgesamt veränderte der Investiturstreit die deutsche Verfassung radikal:

1. *Entsakralisierung des Königtums durch den Bann von 1076.*
2. *Sieg des Hochadels über Königtum und Gesamtstaatsgedanken durch das Gegenkönigtum 1077; erstmals freies Wahlrecht bei der Königserhebung.*
3. *Durch Verbot der Laieninvestitur werden dem deutschen König die Grundlagen für Eigenkirchenrecht und Staatskirchentum entzogen: der König verliert seine Regierungsorgane.*
4. *Das Wormser Konkordat läßt die Bischöfe zu Reichsvasallen, also zu geistlichen Reichsfürsten, aufsteigen und stellt deren Interessengemeinschaft mit dem weltlichen Hochadel her. Beschleunigung bei der Herausbildung von Landesherrschaften (Territorialisierungsprozeß); Fürsten als die eigentlichen Sieger des Investiturstreits.*

Neue Aufgaben stellen sich den deutschen Königen, um den Verlust ihrer Sakralität auszugleichen: der Aufbau von Königsterritorien, Landesausbau, der Einsatz von Ministerialen (Burgen, Städte), die Landfriedensgesetzgebung, die Neuordnung ihres Verhältnisses zum Adel auf der Basis des Lehnsrechts.

Regalien (K, Seite 138) werden Grundlage der neuen Verwaltung.

Literatur

Haller, Johannes: Das altdeutsche Kaisertum, Stuttgart 1944

Hampe, Karl: Deutsche Kaisergeschichte in der Zeit der Salier und Staufer, Heidelberg 1964

Kämpf, Hellmut (Hrsg.): Canossa als Wende. Ausgewählte Aufsätze zur neueren Forschung, Darmstadt 1976

Kupisch, Karl: Kirchengeschichte, Bd. 2, Stuttgart/Berlin/Köln/Mainz 1974

Waas, Adolf: Heinrich V. Gestalt und Verhängnis des letzten salischen Kaisers, München 1967

Wahl, Rudolf: Der Gang nach Canossa. Kaiser Heinrich IV. Eine Historie, München 1977

Zimmermann, Harald: Der Canossagang von 1077. Wirkungen und Wirklichkeit, Mainz 1975

Stichworte zur Regierungszeit Heinrichs IV. und Heinrichs V.

Fürstenopposition: Jahrzehntelange Auseinandersetzung Heinrichs IV. mit opponierenden Fürsten aufgrund der Förderung von Ministerialität und Stadtbürgertum durch den König; Hauptgegner: die Herzöge Rudolf von Rheinfelden (Gegenkönig) und Otto von Northeim; Verbindung zwischen Papst und Fürstenopposition; durch den Tod Rudolfs von Rheinfelden (1080) Verbesserung der Lage Heinrichs; Zusammengehen von Heinrichs IV. Söhnen Konrad und Heinrich (V.) mit Gegnern des Königs aus dem Lager der Fürsten; Stärkung der Opposition gegen den König durch die aufblühenden Städte; Kirchenreform und Autonomie; königstreue Städte werden entsprechend belohnt (Worms 1074).
Investiturstreit: Einfluß auf die Besetzung der Bistümer und Reichsabteien zur Durchsetzung von Königsherrschaft unverzichtbar; Ziel des Reformpapsttums: Beseitigung bzw. Zurückdrängung der kaiserlichen Macht innerhalb der Kirche; Canossa als Höhepunkt der Auseinandersetzung: Triumph Gregors VII.; Bannlösung des Königs und Verhinderung eines Treffens (und damit einer Koalition) Papst–Fürsten; langes Hinundherwogen des Kampfes; Normannen auf päpstlicher Seite; Tod Gregors VII. in der Verbannung; Ausgang des Kampfes mit Wahrung der kaiserlichen Rechte in Deutschland unter Heinrich V. (Wormser Konkordat 1122); insgesamt Emanzipation der Kirche von weltlichen Eingriffen.
Friedensbewegung und Friedenssicherung: Aufnahme von Ideen der älteren Bewegung des sogenannten Gottesfriedens durch Heinrich IV. – Ziel: Eindämmung der Fehden des Adels und Schutz des einfachen Volkes vor Willkür; Verkündung eines Reichslandfriedens 1103 für vier Jahre; Festlegung eines Kataloges von Strafen für genau umrissene Friedensverletzungen; Ausbau der hohen Gerichtsbarkeit zur Stärkung der Reichsgewalt; insgesamt waren die Landfrieden wenig erfolgreich: Der Adel sah sein Fehderecht bedroht und erhob sich gegen den König (1104 Abfall Heinrichs V. vom Vater).

burgundischen Hochadel und war entfernt verwandt mit dem salischen Hause; nach Gregor VII., nach fast einem halben Jahrhundert mönchischer Päpste also, war er der erste Weltgeistliche; obwohl nicht Mönch, war er in den Mauern des mächtigsten und reichsten Klosters der damaligen Christenheit [Cluny] gewählt worden. Wenn man von ihm nach Jahrzehnten starrer Politik ein Einsehen auf die Erfordernisse der Situation erwartete, so war man an den richtigen Mann geraten.« (H. Fuhrmann)

Unter diesem Papst kam nach langem, von den Ratschlägen vieler Gelehrter begleiteten Hin und Her ein Kompromiß zustande, ein Ausgleich im besten Sinne des Wortes: das *»Wormser Konkordat«* *(siehe K: Konkordat, Seite 172)* von 1122. Während Heinrich V. auf die Investitur mit den geistlichen Symbolen Ring und Stab verzichtete und freie, kanonische (kirchlich rechtmäßige) Wahl der kirchlichen Würdenträger versprach, sollten diese in Deutschland unter dem Symbol des Zepters vom König vor der Weihe mit ihren weltlichen Rechten und Besitztümern belehnt werden. In Italien und in Burgund allerdings sollte die Übertragung der weltlichen Rechte erst innerhalb von sechs Monaten nach der Weihe erfolgen, was den Einfluß des Königs entscheidend beschränkte. Doch war mit der Regelung in Deutschland für den König ein wichtiger Bestandteil der Grundlage seiner Macht gerettet. Ein jahrzehntelanger Kampf, der auf beiden Seiten mit höchstem Einsatz geführt worden war, fand mit dem Konkordat, in dem beide, Kaiser und Papst, von ihren Maximalforderungen abrücken mußten, sein Ende. Und tröstlich klingt auch der letzte Satz des »Privilegs des Papstes«: »Ich gebe Dir [Kaiser Heinrich] und ebenso allen, die an Deiner Seite stehen oder auch gestanden haben zur Zeit dieses Streites, wahren Frieden.«

WINFRIED STADTMÜLLER

Die deutschen Städte – Entstehung und erste Blüte

Germanien, stadtloses Land – Römische Tradition – Keimzellen der Stadt – Aussehen – Städtische Freiheiten – Gründungsstädte und ihre Gründer – »Stadtluft macht frei« – Enormes Wachstum der Städte im 12. Jahrhundert – Handwerker, Kaufleute und »Unehrliche« – Stadtherrschaft

Wenn »der höhere Mensch«, wie der Kulturphilosoph Oswald Spengler (1880–1936) meinte, »ein städtebauendes Tier« ist, mußten sich unsere Vorfahren zu Recht als Barbaren beschimpfen lassen: Städte waren den Germanen unbekannt. Tacitus, der wichtigste Gewährsmann für das Leben in Altgermanien, berichtet, »daß die Völkerschaften der Germanen keine Städte bewohnen, [. . .] ja daß sie nicht einmal zusammenhängende Siedlungen dulden. Sie hausen einzeln und gesondert.«

Die Stadt wurde von den Römern nach Deutschland ›importiert‹. In den römischen Besatzungsgebieten an Rhein, Mosel und Donau entstanden eine Reihe städtischer Siedlungen: Bonn, Mainz, Worms, Straßburg, Regensburg, Wien und andere. Die meisten dieser sogenannten Städte waren jedoch nichts weiter als große triste Militärlager – die Germanen sprachen verächtlich von »Steinsärgen«! Vor den wuchtigen Mauern lebten jene Zivilisten, die zu allen Zeiten den Soldaten auf dem Fuße zu folgen pflegen: Kaschemmenwirte und Dirnen, Händler und Handwerker. Einige der deutschen Römerstädte allerdings, wie etwa Köln und die Kaiserresidenz Trier, standen in ihrem Reichtum und im Prunk ihrer Paläste den bedeutendsten Zentren des römischen Reiches in nichts nach. In Trier lebten im 4. Jahrhundert nach Christus 80000 Menschen; es hat immerhin fast anderthalb Jahrtausende gedauert, bis es in Deutschland wieder eine Stadt dieser Größenordnung gab!

Als die alles verändernde Walze der Völkerwanderung über die Römerstädte hinweggegangen war, ragten aus ihren Trümmern meist nur noch die unverwüstlichen Quadermauern. In einer seltsamen Scheu mieden die Germanen auch jetzt noch die Städte; selbst wo römische Häuser erhalten geblieben waren, kampierten sie lieber daneben in ihren armseligen Holzhütten. Die Paläste wurden als Scheunen genutzt, und auf so manchem der kostbaren Mosaikböden der alten Villen scharrten die Hühner.

Bischofssitz, Königspfalz, Fluchtburg – Vorläufer der deutschen Stadt

Gänzlich ist allerdings das Leben in den Ruinenstädten nie erloschen. Nach alter römischer Bistumstradition behielten die Bischöfe ihre Sitze dort bei. Als dann die Bedeutung der Kirche im fränkischen Reich wuchs und den Bischöfen an ihrem Hof Aufgaben im Dienste des Königs übertragen wurden, begann sich hier – in Köln, Mainz oder Passau – wieder zaghaft eine Art städtischer Betriebsamkeit zu entfalten.

Auch der König selbst wählte die alten römischen Niederlassungen bevorzugt als Pfalzen, als Aufenthaltsorte, wenn er durch das Land zog, und als Amtssitze für seine Grafen; Aachen, Regensburg oder Wien wurden auf diese Weise ›wiederbelebt‹.

Im 9. und 10. Jahrhundert kam es zu einer neuen Konstellation: es wurde es zunehmend erforderlich, Befestigungen gegen die räuberischen Einfälle der Wikinger, der Slawen und Ungarn zu schaffen. Besonders an den gefährdeten Rändern des Reiches wurden militärische Stützpunkte und Fluchtburgen angelegt, durch Palisadenwälle geschützte Zufluchtsorte, in die sich auch die Bevölkerung der Umgebung zurückziehen konnte; Goslar und Merseburg sind von König Heinrich I. – dem ›Burgenbauer‹ – ursprünglich als solche Fluchtburgen gegründet worden.

Königspfalz, Bischofshof, vereinzelt auch die große Abtei und die Fluchtburg sind wohl die ältesten Keimzellen einer eigenständigen Stadtentwicklung in Deutschland. Von ihren vielfältigen Aufgabenstellungen her benötigten diese Orte Menschen und zogen Menschen an. Eine Chronik aus dem 9. Jahrhundert schildert so die Entstehung der Stadt Brügge: »Vor dem Tor, an der Brücke, sammelten sich allmählich Gewerbetreibende, um für die zu arbeiten, die in der Burg wohnten. Außer Kaufleuten, die alles mögliche feilboten, gab es Schank- und Gastwirte. Sie machten sich zur Aufgabe, diejenigen, die beim Grafen zu tun hatten, zu beköstigen und zu beherbergen. Mit der Zeit begannen die Zuzügler Häuser zu bauen und sich wohnlich einzurichten; dort fanden alle Aufnahme, die nicht in der Burg selbst wohnen konnten. [. . .] Die Siedlung wuchs, so daß in kurzer Zeit ein großes Dorf entstand.«

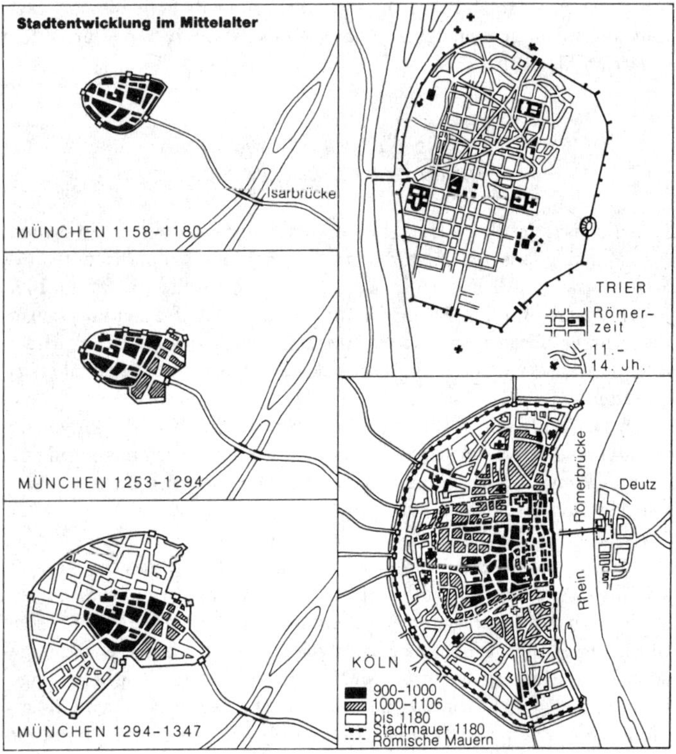

Fernhandel und Wachstum

Mit zunehmender Bevölkerung und den steigenden Ansprüchen der adeligen und geistlichen Herren vergrößerte sich auch der Güterbedarf der Gesellschaft. Alle Waren, die in der mittelalterlichen Eigenwirtschaft nicht selbst hergestellt werden konnten, Salz vor allem, Textilien, Metallwaren, aber auch Luxusartikel, wie Schmuck, Weihrauch und seltene Gewürze, wurden von reisenden Fernhändlern vertrieben. Um das Reiserisiko in unsicheren Zeiten zu vermindern, schlossen sich die Händler, meist Italiener, später auch Friesen, zu Karawanen zusammen. Als Raststationen legten sie auf ihren Handelsrouten kleine Niederlassungen bevorzugt vor Burgen oder in der Umgebung von Bischofssitzen an: sie waren so in der Nähe ihrer zahlungskräftigen Kunden und genossen zugleich deren militärischen Schutz. Aus

Burg und Stadt. *Felsberg, Kreis Melsungen. So etwa hat sich ein Teil der Städte in früher Zeit im Schutz der Burg entwickelt. Luftaufnahme Aero Lux, Frankfurt/M. Freig.: Hess. W.Ministerium Nr. 553/57.*

den Niederlassungen der Fernhändler entwickelten sich rasch selbständige, durch Gräben und Zäune geschützte Siedlungen mit Herbergen und Stallungen, Werkstätten und sicheren Gütermagazinen; in Magdeburg baute man gar eine eigene Kaufmannskirche, die zugleich als Lagerhaus genutzt werden konnte.

In vielen der bedeutenden alten Städte lassen sich solche Kaufmannsviertel oder ›Friesen-Vororte‹ nachweisen. Es scheint, daß gerade diese Fernhändlersiedlungen die eigentlichen ›Wachstumszellen‹ der mittelalterlichen Stadt gewesen sind.

Zusammenwirken von Stadt und Verkehrsweg: Alte Donaubrücke zu Regensburg.
(Modell). Die Brücke wurde von 1136–1146 als steinerne Bogenbrücke errichtet (15 Bögen von 10,3 bis 16,5 Meter Spannweite).

In der Zeit äußerer Bedrohung im 9. und 10. Jahrhundert wurden die Vororte vielfach in die Befestigungsanlagen der Burgen miteinbezogen und selbst mit einem starken Mauerring umgeben: das ganze Mittelalter hindurch wird der Begriff ›Burg‹ jetzt gleichbedeutend auch zur Bezeichnung der Stadt verwendet, seit dem 12. Jahrhundert werden die Bewohner der Stadt »Bürger« genannt.

Der ›ummauerte Markt‹: Frieden für alle

Die Mauer ist zum wesentlichen äußeren Merkmal der Stadt geworden; sie hat deren Gestalt bis in die Neuzeit hinein bestimmt. Für die innere Entwicklung der Stadt waren vornehmlich wirtschaftliche Antriebskräfte maßgebend. Im frühen 9. Jahrhundert bereits hatte Kaiser Ludwig der Fromme zur besseren Versorgung der Bevölkerung Märkte einrichten lassen: an bestimmten Plätzen sollten regelmäßig Waren getauscht werden. Die Gründung von Märkten *(siehe K Marktrecht)* war lange Zeit das alleinige Vorrecht des Königs, das er jedoch großzügig handhabte. In einem Gnadenbrief Kaiser Ottos des Großen von 965 heißt es: »In Gottes Namen übergeben wir das Recht, Märkte zu halten, Münzen zu schlagen, dazu das Recht, Zölle zu erheben, an die Mauritiuskirche zu Magdeburg.« Solche Privilegien verschafften ihren Besitzern reiche Einkünfte, und es war bald das verständliche Interesse der Grundherren, Märkte auf ihr Gebiet zu ziehen. So entstanden überall in Deutschland Marktflecken, bevorzugt an Flußübergängen, an Straßenkreuzungen und Fernhandelswegen, aber auch an vielbesuchten Wallfahrtsorten: die meisten von ihnen sind zu Städten aufgestiegen.

Jeder Markt stand unter dem besonderen königlichen Friedensgebot. Wenn auf dem Marktkreuz die rote Fahne oder ein Handschuh aufgezogen wurden, wenn das »Hütl steckte«, symbolisierte das die persönliche Anwesenheit des Königs. Auf den Bruch des Marktfriedens stand die Todesstrafe, leichtere Fälle wurden mit dem Abhacken der Hand geahndet; schon wer mit einem Dolch nur angetroffen wurde, mußte nach der Landshuter Marktordnung »die Strafe der Räuber erleiden«!

Der Friedensschutz entwickelte sich schon bald über die Markttage hinaus zu einer dauerhaften Einrichtung und wurde später auf alle Städte ausgedehnt: aus dem Marktfrieden wurde der Stadtfrieden. Das alte Straßburger Recht hat als ersten Vorzug der Stadt herausgestellt, »daß jedermann, Fremder wie Einheimischer, [. . .] zu jeder Zeit und vor jedem Menschen Frieden habe«. Die mittelalterlichen Städte bildeten so Inseln in einer Umgebung, in der Fehde, Kampf und Unsicherheit die Alltäglichkeit waren. In den städtischen Friedensbezirken konnte unternehmerische Arbeit auch dauerhaften Erfolg erwarten lassen; hier liegt sicher ein Geheimnis des bürgerlichen Aufstiegs!

Marktrecht

Im Mittelalter ist die Gründung eines Marktes an Verkehrsschnittpunkten, Flußübergängen, in der Nähe von Burg oder Kloster, in Dorf oder Stadt ein königliches Privileg, ein Regal, d. h., es mußte vergeben werden. Bis ins 12. Jahrhundert verliehen es die Könige hauptsächlich der Geistlichkeit, dann den Städten, die sich aus diesen Marktorten häufig entwickelten. Im Zusammenhang mit Stadtentwicklung und Marktrecht stehen Marktfrieden, Marktgericht und Marktgeschworene, Stadtrecht.

Frühe Städte – Geschäftstüchtige Gründer

Das sichtbare Aufblühen städtischer Siedlungen im hohen Mittelalter verlockte Fürsten und auch kleinere Adelige, eigene Städte neu zu gründen. Neben die gewachsene Stadt, die sich aus verschiedenartigen Ansätzen langsam entwickelt hatte, trat jetzt die geplante Stadt ›aus wilder Wurzel‹, durch den häufigen Namen »Neustadt« entsprechend ausgewiesen. Die älteste deutsche »Gründungsstadt«, Freiburg im Breisgau, verdankt ihre Entstehung 1120 einem Herzog von Zähringen: »Aller Nachwelt und Mitwelt sei kundgemacht, daß ich, Konrad, an dem Platz, der mir als Eigengut gehört, nämlich Friburg, einen Markt gegründet habe.« Mit großzügigen Angeboten wurden »angesehene Geschäftleute von überallher« angeworben: gegen geringen Pachtzins wurden ihnen Grundstücke zugewiesen, sie wurden vom Marktzoll befreit und mit bürgerlichen Sonderrechten ausgestattet, die in dieser Zeit beispiellos waren. Der Zähringer vermochte den Gewinn, den die Niederlassung der Kaufleute seinem Territorium brachte, offenkundig richtig einzuschätzen!

Als fruchtbarer fürstlicher Städtegründer erwies sich wenig später Heinrich der Löwe, Herzog von Baiern und Sachsen. Nach langwierigen Auseinandersetzungen mit dem ursprünglichen Gründer baute er 1158 die durch Brand zerstörte Stadt Lübeck wieder gänzlich neu auf und machte sie zum Zentrum seiner Ostpolitik. »[. . .] Er verlieh Lübeck eine Münze, Zollrechte und höchst ehrenvolle Stadtfreiheiten. Von da an blühte das Leben der Stadt auf, und die Zahl ihrer Bewohner wuchs ins Vielfältige«, schreibt Helmold von Bosau in seiner »Slawenchronik«. In der Tat wurde Lübeck für Jahrhunderte zur mächtigsten Stadt im ganzen Ostseeraum!

In seinem baierischen Herzogtum hatte Heinrich der Löwe zur gleichen Zeit ein begehrliches Auge auf die reichen Einkünfte des Freisinger Bischofs aus dem Brückenzoll von Föhring geworfen; dort führte die alte Salzstraße von Reichenhall über die Isar. Kurzerhand brannte er den Markt Föhring mitsamt der hölzernen Brücke nieder und leitete Salzstraße und Geldsegen flußaufwärts, beim Kloster Munichen, über sein eigenes Gebiet. Zwar wurde Heinrich später verurteilt, ein Drittel der Einkünfte an Freising abzuführen – den Aufstieg Münchens zur Weltstadt hat solche Maßnahme indes nicht zu bremsen vermocht!

Den entscheidenden Anteil an der Entstehung einer städtischen Siedlung hatte immer der Stadtherr. So wie der Bauer seinem Grundherrn hörig war, so war auch der Stadtbewohner ursprünglich diesem Stadtherrn – meist ein Fürst, Bischof oder Graf – unterworfen. In dem Maße, in dem der Herr jedoch seiner bedurfte, zum Bau der Mauer

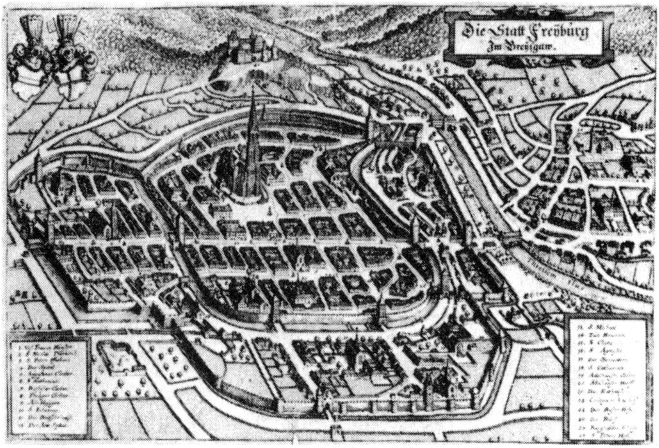

***Die systematisch geplante Zähringer-Stadt.** Noch der Kupferstich aus Matthäus Merians »Topographia Alsatiae« von 1644 läßt die Planmäßigkeit der Stadt Freiburg im 13. Jahrhundert erkennen. Freiburg, Augustinermuseum.*

etwa oder zur Verteidigung, lockerte sich auch diese Abhängigkeit. Der Bürger erhielt »Freiheiten«: ihm wurden, bis auf die Stadtsteuer, die drückenden Abgaben erlassen; er durfte über seinen Wohnsitz und seinen Beruf frei entscheiden; bisweilen wurde ausdrücklich auch das Recht der freien Gattenwahl gewährt. Mit besonders weitreichenden Freiheiten warben vor allem die Gründungsstädte. So durfte in Freiburg Eigentum vererbt werden, ohne daß – wie sonst verordnet – das wertvollste Stück des Besitzes dem Herrn zufiel; dieses Recht galt gleichermaßen für Mann und Frau – ein früher Ansatz von Gleichberechtigung! Solche Privilegien wurden verbrieft und bildeten das »Stadtrecht«, dem jeder in gleicher Weise unterworfen war. Der Grundsatz »Gleiches Recht für alle« hat hier eine seiner Wurzeln!

»Stadtluft macht frei«, nicht aber gleich

In der Stadt hatte der mittelalterliche Mensch so einen besonderen Rechtsraum erhalten: »Bürger und Bauer trennt die Mauer«. Von der befreienden Stadtluft ging eine starke Sogwirkung aus. Leibeigene

Text der Zeit

Aus dem Stadtrecht von Freiburg im Breisgau von 1120/22

Aller Nachwelt und Mitwelt sei kundgemacht, daß ich, Konrad, an dem Platz, der mir als Eigengut gehört, nämlich Friburg, einen Marktort gegründet habe. [. . .] Ich verspreche allen, die ihn aufsuchen, im Bereich meiner Macht und Herrschaft Frieden und sichere Reise. Wenn einer von ihnen in diesem Raum ausgeplündert wird und mir den Räuber namhaft macht, werde ich das Entwendete zurückgeben lassen oder den Schaden selbst bezahlen. – Wenn einer von meinen Bürgern stirbt, darf seine Frau mit ihren Kindern alles besitzen und ohne jede Bedingung alles, was ihr Mann hinterließ, behalten. [. . .] Allen im Marktort Begüterten bewillige ich die Teilhabe an den Lehen meiner Landleute, soweit ich das vermag; sie sollen nämlich ohne Verbot Wiesen, Flüsse, Weiden und Wälder nutzen dürfen. – Allen Geschäftsleuten erlasse ich den Marktzoll. – Ich werde meinen Bürgern niemals ohne Wahl einen andern Vogt und einen anderen Priester vorsetzen, sondern wen immer sie dazu wählen, werden sie von mir bestätigt bekommen. Wenn zwischen meinen Bürgern Rechtshandel und Streit entsteht, wird er nicht nach meinem Ermessen oder den ihres Leiters behandelt; sondern der Fall wird nach dem anerkannten Gewohnheitsrecht aller Geschäftsleute, vor allem der Kölner, entschieden. [. . .] Es darf jeder, der an diesen Ort kommt, hier frei wohnen, wenn er nicht jemandes Knecht ist und den Namen seines Herrn zugibt. Dann kann der Herr den Knecht in der Stadt belassen oder nach Wunsch wegführen. Wenn aber der Knecht den Herrn verleugnet, soll der Herr mit sieben Nächstverwandten vor dem Herzog beschwören, daß es sein Knecht ist; dann kann er ihn haben. Wenn einer aber über Jahr und Tag ohne solche Hemmungen geblieben ist, soll er sich fortan sicherer Freiheit erfreuen. – Keiner von den Lehnsleuten oder Ministerialen des Herzogs und kein Ritter kann in der Gemeinde wohnen, es sei denn nach gemeinsamer Verabredung und Zustimmung aller Städter. – Kein Auswärtiger kann gegen einen Bürger Zeuge sein, sondern nur Bürger gegen Bürger.

Aus: A. Borst: Lebensformen im Mittelalter, Verlag Ullstein GmbH.

kauften sich frei oder wurden von der Kirche freigekauft. Andere flüchteten aus ihrer Hörigkeit; wenn sie »nach Jahr und Tag« von ihrem Herrn nicht zurückgefordert wurden, konnten sie sich, wie dies etwa das Freiburger Stadtrecht garantierte, »fortan sicherer Freiheit erfreuen«.

Das Leben in der Stadt mochte sich anfänglich vom Landleben nicht sonderlich unterscheiden. Viele Ackerbürger bestellten ihre Felder vor den Mauern, am Morgen trieb der Hirt die Tiere aus den Ställen auf die städtischen Weiden. Schweine ›beseitigten‹ die Abfälle, die allesamt auf die Straße geworfen wurden; später wurde diese Art der Schweinemast als Privileg an einzelne Klöster vergeben! Im Straßburger Stadtrecht von 1200 mußte dem Bürger nachdrücklich verboten werden, »Mist oder Kot vor sein Haus zu legen, wenn er ihn nicht gleich wegfahren will«.

Der gewaltige Zustrom von Menschen sprengte die Mauern der Stadt in des Wortes wahrstem Sinne. Bis 1180 mußte Köln seinen Mauerring dreimal erweitern, in Wien waren innerhalb von 120 Jahren gar vier neue Ummauerungen nötig geworden. Der Mauergürtel schnürte ein und erzeugte die typische städtische Enge. Großzügig war allein der Marktplatz, das Herz und Zentrum der Stadt. Hier vollzog sich alle öffentliche Geschäftigkeit; hier hatten der Stadtherr und seine Beamten ihre Sitze, hier wurde Gericht gehalten und hier stand auch die Stadtkirche.

Die Häuser drängten sich nun auf schmalen Parzellen entlang der krummen und oft morastigen Gassen, in denen kaum zwei Fuhrwerke aneinander vorbeikamen. Nach Angaben der Gründungsprivilegien dürften die Grundstücksgrößen 400 Quadratmeter selten überschritten haben; auf dieser Fläche mußten Wohnung, Laden, Werkstatt, Stallungen, Lagerräume, Hof und Garten Platz finden! In der Frühzeit der Stadt wurden die Häuser fast durchweg aus Holz errichtet – der Steinbau blieb lange den Kirchen und Herrschaftssitzen vorbehalten. Die Wände wurden mit Lehm beworfen, das Dach war mit Stroh oder Binsen gedeckt.

Die Fachwerktechnik erlaubte schließlich eine mehrstöckige Bauweise; um Raum zu gewinnen, ließ man dabei die oberen Stockwerke über die Gasse vorkragen. Auch in ihrer inneren Ausstattung waren die Bürgerhäuser des hohen Mittelalters einfach: Heizung war nur selten möglich, auf einer offenen Herdstelle brannte ein Holzfeuer, der Rauch zog durch ein Loch in der Decke ab – auf dem Dach saß immer der ›rote Hahn‹. Die Feuersbrunst war der größte Feind der Stadt, dem sie im Grunde hilflos ausgeliefert war. Im Verlauf von 100 Jahren wurde Straßburg achtmal eingeäschert!

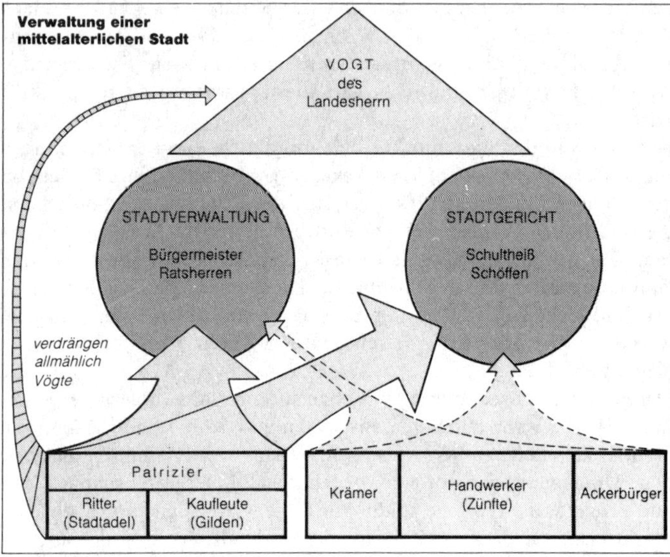

Die bauliche Enge prägte ganz wesentlich die Mentalität des Stadtbürgers. Das ›Aufeinandersitzen‹ hat Brotneid und kleinliche Zanksucht gefördert, aber auch jenen sprichwörtlichen Bürgersinn entstehen lassen, der das für die Stadt lebensnotwendige gemeinsame Planen und Handeln erst ermöglichte. Städtischer Wohlstand ist vornehmlich aus dem wirtschaftlichen Zusammenwirken von Bauern, Handwerkern und Kaufleuten erwachsen, so daß man Arbeitsteilung als Grundlage der Stadt bezeichnen kann.

Mit wachsender sozialer und wirtschaftlicher Differenzierung begannen jedoch die verschiedenen sozialen Gruppierungen ein Eigenleben zu entfalten und damit Sprengkräfte innerhalb der bürgerlichen Gemeinschaft freizusetzen. Die Fernhändler organisierten sich in zunftähnlichen Gilden und sonderten sich von den kleinen Krämern ab; die verschiedenen Handwerkszweige – das Straßburger Stadtrecht aus dem 12. Jahrhundert zählt elf auf – suchten ihre Interessenvertretung in Bruderschaften, den Vorläufern der Zünfte. Am Rande standen die »unehrlichen« Berufe, die Henker, Totengräber und Büttel, die Bresthaften und Unehelichen, aber auch die ›Unbehausten‹, die Knechte und Mägde, die Gesellen und Dienstboten. Die bürgerliche Gesellschaft ließ auch sie – bei aller Verachtung oder Geringschätzung – städtische Luft atmen.

Ringen um das Stadtregiment

Zur beherrschenden Schicht in der Stadt wurde schon früh die Gruppe der Fernkaufleute; in ihnen verkörperten sich Unternehmungsgeist, Weltgewandtheit und Wohlstand. Von der politischen Mitwirkung waren sie gleichwohl ausgeschlossen. Das »Stadtregiment« – die Rechtsprechung, das Finanzwesen und die allgemeine Aufsicht – lag allein in den Händen des Stadtherrn und wurde von seinen Beamten, dem *Vogt (K)*, dem *Schultheißen (K, unten)*, dem Burggrafen, dem Münzmeister und dem Zöllner, ausgeübt. Über Jahrhunderte haben die Bürger einen erbitterten Kampf um die politische Teilhabe geführt; sie ha-

Vogt

(lat. advocare: herbei-, anrufen)

Im Mittelalter war den Geistlichen verboten, sich um weltliche Dinge zu kümmern, beispielsweise um die Vertretung vor Gericht und bei der Verwaltung von Kirchengut. Deshalb mußte ein Vogt, also ein Laie, die Kirche oder das Kloster in diesen Angelegenheiten nach außen vertreten. Er hatte deshalb großen Einfluß auf die Klöster, der sich noch steigerte, als die Kirchen im 10. und 11. Jahrhundert Immunitäten (d. h. das Recht, staatliche Funktionen vor allem als Gerichtsherr auszuüben) bekamen: Die Vögte mußten dann auch die Gerichtsbarkeit ausüben. Das Amt wurde vom 9. Jahrhundert an zum erblichen Lehen, das oft mißbraucht wurde: Vögte hatten ein Recht auf Abgaben, die sie meist mit harter Hand einzogen.
Im Zuge der Kirchenreform war die Entvogtung eine Hauptforderung (Cluny, Hirsau); Gorze dagegen behielt seinen Vogt und lehnte sich konsequenterweise nicht gegen das Eigenkirchenrecht auf.

Schultheiß

(ahd. schultheizzo: ›der die Schulden einfordert‹)

Im Langobardenreich war er ursprünglich Vollstreckungsbeamter des Richters, im Frankenreich Unterbeamter des Grafen, von diesem ernannt und sein Vertreter; nach dem Verfall der Grafschaftsverfassung im 9. Jahrhundert häufig Beamter der verschiedenen weltlichen und geistlichen Beamten. Als Dorfvorsteher, Richter oder Vertreter der Grundherrschaft nahm er administrative und richterliche Befugnisse wahr. Im allgemeinen übte er in den Städten die niedere, vereinzelt aber auch die hohe Gerichtsbarkeit aus. Das Amt war erblich.

ben sich zu Gemeinschaften ›verschworen‹, um das adelige Regiment durch den bürgerlichen »Rat« abzulösen, an die Stelle des Schultheißen sollte der Bürgermeister treten. Auch hier wirkten die Städtegründungen der Zähringer, Staufer und Welfen wegweisend: freigebig gestanden sie ihren Neubürgern solche Rechte zu.
In den Auseinandersetzungen des Königs mit dem Adel ergriffen die Städte vielfach die königliche Partei, um sich so Vergünstigungen zu sichern. Worms, das Heinrich IV. 1073 Zuflucht gewährt hatte, erhielt ein Zollprivileg für seine Fernhändler, und die Bürger von Speyer ließen sich das großzügige Privileg Heinrichs V. von 1111 in goldenen Lettern über dem Portal ihres Domes einmeißeln. Sichtbarer Ausdruck der neugewonnenen Rechtsstellung der Bürger wurden jetzt die großartig ausgestatteten Rathäuser.
Am langwierigsten gestaltete sich der Kampf um die Herrschaft in den Bischofsstädten. Als sich die Bürger Kölns 1074 gegen die Willkür ihres Bischofs Anno erhoben, wurde der Aufstand grausam niedergeworfen, 600 Kaufleute mußten fliehen. Nur schrittweise konnten die Kölner Bürger ihren Bischöfen in späteren Jahren Rechte abtrotzen, 1216 erhielt die Stadt endlich einen Rat.
Die deutsche Stadt hat zweifellos ihre Hochblüte erst im späten Mittelalter erlebt. Aber bereits in den Jahrhunderten zuvor wurden nahezu alle Entwicklungen angelegt und die Formen vorgeprägt, die dann später ihre Eigenart ausmachten. In der Stadt des hohen Mittelalters wurde auch schon ein Teil jener Freiheiten ausgebildet oder gefordert, die heute als Bürgerrechte unsere politische Kultur bestimmen.

Literatur

Buhr, Hermann de: Sozialgefüge und Wirtschaft des Mittelalters am Beispiel der Stadt, Frankfurt 1975
Ennen, Edith: Die europäische Stadt des Mittelalters, Göttingen 1975
Haase, Carl (Hrsg.): Die Stadt des Mittelalters, 2 Bde., Darmstadt 1976/78
Planitz, Hans: Die deutsche Stadt im Mittelalter, Graz/Köln 1965
Schneider, Wolf: Überall ist Babylon, Düsseldorf 1960
Siemens, Ursula/Kluxen, Kurt: Politik, Gesellschaft und Wirtschaft, Paderborn 1979
Stoob, Heinz (Hrsg.): Die Stadt, Köln/Wien 1979
Thielen, Peter G./Walzik, G. (Hrsg.): Der Mensch und seine Welt, Bd. 2, Bonn 1974
Timmermann, Johannes: Stadt und Bürgerfreiheit, Paderborn 1973

WERNER DETTELBACHER

Bauern und Agrarwirtschaft

Bevölkerungsdichte – Siedlungsfördernde Faktoren – Dorfformen – Anbau – Viehzucht – Ernährung – Bevölkerungszunahme im 8. Jahrhundert – Rodung und Siedlungsgründungen – Besitz- und Herrschaftsverhältnisse beim Landesausbau – Intensivierung der Landwirtschaft – Viehzucht oder Ackerbau? – Kleine Revolutionen: Kummet, Joch und Hufeisen – Güteraustausch – Der Kampf mit dem Wetter.

Wer glaubt, das Leben und Wirken der Bauern im frühen und hohen Mittelalter von der Basis unserer heutigen agrarischen Verhältnisse beurteilen zu können, wird unweigerlich zu falschen Schlüssen gelangen. Erheblich geringere Bevölkerungszahlen, einfachstes landwirtschaftliches Gerät, Fehlen unserer modernen Dünger, riesige Wälder, Feucht- und Sumpfgebiete, unkultivierbare Trockenzonen, aber auch eine einschneidend andere Gesellschaftsordnung waren gänzlich andere Grundlagen der Agrarwirtschaft. Der Norden Europas hatte andere Formen der Landwirtschaft hervorgebracht als der Westen oder der Mittelmeerraum. Andauernde römische Einflüsse wirken sich ebenso aus wie Formen germanischer Landbestellung. In jedem Fall ist deshalb ein Blick zurück bis in antike und frühfränkische Zeit nötig:
Der langsame Bevölkerungsrückgang in Mittel- und Westeuropa, der im 2. Jahrhundert nach Christus einsetzte, erreichte im 6. Jahrhundert seinen Tiefpunkt, als eine vermutlich aus Ägypten eingeschleppte Pest ein Drittel der Bevölkerung hinwegraffte. Man hat errechnet, daß im deutschen Siedlungsgebiet der späten Merowingerzeit (um 700) nur etwa fünf bis sechs Menschen je Quadratkilometer lebten. Um 900 war es erst die doppelte Zahl, wie man an der Verteilung der Kirchensprengel ablesen konnte. Unterstellt man für die Zeit von 700 bis 900 einen Getreideverbrauch von 150 Kilogramm (Kartoffeln waren unbekannt) pro Kopf und Jahr und einen Ackerertrag von sieben Doppelzentner pro Hektar, zieht zwei Doppelzentner pro Hektar für Saat und Schwund ab und berücksichtigt, daß wegen der Dreifelderwirtschaft nur zwei Drittel der Fläche genutzt werden, dann ergibt sich ein Ackerlandbedarf von etwa 0,5 Hektar pro Einwohner. Die damalige Ackerfläche von rund 330 000 Hektar (= 1,4 Prozent der Fläche der Bundesrepublik) hätte also rund 700 000 Menschen ernähren können.

Der Boden entscheidet über Wohnsitz, Dorfgröße und Ernte

Für die Besiedlung des Landes war die Bodengüte ausschlaggebend, die man in sechs Regionen aufgeteilt hatte. Siedlungsfördernd waren trockene, lößbedeckte Ebenen und Börden wie in der niederheinischen Bucht und in Teilen Niedersachsens, wie das ostfälische Hügelland, die Leipziger Ebene, das Thüringer Becken, das Rhein-Main-Gebiet, die nördliche Oberrheinebene, das Ries, die fränkisch-schwäbischen Gäue. Siedlungsfreundlich waren die Täler am mittleren Rhein, an Mosel, Lahn und der unteren Weser, das obersächsische Hügelland, die Schotter- und Sandebene am Oberrhein, die Kalkplatten an Neckar, Tauber und Main und der Schwäbischen Alb. Mittlere Besiedlung gab es auf den Niederrhein-Platten, in der Westfälischen Bucht, an Weser und Leine, im westlichen Hessen, auf den Platten von Keuper, Lias und Dogger in Franken, den Schotterplatten an Iller, Lech, Isar und Inn, in Schwaben, Luxemburg und Westlothringen. Weniger günstig für Siedlungen waren die nordwestdeutschen Geesten von der Ems bis zur Elbe, die Landstriche im Regenschatten der Osteifel, an Saar und Nahe, im östlichen Hessen, am Frankenwald und in der Oberpfalz.

Siedlungsabweisend waren vor allem die feuchten Marsch- und Moorgebiete des Tieflandes, die stärker beregneten Blöcke der Mittelgebirge und des voralpinen Hügellandes, die Täler der Schweiz und Tiroler Kalkalpen. Siedlungsleer waren Haardt, Vogesen, südwestlicher Schwarzwald, Bayerischer-, Oberpfälzer- und Böhmer-Wald, Fichtelgebirge, Erzgebirge, Thüringer Wald und Harz.

Die Dörfer dieser Siedlungsgebiete waren in der Regel klein, bestanden im 6. Jahrhundert oft nur aus zwei bis drei Höfen und etwa 20 Einwohnern und 2,5 bis 5 Hektar Ackerfläche. Leider erfahren wir auch aus den Volksrechten nichts über die Hofflächen. Zwar nennen die baierischen und salfränkischen Gesetze Ackermaße, doch bleibt offen, wie viele Andecinga (200 Quadratmeter) und Aripennis (2200 Quadratmeter) ein Hof bewirtschaften konnte. Noch existierten die Haufendörfer mit eng aneinander gebauten Höfen innerhalb einer großen Ackerflur nicht, die unsere Vorstellung von »Dorf« geprägt haben. Nur größere Dörfer hatten eine Allmende, ein gemeinsames Eigentum an Wald, Weide und (Fisch-)Wasser, während bei den Weilern zu drei bis fünf Höfen das Eigentum abgegrenzt war. Gerade die »Lex Salica« und die »Lex Bajuvarica« (siehe *K: Gesetzgebung*, Band 1, Seite 59) befassen sich eingehend mit Zaunfrevel und den Entschädigungen hierfür.

Landwirtschaft und Viehzucht. *Dieses Relief des 11. Jahrhunderts von San Zenno in Verona ist eine der frühesten erhaltenen mittelalterlichen Darstellungen der Schweinemast und des Schweineschlachtens.*

Dreifelderwirtschaft und Viehwirtschaft

Angebaut wurde die Flur in der »Dreifelderwirtschaft«, wobei man ein Drittel mit Sommer-, ein weiteres Drittel mit Winterfrucht bestellte. Das letzte Drittel lag brach, um sich zu erholen, denn Naturdünger war selten, hätte in der Menge wohl auch nicht ausgereicht. Angebaut wurden Roggen (vorwiegend im Norden und Osten Deutschlands), Gerste und Hafer (vor allem in den Berglandschaften), dann Hirse, sowohl Kolben- als auch Rispenhirse, für den Morgen- und Abendbrei. In Südwestdeutschland war Dinkel (Spelt), ein winterharter Weizen, Hauptgetreidesorte. Ebenfalls im Feldbau – nicht etwa als Gartenpflanze – wurden weiße Rüben, Ackerbohnen, Erbsen, Linsen und Flachs gewonnen. Sonderkulturen wie der Weinbau an Rhein und Mosel, der nun zum Neckar und Main vordrang, waren selten. Die Pflanzungen von Obstbäumen und Beerensträuchern, von Küchen- und Heilpflanzen, von Ziersträuchern und Blumen blieben noch in der frühen Karolingerzeit auf die Klöster und einige Pfalzen beschränkt.

Wichtigste Ackergeräte waren Pflug und Egge. Neben dem einfachen Haken- oder Rührpflug, der nur oberflächliche Rinnen reißen konnte, in die der größte Teil der gelockerten Erde nachfiel, setzte sich bald der an einen zweiräderigen Wagen gehängte Radpflug durch, der mit dem »Schar« einen Erdbalken in waagrechter, mit dem »Sech« in senkrechter Richtung abtrennt. Später wurde durch ein »Streichbrett« der angehobene Erdbalken verdreht und gewendet. Da Stahl und Eisen rar, daher teuer waren, hatte die Egge noch Holzzähne. Wohlhabende Bauern pflügten und eggten mit dem vorgespannten Pferd, die Masse mit Rindern.

Bis weit in die Karolingerzeit überwog die Viehhaltung den Ackerbau an Wert und Ertrag. Wie sehr der Viehbestand der eigentliche Besitz war, zeigen die detaillierten Entschädigungsvorschriften bei Diebstahl. In der sogenannten »Salfränkischen Einung« sind die Schweinediebstähle nochmals untergliedert nach: saugenden Ferkeln aus dem ersten, zweiten und dritten Gehege, nach Ferkeln, die in Koben, Hürden oder auf dem Feld gehalten werden, gewöhnliche Ferkel, Mastferkel und Läufer, nach Mutterschweinen, Leitsauen, Borgschweinen und Ebern. Der Diebstahl von Schweinen war deshalb häufig, weil die Herden zu 25, 40 und 50 Tieren ohne Aufsicht zur Mast in die Eichen- und Buchenwälder getrieben wurden und nur am Geläut der umgehängten Schellen im Dickicht wieder aufzufinden waren. Bei der Entschädigung für ein Pferd wurden Ackerpferd, Wallach, Streitroß, Beschäler, Füllen und Stute verschieden angesetzt. Ein Rind galt nicht viel weniger als ein Pferd im salfränkischen Raum, denn zur Merowingerzeit zogen Rinder die Wagen der Vornehmsten.

Zunehmender Nahrungsbedarf durch wachsende Bevölkerung

Aus den Knochenfunden in Abfallgruben frühmittelalterlicher Siedlungen hat man den Nahrungshaushalt einer Bauernfamilie erschlossen. Demnach benötigten die fünf bis sechs Personen etwa sechs Schlachttiere zu 520 Kilogramm, damit jede Person etwa 100 Kilogramm Fleisch pro Jahr verzehren konnte. Zusammen mit 1000 Litern Milch im Jahr ergab das aber erst 1600 Kalorien pro Tag. Die restlichen 1600 Kalorien mußten aus den Feldfrüchten gewonnen werden, denn Jagd und Fischfang wurden immer mehr eingeengt, im Binnenland gehörten sie schließlich zu den exklusiven Herrenrechten. Ferner

mußte ein Überschuß erzielt werden, da der Kauf von Geräten, fremdem Saatgut und anspruchsvollerer Kleidung nur gegen Naturalvorräte möglich war.
Die Zunahme der Bevölkerung, die nach 750 einsetzte, zwang bald dazu, die Produktion auszuweiten und den Anbau wie die Viehhaltung zu intensivieren. Wie man aus Untersuchungen im Moselgebiet weiß, stieg nicht nur die Einwohnerzahl der Dörfer an, sondern es wurden auch neue Orte gegründet, die rasch auf 220 Einwohner anwuchsen, wie sie die Altorte zwischen 800 und 1237 auch besaßen. Das Moselgebiet hatte im Jahre 800 rund 100 Siedlungen, 900 schon 250, 1000 schon 350, 1100 an 590, 1200 gar 990 und im Stichjahr 1237 genau 1180. Dieser außerordentlich schnelle Landesausbau erklärt, weshalb die urige mitteleuropäische Landschaft aus Wald und Sumpf und eingestreuten Siedlungsinseln bald in eine dichtbesiedelte Kulturlandschaft gewandelt worden ist. Zwischen 800 und 1100 wuchs die deutsche Bevölkerung mindestens auf das Doppelte, in manchen begünstigten Landstrichen an Rhein, Mosel, Main u. a. um das Sechsfache, ein Vorgang, der für England und Frankreich noch besser bezeugt ist.

Der Wald lichtet sich: Rodungsinseln und neue Dörfer

Da in den Altsiedlungsgebieten der Boden vergeben war und durch neue Methoden nur geringfügig ergiebiger gehalten werden konnte, mußte der Wald gerodet werden, um für Aussiedler Platz zu schaffen. Genügte es anfänglich noch, die alte Flur in den umgebenden Wald auszudehnen, so war es bald nötig, in den Wäldern selbst Orte mit ausreichender Flur anzulegen. Ohne auf die schwierigen Fälle der Datierung einzugehen, sei nur die hohe Zahl von Orten erwähnt, die sich als Rodungsorte zu erkennen geben, weil sie die Namensbestandteile -rode, -rade, -ingerode, -reuth, -rieth, -hagen u. a. tragen. Zur Altersbestimmung der Rodungsorte greift man besser auf Merkmale wie Lage, Flurverfassung, Gruppierung der Höfe, Gang der Kirchenverfassung und das Abgabewesen zurück. Als Beispiel für die mehrfachen Rodungsschübe wird gern die Landschaft um die Flüsse Diemel und Esse westlich des Reinhardswaldes mit dem Kernort Hofgeismar genannt, in der um 500 an die 17 Orte lagen, die zwischen vier und zehn Höfe hatten. Am Ende der Ausbauzeit um 1290 bedeckten über 100 Orte den Landstrich, in dem nur die Kerne des Reinhardswaldes ungerodet geblieben waren.
Nun konnte der Rodungswille nicht irgendwo sein Werk beginnen,

Frühe Gefäße der Bauern und Bürger — meist aus Ton.
Nur Herrscher und Fürsten konnten sich wertvolle Edelmetallgefäße für den ›Hausgebrauch‹ leisten. Kugeltopf mit Schnauze (Pfarat). 10. und 11. Jahrhundert.

denn jeglicher Boden, auch der bewaldete und versumpfte, hatte einen Herrn, war trotz des formalen Obereigentums des Königs längst in Privatbesitz übergegangen. Zwar gestand man den Neusiedlern einige Persönlichkeitsrechte mehr zu, doch machte Rodung niemanden zum freien Mann oder völlig unabhängig von Bodenzins und Zehnten. Nur für eine Anlaufzeit konnten diese Abgaben ausgesetzt oder halbiert werden. Die grundherrschaftliche Rodung, die bei weitem an Fläche den Ausbau alter Dorffluren übertraf, ging in der Regel vom Adel, gelegentlich auch von Stiften und Klöstern aus. Die Grund-(Gerichts-, Landes-)Herren boten Schutz und Organisation, doch trug der Bauer oder die bäuerliche Genossenschaft die Hauptlast, denn sie hatten in der Regel Saatgut, Vieh und Geräte selbst zu stellen, die Gebäude zu errichten, wozu ihnen Bauholz aus den Wäldern reichlich zur Verfügung stand, schließlich den Boden für Pflanze und Tier vorzubereiten, was mühsam genug war: Der Wald durfte nicht niedergebrannt werden, weil das Holz zum Teil als Bauholz, Gestänge, Zaunwerk, Faßreifen oder Lohe verwendet werden sollte. So mußte der Hochwald mit der Axt gefällt werden, da die schwer herzustellenden Sägen noch selten und teuer waren. Mit Hacke und Spaten, der nur eine Eisenschneide am Unterrand besaß, wurden Büsche und Stubben zur Seite geräumt, erst nach ihrem Austrocknen angezündet, um Asche als Dünger zu gewinnen.

Als Rodungspioniere traten besonders die Zisterzienser hervor, die

ihre Klöster in waldreichen Tälern der Mittelgebirge und den sumpfigen Niederungen des Flachlandes ansiedelten. Sie hatten ihre Mönche in Arbeitsgruppen eingeteilt: die »incisores« (von lat. succidere = fällen) fällten die Bäume, die »exstirpatores« (von lat. exstirpare = ausrotten) gruben Stubben und Wurzeln aus, die »incensores« (von lat. incendere = verbrennen) verbrannten das Ast- und Wurzelwerk, sofern es nicht für die Winterheizung brauchbar war.
Die Wälder bestanden fast ausschließlich aus Laubbäumen: aus Eiche, Ahorn, Ulme, Linde und Esche; so hieß die westliche Rhön Buchonien. Die Fichte drang z. B. erst nach 1500 in den Frankenwald vor, selbst die Bezeichnung Fichtelgebirge meinte nur das zentrale Massiv, nicht den ganzen Bergstock, der bis zum Ochsenkopf hin Buchen trug wie der Schneeberg auch.

Bessere Erträge, neue Pflanzen

In der Rodung wie im Altsiedelgebiet konnte man mit der Zeit bei ansteigender Bevölkerung die Landwirtschaft intensivieren, um höhere Erträge zu erzielen. Das gelang z. B. schon durch die Abkehr vom »Mischgetreide« und die Pflanzung guter Sorten ohne Gemenge (d. h. gleichzeitiger Anbau mehrerer gleichzeitig reifender Fruchtsorten). Die Klimabedingungen ließen den Weizenanbau in Mitteleuropa nur an wenigen Stellen zu, so daß sein Anbau in den Breviarien und Capitularien für das Gebiet des heutigen Deutschland nicht erwähnt wird. Das Heberegister (Verzeichnis der Lasten, Rechte und Einkünfte einer Grundherrschaft) des Klosters Werden an der Ruhr aus dem 9. und 10. Jahrhundert zeigt die Verteilung der Getreidesorten: von 1000 modii Getreide entfielen auf Gerste 41 Prozent, auf Roggen 31 Prozent, auf Hafer 20 Prozent, Malz 8 Prozent und Weizen nur 0,1 Prozent. Die Register der Abtei Corvey bei Höxter von 1053 melden ähnliche Resultate: 28 000 Maß Roggen, 25 000 Maß Hafer, 5000 Maß Gerste und nur 242 Maß Weizen, davon 100 aus dem Rheinland, als Einnahme. Das Kloster Prüm in der Eifel bekam überwiegend Hafer als Abgabe, der dort besser als Roggen gedieh; bis etwa 1870 war in der Eifel und im oberbergischen Kreis der morgendliche Haferbrei obligat. Größere Flächen als früher werden in dieser Zeit auch mit Flachs und Hanf bestellt, selten auch mit Farbpflanzen wie Waid und Krapp; selbst der Hopfen taucht in fränkischen Urkunden schon seit dem 8. Jahrhundert auf.
Obstanbau findet sich im Hochmittelalter mitunter auch schon außerhalb der Klöster und königlichen Pfalzen, allerdings nur in sehr son-

Weinlese.
Dieses schöne Kalksteinkapitell des frühen 12. Jahrhunderts zeigt anschaulich die Weinlese und das Abfüllen des Weins ins Faß. Paris, Louvre.

nenwarmen Tälern, aus denen der Weinbau auf die sonnenintensiven Hänge und steileren Lehnen umzieht.

Probleme mit dem Vieh

Wo sich Acker-, Garten- und Weinland ausbreitete, da wurden die natürlichen Weiden und Hutungen (unbebaute, grasbewachsene Flächen, Heiden, lichter Wald) beschnitten. Sie wanderten zwar vor den Äckern her in die restlichen Wälder, aber diese Flächen wurden kleiner, ihr Ertrag geringer. Da auch die Stoppeläcker keinen rechten Futterzuwachs gaben, mußten Weiden in Wiesen umgewandelt werden. Die Sache kam nicht recht voran, weil der Arbeitsaufwand für Wiesen zu groß war, denn Zäune mußten errichtet, Be- oder Entwässerung betrieben, Gras eingesät werden und vieles mehr, was der Bauer nie gesehen oder erlernt hatte. Zwar fanden die Schweine weiterhin im Wald Mast, die Schafe noch Nahrung auf der Brache, doch ging die Rinderhaltung stark zurück, da es an Futter mangelte. Ausgenommen davon waren die Marschen an der Nordsee, die mit den Überschüssen auf Fleisch-, Butter- und Käseverkauf das importierte Getreide bezahlen mußten. Bei hohen Getreidepreisen oder bei Sperrung der Getreidemärkte, z. B. durch den Bischof von Münster 1272, brach in Friesland jeweils eine Hungersnot aus.
Das Geschäft besserte sich etwas, als man für Häute mehr zahlte, da sie zunehmend für Stiefel und Schuhe verarbeitet wurden. Später als in die Marschen drang die vermehrte Rinderhaltung auf die Hochflächen und in die Gebirgstäler vor, wo zum Teil gemischte Bauernwirtschaften in reine Viehhöfe, in sogenannte »Schwaigen«, verwandelt wurden. Wo zu große Höhe über dem Meer, Hanglage oder ungünstiger Boden den Getreideanbau behindert hatten, stellte man am ehesten um. Die Klöster im heutigen Oberbayern bemerkten diese Umstellung zwischen 1200 und 1305 deutlich, weil die Zinsen zunehmend in Käse statt Roggen und Hafer entrichtet wurden, weshalb dann den Höfen am mittleren Inn größere Getreideabgaben aufgenötigt wurden.

Zunehmende Technisierung

Inzwischen war die Landwirtschaft technisch fortgeschritten, wenn auch nicht in allen Landschaften. So sieht man z. B. auf Miniaturen des 11. und 12. Jahrhunderts noch, daß Seile um die Hörner der Zugochsen geschlungen wurden, obwohl das Rinderjoch seit dem Altertum in Europa verbreitet war. Das über der Schulter liegende Kummet, das es dem Pferd überhaupt erst möglich macht, seine ganze, durch sein Gewicht gemehrte Kraft beim Ziehen einzusetzen, wird erstmals um 800 auf einer Abbildung der Trierer Apokalypse vorgeführt. Erst im 12. Jahrhundert zeigen Abbildungen, daß das Kummet auch gefüttert ist. Die Hufe zu beschlagen, kommt ebenfalls frühestens um 800 in allgemeinen Gebrauch, wobei zu den Eisen je 12 Nägel gehören; wer eines der teuren Eisen fand, konnte sich glücklich schätzen. Ob man sich Pferde oder Rinder als Zugtiere hielt, hing nicht nur vom Vermögen, sondern auch von den Aufgaben ab. Pferde waren stärker und schneller, doch benötigten sie wertvolleres Futter und mehr Pflege als Rinder, und sie lieferten kein Fleisch, da der Genuß von Pferdefleisch aus christlicher Sicht verpönt war. Nur die Ärmsten wagten heimlich Pferdefleisch zu essen. Erst als die Rinderhaltung noch stärker zurückging, als im Spätmittelalter die Arbeitskräfte knapper wurden und die Löhne stiegen, wurde das Pferd dank seiner größeren Arbeitsproduktivität häufiger eingesetzt.

Bei den Geräten hatte sich hier und dort schon die Egge mit aufgesetzten Eisenstiften durchgesetzt. Das Getreide wurde noch regelmäßig gesichelt, da sich die große, teure Sense nur wenige leisten konnten. Gedroschen wurde mit dem zweiteiligen Dreschflegel, der im Unterschied zum starren Schlagholm mit großer Wucht die Ähren traf.

Auffällig war die schnelle Verbreitung der Wassermühlen, die im 7. und 8. Jahrhundert in Südwestdeutschland, im 8. und 9. Jahrhundert in Norddeutschland die Handmühlen ablösten. Um 1300 schließlich besaß nahezu jedes Dorf seine eigene Mühle. Verschiedene Erfindungen, wie z. B. die von Palladius und Plinius beschriebene gallische Erntemaschine, versank in Vergessenheit, da man über genügend Arbeitskräfte verfügte.

In der Zeit technischen Fortschritts kam es auch zur Differenzierung der Berufe: Handwerker wie Hufschmiede, Müller oder Tuchscherer sonderten sich als Spezialisten ab, verfeinerten ihre Techniken, zogen, die Müller ausgenommen, in die wachsenden Städte mit ihrem höheren Bedarf.

Die Stadt als Absatzmarkt landwirtschaftlicher Produkte

Diese ›Zwergstädte‹ von 1000 bis 2000 Einwohnern waren die Hauptabnehmer der im Umland erzeugten Produkte; erst im Spätmittelalter hatte Deutschland schließlich auch etwa 25 ›Großstädte‹ mit mehr als

10000 Einwohnern und 50 ›Mittelstädte‹ mit über 5000 Einwohnern. An Volumen wie Wert überstiegen diese Lieferungen des täglichen Bedarfs weit das, was der oft gerühmte Fernhandel an Gewürzen, Seide oder Prunkrüstungen heranschaffte. Zwar hatten viele Bürger bis weit in die Neuzeit hinein als ›Ackerbürger‹ ein ›Zubrot‹ aus eigener Landwirtschaft, doch waren sie in der Regel nicht autark.

In den Städten setzten auch die weltlichen und geistlichen Grundherren den Überschuß der an sie geleisteten Naturalabgaben ab, der z. B. 893 beim Kloster Prüm 2000 Doppelzentner Getreide, 1800 Schweine und Ferkel, 4000 Hühner, 20000 Eier u. a. von rund 2000 zinspflichtigen Hufen betrug. Daneben hatten diese 2000 Hufner 70000 Frontage und 4000 Fronfuhren pro Jahr zu leisten.

Abhängig waren die Bauern vom Grundherrn, aber vor allem vom Wetter; zu schmal war noch die Palette der Feldfrüchte, zu anfällig manche Pflanzen, zu gering die Hilfsmittel: Gab es schlechte Ernten, so stieg der Preis für Nahrungsmittel in den rund 2000 Siedlungen mit mehr als 1000 Einwohnern an, die Bauern konnten dann bescheidene Rücklagen oder Einkäufe tätigen. In Jahren großer Ernten sank der Preis rapide ab, denn die Lagermöglichkeiten waren beschränkt und damit ein Verkauf in »Notstandsgebiete« – vor allem in entferntere – technisch nicht möglich. Die Preise für landwirtschaftliche Produkte stiegen, wenn Schädlinge die Ernte dezimierten, und sie sanken, wenn Seuchen (meist pauschal »Pest« geheißen) die Konsumenten dezimierten. Gebremst werden konnten die Verluste erst etwas, als man wetterbeständigere Pflanzen herangezüchtet und sich an eine bodenschonende Fruchtfolge gewöhnt hatte. Gegen Hagel und Überschwemmung, der auch den eigenen Ernteanteil vernichtete, waren Großgrundbesitzer wie Hufner (kleine Bauern) machtlos. Da halfen nur Bitt- und Flurprozessionen, Anruf Gottes und aller Heiligen, vielleicht auch der Satan mit Ernte- und Viehzauber.

Literatur

Abel, Wilhelm: Geschichte der deutschen Landwirtschaft, Stuttgart 1967
Epperlein, Siegfried: Der Bauer im Bild des Mittelalters, Leipzig 1975
Franz, Günther: Deutsches Bauerntum im Mittelalter, Darmstadt 1976
Franz, Günther: Geschichte des deutschen Bauernstandes vom frühen Mittelalter bis zur Neuzeit, Stuttgart 1970
Radbruch, Gustav und Renate: Der deutsche Bauernstand zwischen Mittelalter und Neuzeit, Göttingen 1961

WERNER DETTELBACHER

Die Juden in Deutschland bis zum 12. Jahrhundert

Juden im Römerreich, während der Völkerwanderungszeit und im Karlsreich – Die Juden werden zur Sondergruppe – Verschlechterung der Verhältnisse vor und im Gefolge der Kreuzzüge – Verleumdet als »Feinde Christi« – Blutige Greuel in den Judengemeinden – Pseudochristliche Hetze gegen die Juden – Ausklang des Jahrhunderts: Diffamierungen auch von höchster Seite.

Nicht erst seit der endgültigen Vertreibung durch die Araber aus Palästina im 7. Jahrhundert oder seit den Verfolgungen im 13., 14. und 15. Jahrhundert in England, Frankreich und vor allem Spanien lebten Juden auf deutschem Boden. Schon erheblich eher, schon mit den römischen Legionen reisten Händler der jüdischen Glaubensgemeinschaft auch nach Gallien und Germanien, verstärkt seit der Vernichtung ihres Tempels in Jerusaiem im Jahre 70 und seit dem Bar Kochba-Aufstand 132–135, der zur Zerschlagung des jüdischen Staates durch die Römer führte. Zu bedeutend ist der Anteil der Juden an deutschem Kultur- und Geistesleben, an historischer und sozialer Entwicklung, als daß wir nicht auch ihren Spuren in unserer Vergangenheit nachgehen müßten. Die blutigen Greuel und Massenmorde an ihnen haben Vorläufer in unserer mittelalterlichen Geschichte, und doch ist da auch eine ganz andere Tradition, die der zeitweisen Zusammenarbeit, der Toleranz und gegenseitigen Förderung.

Über die Juden in den Römerstädten auf germanischem Boden sind wir nur unzureichend unterrichtet. Von der Judengemeinde in Trier erfährt man nur, daß sie durch eingeführte Terrakotten einheimischen Töpfern Konkurrenz machte. Da Kaiser Valentinian I. 368 von Trier aus untersagte, Synagogen mit Einquartierungen zu belegen, nimmt man an, daß zumindest in Trier, seiner Residenzstadt, ein Gotteshaus der Juden existierte. Um 350 wird ein Simeon Bischof von Metz, der vor seinem Übertritt zum katholischen Glauben der jüdischen Gemeinde der Stadt angehörte. In Regensburg und in Köln befanden sich archäologisch und historisch belegbar, die mittelalterlichen Judenviertel noch in den alten Quartieren der Römerzeit innerhalb der schützenden Mauern.

Während der Germanenstürme der Völkerwanderungszeit ging mit der

kolonialrömischen Bevölkerung auch manche jüdische Gemeinde unter, doch hielten sich mit den Resten der alten Bevölkerung auch jüdische Ansiedler, so in Mainz und Worms, gingen ihren Berufen wie Händler, Handwerker und Winzer nach. Es bedurfte also keiner gänzlichen Neubesiedlung der Judenviertel.
Von einer lückenlosen Geschichte der Juden auf fränkisch-deutschem Boden kann seit den Karolingern geredet werden. Karl der Große, der z. B. den Juden Isaak mit der Gesandtschaft zu Harun al-Raschid beauftragt hatte, ließ Juden in seinem Reich zu. Sie saßen an den Knotenpunkten des Fernhandels, so in Metz, Trier und Köln, in Mainz, Worms und Prag; im 9. Jahrhundert kamen Würzburg, Bamberg und Erfurt hinzu – an der Straße in die neuen Kolonialgebiete. Wuchsen diese Städte, so wuchs auch die jüdische Gemeinde; um 1090 werden für Köln und Mainz 2500 jüdische Seelen vermerkt.

Rechtlicher Schutz und Toleranz – Zum Nutzen der Schutzherren

Im Karolingerreich waren Juden frei, durften Grund und Boden erwerben und Waffen tragen. Da sie aber rechtlich schutzlos waren, erbaten sie von Karl dem Großen und Ludwig dem Frommen Schutzbriefe, die stets nur einzelnen Juden oder Gemeinden, nie der gesamten sozialen Gruppe gewährt wurden. Die Briefe gestanden ihnen Schutz des Lebens, der Ehre, des Eigentums, der Religionsausübung und Freiheit des Handels zu. Später traten mitunter Freiheit von Binnenzöllen, Straßenabgaben und Dienstleistungen (Fron) hinzu. Handel mit Kirchengeräten war ihnen verboten, doch durften sie heidnische Sklaven auch dann behalten, wenn diese getauft worden waren. Christliche Lohnarbeiter durften von ihnen an Sonn- und Feiertagen nicht beschäftigt werden, wohl aber am Sabbat. Für diesen Schutz hatten die Juden dem König jährlich ein Zehntel ihres Handelsgewinnes abzuführen. Die Einnahme konnte der König auch verschenken oder verpfänden. Schon Otto der Große schenkte die Juden und die Kaufmannschaft in Magdeburg und Merseburg an die dortigen Bischöfe, die damit Judenschutzherrn wurden. Nach und nach sicherten sich auch die anderen Bischöfe des Reichs die ›gute Einnahmequelle‹, schließlich auch einige Fürsten, vor allem, wenn ein Pfand verfiel, das durch die Judensteuer gesichert war. Daher versteht man, daß die Judenschutzherrn jeden Angriff auf ihre Schützlinge zu verhindern suchten, denn mit deren Tod versiegte ja zumeist auch eine wichtige Einnahme.

Das Los jüdischer Handwerker und Bauern

In den Städten wohnten die Juden in eigenen Gassen, nicht also in Gettos; sie kamen erst im 14. Jahrhundert auf. Dieses Zusammenleben in eigenen Gassen kannten ja auch die in Zünften organisierten Handwerker. Stärker als die Zünfte wurden die Juden durch das Ritualgesetz, den gemeinsamen Gottesdienst, die Sabbatheiligung und die strenge Kindererziehung verbunden. Sie waren zwar rechtlich gesehen »Fremde«, doch nicht abgesondert. In Köln lag das Rathaus »inter Judaeos«, also Wand an Wand zu Judenhäusern. Auch das kirchliche Recht gewährte Juden das Recht auf Leben und Eigentum, schränkte jedoch ihre Bewegungsfreiheit ein, etwa durch das Verbot, sich zwischen Gründonnerstag bis Ostersonntag auf dem Markt zu zeigen »wie zum Hohn«. Daß immer mehr Juden sich dem Warenhandel zuwandten, hatte seine Ursache nicht allein in Verdrängung aus anderen Berufssparten, sondern ebenso in ihren durch die Not der Vertreibungen geschaffenen internationalen Beziehungen zu Verwandten und Bekannten, in ihrer Kenntnis orientalischer Sprachen und dem soliden Kredit, den sie über Ländergrenzen hinweg bei ihren Glaubensbrüdern genossen und dank strenger Vorschriften auch durch Generationen behielten.

Im 12. und 13. Jahrhundert wurden die letzten jüdischen Bauern und Winzer, die letzten Judengemeinden auf dem Lande verdrängt und in die Städte gejagt, weil im Gefolge der Kreuzzugsstimmung ihr Dasein als Beschmutzung der gottgeweihten Erde angesehen wurde. Gegen einzelne Juden ging die Dorfgemeinde vor, gegen jüdische Siedlungen der Grundherr, der selbst oder dessen Sippe an den Kreuzzügen teilnahm. Der Platz, an dem die Synagoge gestanden hatte, wurde am besten durch den Bau einer Marienkapelle oder Marienkirche ›entsühnt‹.

In den Städten wurde die ausnahmlose Verdrängung der Juden aus den Handwerken, beginnend bei den Goldschmieden und endend bei den Schuhflickern (Altreußen), durch die Zünfte besorgt, den Zusammenschluß gleicher Handwerker, die bis zum Ende des Alten Reiches auch religiöse Gemeinschaften waren. In größeren Städten hatten sie eigene Altäre, konnten im Spätmittelalter eigene Geistliche für die zahlreichen Namenstags-, Geburtstags-, Trauer- und Gedenkfeiern besolden. Von der Aufnahme als Lehrling waren nicht nur unehelich Geborene und Unehrliche (Nachfahren von Henkern, Abdeckern, Schäfern, Landfahrern usw.) ausgeschlossen, sondern vor allem die »Feinde Christi«, deren Vorfahren durch die Kreuzigung Christi unermeßliche Blutschuld auf sich geladen hätten.

Damit möglichst jeder Kontakt zwischen Juden und Christen unmöglich gemacht wurde, durften Juden kein christliches Gasthaus betreten, mit Christen weder zusammen essen, noch baden oder gar tanzen. Damit Juden im Straßenbild auffielen und gemieden werden konnten, mußten sie eine unterschiedliche Kleidung tragen, die je nach Landstrich und Diözese genau in Ärmellänge, Kragenform, Stoffart und Wert vorgeschrieben war. Allgemein üblich war die Verpflichtung der Männer, einen hohen gelben Hut mit einem Horn oder Knauf zu tragen.

Zwangstaufen und Verfolgungen – Judenrechte und Judengemeinden im 11. Jahrhundert

Obwohl zur Jahrtausendwende die Juden geschützt erscheinen, kam es doch zu gelegentlichen Übergriffen. So ließ Kaiser Heinrich II. 1012 zu, daß die Juden gewaltsam aus Mainz vertrieben und Zwangstaufen vorgenommen wurden. Die Rückkehrer erwarben einen eigenen Friedhof, um die Toten der Metzeleien zu bestatten. Bei Panik, wie der Feuersbrunst 1084 in Mainz, entlud sich der Zorn der geängstigten Bürger in einer Judenverfolgung. Die flüchtigen Juden nahm Bischof Rüdiger in Speyer auf, der ihnen Siedlungsgelände gegen einen jährlichen Zins überließ, ihnen vorteilhafte Gesetze schuf, um sie als Händler an seine Stadt zu binden. Kaiser Heinrich IV. bestätigte diese Judenrechte bei einem Aufenthalt in Speyer 1090 und verlieh sie auch den Juden in Worms, die, wie alle Bürger dieser Stadt, ihn gegen den Bischof unterstützt hatten.
Zu den unterschiedlichen noch aus der Karolingerzeit geläufigen Rechten kam z. B. hinzu, daß niemand Judenkinder zwangsweise taufen dürfe, eine solche Handlung eine Geldbuße nach sich ziehe; wer sich freiwillig taufen lasse, verliere sein Erbteil.
Die Juden in vielen Städten bildeten eigene Körperschaften mit einem Vorsteher, auch Judenbischof oder später Judenmeister genannt. Für die Gerichtsbarkeit standen ihm die Rabbiner zur Seite, obwohl jeder Jude auch das städtische oder bischöfliche oder ein aus jüdischen und christlichen Richtern besetztes Gericht anrufen konnte. Die Judengemeinden besaßen Synagogen (Kirchen, von griech.: Versammlungshaus), von denen als älteste die Kölner 1012 erwähnt, die Wormser 1034 erbaut wurde. Die Reste in Worms, Speyer, Andernach und Friedberg sind Anlagen nach römischem Muster. In Worms, Köln, Friedberg sind ritueller Reinigung dienende (Frauen)-Bäder der Gemeinde noch gut erhalten.

Juden unter besonderem Recht. *Eine der seltenen Judendarstellungen in der frühen deutschen Literatur. Der Jude ist an seinem zur Kennzeichnung vorgeschriebenen spitzen Hut zu erkennen. Er steht wie Geistliche,*

Mädchen und Frauen unter dem Königsfrieden für Leib und Vermögen.
(Der König weist auf die Lilie als Friedenssymbol.)
Miniatur aus dem Sachsenspiegel.

»Wer einen Juden tötet, erhält Vergebung seiner Sünden« – Die Kreuzzüge beginnen

Gefährlich wurde diesen Gemeinden der Aufruf des Papstes Urban II. zum Kreuzzug gegen die türkischen Seldschuken, um das Heilige Grab aus den Händen der ›Ungläubigen‹ zu befreien, die es seit 1071 besaßen. Bereits im Winter 1095 sammelten sich ungeordnete Scharen von Kreuzfahrern vor allem in Nordfrankreich und fielen über die »Feinde Christi« im eigenen Land her. Als Gottfried von Bouillon drohte, er werde das Blut Christi an den Juden rächen und keinen von ihnen am Leben lassen, erinnerte die Mainzer Judengemeinde Kaiser Heinrich IV. an sein Schutzversprechen. Der befahl zwar allen Fürsten, die Juden zu schützen, doch kassierte Gottfried von Bouillon in Köln und Mainz unverfroren »Beschwichtigungsgelder«. Einige Wochen später schröpfte Peter von Amiens die Judengemeinde Trier, die sich wie andere Gemeinden an seinem Wege nach Ungarn loskaufen mußte. Hinter diesen Ritterscharen kamen aber Horden von Bauern, Stadtvolk, nachgeborenen Rittersöhnen und Kriminellen, die keine Eile hatten, das Heilige Grab zu befreien. Salomon bar Simson schreibt: »Als die Kreuzfahrer in die Städte kamen, in denen Juden wohnten, sprachen sie: Sehet, wir ziehen den weiten Weg, um die Grabstätte aufzusuchen und uns an den Ismaeliten zu rächen, und siehe, hier wohnen Juden, deren Väter ihn unverschuldet umgebracht und gekreuzigt haben. So laßt uns zuerst an ihnen Rache nehmen und sie austilgen unter den Völkern, daß der Name Israel nicht mehr erwähnt werde; oder sie sollen unseresgleichen werden und zu unserem Glauben sich bekennen.«

Dieser Rachegedanke gepaart mit Bekehrungssucht und der Hoffnung auf das eigene Seelenheil verknoteten sich. Bald hieß es: »Wer einen Juden tötet, erhält Vergebung aller seiner Sünden.« In Metz wurden 22 Juden getötet und viele zwangsweise getauft. In Trier flohen die Juden in die Pfalz des Bischofs, mußten alles Eigentum den Plünderern überlassen. Der Bischof, der die Juden zunächst geschützt und ihnen zur Taufe geraten hatte, wurde mit Schlägen bedroht und floh aus der Stadt. Als die Lage immer auswegloser wurde, töteten einige Juden ihre Kinder, stürzten sich Frauen in die Mosel. Ein Kreuzzughaufen aus Bauern und Abenteurern, angeführt von Graf Emicho von Leiningen, ließ sich nicht mit Geld und Proviant besänftigen. Sie zogen kreuz und quer durch die Rheinlande, rotteten die Judengemeinden in Köln, Xanten und Neuss aus, verschonten weder Greis noch Kind. Sie plünderten die Häuser, raubten die Leichen aus, warfen sie nackt auf die Straße und zerschlugen alles, was sie nicht mitnehmen konnten. Je

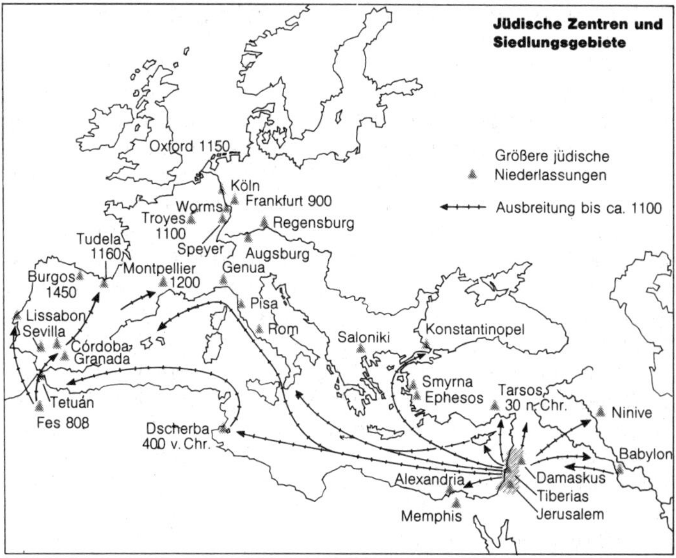

mehr sich die Fanatiker steigerten, desto mehr Juden wurden gemordet. Waren es in Speyer elf gewesen, so in Worms schon 800 und in Mainz über 1000. Hier gelang es dem Gemeindeältesten, dem Gelehrten Kalonymos ben Meschullam, mit Freunden und seiner Familie auf einem Schiff zu entkommen, das ihm Erzbischof Ruthard von Mainz gegen hohe Gebühr überlassen hatte. Als sie heil in Rüdesheim ankamen, aber zwangsgetauft werden sollten, ertränkten sie sich im Rhein.
Auf ihrem Wege nach Ungarn und Bulgarien rotteten Kolonnen auch die Judengemeinden in Regensburg und Prag aus.
Das Entsetzen über die brutalen Überfälle zitterte bei den Juden Mitteleuropas lange nach. Viele glaubten, von Gott ihrer Sünden wegen gestraft worden zu sein, eine Erklärung, die der christlichen Umwelt sehr zusagte. Die Zwangsgetauften durften zum Glauben ihrer Väter zurückkehren, ohne daß die Geistlichkeit einschritt. Papst Clemens III. forderte sogar den Bischof von Bamberg auf, sofort mit seinen Klerikern gegen das »frevelhafte« Zwangstaufen einzuschreiten.
Nach seiner Rückkehr aus Italien ließ Kaiser Heinrich IV. sofort die Vorfälle untersuchen, vor allem nach dem geplünderten Vermögen der getöteten Juden forschen, denn darauf machte er sein Heimfallrecht geltend. Bischof Ruthard z. B. wurde der Bereicherung angeklagt und floh aus Mainz.

1103 erstmals Schutzbedürftigkeit aller Juden festgelegt

Eine politische Folge der mörderischen Exzesse war die Tatsache, daß im Reichslandfrieden Heinrichs IV., der 1103 in Mainz beschworen wurde, als schutzbedürftige, daher besonders »befriedete« Personen neben Geistlichen und Mönchen, Frauen und Kaufleuten auch die Juden genannt werden, weil sie keine Waffen mehr tragen dürfen und sich nicht selbst schützen können. Zum ersten Mal wird die Schutzbedürftigkeit *aller* Juden betont, nicht mehr der einzelne Jude oder die einzelne Gemeinde in Schutz genommen. In der Bulle »Sicut Judaeis« von 1119 wird den Juden ausdrücklich der Schutz ihres Lebens, Eigentums und ihrer Religion zugesichert. Seitdem bildete sich ein eigenes »Judenrecht« im kirchlichen Bereich heraus.
Die Gemeinden erholten sich langsam vom Aderlaß, öffneten die Lehrhäuser wieder oder errichteten neue in Speyer, Bonn, Würzburg, Regensburg und Prag. Da eroberte Sultan Zengi 1144 die Festung Edessa und bedrohte damit die vier Kreuzfahrerstaaten. Bernhard von Clairvaux entfachte durch seine Beredsamkeit eine gewaltige Kreuzzugsbewegung, die weit über Frankreich hinausreichte. Einer der Propagandisten, der Mönch Radulf von Clairvaux, hetzte in Frankreich und im Rheinland gegen die Juden, die als Feinde Christi getötet werden müßten. Als es in den rheinischen Städten zu grausamen Verfolgungen kam, eilte Bernhard von Clairvaux selbst nach Deutschland und konnte mit Predigten und zwei Briefen die Verfolgung beenden, Kaiser Konrad III. und viele deutsche Fürsten überreden, am Weihnachtsfest 1146 das Kreuz zu nehmen. Die Juden, die sich nach Nürnberg oder auf die Wolkenburg bei Königswinter oder auf Rittersitze geflüchtet hatten, kehrten zurück.

Juden als angebliche Ritualmörder – Erneute Greuel

Bei der plötzlich in Würzburg im Februar 1147 ausbrechenden Judenverfolgung kam ein neues Motiv ins grausame Morden von 22 Juden. Als das Kreuzfahrerheer König Ludwigs VII. von Frankreich durch die Stadt zog, wurde die zerstückelte Leiche eines jungen Mannes gefunden, von dem plötzlich alle wissen wollen, daß er Dietrich heißt und bei einem Ritualmord der ansässigen Juden sein Blut habe geben müssen. Der Bischof, der den Fall klären will, muß, um nicht gesteinigt zu werden, Tage in einem festen Turm zubringen und das Spital, in dem der Jüngling beigesetzt wurde, auf ihn umbenennen. (Als Arzt an

diesem Dietricherspital ist 1218–1225 Süßkind von Trimberg nachgewiesen, der einzige jüdische Minnesänger.)
In jener Zeit taucht auch in den Schriften der Begriff »jüdischer Wucher« auf. Zwar bemerkte schon Bernhard von Clairvaux, daß es die Christen da, wo es keine jüdischen Geldverleiher gebe, weit schlimmer als die Juden trieben, doch benutzt er für »wuchern« bezeichnenderweise das lateinische Verbum »iudaicare« (jüdisch handeln). Nun war der Handel nichts spezifisch Jüdisches, doch spielten Juden dank ihrer Beziehungen und Kreditmöglichkeiten eine hervorragende Rolle, gerade im Osthandel nach Sachsen, Polen, Ungarn. Regensburger Juden rüsteten im 11. und 12. Jahrhundert Karawanen nach Kiew zu Lande und zu Wasser aus, die später durch die Juden in Wien und Prag besorgt wurden. Reger Handel bestand mit England, aber auch mit Frankreich und Spanien. Die dreimal im Jahr zu Köln gehaltene Messe wurde überwiegend von Binnenhändlern besucht, wobei Juden vor allem als Geldwechsler tätig waren.

Zum Thema Geldverleih und ›Wucher‹ Konkurrenz für Christen

Bis ins 11. Jahrhundert hinein waren – was für uns heute vielleicht überraschend klingt – die Klöster und Stifte die großen Darlehensgeber. Juden dagegen liehen Geld auf längere Zeit zunächst nur an Glaubensgenossen, so etwa auf Pfänder oder als Vorschüsse auf Messen. Das erste beurkundete jüdische Darlehen für Christen stammt erst von 1107. Da Kaiser Heinrich V. den Herzog Svatopluk von Böhmen nur gegen ein großes Lösegeld aus der Gefangenschaft entlassen wollte, mußte der Bischof von Prag fünf Pallien (schmale Schultertücher des Papstes oder der Erzbischöfe) bei Regensburger Juden für 500 Mark Silber versetzen.
Auch später versetzten hohe Geistliche immer wieder vorzugsweise Altargeräte, um den Zorn der Christen auf die Juden zu lenken. Daß Juden trotzdem Geld auf kirchliches Gerät liehen, hat mit der Sicherheit zu tun, die hohe Geistliche zu stellen vermochten, auch mit dem Schutz der Geschäfte, denn wenn die ›Schutzjuden‹ nicht gut verdienten, dann konnten auch keine Gebühren und Steuern neben dem Judenschutzgeld erhoben werden. Daß sich die Klöster aus dem Geldgeschäft zurückzogen, nur gelegentlich zinslose Darlehen gaben, sahen die geistlichen Schutzherrn gern, denn Klöster und Stifte zahlten keine Steuern, Juden aber das Doppelte und Dreifache eines christlichen Kaufmanns.

Antijüdische ›Propaganda‹ und Wunschvorstellungen.
»Juden schmoren im Kessel über dem Höllenfeuer« – dieser Holzschnitt von 1175 zeigt, wie weit die Wurzeln des Antisemitismus zurückreichen.

Auch die Kirche dekretiert: Juden sind als ›Sonderklasse‹ zu behandeln

Die gesellschaftliche Einengung und Verfehmung geht am Ende unseres Zeitraumes von Papst Gregor IX. (1227–1241) aus. In einer Beschwerde an die deutsche Geistlichkeit dringt er darauf, die »frechen Übergriffe« der Juden endlich einzudämmen. Sie hielten sich angeblich christliche Sklaven, die sie beschnitten und so gewaltsam zu Juden machten – Gregor IX. unterstellt also den Juden das, was Christen mit der Zwangstaufe tatsächlich praktiziert hatten. Obwohl Konzilsbeschlüsse ausdrücklich verboten hätten, Juden ein öffentliches Amt zu geben, würden ihnen solche anvertraut, die sie doch nur nutzten, um gegen die Christen zu wüten. Die christlichen Ammen und Dienerinnen (so ein ganz neuer Vorwurf) würden von Juden verführt oder mißbraucht, was einen Christen mit Schrecken und Abscheu erfülle. Obwohl Konzile vorgeschrieben hätten, daß Juden beiderlei Geschlechts sich jederzeit durch Kleidung von den Christen unterscheiden sollten, sei in gewissen Gegenden Deutschlands überhaupt kein Unterschied festzustellen. Unwürdig sei es, wenn Christen durch den Umgang mit Juden sich befleckten und die christliche Religion in Schwierigkeiten bringe. Besonders scharf wurden Religionsgespräche verboten, damit einfältige Menschen nicht auf die Wege des Irrtums gerieten. Falls die Geistlichen nichts erreichten, sollten sie die Hilfe der weltlichen Macht beanspruchen.

Siebenhundert Jahre später werden die gleichen Worte zum geifernden Vokabular des »Stürmers«, der zu Rassenhaß und zum größten Massenmord in der Menschheitsgeschichte aufhetzt.

Literatur

Judentum im Mittelalter. Katalog Ausstellung Schloß Halburn, 1978

Poliakov, Léon: Geschichte des Antisemitismus, Bd. 1, Worms 1977

Sterling, Eleonore: Die Geschichte der Juden in Deutschland, Frankfurt 1966

Judenverfolgungen, Vorspiel des Ersten Kreuzzugs 1096
Ein Bericht des Albert von Aachen

Darauf, ich weiß nicht ob nach Gottes Ratschluß oder aus irgendeiner Verirrung des Geistes, erhoben sie sich aus einem Anfall von Grausamkeit gegen das jüdische Volk, das zerstreut in verschiedenen Städten wohnte, und richteten unter ihm ein höchst grausames Blutbad an, und zwar vor allem im lothringischen Reich, und versicherten, dies sei der Anfang ihres Zuges und ihres Gelöbnisses gegen die Feinde des christlichen Glaubens. Dieses Judenmorden wurde zuerst in Köln von Bürgern verübt: Unvermutet fielen sie über eine mäßige Zahl von Juden her und machten die meisten von diesen mit schweren Verwundungen nieder, zerstörten ihre Häuser und Synagogen und verteilten unter sich das meiste von dem erbeuteten Geld. Als die andern Juden solche Grausamkeit sahen, machten sie sich, ungefähr 200, in der Stille der Nacht auf die Flucht und suchten zu Schiff nach Neuss zu entkommen. Aber die Pilger und die mit dem Kreuz Gezeichneten, als sie davon erfuhren, ließen auch nicht einen von den Fliehenden am Leben, sondern richteten unter ihnen das gleiche Morden an und raubten ihnen alle Habe.
Und gleich darauf machten sie sich, wie sie es gelobt hatten, auf den Weg und kamen in großer Menge nach der Stadt Mainz, wo Graf Emicho, ein vornehmer und in dieser Gegend reich begüterter Herr, mit einer großen Schar Deutscher auf die Ankunft des Pilgerheeres wartete, das von verschiedenen Seiten her dort auf der königlichen Straße zusammentreffen mußte. Die Juden dieser Stadt aber, die vom Mord ihrer Glaubensbrüder gehört hatten und wohl merkten, daß sie den Händen dieser großen Menge nicht entrinnen könnten, flohen in der Hoffnung auf Rettung zum Bischof Ruothard und gaben ungezählte Schätze vertrauensvoll in seine Hut und hofften alles von seinem Schutze. [. . .] Der Bischof [. . .] nahm eine ganz unerhörte Menge Geldes aus den Händen der Juden entgegen und legte es in sorgsame Verwahrung. Die Juden selbst versammelte er zum Schutz vor dem Grafen Emicho und seinem Gefolge im geräumigsten Saale seines Hauses, und dort blieben sie auch in sicherer und wohlbefestigter Unterkunft heil und unversehrt. Aber Emicho und seine ganze Schar hielten Rat, und bei Sonnenaufgang griffen sie mit ihren Pfeilen und Lanzen die Juden im bischöflichen Saale an, brachen Riegel und Türen auf, überfielen die Juden, ungefähr 700 an der Zahl, die vergebens dem Ansturm von so vielen Tausenden Widerstand zu leisten suchten, trieben sie heraus und machten sie alle nieder. Auf gleiche Weise schlachteten sie auch die Weiber ab, und auch die Kinder ließen sie über die Klinge springen.
Da die Juden nun sahen, wie die Christen sich gegen sie und ihre Kinder erhoben, ergriffen nun gegen sich selbst [. . .] die Waffen und töteten sich in gegenseitigem Morden. Mütter schnitten, was zu erzählen schon Sünde ist, mit dem Messer ihren saugenden Kindern die Gurgel ab, andere durchbohrten sie. Denn sie wollten lieber von eigenen Händen als durch die Waffen der Unbeschnittenen fallen.

Aus: Geschichte des ersten Kreuzzuges von Albert von Aachen (oder Aix, um 1130). Übers.: H. Hefele

Judenverfolgung in Trier
Nach: Taten der Bischöfe von Trier

Dazumal machte sich eine Menge Volkes [. . .] zur Fahrt nach Jerusalem auf und brannte vor Eifer, entweder selbst zu sterben oder die Nacken der Ungläubigen unter das Joch des Glaubens zu beugen. In ihrer Erregung machten sich die Massen zunächst an die Verfolgung der Juden in den Städten. [. . .] Als diese Haufen in ihrem Fanatismus an Trier heranrückten, erwarteten sich die dort ansässigen Juden ein ähnliches Schicksal (wie ihre Glaubensgenossen an anderen Orten erlitten hatten). Manche von ihnen durchbohrten ihre eigenen Kinder mit Messern [. . .] manche Judenfrauen begaben sich auf die Flußbrücke, füllten sich Brustbausch und Ärmel mit Steinen und stürzten sich so in die Tiefe. Die übrigen, die ihr Leben zu retten suchten, nahmen ihre Habe und ihre Kinder, flohen zum Palast, dem Asyl von Trier, wo sich eben Bischof Egilbert aufhielt, und flehten unter Tränen um Schutz. (Der Bischof forderte die Juden auf, sich zu bekehren, und diese erklärten sich bereit, sich taufen zu lassen.)

Aus: Gesta episcoporum Trevororum (Taten der Bischöfe von Trier).
Übers.: J. Bühler

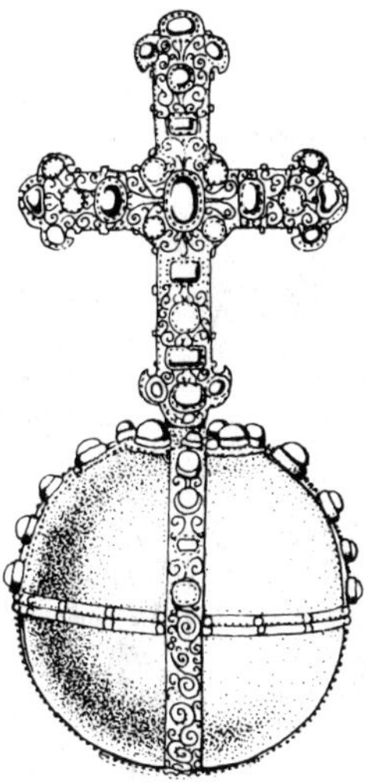

Eine neue Zeit beginnt. *Lothar III. überreicht dem Abt des Klosters Formbach die königliche Schutzurkunde. Federzeichnung im Traditionsbuch des Klosters aus dem Jahr 1136. München, Bayerisches Hauptstaatsarchiv.*

DIETGER REINHOLD

NACH 100 JAHREN SALIERHERRSCHAFT: LOTHAR III. VON SUPPLINBURG UND KONRAD III. VON STAUFEN

Aussterben der Salier – Dynastiewechsel von 1125 – Die Reformkirche und Lothars Wahl – König Lothar, Welfen und Staufer – Kämpfe im Reich – Innozenz II. und Bernhard von Clairvaux – Erneuter Dynastiewechsel – Festigung des Wahlkönigtums – Rolle der Reformkirche und Wahl Konrads III. von Staufen – Konrad III. und die Welfen – Die Welfen und der sizilische Normannenstaat – Zweiter Kreuzzug – Wendenkreuzzug: Motive und Auswirkungen – Ende Konrads III. – Pilgerreisen im Mittelalter – Die Straßen der Pilger und Heere – Rom, Santiago und Jerusalem – Pilgerkleidung – Organisation der Wallfahrten – Die Epoche der Kreuzzüge – Voraussetzungen und Folgen der Kreuzzüge – Die Ritterorden – Die Kreuzfahrerstaaten und das Königreich Jerusalem – Hochmittelalterliche Geschichtsschreibung – Chroniken, Annalistik, Lebensbeschreibungen – Sächsische Geschichtsschreibung – Reichsgeschichte – Ursprungs- und Heilsgeschichte – Die Reichskleinodien – Krönungsornat – Die Wanderung der Reichskleinodien.

Beim Abschluß des Wormser Konkordats 1122 fehlte ein wichtiger Reichsfürst – Lothar von Supplinburg, Herzog von Sachsen. Hier kamen Gegensätze und Streitigkeiten zum Ausdruck, die seit den Tagen Kaiser Heinrich IV. bestanden. Als Heinrich V., eine zwiespältige und düstere Persönlichkeit, drei Jahre später in Utrecht ohne leibliche Nachkommen gestorben war, erlosch mit ihm die salische Dynastie, das Reich stand vor einem großen Wechsel. Noch auf dem Totenbett hatte der Kaiser den Herzog Friedrich von Schwaben zu sich kommen lassen und ihm das Allodialgut, d.h. das frei verfügbare Eigengut des salischen Hauses übergeben (siehe *K: Hoftag, Königs- oder Hausgut, rechts*). Damit hatte er den Staufer zweifellos als persönlichen Erben eingesetzt; ob er ihn auch förmlich als Nachfolger auf dem Thron benannte, bleibt unsicher! Jedenfalls betrachtete sich Friedrich aus dynastischer Sicht als Nachfolger des Saliers, da er mütterlicherseits ein Enkel Heinrichs IV. war. Das bis zur Wahl des Gegenkönigs Rudolf von Rheinfelden übliche Geblütsdenken mag ihn in dieser Vorstellung bestärkt haben. Auch sonst war seine Stellung stark: Als Statthalter Heinrichs V. in Deutschland hatte er sich während dessen Italienaufenthalt als fähiger, tatkräftiger und beliebter Regent profiliert und konnte bei einer Königswahl auch auf die Unterstützung der Welfen hoffen, deren Chef Heinrich der Schwarze als Herzog Baiern regierte und mit dessen Tochter Judith Friedrich von Schwaben verheiratet war; es schien ein staufisch-welfischer Ausgleich in Sicht, Friedrich glaubte den ganzen Süden des Reiches hinter sich, zumal seine Mutter obendrein in zweiter Ehe den Markgrafen Luitpold III. von Österreich geheiratet hatte. Doch bereits das Sendschreiben, mit dem der Mainzer Erzbischof Adalbert als Primas (›Oberbischof‹) von Deutschland auf den 24. August 1125 zur Königswahl einlud, zeigte, daß Friedrich zumindest mit dem Widerstand der Kirche rechnen mußte; dieser wendige Kirchenfürst hatte schon vorher die Witwe des verstorbenen Kaisers dazu veranlaßt, ihm die Reichsinsignien herauszugeben – in dieser symbolträchtigen und -gläubigen Zeit nicht gerade ein guter Anfang für Friedrichs Ambitionen! Bei den übrigen wählenden Fürsten stand jedoch die Stimmung auch nicht gerade zu Friedrichs Gunsten: durch das Salierererbe war ihnen der Staufer zu reich und mächtig geworden!

Wahlkampf in Mainz

In Mainz rollte nun ein glänzendes und spannungsgeladenes Wahldrama ab; die Anwesenheit zehntausender Ritter, der meisten Reichsfürsten und mehrerer Kardinäle zeigte genau, für wie wichtig man

Hoftag

Eine mittelalterliche Einrichtung, die sich aus der Pflicht der Vasallen entwickelte, den Hof ihres Herrn zu bestimmten Terminen zu besuchen (Rat und Hilfe). Versammlung der weltlichen und geistlichen Großen an den hohen Kirchenfesten aufgrund der Hoffahrtpflicht; auch zu anderen Terminen zu erweiterten Hoftagen: Beratung, Gericht, Fest. Auch in den Stammesherzogtümern und seit dem Ende des 12. Jahrhunderts gab es Hoftage in den Territorien. Im Spätmittelalter entwickelten sich aus den königlichen Hoftagen der Reichstag, in den Territorien die Landtage.

Königs- oder Hausgut

›Privater‹ Besitz (an Land und Leuten) der herrschenden Dynastie, der nach dem Aussterben einer Königsfamilie zum Reichsgut werden konnte. Seit Konrad II. wird Königsgut und Reichsgut auch begrifflich getrennt, jedoch gemeinsam verwaltet, was dann Probleme der Trennung mit sich bringt.

auch im ›internationalen‹ europäischen Rahmen diese Königswahl hielt, als deren »spiritus rector« sich mit aller Raffinesse die Mainzer Eminenz erwies. Auf Betreiben dieses Erzbischofs konstituierte sich aus den wichtigsten deutschen Stämmen, nämlich den Schwaben, Baiern, Sachsen und Franken, ein Wahlausschuß mit je zehn Vertretern, welche der Öffentlichkeit dann je einen prominenten Stammesfürsten als Königskandidaten präsentierten. Es waren dies Karl von Flandern, Herzog Lothar von Supplinburg für die Sachsen, Herzog Friedrich von Schwaben und Luitpold von Österreich für die Baiern. Friedrich von Schwaben, seiner Sache wohl recht sicher, war bei diesen Vorgängen zunächst nicht persönlich anwesend. Lothar und Luitpold aber baten zuerst flehentlich und in aller Form darum, sie mit der Last des Königsamtes zu verschonen. Am zweiten Wahltag bequemte sich dann Friedrich dazu, persönlich zu erscheinen; nun wurde die Sache dramatisch: Als nämlich Adalbert von Mainz die Kandidaten fragte, ob sie denjenigen, der letztlich zum König gewählt würde, auch dann vorbehaltlos akzeptieren würden, da bejahten Lothar und Luitpold diese Frage – Karl von Flandern war nicht anwesend – ohne Umschweife, Friedrich jedoch, der den ganzen Wahlakt vielleicht zunächst nur für eine bereits in seinem Sinne ›gelaufene‹ Formsache gehalten hatte, antwortete ausweichend. Das nun freilich machte auf

Deutsche und europäische Geschichte in Daten

	Deutschland	Europa
1125–1137	Lothar III. von Supplinburg, König und Kaiser	
1127–1135	Konrad von Staufen, Gegenkönig	
1130–1138		Papstschisma (Anaklet II. und Innozenz II.)
1138–1254	Die staufischen Könige	
1138–1152	Konrad III., König	
1145–1149		Aufstände der Pataria in Oberitalien
1146–1149		Zweiter Kreuzzug
1147	Wendenkreuzzug	

die Wähler einen üblen Eindruck und nährte den für Adalbert bequemen Argwohn, der Schwabenherzog werde, einmal auf dem Thron, ein arroganter und machtgieriger Herrscher sein.
Am dritten Wahltag kam dann die Quittung: Nach erregten und hitzigen Szenen im Wahlausschuß erscholl, woher wußte man nicht genau, plötzlich der Ruf: »Lothar auf den Thron!« Der Kandidat wurde geschultert und unter großem Geschrei im Saal herumgetragen, von draußen drängten Leute herein, Lothar wehrte sich zunächst und die Baiern protestierten zu Recht gegen die chaotische Prozedur außerhalb der legalen Formen. Das Ganze glich ein wenig der Erhebung eines römischen Imperators durch die Prätorianer! Als sich jedoch der Führer des Welfenhauses, Herzog Heinrich von Baiern, mit der Wahl einverstanden erklärte, stand dann die Entscheidung fest. Wie damals in Adelskreisen üblich, hatte ein Heiratskontrakt zwischen Heinrichs Sohn, Heinrich dem Stolzen, und Lothars einziger (Erb)tochter Gertrud dem Baiernherzog seine Entscheidung sehr erleichtert. Durch diese abrupte und unverhoffte Schwenkung der Welfen zu den Supplinburgern war der Riß zwischen Staufern und Welfen noch tiefer geworden – Friedrich von Schwaben hatte wohl nicht ganz zu Unrecht das Gefühl, hereingelegt worden zu sein!
Als dann eine knappe Woche später Lothar von Supplinburg nochmals unter Wahrung aller Formen gewählt worden war, leisteten ihm am folgenden Tage die weltlichen Fürsten den Treu- und Vasalleneid, die geistlichen verhielten sich genau so, wie das Wormser Konkordat

es festgelegt hatte und gelobten ihm nur die Treue. Wie sehr sich zwischen dem deutschen König und dem Papst seit dem Investiturstreit die Verhältnisse geändert hatten, zeigt, daß Lothar dem Papst seine Wahl zum König offiziell anzeigte und darüber hinaus sogar noch um eine päpstliche Bestätigung einkam! Noch kein Jahrhundert war vergangen, da diese Prozedur genau umgekehrt verlief! So zeigen die Vorgänge um Lothars Wahl zweierlei: An einem wichtigen Entwicklungspunkt der Reichsgeschichte hatte sich – ganz im Gegensatz zum restlichen Europa – das dynastische Prinzip gegenüber dem Wahlgedanken nicht behaupten können und aus der ottonischen Reichskirche, die der Monarchie zugearbeitet und sie unterstützt hatte, war eine mitregierende Kirche geworden, deren alleiniges Oberhaupt nicht mehr der deutsche König war.

König Lothars Kämpfe im Reich

Als Lothar III. zur Regierung kam, war er 50 Jahre alt und eine echte ›Persönlichkeit‹. Als Herzog und Besitzer großer Eigengüter in Ostsachsen und im Harz verfügte er über eine respektable Machtbasis, stand aber vor der großen Schwierigkeit, das salische Königsgut wieder an die Krone zu bringen; seit dem Tode Heinrichs V. befanden sich ja diese Güter im Besitz der Staufer und darüber hinaus war das Königsgut mit dem Reichsgut stark verflochten. Ein Krieg mit Herzog Friedrich von Schwaben war somit programmiert, die Kampfhandlungen begannen 1126. Für Lothar III. ließen sich die Dinge zunächst schlecht an: In Böhmen stritten nämlich zwei Anwärter um die Macht und einer wandte sich um Hilfe an Lothar, der dieser Bitte auch Folge

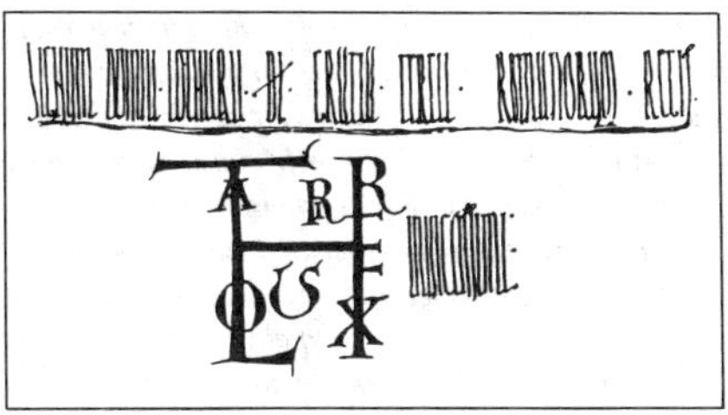

Das Herrschersignum. *Das gesamte Mittelalter hindurch wurde das kunstvoll und als schnell erkennbare ›Marke‹ gestaltete Herrschersignum beibehalten: Signum Lothars von Supplinburg.*

Die Königswahl Lothars von Supplinburg 1125

Was neulich auf dem Reichstage zu Mainz Denkwürdiges getan wurde und wie die Königswahl vor sich ging, ist hier kurz dem Papiere anvertraut. Es versammelten sich also von hier und da die Fürsten [...], Erzbischöfe, Bischöfe, Äbte, Pröbste, Kleriker, Mönche, Herzöge, Markgrafen, Grafen und die übrigen Edlen, ansehnlich und zahlreich, wie sie kein Reichstag zu unserer Zeit vereinigt hat. [...]
Die Fürsten der Sachsen hatten am Ufer des Rheinstroms zahllose Zelte aufgeschlagen und lagerten dort stattlich; weiter oben lagen Markgraf Luitpold und der Herzog von Baiern [Heinrich der Schwarze] mit großer Ritterschar. Herzog Friedrich der Staufer aber hatte sich den Bischof von Basel, die übrigen Fürsten von Schwaben und mehrere Edle gesellt und lagerte gegenüber auf dem anderen Rheinufer. Als nun die Fürsten alle in großer Versammlung zusammentraten, zauderte er, in den Fürstenrat zu kommen [...], denn er hatte seinen Sinn schon auf die Herrschaft gerichtet und war bereit, zum König gewählt zu werden, nicht selbst zu wählen. Es kamen also außer ihm und den Seinigen alle Fürsten des Reiches zusammen. Von dem Herrn Kardinal ermahnt, riefen sie [...] die Gnade des Heiligen Geistes an. Darauf schlugen sie zuerst je zehn umsichtige Fürsten vor aus den Landschaften Baiern, Schwaben, Franken, Sachsen, welche wählen sollten, und alle übrigen versprachen, der Wahl beizustimmen. Die Wählenden also bezeichneten in der Versammlung aus allen Fürsten [...] den Herzog Friedrich, den Markgrafen Luitpold, den Herzog Lothar, und schlugen vor, einen von diesen dreien, der allen gefiele, zum König zu wählen. Herzog Friedrich war abwesend, die beiden andern, welche zugegen waren, weigerten sich in Demut, die angebotene Königswürde anzunehmen. [...]
Der Herzog Friedrich aber, durch Ehrgeiz verblendet, daß ihm sicher aufbewahrt und gleichsam unzweifelhaft zugeteilt sei, was er von zweien demütig ausgeschlagen sah, er [...] gesellte sich der Versammlung der Fürsten und stand da, bereit zur Königswahl. Nun erhob sich aber der Erzbischof von Mainz und fragte bedächtig die drei vorgenannten Fürsten, ob jeder von ihnen ohne Widerspruch, ohne Zögern und Neid dem dritten gehorchen wolle, welcher von den Fürsten gemeinschaftlich gewählt werde. Nach dieser Rede bat Herzog Lothar demütig wie vorher, man möge ihn ja nicht selbst wählen, und versprach jedem, der gewählt würde, als seinem Herrn und römischen Kaiser zu gehorchen. Dasselbe erklärte der Markgraf Luitpold [...], es wurde nun Herzog Friedrich gefragt, er aber erklärte, daß er ohne Rat der Seinigen [...] nicht antworten wolle, und weil er überhaupt wahrnahm, daß der Sinn der Fürsten keineswegs einmütig sei, ihn zu erhöhen, so entzog er der Versammlung seinen Rat und Anblick.
Die Fürsten sahen den großen Ehrgeiz des Herzogs und dieses gewaltsame Heischen der Macht [...], und sie weigerten sich einstimmig, einen zum Herrscher zu küren, den sie schon vor seiner Erhöhung so stolz und herrschlustig sahen.
Am nächsten Tag nun versammelten sich die Fürsten zur Wahl, nur Herzog Friedrich war abwesend und mit ihm der Baiernherzog; da fragte der Erzbischof von Mainz, ob jeder von den beiden Genannten, welche bei der Fürstenwahl zugegen

waren [. . .], einmütig und freundlich Beistimmung erweisen wolle jeder andern Person, welche durch den Willen der Fürsten erwählt würde. Darein willigten beide zugleich demütig und fromm und setzten sich zusammen auf einen Sitz. [. . .] Darauf wurden, als die Vorgenannten gesprochen hatten, die Fürsten ermahnt, in gemeinsamem Rat sorglich den Mann zu suchen, den sie mit Gott und zur Ehre der Kirche dem Reich vorsetzen könnten. Da plötzlich wurde von vielen Laien der Ruf erhoben: »Lothar sei König!« Sie ergreifen den Lothar, sie setzen ihn auf ihre Schultern und heben ihn in die Höhe, während er sich gegen den Königsruf sträubt und widerspricht.
Viele Fürsten aber, zumal die Bischöfe des Baiernlandes, zürnten, daß das große Werk ratlos und im Getümmel geschehe [. . .] und schickten sich zornig an, die andern zu verlassen und vor getanem Werk gänzlich aus der Versammlung zu scheiden. Der Mainzer aber mit einigen anderen Fürsten befahl die Tür zu besetzen, daß niemand aus- oder eingehe, weil die einen im Innern ihren König schreiend herumtrugen, andere von außen mit lautem Geschrei andrangen, den König auszurufen, den sie noch nicht kannten. Schon wurde der Zwist unter den Fürsten so arg, daß auch Lothar heftig über den Angriff auf sich zürnte und Sühne verlangte, und daß die Bischöfe erbittert über ihre Bedrängnis ausbrechen wollten. Da beruhigten der Kardinal und die übrigen Fürsten von besserer Einsicht endlich den Aufstand mühsam durch Stimme und Hand und bewirkten, daß alle zu ihren Sitzen und zur Beratung zurückkehrten. Der Herr Kardinal [. . .] nahm die Bischöfe beiseite, legte ernsthaft die Schuld der Trennung auf ihre Häupter und machte sie verantwortlich [. . .] für alles Leiden, das aus dieser Trennung kommen werde, wenn sie nicht selbst sich zu Friede und Eintracht zurückwendeten und durch ihre Belehrung andere [. . .] zurückführten. Endlich wurde möglich zu sprechen; da redeten der Erzbischof von Salzburg und der Bischof von Regensburg ehrbar für sich und die Ehre des Reiches, sie mühten sich, die Parteien zur Einsicht zu bringen, und erklärten, ohne den Herzog von Baiern, der abwesend war, nicht über die Königswürde beschließen zu wollen. Außerdem forderten sie wegen der unbesonnenen Heftigkeit des Angriffs, die sowohl ihnen selbst als dem ergriffenen Herzog schwere Verletzung der Hoheit sei, geziemende Sühne von den Fürsten. So geschah es, daß diejenigen, welche durch ihre Voreiligkeit den Zwiespalt verschuldet hatten, sich zu gebührender Genugtuung demütigten und darauf Verzeihung erhielten.
Es wurde also der Baiernherzog herbeigeholt, die Gnade des Heiligen Geistes einte aller Sinn auf einen und denselben Willen, und König Lothar, der Gott Wohlgefällige, wurde durch die allgemeine Übereinstimmung und die Bitten der Fürsten zur Königswürde erhoben.

Aus einem schriftlichen Bericht von 1125, dessen Verfasser ein Geistlicher des Salzburger Erzbistums gewesen sein dürfte.
Übers.: G. Freytag

leistete, jedoch gleich bei Kulm eine peinliche Niederlage durch den neuen Böhmenherzog Sobeslav I. bezog, der sich geweigert hatte, wie seine Vorgänger die deutsche Lehnshoheit anzuerkennen. Das ganze Jahr 1126 ging nun mit den böhmischen Angelegenheiten dahin und hielt Lothar davon ab, die geplante Reichsheerfahrt gegen den Stauferherzog Friedrich von Schwaben durchzuführen, der ja unter der Reichsacht stand. Am Ende kam es dann doch zu einer Einigung zwischen Lothar und Sobeslav.
Diese geschenkte Zeit wußten die Anhänger der Staufer zu nutzen, indem sie quer durch Süddeutschland eine starke Stellung mit vielen befestigten Plätzen aufbauten. 1127 scheiterte Lothar an der Belagerung des staufischen Nürnberg, ja er mußte auch noch erleben, daß das staufische Lager Konrad, Friedrichs jüngeren Bruder, zum Gegenkönig erhob, der sich sofort nach Italien aufmachte, um den dortigen Reichsbesitz, besonders die wichtige Markgrafschaft Toscana, in Besitz zu nehmen. Obwohl vom kirchlichen Bannfluch getroffen, gelang es dem staufischen Usurpator Konrad trotzdem, sich vom Erzbischof von Mailand in Monza zum König von Italien krönen zu lassen. Die mathildischen Güter konnte er trotzdem nicht erwerben.
In Deutschland fand die staufische Partei, besonders in den Städten am Rhein, treue Anhänger. 1129/30 aber wendete sich das Blatt: Im Mai 1127 hatte der Welfe Heinrich der Stolze, Herzog von Baiern, wie 1125 vereinbart, die Erbtochter Lothars geheiratet und somit die Anwartschaft auf Lothars Privatbesitz und das Herzogtum Sachsen erworben; damit war der nach den Staufern mächtigste Reichsfürst unwiderruflich auf Lothars Seite gezogen. Das wichtige Haus Zähringen im deutschen Südwesten wurde durch Belehnung mit dem vakanten Burgund für die königliche Sache gewonnen. Hand in Hand mit diesen politischen Gegenmaßnahmen liefen mit tatkräftiger Unterstützung durch die Welfen die militärischen Operationen König Lothars III. gegen die Staufer jetzt erheblich besser. Um Weihnachten 1129 ergab sich nach langem Kampf Speyer und ein knappes Jahr später auch Nürnberg den königlichen Waffen. Streitigkeiten an der Nordgrenze Sachsens wurden 1130 in für den König vorteilhafter Weise beigelegt. Der staufische Thronanspruch war damit de facto erledigt.

Lothar III., ein Pfaffenknecht?

Nach Abwehr des staufischen Machtanspruches blieb Lothar wenig Zeit, sich auszuruhen, denn 1130 starb Papst Honorius II. und noch am gleichen Tage spaltete sich das Kardinalskollegium. Eine Minder-

Relative Trennung von Staat und Kirche – Ausgleich mit dem Kaiser.
Papst Innozenz II. arbeitete mit Kaiser Lothar III. und Bernhard von Clairvaux zusammen. Bildnis vom Godehardschrein, Hildesheim.

heit wählte den Kardinal Gregor von St. Angelo als Innozenz II. zum Papst, während sich die Mehrheit für Petrus Pierleone als Anaklet II. entschied. Hinter dieser Doppelwahl steckten u. a. alte Rivalitäten zwischen zwei führenden römischen Patrizierfamilien: den Pierleoni (jüdische Finanzhelfer der Reformpäpste) und den Frangipani (ursprünglich Reformpapstanhänger, die im 12. Jahrhundert auf die kaiserliche Seite wechselten). In Rom brachen bürgerkriegsähnliche Tumulte aus, der Minderheitenkandidat floh nach Frankreich, da Anaklet II. sich in Rom behaupten konnte. Beide Päpste bannten sich gegenseitig und warben in ganz Europa um Unterstützung, besonders freilich bei König Lothar. In Frankreich hatte König Ludwig VI. eine nationale Synode einberufen, die entscheiden sollte, wer der rechtmäßige Papst sei; die Versammlung beschloß, dies dem Urteil des Abtes Bernhard von Clairvaux zu überlassen, der damals die unbestreitbar angesehenste Autorität der europäischen Christenheit war, so daß man die Jahre zwischen 1115 und 1153 auch als das Zeitalter Bernhards von Clairvaux bezeichnet hat.
Dieser Abkömmling eines französischen Rittergeschlechts, dem u. a. der in der Tradition Clunys neugegründete Zisterzienserorden seine europäische Bedeutung verdankt, war mehr als ein Ordensgründer mit hoher religiöser Autorität: die Stimme dieses zerbrechlich wirkenden Mönchs, den König Konrad III. auf seinen Armen durch den Dom getragen haben soll, damit Bernhard nicht von der Menge erdrückt werde, wurde auch in allen Zentren Europas gehört – und auch befolgt!
In der Frage des Schismas von 1130 entschied z. B. Bernhards Spruch für Innozenz II.; Frankreich, England und zuletzt auch Deutschland schlossen sich diesem Votum an, 1131 begleitete Bernhard Innozenz II. nach Lüttich, wo er mit König Lothar zusammentraf. Dabei tat Lothar, welcher aus ehrlichem Herzen Frieden mit der Kirche und deren Einheit wünschte, etwas ganz Unerhörtes: Er erwies dem Papst den *Stratordienst (K, Seite 162),* d. h. er führte das Pferd des Papstes am Zügel, hielt ihm den Steigbügel (Marschalldienst) und wehrte mit einem Stab das andrängende Volk ab, handelte also fast wie ein Lehnsmann des Papstes; auch versprach er, bei seinem Romzug Innozenz II. als einzigen römischen Pontifex wieder einzusetzen. Allerdings – Lothar handelte hier nicht nur als treuer Christ, sondern auch als erfahrener Politiker, der sehr wohl erkannt hatte, daß der Verfassungswandel, den das Wormser Konkordat nach sich zog, für das deutsche Königtum eine Verkleinerung seiner Einflußsphären bedeutete. Und so verlangte er von Innozenz, der ja im Moment auf Lothar angewiesen war, das königliche Recht auf die Bischofsinvestitur zurück; es bedurfte schon

der Beredsamkeit eines Bernhard von Clairvaux, dem König diese äußerst brisante Forderung, welche die Neuauflage des Investiturstreites hätte bedeuten können, wieder auszureden – allerdings keineswegs für immer!

In Italien war die Lage für Papst Innozenz II. und Lothar nicht günstig; da nämlich der Gegenpapst Anaklet II. zwar in weiten Teilen Nord- und Mittelitaliens Unterstützung, aber beim deutschen König keine Bestätigung gefunden hatte, warf er sich dem Normannenstaat Apuliens und Siziliens unter Roger II. in die Arme. Für seine Hilfe erlangte Roger beträchtliche Gebietsvergrößerungen auf dem italienischen Festland und ein päpstliches Dekret erhob das Normannenreich zum Königreich und den frischgekürten König Roger formell zum päpstlichen Lehnsmann.

Der Normannenstaat rückte durch seine schnelle Expansion von Süden her der Stadt Rom gefährlich nahe: im Mittelmeerraum war mit diesem sizilisch-süditalienischen Königreich ein bedeutender Machtfaktor entstanden, mit dem die Päpste allerdings auch Koalitionen eingehen konnten.

So etwa war die Lage, als Lothar 1132 in Italien erschien, nachdem er vorher seinen Schwiegersohn Herzog Heinrich dem Stolzen von Baiern die Regentschaft anvertraut hatte. Innozenz II. und Lothar überwinterten in den lombardischen Städten und kamen im Frühling 1133 nach Rom. Dort zeigte es sich schnell, daß Lothar zu wenig Truppen mitgebracht hatte, um Rom völlig von den Anhängern Anaklets II. zu ›säubern‹; so blieb die Peterskirche in Anaklets Hand, und Lothar und seine Frau Richenza mußten in der Lateranbasilika gekrönt werden.

Die politischen Verhandlungen, welche wie stets üblich den Krönungsvorbereitungen parallel liefen, zeigten Lothar als selbstbewußten Realpolitiker, der beharrlich seine Ziele verfolgte: Die Markgrafschaft Toscana blieb kaiserlich und wurde an Heinrich den Stolzen, Lothars Schwiegersohn, verliehen. Die Welfen gewannen so zu Baiern und ihrem alten italienischen Hausbesitz der Este noch erheblich an Macht dazu; nach Lothars Tod würden sie die mächtigsten Fürsten des Reiches sein.

In der so schwierigen Frage des Investiturstreits – von Lothar wieder konsequent auf die Tagesordnung gesetzt – erreichte der König gewisse Detailverbesserungen zu seinen Gunsten. In ein Abenteuer gegen Roger II. ließ Lothar sich nicht ein, obwohl gerade dies Papst Innozenz II. sehr gern gesehen hätte. Unmittelbar nach der Kaiserkrönung verließ Lothar vielmehr Italien und kehrte nach Deutschland zurück!

BERNHARD VON CLAIRVAUX

Bernhard von Clairvaux stammte aus einem burgundischen Adelsgeschlecht. Als drittes von sieben Kindern wurde er 1090 in Fontaines bei Dijon geboren. Seine Eltern, der bei Châtillon begüterte Vater Tescelin le Saur und seine Ehefrau Aleth von Montbard, schickten den Jungen auf die Schule der Stiftsherren von Saint-Vorles, und im April des Jahres 1112 trat Bernhard in das Reformkloster Cîteaux (südlich von Dijon) ein, zwei Jahre nach seiner Weihe wurde er 1115 mit zwölf anderen Mönchen zur Gründung des Klosters Clairvaux (heute Departement Aube) ausgesandt. Dort entfaltete der über eine überzeugende Beredsamkeit verfügende Bernhard als Abt eine außerordentlich rege Tätigkeit für den nach seinem Mutterkloster benannten Zisterzienserorden, deren bewundernswerten Erfolg die stolze Zahl von fast 70 Tochtergründungen innerhalb von drei Jahrzehnten verdeutlicht.

Bernhard von Clairvaux vertrat mit besonderem, ja unerbittlichem Ernst die Forderung nach einem Leben in Askese und Armut. Besonders großen Einfluß auf das kirchliche und politische Leben seiner Zeit gewann er, als sein Schüler Bernardo Paganelli als Eugen III. im Jahre 1145 den Stuhl Petri bestieg. Auf seinen ausgedehnten Reisen besuchte Bernhard von Clairvaux u. a. Deutschland und Flandern, natürlich auch Italien und Rom. Ludwig VII. von Frankreich gewann er durch seine hinreißenden Predigten in Vézelay und Kaiser Konrad III. bei seinem Aufenthalt in Speyer für den Zweiten Kreuzzug.

Seine Frömmigkeit wirkte stark auf die Mystik des späten Mittelalters. Sie verlangte die innige, gläubige Versenkung in das menschliche Bild des gekreuzigten »Bräutigams« bis hin zur Betrachtung seiner Gliedmaßen und Wunden, in der erregten Leidenschaft frommen Gefühls den Augenblick tiefsten Einsseins mit Jesus erlebend.

Bernhard starb am 20. August 1153 in seiner Abtei Clairvaux. *(S. G.)*

Missionierung und Besiedlung, Kern der Ostpolitik

Nach Lothars Auseinandersetzung mit den Staufern und seinem Italienaufenthalt erforderten wirre und unübersichtliche Verhältnisse an der Nordostgrenze sein Eingreifen; von seiner Herzogszeit in Sachsen waren dem Kaiser die dortigen Gegebenheiten bestens vertraut. Bereits 1114 war er von Sachsen her weit nach Mecklenburg vorgedrungen und hatte eine Grundlage für Missionierung und Siedlung in diesen Gebieten geschaffen. Die Jahre 1134/35 bringen dann für die weitere Entwicklung dieses Raumes wichtige Entscheidungen: Nach Interventionen des deutschen Königs kamen die Thronstreitigkeiten in Dänemark zu einem Ende, der dänische König Erich Emune wurde Lehnsmann des Kaisers. Albrecht der Bär aus dem Hause Askanien erhielt als Markgraf die Nordmark, von wo aus er den deutschen Einfluß bis nach Brandenburg ausdehnte und später im wendischen Havelland einige slawische Fürsten beerbte. Seit 1150 nannte er sich Markgraf von Brandenburg, woraus später ein Kurfürstentum werden sollte. Seit 1136 befanden sich die Marken Meißen und Lausitz als Lehen im Besitz des Hauses Wettin. Auch dieses Geschlecht sollte bald in den Reichsfürstenstand aufsteigen und als Kurfürsten und später Könige von Sachsen bis 1918 eine Rolle in der deutschen Geschichte spielen. Beide Dynastien, die Askanier und die Wettiner, von Lothar ins erste Glied der Fürstenschaft erhoben, haben sehr großen Anteil daran, daß das Gebiet zwischen Elbe und Oder christianisiert und der deutschen Besiedlung geöffnet wurde. Mit Recht ist sich heute die Forschung allgemein einig, daß Kaiser Lothar III. seine größten und bleibenden Leistungen hier an der Nordostgrenze des Reiches vollbracht hat.

Lothar III., Mittelpunkt europäischer Politik?

Die Jahre 1134/35 waren die besten in Lothars Regierung, der *Hoftag* *(K, Seite 217)* von Merseburg 1135 wahrscheinlich der Gipfelpunkt überhaupt: Polen erkannte erneut die Oberhoheit des Reiches an und Lothar sieht sich als Mittelpunkt der europäischen Politik. Gesandtschaften des byzantinischen Kaisers und der Republik Venedig fanden sich ein, um mit dem Kaiser ein gemeinsames Konzept für Süditalien und den Adriaraum zu besprechen. Alle drei Mächte hatten dort gemeinsame Interessen: Venedig und Byzanz sahen ihren Mittelmeerhandel durch den unteritalienischen Normannenstaat bedroht, während dem Kaiser langfristig daran gelegen sein mußte, dieses aufstrebende Königreich als machtpolitischen Rückhalt des Papstes in Italien kurzzuhalten. Gewisse Grundlinien der weltpolitischen Entwicklung der Stauferzeit werden hier in Umrissen sichtbar. Auch im Reich hatten sich die Dinge für Lothar günstig entwickelt, da die Staufer 1134 der militärischen Macht der Welfen und Lothars hatten weichen müssen. In Fulda machte Friedrich von Schwaben als Zeichen der Unterwerfung den Fußfall vor dem Kaiser, sein Bruder Konrad verzichtete nun auch offiziell auf den usurpierten Königstitel. Allerdings durften die Staufer das strittige salische Hausgut behalten – der zehnjährige Bürgerkrieg war vorbei, der welfisch-staufische Gegensatz freilich nicht beigelegt, sondern nur vertagt!

Kampf gegen Roger II. und Ende des Schismas

Während Lothar III. in den Jahren nach seiner Kaiserkrönung in Deutschland die Verhältnisse dauerhaft zu seinen Gunsten stabilisierte, hatten die Dinge in Italien für Papst Innozenz II. wieder eine böse Wendung genommen. König Roger II., der Protektor des Gegenpapstes Anaklet II., bedrängte Innozenz II. derartig, daß dieser wieder aus Rom fliehen mußte; besonders auf Betreiben Bernhards von Clairvaux entschloß sich Lothar zu einem neuen Italienfeldzug, wofür diesmal die militärischen Möglichkeiten erheblich erfolgversprechender waren, da nun die welfischen Kontingente dem Kaiser voll zur Verfügung standen. Bevor nun der eigentliche Feldzug begann, erging auf einem Reichstag in Roncaglia (in der Nähe von Piacenza/Po) ein kaiserliches Gesetz, das zeigt, wie stark das Lehnswesen sich verändert hatte und welche Mißbräuche damit getrieben wurden. Die Kernsätze des Gesetzes lauteten: »[...] Durch viele Klagen haben wir erfahren, daß Ritter ihre Lehen allethalben verkaufen bzw. zerteilen und dann, nachdem ihre Möglichkeiten erschöpft sind, ihren Lehnsherren die geschuldeten Dienste entziehen, wodurch wiederum die Macht des Reiches empfindlich geschädigt wird, weil unsere Kronvasallen uns dann für unsere Feldzüge keine Leute mehr zuführen können [...] wir befehlen deshalb für alle Zeit, daß niemand sein Lehen [...] aufteilt, weitergibt oder sich sonst irgendeinen Handel ausdenkt, der gegen den Sinn dieses Gesetzes verstößt [...]«. Die kleinen Lehnsträger trieben also mit ›geliehenem‹ Land einen regelrechten Handel, wogegen der Kaiser noch vorgehen konnte; ob er damals noch gegen die großen Kronvasallen ein Gesetz wegen Lehnsmißbrauch hätte erlassen und allgemein durchsetzen können, ist zweifelhaft! Nach diesem Reichstag begann der Italien(feld)zug diesmal mit einer klaren strategischen Planung, derzufolge zwei Heeressäulen getrennt, aber mit einem gemein-

König durch Unterstützung der Kirche. *Das Mosaik von 1143 postuliert die Herrschaft des (vom Gegenpapst Anaklet II. gestützten) Normannen Rogers II. als König über Unteritalien durch Christi Gnade. Palermo, Martoranakirche.*

samen Ziel nach Süden vorrücken sollten. Die eine unter dem Baiernherzog marschierte durch die Toscana nach Rom und von dort zur wichtigen Festung Benevent, welche erobert wurde. Von See her deckte eine genuesisch-pisanische Flottenoperation den Marsch – nicht ganz uneigennützig freilich, denn beide Seestädte hatten es auch oder vor allem auf Amalfi abgesehen, das denn auch tatsächlich als lästige Handelskonkurrentin in Süditalien ausgeschaltet wurde. Die andere Heeresabteilung führte der Kaiser selbst entlang der adriatischen Küste nach Apulien.

Beide Abteilungen trafen sich dann vor der Schlüsselfestung Bari, das dem kombinierten Angriff auch zum Opfer fiel; nachdem auch noch Melfi und Salerno gefallen waren, streckte Roger erste Friedensfühler aus.

Lothar und Innozenz II. nahmen das Angebot an, doch traten bei der Umsetzung der Friedensbedingungen sofort die Interessengegensätze zwischen Kaiser und Papst zutage! Sie wurden notdürftig, man würde heute sagen, mit einem »Formelkompromiß« überbrückt. Innozenz bedurfte nämlich nach wie vor der kaiserlichen Unterstützung, da Roger keineswegs ausgeschaltet war, während es Lothar III. mit Macht nach Hause drängte: Er selbst war krank und sein Ritterheer hatte das Kriegführen im sonnendurchglühten Unteritalien völlig satt und stand am Rande einer Meuterei.

Noch auf dem Heimweg erlag Lothar III. in Tirol am 4. Dezember 1137 seiner Krankheit; im Bewußtsein des nahenden Todes übergab er dem Welfen Heinrich dem Stolzen, seinem Schwiegersohn, die Reichsinsignien und das Herzogtum Sachsen.

An Macht und Besitz überragte dank dieses Erbes der Welfe seine fürstlichen Kollegen um Längen: er war Herzog von Baiern und Sachsen, Markgraf der Toscana und Eigentümer eines riesigen Privatbesitzes in Oberitalien, Sachsen und Schwaben.

Das Urteil des 19. Jahrhunderts, Lothar III. sei als König und Kaiser eine biedere Marionette von Fürsten und Kirche, eben ein »Pfaffenkönig«, gewesen, ist nicht haltbar. Er kam als Kandidat der fürstlichen Opposition mit Hilfe der Reformkirche auf den Thron, trieb dann aber als König eine selbständige Politik, verfocht die Interessen der Krone fest und konsequent, mußte dies allerdings unter Bedingungen tun, welche völlig anders und zwar erheblich ungünstiger waren als unter Konrad II. oder gar Heinrich III. Seine Grabinschrift zeichnet diesen Mann zutreffend: »Lothar durch Gnade Gottes römischer Kaiser regierte 12 Jahre, 3 Monate und 12 Tage. Er starb als ein Mann von außerordentlicher Treue, Wahrhaftigkeit und Beständigkeit, ein Friedensstifter und tapferer Ritter auf der Rückkehr von Apulien [. . .]«.

Lothar III. von Supplinburg tot – Erbfolge – oder Wahlprinzip?

Die Situation nach dem Tode Lothars ähnelt in verblüffender Weise der nach dem Tode Heinrichs V.: Wieder stand Erbfolge- gegen Wahlprinzip, denn daß Lothar seinen Schwiegersohn, den Baiernherzog, zu seinem Nachfolger designiert hatte, daran kann es keinen Zweifel geben! Doch hatte Heinrich ein großes Handikap – er war sehr reich und sehr mächtig; seine Besitzungen und Herrschaftsgebiete erstreckten sich fast von der Ostsee bis vor die Tore Roms, dazu war er ein machtbewußter, stolzer Mann, von dem man erwartete, daß er kompromißlos die Interessen der Zentralgewalt gegenüber Reichsfürsten und Kurie durchsetzen würde. Logischerweise hatte er dann auch die gleiche Koalition gegen sich wie einst Herzog Friedrich von Schwaben als Thronkandidat und Salierererbe: die Reformkirche und die Mehrheit der Fürsten. Dabei handelte die Kurie äußerst prompt; kaum nämlich war Lothar tot, da erschien bereits ein päpstlicher Legat in Deutschland mit dem unmißverständlichen Auftrag, für die Wahl des vom Papst favorisierten Kandidaten zu sorgen. Dieser aber war niemand anderes als der frühere Gegenkönig Lothars, Konrad von Staufen, der Bruder des Schwabenherzogs!
Die Zusammenarbeit der Gegner Heinrichs des Stolzen in Deutschland klappte reibungslos und vor allem schnell. In Stellvertretung des verstorbenen Mainzer Erzbischofs berief der Erzbischof von Trier, hinter dem Papst und Staufer standen, noch vor dem vereinbarten Termin die Anhänger seines Kandidaten nach Koblenz, wo am 7. März 1138 die Wahl Konrads zum deutschen König als fait accompli einer staunenden und teilweise erbitterten Öffentlichkeit präsentiert wurde! Bereits sechs Tage darauf fand in Aachen die Krönung statt – der Gegner sollte keine Atempause bekommen!

Freie Wahl bringt Konrad von Schwaben die Königskrone, dem Reich den Krieg

Was aber zunächst als etwas dreiste, reine Überrumpelungstaktik ausgesehen hatte, entpuppte sich sehr schnell als kalkulierter Schachzug, denn es zeigte sich, daß der Welfe Heinrich unter den wahlberechtigten Fürsten praktisch keine Anhänger, wohl aber sehr viele Gegner, ja Feinde hatte. Deshalb fand auch Konrad, der ja nur von einer Minderheit gewählt worden war, rasch allgemeine Anerkennung. Heinrich erkannte, daß seine Thronansprüche nicht durchsetzbar waren und gab die Reichsinsignien heraus. Als man von ihm aber auch noch die Abgabe eines seiner beiden Herzogtümer verlangte, da nach altem Brauch – den man urplötzlich wieder befolgen zu müssen glaubte – kein Fürst deren zwei besitzen dürfe, weigerte er sich und versagte König Konrad III. die Anerkennung. Darauf entzog ihm ein Reichstagsbeschluß beide Herzogtümer und ächtete ihn. Ein großes Revirement (Umgestaltung der politischen Landkarte) brachte nun den Askaniern das Herzogtum Sachsen, den Babenbergern das Herzogtum Baiern ein. Vom Standpunkt der Staatsräson konnte Konrad III. nicht anders handeln, da er sonst neben dem reichbegüterten Welfen als König mit vergleichbar ›bescheidenem‹ Hausgut nur eine Schattenrolle hätte spielen können. Der Preis für diese Schachzüge war nun eine Neuauflage der erbitterten Fehde zwischen Staufern und Welfen, die militärisch nahezu im ganzen Reich ausgefochten wurde. Dabei wurde offenbar, daß die Welfen in Sachsen wie auch in Baiern als Herzogsgeschlecht tief verwurzelt waren und breite Unterstützung fanden: Keiner der neuen Herzöge, weder der Askanier noch der Babenberger, konnten sich hier durchsetzen; auch der plötzliche Tod Heinrichs des Stolzen änderte daran nichts. 1140 griff Konrad III. persönlich in diese Großfehde ein.

Als er das welfische Weinsberg belagerte und ein Entsatzheer unter Heinrichs jüngerem Bruder Welf VI., Markgraf von Tuscien, vertrieben hatte, trug sich dann dort die bekannte Begebenheit mit den »Weibern von Weinsberg« zu: Der König hatte den in der Festung befindlichen Frauen gestattet, bei der Übergabe so viel mit sich zu nehmen wie sie auf dem Rücken tragen könnten. Darauf trugen die wackeren Damen statt ihrer Habe ihre Männer aus der Festung, deren Kopf eigentlich der Reichsacht verfallen war. Als darauf der Herzog von Schwaben meinte, daß man ein königliches Versprechen nicht so spitzfindig auslegen könne, meinte Konrad, daß es eben an einem Königswort nichts zu deuteln gebe und ließ die Frauen gewähren. Die ganze Begebenheit paßt gut zu dem, was wir über Konrads Persönlichkeit wissen! Nach dem Urteil von Zeitgenossen war er ein gutaussehender Mann mit gewinnenden, galanten Umgangsformen; immer gut aufgelegt hatte er auch gern fröhliche Menschen um sich und war von großer körperlicher Leistungsfähigkeit. In seiner Umgebung wurde er mit dem trojanischen Helden Hektor und dem schönen Prinzen Paris verglichen.

Nachdem die Kämpfe noch das ganze Jahr 1141 über angedauert hatten, brachte 1142 einen gewissen Ausgleich zwischen den Parteien; wie im europäischen Adel allgemein üblich, war eine dynastische Heirat das gewählte Mittel. Die Witwe Heinrichs des Stolzen und Mutter

Königsbildnis Konrads III.
Darstellung auf einer Schmuckmünze (Brakteat) aus Silber.
Berlin-Ost, Staatliche Museen zu Berlin.

Heinrichs des Löwen wurde mit dem Markgrafen von Österreich, dem Babenberger Heinrich mit dem Beinamen Jasomirgott verheiratet, der seinerseits als neuer Baiernherzog das Erbe seines kinderlos verstorbenen Bruders antrat. Doch kittete diese Ehe das Verhältnis der verfeindeten Fürstengeschlechter nicht auf Dauer, da Welf VI. Heinrich Jasomirgott als Herzog von Baiern nicht anerkannte, obwohl der Askanier Albrecht auf Sachsen verzichtete, dessen rechtmäßiger Herzog jetzt Heinrich der Löwe wurde. So dauerte im Süden die Fehde zwischen Welfen und Babenbergern weiter an, wobei normannisches Geld aus Sizilien in die welfische Kriegskasse floß; Roger II. von Sizilien hatte nämlich allen Grund, die Wirren in Deutschland am Leben und den deutschen König aus Italien somit herauszuhalten. Dort nämlich waren die Wirkungen Lothars III. zweitem Romzug längst verpufft und Roger war wieder Herr Unteritaliens. Dabei war ihm Innozenz II. in die Hände gefallen, dem er für die Freilassung die Bestätigung des normannischen Besitzes und des von Anaklet verliehenen Königstitels abpreßte.

Ein Schwabe in Geldnot

In der Regierungszeit Konrads III. entwickelte sich die Situation der Zentralgewalt in Deutschland nicht gerade günstig. Jetzt, in der Mitte des 12. Jahrhunderts war es ganz deutlich, daß ein deutscher König,

Kapetinger

Ein französisches Königshaus rheinfränkischer Herkunft. 987 lösten sie mit der Wahl Hugo Capets zum König die karolingische Dynastie ab. Die Hauptlinie konnte die Krone bis 1328 behaupten; dann wurden Nebenlinien zu politischen Machtfaktoren: die Häuser Valois, Bourbon, Orléans.

Valois

Diese Seitenlinie der Kapetinger wurde nach deren Aussterben im Mannesstamm mit der Grafschaft Valois ausgestattet (heute ein Teil des Départements Oise et Aisne mit dem Hauptort Crepy-en-Valois); Philipp VI. wurde 1328 König von Frankreich. Die Valois konnten sich als Könige bis 1498 halten und wurden dann vom Haus Orléans abgelöst. In ihre Regierungszeit fiel der Ausbau der Krondomänen, der Beginn des zentralistischen Staatsaufbaus und der Hundertjährige Krieg (Jeanne d'Arc), in dessen Folge die englischen Könige vom Festland verdrängt wurden.

gemessen an der nominellen Ausdehnung seines Reiches, eine viel zu schmale, reale Machtbasis hatte; auch fehlte es ihm jetzt, da die doch stark geschrumpfte Geldwirtschaft besonders in den oberitalienischen Städten wieder florierte, an regelmäßig fließenden Einkünften, an vorauskalkulierbaren Einnahmen in Form von Bargeld, ohne das künftig »kein Staat mehr zu machen war«! Der König in Deutschland konnte zwar, wie das Beispiel Konrads III. zeigt, in gewissem Maße mit den großen Reichsfürsten ›jonglieren‹, den einen, bot sich die Gelegenheit, durch einen anderen ersetzen oder diesen gegen jenen ausspielen oder Heiratspolitik betreiben – auf längere Sicht brachte all dies für die Zentralgewalt wenig, oft aber gar keinen Gewinn.
Denn letztlich konnte der Monarch nur den einen Mann durch einen Mann gleichen oder ähnlichen Schlages ersetzen, wobei persönliche Treue und Ergebenheit zum König ein recht unsicherer, das Streben nach Macht und Selbständigkeit jedoch ein sehr konstanter Faktor in der Rechnung blieb. Dies drückte sich darin aus, daß eigentlich alle Adeligen, begünstigt durch das grundherrschaftliche System und die »deutsche« Ausprägung des Lehnswesens (siehe Seite 53 ff), danach trachteten, ihren Privatbesitz und ihre Lehen zu einem einheitlichen, durch sie allein regierten Territorium zu verschmelzen; bewußtseinsmäßig hatten sie diesen Schritt schon vollzogen, wie das Lehnsgesetz

Lothars III. zeigt! Aber weder Heinrich V. noch Lothar III. oder gar Konrad III. hatten diese Entwicklung bremsen oder gar rückläufig machen können: die in der Zeit des Investiturstreites geschaffenen Tatsachen waren zu mächtig. Vielmehr war der Adel im Verein mit der Kirche seit Lothar III. drauf und dran, das von ihnen favorisierte Wahlrecht bei der Königserhebung zu zementieren. Das einzige Mittel der Zentralgewalt, um hier nicht gänzlich unter die Räder zu kommen, war der methodisch betriebene Ausbau zusammenhängender, flächenhafter Königsterritorien, deren Verwaltung nicht mehr lehnsrechtlich erfolgte, sondern durch außerhalb des Lehnssystems stehendes, nichtadeliges Personal ohne Erbansprüche auf das Amt, Ministeriale.
Dies ging aber nicht ohne Durchsetzung des Erbmonarchieprinzips, welches allein die nötige Stetigkeit bei dieser mühevollen Kleinarbeit garantieren konnte wie sie durch Jahrhunderte im Frankreich der *Kapetinger* und *Valois (K, links)* geleistet wurde.

Erbmonarchie und Freiheitsbewegungen: Politisches Kräfteverhältnis in Europa

Im 12. Jahrhundert hatten in dieser Beziehung die westeuropäischen Monarchien Deutschland auf dem Weg zu einem modernen Staat bereits überholt. Konrad III. versuchte auch diesen Weg zu gehen und hatte dabei auch einige bescheidene, wenn auch nicht durchschlagende Erfolge, zumal die außenpolitische Lage für das Reich nicht ungünstig war: Byzanz zeigte sich nach wie vor an einer Zusammenarbeit gegen den Normannenstaat in Unteritalien und Sizilien interessiert, was dem deutschen König wenigstens manche Möglichkeit zur Erweiterung seiner Macht in Italien bot; das Reformpapsttum befand sich in doppelter Bedrängnis – im Süden nach wie vor durch die Normannen, in Rom durch die in Italiens Städten grassierende Freiheitsbewegung, die auch auf Rom übergeschwappt war: Der Ruf nach kommunaler (städtischer) Unabhängigkeit war zuerst in den reichen Städten Oberitaliens laut geworden, stadtherrliches Regiment sollte überall dort der Selbstverwaltung der »Bürger« weichen. In Rom richtete sich diese Tendenz nicht minder heftig gegen den Stadtherrn, den Papst: Eugen III. mußte aus Rom fliehen und 1146 ein Hilfeersuchen an Konrad III. richten.
Die Entwicklung, die sich anzubahnen begann – in der Politik gibt es bekanntlich nichts umsonst und der Papst brauchte jetzt den deutschen König – wurde jedoch schnell abgeblockt und kam nicht zum Austrag.

Gott will es: Zweiter Kreuzzug

Da nämlich Ende des Jahres 1144 die Mohammedaner Edessa eroberten und das ganze Ergebnis des Ersten Kreuzzuges gefährdeten, brach in Europa eine ungeheure Kreuzzugsbegeisterung aus, die das Getriebe der ›normalen‹ Politik nahezu zum Stillstand brachte. In Flandern und im Rheinland kam es zu Judenpogromen, die Bernhard von Clairvaux, welcher überall zum Kreuzzug rief, trotz energischer Verbote nicht verhindern konnte.
Nach längerem, durch die nach wie vor recht diffusen Verhältnisse im Reich sehr wohl begründetem Zögern gab auch Konrad III. das Kreuzzugsversprechen, mit ihm auch viele deutsche Fürsten. Für das Jahr 1147 wurde ein allgemeiner Gottesfriede proklamiert, während dem alle Fehden zu ruhen hatten. Für das junge, in seinem Fortbestand noch keineswegs gesicherte Königtum der Staufer bestand eine der wenigen positiven Auswirkungen dieser europäischen Kreuzfahrt darin, daß unter diesen speziellen Voraussetzungen ohne Schwierigkeiten Konrads III. Sohn Heinrich als Nachfolger auf dem Thron bestimmt und so der Ansatz zu einer Dynastiebildung ermöglicht wurde.

»Taufe oder Tod« – Ziele und Folgen des Wendenkreuzzugs

Eine Anzahl von Fürsten des deutschen Nordostens erreichte jedoch besonders auf Fürsprache Bernhards von Clairvaux, daß sie statt ins Heilige Land einen Kreuzzug vor ihrer Haustür gegen die heidnischen Wenden jenseits der Elbe machen durften. Seit den Tagen Papst Urbans II. gab es in der spanischen Reconquista dafür Präzedenzfälle, doch billigte Papst Eugen III. diesen Plan nur mit Bedenken, die in gewisser Hinsicht auch Bernhard teilte. Beide nämlich quälte die Sorge, daß aus der Missionsfahrt, die der Papst wollte, ein reiner Eroberungszug der Fürsten unter missionarischem Deckmantel werden könne; wie es sich zeigte, bestanden diese Befürchtungen keineswegs zu Unrecht. Eugen wie Bernhard hatten das Ziel, die Wenden zum christlichen Glauben zu bekehren; würden die heidnischen Slawen freiwillig Christen, könnten sie auch selbständig bleiben, wenn nicht, so würden sie der christlichen deutschen Herrschaft unterworfen, um so ihr Heidentum zu beenden.
Die Zielsetzungen insbesondere der fürstlichen Wendenkreuzfahrer sahen da anders aus. Für sie ging es um das seit dem großen Slawenaufstand von 983 wieder unabhängige heidnische Slawengebiet zwi-

schen dem deutschen Reich und dem christlichen Polen. Dieses Gebiet hatte in etwa die Form eines unregelmäßigen Fünfecks mit folgenden Grenzen bzw. Grenzpunkten: Im Norden die Ostseeküste zwischen Kieler Förde und der Halbinsel Usedom in der Odermündung, im Süden etwa die Linie Magdeburg–Berlin–Zusammenfluß von Oder und Warthe, im Osten in etwa die Oder zwischen Stettin und der Warthemündung oderaufwärts sowie im Westen die Linie von Kiel senkrecht nach Süden bis an die Elbe auf der Höhe des heutigen Lüchow-Dannenberg, von dort elbeaufwärts bis zur Havelmündung und von da wieder ziemlich gerade dem Elblauf folgend nach Süden bis zur Saalemündung südlich von Magdeburg. Mit anderen Worten – dieses Areal umfaßte so ziemlich die Nordhälfte der heutigen DDR, nämlich Mecklenburg, die Uckermark und die Altmark sowie Brandenburg mit Ausnahme der Gebiete um die Lübecker Bucht und des Stettiner Umlandes. Damals im 12. Jahrhundert wurde dieses Gebiet von den großen Stammesverbänden der Abodriten (oder Obodriten) im Norden und der Wilzen oder Liutizen im Süden beherrscht. Die Hauptstoßrichtungen des Kreuzzuges wiesen also logischerweise von Ostwestfalen und Holstein aus – beides zum Herzogtum Sachsen gehörig – zur Mecklenburger Seenplatte mit Zentrum Schwerin bzw. auf die Havelseen um das heutige Berlin, damals Nordmark, später Mark Brandenburg genannt. (In den Markgrafschaften Lausitz und Meißen zwischen der Linie Magdeburg-Oder im Norden und dem Erzgebirge bzw. dem Lausitzer Bergland umfaßte das Reich Mitte des 12. Jahrhunderts bereits Siedlungsgebiete der ehemals slawischen Lausitzer, Milzener und Dalaminzier.)

»Sie gaben alles, um Leben und Land zu retten«

1147 wollte man in den Ländern der Abodriten und Wilzen Eroberungen machen – an Christianisierung war weniger gelegen, da man Land und Besitz von Menschen, die freiwillig zum Christentum übergetreten waren, nicht so einfach konfiszieren konnte. Dies gilt sowohl für die deutschen Fürsten als auch für die christlichen Anführer der Dänen, Polen und Böhmen: Gesichtspunkte der Volkszugehörigkeit oder gar Rasse spielten dabei keine Rolle.
Helmold von Bosau, ein der Reformkirche anhängender Priester, der in seiner Slawenchronik diese ganzen Vorgänge beschrieb, bemerkt hierzu über die Motive der Fürsten – hier hat er Heinrich den Löwen im Auge – bei späterer Gelegenheit einmal folgendes: »[. . .] unser jugendlicher Herzog [. . .] begann, über das ganze Land der Slawen zu

Die Welfen — aufstrebendes Fürstengeschlecht. *Die im byzantinischen Stil angelegte Miniatur aus dem Evangeliar zeigt Heinrich den Löwen und seine Gemahlin Mathilde umgeben von beider Vorfahren.*

Durch den Besitz der Herzogswürde von Baiern und Sachsen sowie durch Beziehungen zu England, Italien und den Normannen stiegen die Welfen zu machtvollen Kontrahenten des Kaisers auf (siehe Band 3).

herrschen, wobei er immer größer und mächtiger wurde. Denn sooft ihm die Slawen widerstrebten, überzog er sie mit Kriegesmacht, und sie gaben ihm, um Leben und Land zu retten, was er nur forderte. Aber auf allen Feldzügen, die der noch junge Mann ins Slawenland hinein unternahm, war keine Rede vom Christentum, sondern immer nur vom Gelde. Weiter opferten die Slawen Götzen und nicht Gott« (Übers.: H. Stoob).

Ging es dann aber darum, die Taufe mit Waffengewalt durchzusetzen, dann war es den Fürsten und deren Rittern auch nicht recht, da sie ja Krieg gegen Land und Leute führten, das sie bereits als ihr Eigentum ansahen, sich also selbst schädigten! Die nichtadeligen Teilnehmer des Wendenkreuzzuges dagegen standen keineswegs so voll hinter den Annektionsabsichten der Fürsten; für sie war der Sinn des Zuges in dem Augenblick erfüllt, als sich die Slawen, wenn auch nicht aufrichtig, zur Taufe bereit erklärten. Von den Eroberungen der Fürsten hatten sie ja keinen Nutzen, sondern nur Strapazen. Leute wie Helmold von Bosau wiederum sahen ganze Unternehmen unter dem Blickwinkel des ›Seelsorgers‹, der wußte, daß christliche Gesinnung nicht mit diesen fürstlichen Mitteln zu erzeugen war.

Eroberung, Kolonisation, Mission: Das Reich expandiert nach Osten

Aus diesen in sich divergierenden Zielsetzungen des Unternehmens erklärt sich auch, daß viele Zeitgenossen oder Geschichtsforscher den Wendenkreuzzug als nicht geglückt, ja als Fiasko bezeichneten. Dem jedoch war nicht so, denn zumindest die prominenten Führer unter den beteiligten Fürsten wie Heinrich der Löwe, die Markgrafen von Holstein, Brandenburg und Meißen erreichten letztlich doch ihr Ziel: Das heidnische Bollwerk zwischen dem Reich und dem christlichen Polen, dessen Kontingente ja auch beteiligt waren, wurde mürbe gemacht. Die wendischen Fürstentümer unterwarfen sich nämlich doch nach und nach, der größte Teil des Slawengebietes wurde so der Missionsarbeit und der deutschen Besiedlung geöffnet, wenn auch unter vielen Greueln und egoistischen Zielen der Beteiligten, wie bei fast allen Kreuzzügen üblich.

Mag also der Wendenkreuzzug fürstlicherseits unter sehr eigennützigen Motiven gestanden haben – ein Vernichtungsfeldzug war er nicht, denn wie die Geschichte zeigt, kam es schließlich doch zu einer weitgehenden Integration und Vermischung zwischen Deutschen und Slawen. Ebensowenig ging der slawische Adel unter, wie schon die Namen vieler späterer Adelsgeschlechter zeigen; beispielsweise stiegen die Fürsten der Abodriten bereits Ende des 12. Jahrhunderts als Herzöge von Mecklenburg in den deutschen Reichsfürstenstand auf und spielten dort wie die Przemyslidenherrscher Böhmens eine bedeutende Rolle.

In den folgenden Jahren bauten dann die Fürsten planmäßig eine herrschaftliche Infrastruktur auf, errichteten Gerichtsbezirke, gründeten Städte und holten vor allem viele Siedler aus Friesland und Holland, Westfalen und dem Rheinland in ihre neuen Gebiete. Dies war jetzt möglich, da Deutschland einen großen Bevölkerungszuwachs erlebt hatte und im Gegensatz zur ottonischen Zeit jetzt Bevölkerung für Neusiedlung abgeben konnte. Denn führenden Persönlichkeiten in dieser Kolonisationsbewegung war klar geworden, daß ohne Besiedlung keine dauernde Beherrschung dieser Gebiete möglich war. Auch die Missionsarbeit der Kirche machte jetzt durchschlagende Fortschritte; dies beweist die Neugründung des seit dem großen Liutizenaufstand von 983 verwaisten Bistums Havelberg, wo seit 1150 wieder ein Bischof residierte; die Behauptung der älteren wie teilweise auch der neueren Forschung, Bernhard hätte den Wendenkreuzzug mit der wörtlich zu nehmenden Devise »Taufe oder Tod« gepredigt, läßt sich nicht aufrechterhalten.

Ein scharfes Schlaglicht aber wirft das Wendenunternehmen auf die Zustände im Reich selbst: Hier, wo es um Gebietserweiterung und Vorschiebung der Grenzen geht, geschieht dies *ohne* jegliche königliche Beteiligung oder Initiative; es sind die *Fürsten,* die handeln – und dazu auch die nötigen Mittel haben! Dies betrifft nicht nur den militärischen Aspekt allein, sondern nach dem kriegerischen Unternehmen auch so wichtige Dinge wie die Einrichtung von Gerichtsbezirken, die Gründung von Städten und vor allem das seit dem Investiturstreit so brisante Kapitel der Kirchenorganisation! Hier vermag sich z. B. Heinrich der Löwe gegen den Erzbischof von Bremen durchzusetzen, indem er äußerst massive Druckmittel benutzt.

Krieg in Europa? – Ergebnis des Zweiten Kreuzzugs

Dies geschah alles, während der deutsche König im Orient das Fiasko des Zweiten Kreuzzuges durchlitt, um nach seiner Rückkehr sofort wieder gegen Welf VI. kämpfen zu müssen. Dieser stand noch immer in einer Koalition mit Roger II. von Sizilien, der durch einen deutschen Reichsfürsten geschickt einen Stellvertreterkrieg führen ließ, um

HILDEGARD VON BINGEN

Die in ihrer Zeit so bewunderte Prophetin, Orakel für Kaiser und Papst, Ratgeberin der Armen und Kranken, visionäre Schriftstellerin, wurde 1098 in Bermersheim bei Alzey im Rheinhessischen als zehntes Kind adeliger Eltern geboren. Als Achtjährige kam sie zur Reklusin (eingemauerte Klausnerin) Jutta, einer geborenen Gräfin Sponheim, auf dem Disibodenberg bei Bingen, die sie nicht nur in der Heiligen Schrift und den Regeln Benedikts unterwies, sondern ihr eine für jene Zeit erstaunlich breite Bildung vermittelte. Als Jutta 1136 starb, wurde Hildegard Äbtissin des Frauenkonvents und blieb es bis zu ihrem Tode 1179.
Der Überlieferung nach folgte Hildegard von Bingen drei göttlichen Aufträgen. Vor jedem dieser drei Aufträge soll die schüchterne Nonne eine funktionelle Sprachunfähigkeit befallen haben, die erst wich, wenn sie die Aufgabe ausführte.
»Steh auf und schreibe«, so lautete der erste Auftrag, dem sie 1150 bis 1170 mit der Glaubenskunde »Sci vias« (»Wisse die Wege«), der Lebenskunde »Liber vitae meritorum« und dem »Liber divinorum operum«, einer Heilsgeschichte von der Genesis bis zur Apokalypse, nachkam. Ohne visionäre Sicht entstehen in jener Zeit zwei Werke, die ihre religiösen Werke weit überdauert haben: »Physica«, eine Naturkunde, und »Causae et curae«, eine Heilkunde. Dazu kamen 70 Dichtungen und Kompositionen, ein umfangreicher Briefwechsel mit drei Päpsten, zwei Kaisern, mit Theologen und Ärzten und Rezepte für zahlreiche Patienten.
Den Befehl »Steh auf und baue« erfüllte sie mit dem Bau des Klosters mit Schreibschule auf dem Rupertsberg bei Bingen und der Besetzung des leeren Klosters Eibingen mit Benediktinerinnen.
Dem dritten Auftrag »Steh auf und predige« folgte sie auf vier Predigtreisen nach Bamberg, nach Metz, an die Ruhr und nach Schwaben, wo sie gleich überzeugend zu Gelehrten wie zum Volk sprach. *(W. D.)*

Konrad III. daran zu hindern, im Bündnis mit Byzanz und italienischen Städten königliche Interessenpolitik in Italien zu betreiben. Am Ende des Zweiten Kreuzzuges war Europa somit in zwei feindliche Lager gespalten, ein Krieg drohte, bei dem auf der einen Seite hinter Roger II., Welf VI., Ludwig VII. von Frankreich, Geza von Ungarn und zeitweilig der Papst standen. Manuel, der Kaiser von Byzanz, fand Unterstützung bei Konrad III., den Babenbergern, Venedig und Pisa. In dieser brisanten Situation starb Konrad III. überraschend am 15. Februar 1152 in Bamberg mitten in den Vorbereitungen zu einem Romzug, der ihm endlich die Kaiserkrone bringen sollte. Bei seinem Tod war die Lage des Königtums in Deutschland prekär. Im Gegensatz zu seinem Vorgänger Lothar war Konrads Stellung auf dem Thron nie völlig unumstritten, seine Regierungszeit war in Deutschland eigentlich immer von zumindest latentem Bürgerkrieg ›untermalt‹. Gegenüber Papsttum und Kirche vermochte der Staufer nie die einfache, aber klare und konsequente Linie Lothars zu verfolgen. In seinen Entschlüssen unterlag er hier manchmal zu stark äußeren, spontanen Beeinflussungen. In der Innenpolitik verlor unter ihm die Zentralgewalt die Initiative an die Fürsten, außenpolitisch hatte das Reich aufgehört, der bestimmende Faktor in der europäischen Politik zu sein. Es bedurfte auf dem Thron schon eines außerordentlichen Mannes, um hier eine Wende herbeizuführen, denn die Zeit arbeitete in Deutschland bei der allgemeinen Entwicklung in den Territorien des Reiches nicht für, sondern gegen die Zentralgewalt.

Literatur

Beumann, Helmut (Hrsg.): Heidenmission und Kreuzzugsgedanke in der deutschen Ostpolitik des Mittelalters, Darmstadt 1963

Fenske, Lutz: Adelsopposition und kirchliche Reformbewegung im östlichen Sachsen, Göttigen 1977

Hellmann, Manfred: Die politisch-kirchliche Grundlage der Osthälfte Europas, in: Handbuch der europäischen Geschichte, Stuttgart 1976

Hermann, Joachim (Hrsg.): Die Slaven in Deutschland – Ein Handbuch, Berlin 1970

Lotter, Friedrich: Die Konzeption des Wendenkreuzzuges, Sigmaringen 1977

Wattenbach, Wilhelm/Schmale, Franz: Deutschlands Geschichtsquellen im Mittelalter vom Tode Kaiser Heinrichs V. bis zum Ende des Interregnums, Bd. 1, Darmstadt 1976

Stichworte zur Regierungszeit
Lothar III. und Konrad III.

Labiles Gleichgewicht zwischen König, Reichsbischöfen, weltlichen Fürsten und Reformpäpsten.
Der staufisch-welfische Gegensatz prägt die innerdeutsche Situation – eine der Konstanten des Jahrhunderts!; Sachsenherzog Lothar kommt als der schwächere Kandidat mit Hilfe der Reformkirche auf den Thron; entscheidende Stütze seiner Herrschaft: Bündnis mit den Welfen, das die Staufer ausmanövriert; geordnete Verhältnisse im Reich, Erlöschen der Bürgerkriege, Lothar allgemein anerkannt; nach seinem Tod
Ausschalten der Welfen durch die Kirche, welche nun einen
Staufer auf den Thron lanciert: dauerhafter Bürgerkrieg, »provisorisches« Königtum Konrads III.; nach Anfangsschwierigkeiten
solide Außenpolitik Lothars in überkommenen Bahnen bei allerdings günstiger außenpolitischer Allgemeinsituation: deutliche, wenn auch nicht völlig dauerhafte Erfolge in Italien, selbstbewußtes und taktisch kluges Auftreten gegenüber dem Papst; dauerhafte Erfolge an der Nordostgrenze; augenblickliche Schwäche des Reformpapsttums macht das Reich wieder zum Zentrum Europas.
Krisenhafte Regierungszeit Konrads III.: nach seiner Wahl erneuter Bürgerkrieg, Verlust der außenpolitischen Initiative; Fehlschlag des Zweiten Kreuzzugs; Fortsetzung der Ostexpansion als reine Fürstenunternehmung, was zu einer weiteren
Stärkung der Territorialgewalten führt.

HEINRICH PLETICHA

Pilgerreisen im Mittelalter: Rom – Santiago – Jerusalem

Pilgerreisen und Wallfahrten – »Zu den Türschwellen der Apostel« – Der Weg nach Santiago – Arme und reiche Pilger – Jakobskirchen – Herbergen für Pilger – Pilgerkleidung – Organisation der Jakobswallfahrten – Berufspilger – Jerusalemreisen – Venedig als Sammelpunkt – Gefahren der Schiffsreisen – Das teuere Heilige Grab.

Reisen als Selbstzweck, zur Erholung oder zur Bildung, wie es heute für Millionen von Menschen Selbstverständlichkeit geworden ist, kannte das Mittelalter nicht oder nur in ganz vereinzelten Fällen. Die Bauern blieben beschränkt auf ihre Scholle und den von den Wäldern gezogenen Umkreis ihrer Dörfer, die Bürger auf die durch die Mauern augenfällig eingeengten Städte, der Adel saß in seinen Burgen und kam – abgesehen von den Kreuzzügen – selten genug nur zu den nächsten Nachbarn. So ist es gewiß kein Zufall, daß die Wurzeln des Wortes »Elend« auf das althochdeutsche »elilenti« zurückgehen, was soviel wie »im fremden Land, ausgewiesen« bedeutete. Kürzer und deutlicher kann man es nicht mehr sagen: wer in die Fremde ging, gleichgültig ob freiwillig oder gezwungen, ging ins Elend, ging Not und Trübsal entgegen. Wenn trotzdem viele Menschen unterwegs waren, mußten sie also ihre zwingenden Gründe haben; denn wohl nur die wenigsten waren bereit, so augenfällige schwere Last freiwillig auf sich zu nehmen.

Vereinzelte Gelehrte zogen von Stadt zu Stadt, von Kloster zu Kloster, um deren Bücherschätze kennenzulernen. Ein paar angesehene Sänger, wie etwa Walther von der Vogelweide, waren viel unterwegs und wurden an Burgen und Höfen gleichermaßen gern gesehen. Eine weit größere Zahl aber trieb es hinaus, weil die Fremde nicht schlimmer sein konnte als die Heimat, weil sie ihren dürftigen Lebensunterhalt im Umherziehen verdienen mußten. Viele von ihnen zählten zu der verfehmten Schar der »Fahrenden«, und nur wenigen gelang es, irgendwann im bürgerlichen Leben Fuß zu fassen. Fernkaufleute, deren Beauftragte und Knechte reisten mit ihren Waren weite Strecken durch das Land. Kriegszüge lockten und zwangen Herren wie Knechte auf die Straßen. Junge Bauern verließen einzeln oder in Gruppen ihre alte

Heimat, um sich in den Siedlungsgebieten des Ostens günstiges Neuland zu suchen. Eine besondere und gar nicht einmal so kleine Gruppe bildeten schließlich die Pilger.
Viele von ihnen waren freiwillig unterwegs, wie schon seit der Antike Pilger zu den verschiedenartigsten Heiligtümern gewallfahrtet waren. Andere wieder büßten bestimmte schwere Sünden mit solchen Pilgerfahrten, die ihnen als strenge Buße oder eigentlich Strafe auferlegt waren. Eine dritte Gruppe bildeten schließlich jene ›Berufspilger‹, die, wie wir noch näher hören werden, für andere unterwegs waren oder die sich einfach als Pilger ausgaben, ihr Ziel jedoch selten oder nie erreichten, und daher eher eine Gruppe der »Fahrenden« bildeten.
In Deutschland gab es genug Gnadenorte, zu denen kleine Wallfahrten unternommen wurden. Dennoch zogen viele Pilger einzeln oder in Gruppen auch ins Ausland zu den drei größten Gnadenorten der Christenheit: nach Rom, nach Santiago de Compostela im Nordwesten Spaniens oder nach Jerusalem. Bei deutschen Pilgern waren daneben auch die St. Michaels-Heiligtümer wie etwa der Mont-St.-Michel in der Bretagne und vor allem der Monte Gargano in Apulien beliebt, galt doch der Erzengel Michael als der Schutzpatron der Deutschen.

Zu den Aposteln nach Rom – Die Straßen der Pilger und Heere

Nächstgelegenes und daher auch verhältnismäßig bequem zu erreichendes Ziel für deutsche Pilger war Rom. »Ad limina apostolorum« – »zu den Türschwellen der Apostel« – d.h. zu den Eingängen ihrer Grabeskirchen, pilgerten fromme Christen schon seit der karolingischen Zeit in zunehmender Zahl. Der Hauptteil der deutschen Pilger wählte dabei keineswegs die heute so beliebte Route über den Brenner und Verona, sondern über den Bodensee, Graubünden und den St. Berhard-Paß oder über Basel und den St. Gotthard – Wege, oft schmal, felsig, voller Steigungen und vom Steinschlag bedroht, über abenteuerliche Brücken, die wir heute kaum zu betreten wagten, gefährdet durch räuberische Überfälle. Beide Wege vereinten sich wieder bei Bellinzona und führten von da nach Como und weiter nach Pavia. Die Straße von Pavia über Piacenza und Parma, dann scharf nach Süden umbiegend und weiter über den steil aufragenden Cisa-Paß (1041 m!) nach Lucca, Siena, den Bolsena-See bis nach Rom erhielt den Namen »Via Sancti Petri« – Straße des heiligen Petrus – mitunter auch »strata romea« – Römische Straße – und wurde seit dem 10. Jahrhundert einfach »Via Francigena« oder »Francisca« – die Frankenstraße – genannt. Sie entwickelte sich nicht nur zum belebtesten

Pilger. *Diese spätere Darstellung zeigt die Pilgerkleidung (Hut mit Jakobsmuschel, Pilgertasche, Stab). Aus: Johann Geiler von Kaisersberg »Predigen Teütsch ...«, 1508. Augsburg, Staats- und Stadtbibliothek.*

Pilgerweg des Abendlandes, sondern bald erkannten auch die deutschen Könige und Kaiser ihre Vorzüge und nutzten sie als Durchmarsch- und Nachschubstraße für ihre Romzüge.
Entlang ihres Weges entstanden in seltsamer Eintracht Hospize, berühmte Klöster und militärische Stützpunkte. Trotzdem war der Weg lang und beschwerlich und stellenweise auch unsicher – so unsicher, daß schon Bonifatius im 9. Jahrhundert die große Zahl »gefallener« Pilgerinnen beklagte. Die Pilger benötigten für die Strecke von Pavia bis Rom zu Fuß etwa einen Monat, oft noch länger, wenn sie sich unterwegs an einem der kleineren Wallfahrtsorte aufhielten, wo es Reliquien oder wunderwirkende Gnadenbilder zu verehren galt. Der florierende Verkehr und der damit verbundene Handel lockte zweifache Konkurrenz. So bemühten sich seit dem 13. Jahrhundert Florenz und Bologna höchst einträchtig um eine bessere Erschließung der Apenninstraße über den Futa-Paß und verbanden somit den Weg über den Brenner mit der »Francigena«. Gegen Ende des Mittelalters kam dann eine weitere Straße in Mode, die von Rom quer über den Apennin östlich nach Spoleto und Ancona führte und von da aus den kleinen Abstecher nach Loreto erlaubte, wohin gerade rechtzeitig zur Förderung des Pilgerverkehrs 1294 von Engeln das kleine Haus der heiligen Familie aus Nazareth – mit Zwischenlandung in Dalmatien – gebracht worden war. Von hier aus ging die Straße nordwärts bis Padua, zum Grab des heiligen Antonius, der dort 1231 gestorben war. Sie erschloß damit die wichtigsten mittel- und oberitalienischen Wallfahrtsorte und wurde immer häufiger für eine Wegstrecke von deutschen Pilgern benutzt.
Die Kurie suchte die ohnehin schon große Vorliebe der Deutschen für Rom noch mehr zu fördern, indem sie als Anreiz immer neue Ablässe für Rompilger ausschrieb. Einen Höhepunkt bildeten dabei die seit 1300 in regelmäßigen Zeiträumen gefeierten »Heiligen Jahre«, die zahllose Pilger nach Rom lockten. Die Pilgerfahrten nahmen zeitweilig so überhand, daß beispielsweise Herzog Heinrich der Reiche zu Beginn des 15. Jahrhunderts in Baiern seinen Untertanen Pilgerreisen nach Rom untersagte, damit nicht zu viel Geld aus dem Land geschleppt würde.

Zum heiligen Jakob in Santiago – Pilgerlast und Pilgerlust

Weniger häufig, dabei aber fast ebenso beliebt wie die Wallfahrten nach Rom waren die Pilgerreisen nach Santiago de Compostela im äußersten Nordwesten Spaniens, wo der Legende nach der Apostel Jakobus der Ältere seine Ruhestätte gefunden haben soll. Nach ihm ist der Ort Santiago benannt, Compostela (lat. campus stellae) heißt soviel wie Sternenfeld. Die Verehrung dieses Grabes war so groß und die Pilgerfahrt trotz des weiten Landweges so beliebt, daß Dante unter dem Begriff Pilger nur den Wallfahrer nach Santiago verstehen wollte. Wie bei den Wallfahrten nach Rom, so lassen sich auch hier zwei Klassen von Pilgern unterscheiden. Einmal die große Zahl der einfachen Leute, die Not und Strapazen auf sich nahmen, um das ersehnte Ziel zu erreichen, und zum andern Fürsten, Adelige und reiche Bürger, die sich bequeme Unterkünfte, Reit- und Fahrmöglichkeiten leisten konnten. Die Rom- und Santiagoreisen von Fürsten glichen oft kleinen Heerzügen, so groß war das mitgeführte Gefolge. Reiche Adelige standen ihnen dabei kaum nach. So hören wir, daß die Edlen Gottschalk und Eberhard von Buchenau zusammen mit einigen Gefährten in einem Zug von siebzig Wagen reisten oder der Böhme Leo von Rožmital mit großem Gefolge und zweiundfünfzig Pferden nach Spanien zog. Der Nürnberger Patrizier Peter Rieter verzehrte »dritthalb hundert Dukaten« und stiftete dem Heiligtum in Santiago noch ein großes Gemälde.

Für die einfachen Pilger bedeutete die Wallfahrt von West- oder Süddeutschland nach Rom und zurück durchschnittlich etwa eine Abwesenheit von einem halben bis zu einem Jahr. Die Pilgerfahrt nach Santiago konnte bis zu zwei Jahren dauern. Wenn sie die Kirche bei schweren Verbrechen als Buße auferlegte, so handelte sie oft wohlüberlegt, da die Täter für längere Zeit ihrer gewohnten Umgebung und damit vielleicht auch einer möglichen Rache entzogen waren. Kehrten die Pilger zurück, so hatten sie nicht nur einen strapazenreichen Weg zurückgelegt, sondern es war auch Gras über ihre Tat gewachsen. Der gar nicht so seltene Tod auf einer langen Pilgerreise galt als eine Art Gottesurteil.

Jakobsbruderschaften und Pilgerführer

Da die einfachen Pilger auf Unterstützungen jeder Art angewiesen waren, mußten die Wallfahrten im Lauf der Zeit zwangsläufig immer besser durchorganisiert werden. Vor allem an den großen Pilgerrouten, von denen noch die Rede sein wird, aber auch an manchen Nebenstrecken entstanden sogenannte Jakobsbruderschaften mit Hospizen und Pilgerherbergen. Die Mitglieder solcher Bruderschaften mußten keineswegs selbst an einer Pilgerfahrt teilnehmen oder teilgenommen haben. Im Mittelpunkt stand ganz allgemein die Verehrung des heili-

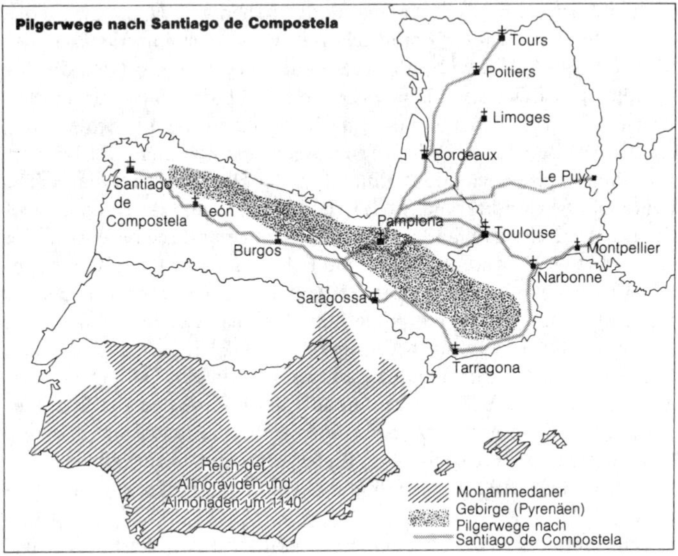

gen Jakob und im weiteren gehörte die Betreuung durchreisender Pilger zu den vornehmsten Pflichten. Nicht jede der rund fünfhundert Jakobskirchen und -kapellen im Gebiet des Heiligen Römischen Reiches hatte eine eigene Bruderschaft, wohl aber die wichtigsten im Norden wie im Süden. Wir kennen sie in Bremen und Hamburg, in Lübeck, Lüneburg, Göttingen, Frankfurt a. M., in Aachen, Rothenburg, Lindau, in Freiburg in der Schweiz, aber auch gelegentlich in kleinen Gemeinden. Wenn etwa im Bruderschaftsbuch von Duderstadt (allerdings erst zu Beginn des 16. Jahrhunderts) mehr als zweihundert Mitglieder aufgezählt werden, weist eine solche Zahl auf die große Beliebtheit der Bruderschaften hin. Mit den eingegangenen Spenden wurden Hospize gebaut, ausgestattet und erhalten, Meßgeräte für die Kirche angeschafft und die Pilger unterstützt. Viele der Herbergen lagen vor den Stadttoren, andere wieder in unmittelbarer Nachbarschaft der Jakobskirche, so etwa in Rothenburg ob der Tauber mit einer geräumigen Diele im Erdgeschoß, wohl dem Massenquartier für die einfachen Pilger, und einigen Kammern im ersten Stock für die vornehmeren Gäste.

Die Herbergsverwalter halfen den Pilgern auch mit guten Ratschlägen für die Weiterreise zu den nächsten Stationen. Landkarten kannte man für die Pilger nicht, wohl aber schriftliche Pilgerführer, die den Weg,

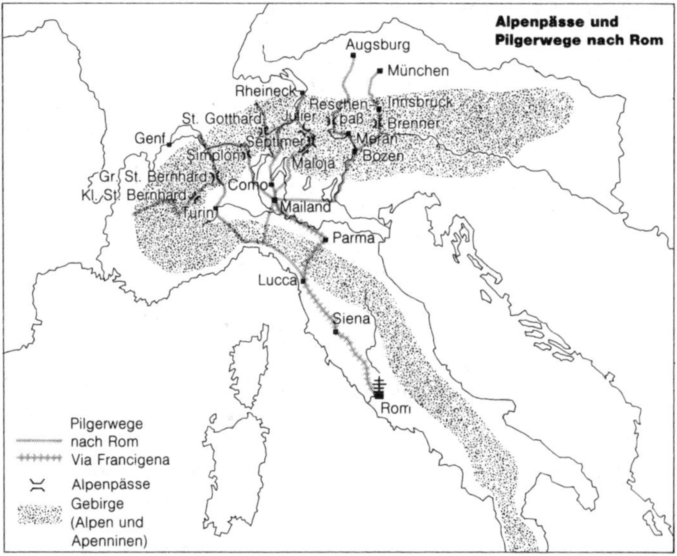

die Stationen, Hospize, die Gefahren und vor allem die an der Route gelegenen Kirchen und ihre Reliquien sorgfältig beschrieben. Der in Versform abgefaßte Pilgerführer eines Straßburger Mönchs informiert u. a. auch über deutsche Pilgerherbergen in Frankreich und die Geldwechselmöglichkeiten. Die Entfernungen waren meist in Tagesmärschen angegeben. Sie lagen etwa bei 25 bis 35 Kilometern, setzten also im Durchschnitt ganz beachtliche Marschleistungen voraus. Wenn ein spanischer Pilgerführer mehrfach Strecken bis zu 40 Kilometern und einige Male sogar zwischen 60 und 80 Kilometern angibt, so dürften diese Angaben möglicherweise für Reisende im Wagen oder Berittene gedacht gewesen sein.

Im schweren Pilgermantel durch halb Europa

Die weiten Wege konnten überhaupt nur bewältigt werden, weil die Pilger nur das Allernotwendigste bei sich führten. Die Holzschnitte des 15. und 16. Jahrhunderts zeigen sie uns in einer fast uniformen Kleidung mit einem schweren Mantel, der nicht zu lang sein durfte, um nicht am kräftigen Ausschreiten zu hindern, mit dem Pilgerstab und der Pilgertasche, die alles Nötige aufnehmen mußte. Gegen Sonne

Pilgerlegenden, erzählt von Jacobus de Voragine

Dreißig Männer vom Lande Lothringia pilgerten um das Jahr des Herrn 1070, wie Hubertus von Besançon schreibt, nach Sanct Jacob [zu Compostela] und schwuren bis auf einen einander Treue und Hilfe in allen Dingen. Da nun einer von ihnen krank ward, blieben seine Gesellen fünfzehn Tage bei ihm, zuletzt aber ließen sie ihn liegen; und nur der eine, der nicht mit Treue hatte geschworen, blieb bei ihm und bewachte ihn am Fuße des Berges Sanct Michael; aber da es Abend ward, starb der Kranke. Da war der Überlebende gar sehr in Furcht vor der Einsamkeit des Ortes, von der Nähe des Toten, von der drohenden Dunkelheit der Nacht und von der Wildheit des barbarischen Volkes. Aber siehe, da erschien ihm Sanct Jacobus in eines Reiters Gestalt, tröstete ihn und sprach: »Gib mir den Toten und setze dich hinter mich auf mein Roß!« Also ritten sie die Nacht fünfzehn Tagereisen weit und kamen noch vor Sonnenaufgang zu dem Berg der Freuden, der ist eine halbe Meile von Sanct Jacob; da setzte der Heilige sie beide ab und gebot dem Pilger, daß er die Canonici [Kanoniker: Geistliche, Chorherren] von Sanct Jacob zur Bestattung des toten Pilgrims riefe; seinen Gesellen aber solle er sagen, daß ihre Wallfahrt nichts gelte, weil sie ihr Gelübde hätten gebrochen. Der Mensch erfüllte das Gebot und erzählte seinen Gefährten, die sich seiner Reise gar sehr verwunderten, was Sanct Jacobus ihm gesagt hatte.

Calixtus der Papst erzählt, daß im Jahre 1020 ein Deutscher mit seinem Sohn zu Sanct Jacob wollte wallfahrten. Als er in der Stadt Toulouse mußte Herberge nehmen, machte der Wirt ihn trunken und versteckte einen silbernen Becher in seinem Mantelsack. Da sie nun des Morgens fürbaß zogen, lief der Wirt ihnen nach und hielt sie wie Räuber fest und beschuldigte sie, daß sie seinen silbernen Becher hätten gestohlen. Sie sprachen, daß er sie möge zur Strafe ziehen, so der Becher sich bei ihnen fände. Und da man den Mantelsack auftat, fand sich der Becher, und sie wurden alsdann vor den Richter geschleppt, da ward das Urteil gegeben, daß alle ihre Habe dem Wirt verbliebe, und einer von ihnen werde gehenkt werden. Der Vater wollte für den Sohn sterben, der Sohn für den Vater; zuletzt ward der Sohn gehenkt, und der Vater zog gen Sanct Jacob weiter mit großer Trauer. Über sechsunddreißig Tage kam er wieder und verweilte bei dem Galgen, da noch der Leib seines Sohnes hing, und klagte über ihn gar jämmerlich. Aber siehe, da hub der Sohn an zu sprechen und tröstete ihn: »Liebster Vater, weine nicht, denn mir war nie so wohl: Wisse, Sanct Jacob hat mich bis zu dieser Stunde gehalten und mich erquicket mit himmlischer Süßigkeit.« Als der Vater das hörte, lief er eilends in die Stadt; und das Volk kam mit ihm heraus, nahmen den Sohn vom Galgen, der war gar unversehrt, und henkten den Wirt an seine Statt.

Aus: Legenda aurea des Jacobus de Voragine (Predigermönch, später Erzbischof von Genua, * um 1230, † 1298).
Übers.: R. Benz. Verlag Lambert Schneider, 9. Aufl. 1979, Heidelberg.

Pilgerschicksale in Palästina
Nach einem Bericht des Albert von Aachen

Im zweiten Jahr der Regierung König Balduins des Zweiten, am Karsamstag des Osterfestes [17. April 1120] [. . .], verließen einige Pilger, ungefähr 700 [. . .], in Freude und fröhlichen Herzens die Stadt Jerusalem und zogen zum Jordan hinab, um diesen nach gläubigem Brauche zu besuchen. Und schon waren sie wieder aus den Bergen herausgezogen und bis zu den Burgen Kuschet und Burgewins gekommen, da standen plötzlich an einsamem Orte Sarazenen aus Tyrus und Askalon, und mit grimmigen Waffen fielen sie über die Pilger her und lieferten ihnen eine Schlacht. Und die Pilger, waffenlos und vom tagelangen Marsch ermüdet und vom Fasten geschwächt, wurden schnell überwältigt und in die Flucht gejagt, und die gottlosen Schlächter verfolgten sie, machten 300 mit dem Schwerte nieder und führten 60 gefangen weg.

Aus: Geschichte des ersten Kreuzzugs von Albert von Aachen (oder Aix um 1130).
Übers.: H. Hefele

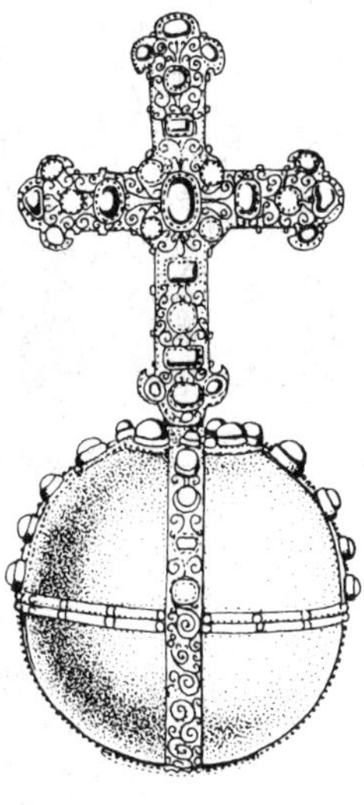

Pilgerdarstellung vom Elisabethschrein.
Abschied der hl. Elisabeth. Auch hier wieder die typische Gewandung, der Pilgerhut, die Pilgertasche. Marburg, Elisabethkirche.

und Regen schützte gleichermaßen ein charakteristischer breitkrempiger Hut, der möglichst mit sogenannten Jakobs- oder Pilgermuscheln (das ist die Kammuschel, wie wir sie heute als Firmenzeichen von Shell kennen) geschmückt war. So gekleidet traf man sie allenthalben auf der Landstraße. Wegen der Jakobskirchen und Herbergen entwikkelten sich mit der Zeit ähnlich wie bei den Wallfahrten nach Rom bevorzugte Routen. Neuere Untersuchungen haben für Deutschland interessante Verbindungen mit den großen mittel- und ostdeutschen Handelsstraßen von Breslau über Bautzen nach Nürnberg, Leipzig,

Frankfurt aufgezeigt, was im Hinblick auf die mittelalterlichen Verkehrsverhältnisse zugleich auch wieder ganz selbstverständlich erscheinen mag. Auf deutschem Gebiet gab es drei bedeutende Sammelpunkte. Den einen bildeten die Hansestädte für norddeutsche und skandinavische Pilger, die dann häufig zu Schiff weiter nach Westfrankreich und sogar bis Nordspanien fuhren. Zweiter Treffpunkt war Aachen, von wo aus die Pilger der nördlichen Route durch Frankreich über Paris, Tours und Bordeaux folgten. Mittel- und südwestdeutsche Pilger zogen entweder über Burgund (Vézelay) und Limoges oder wählten den Treffpunkt der Ostdeutschen im Kloster Einsiedeln und gingen dann über Genf nach Le Puy oder bis nach Arles und von da weiter über Toulouse. Alle diese Straßen durch Frankreich trafen in Ostabat in den Pyrenäen zusammen. Von dort zogen dann jahraus, jahrein die Scharen aus ganz Mittel-, Nord- und Osteuropa auf dem »Franzosenweg« über den sagenumwobenen Paß von Ronçesvalles nach León und weiter zu dem ersehnten Ziel.
Die zahlreichen Pilger boten nicht nur frommen Bürgern reiche Möglichkeit, ihre Nächstenliebe zu üben, sondern wurden ebenso oft Opfer geschäftstüchtiger Betrüger. Neben den Herbergen lauerten die Gaukler, Possenreißer und Hausierer, manchmal glichen die Pilgerplätze, wie Zeitgenossen beklagten, Jahrmärkten und Kirchweihen. Die lange Reise stumpfte physisch wie psychisch stark ab, und so ist es nicht zu verwundern, wenn ein Bischof klagte: »Kaum befinden sich diese Männer und Frauen einige Monate auf der Pilgerschaft, so werden sie Legendenerzähler, Märchendichter, Aufschneider. Wenn sie mit Geschrei, mit Pfeifen und Schellen in die Stadt einziehen, könnte man meinen, der Jagdzug eines Fürsten käme daher.« Manche Pilger gerieten auch gewollt oder ungewollt auf die schiefe Ebene oder sogar ins Elend. Manche mochten rasch Geschmack am Herumvagabundieren gewinnen und das Pilgergewand nur als Tarnung benutzen. Zu ihnen gehörten auch jene ›Berufspilger‹, die gegen einträgliche Bezahlung für andere die Kirchenbußen auf sich nahmen und die beschwerliche Pilgerreise ausführten, während ihre Auftraggeber bequem daheim hockten. Solche Geschäfte waren vor allem bei Jerusalem-Reisen beliebt, die besonders strapazenreich und gefährlich waren.

Gefahrvolle Schiffsexpeditionen ins Heilige Land

Für die Jahrhunderte vor den Kreuzzügen sind nur vereinzelte deutsche Pilgerreisen in das Heilige Land belegt, auch traten nur wenige Pilger ihren Weg freiwillig an, aber nach dem Grundsatz, daß schwerer

Frevel auch schwere Strafe fordere, sandte die Kirche denn häufiger Verbrecher zur Buße nach Palästina. Doch seit der Errichtung des Königreiches Jerusalem (siehe Seite 267) wuchs die Zahl sprunghaft an, und die Reisen wurden auch gut durchorganisiert und kommerzialisiert. Man staunt dabei, daß man immer wieder von Kranken und Schwachen hört, ja daß Pilger sogar Kinder und Säuglinge mit auf die Reise nahmen. Die meisten von ihnen zogen über den St. Gotthard oder Brenner und sammelten sich in Venedig, von wo aus zweimal jährlich die Pilgerflotte nach Palästina auslief. Einmal im Frühling und einmal im Juni, doch segelten zwischendurch immer wieder einzelne Galeeren. Ein ganzes Heer von Agenten sorgte in der Lagunenstadt für die Unterbringung der Pilger in möglichst billigen Quartieren, wo sie oft wochenlang ausharren mußten. Dann schlossen sie sich zu kleineren und größeren Gruppen zusammen und verhandelten gemeinsam mit dem Schiffsherrn über den Vertrag für Hin- und Rückfahrt, in dem die Einzelheiten für Unterbringung und Verpflegung, aber auch der Fahrpreis genau geregelt waren. Zur Zeit der Kreuzzüge zahlte ein Ritter für sich, zwei Knappen, einen Pferdejungen und ein Pferd achteinhalb Mark Silber, ein Pilger für einen Deckplatz dagegen nur knapp ein Zehntel davon. Starb ein Fahrgast unterwegs, mußte der Schiffspatron die Hälfte des Fahrpreises an die Angehörigen herausgeben, gleichzeitig war er verpflichtet, die Leiche nicht ins Meer zu werfen, sondern sie bis zum nächsten Ankerplatz mitzunehmen, wo sie dann ein ordentliches Grab finden sollte.

Bevor das Schiff absegelte, kauften die ärmeren Pilger noch einfaches Küchengerät, lebende Hühner und billige Vorräte, und richteten sich dann, je nach ihrem Platz, auf oder unter Deck so bequem wie möglich ein. Da die mitfahrenden Ritter und Adeligen ihre Schilde an die Brustwehren hingen und die Fahnen aufsteckten, boten die vollbeladenen Schiffe einen merkwürdigen bunten Anblick.

Die Überfahrt nach Palästina dauerte sechs bis acht Wochen. So gut es nur ging, hielten sich die Galeeren nahe an die Küste; denn wehe, wenn ein Sturm aufkam und sie abtrieb. Ohne brauchbare navigatorische Hilfsmittel waren sie häufig ernsthaft bedroht. Zu den Gefahren des Meeres kamen die Gefahren an Bord; denn die schlechte Verpflegung, Schmutz und Ungeziefer aller Art lösten epidemische Erkrankungen aus. Bei zu langer Seefahrt infolge widriger Winde konnten Lebensmittel und vor allem Trinkwasser knapp werden. Schließlich saß allen auch die Angst vor Seeräubern im Nacken, die Pilgerschiffe überfielen und die Passagiere in die Sklaverei verschleppten.

Die Fahrt ging an der griechischen Küste entlang nach Kreta und weiter über Rhodos nach Zypern und von da zur Küste Syriens und Palästinas. Ziel der Reise war Jaffa. In der Zeit des Königreiches Jerusalem war die Weiterreise dann kein Problem, aber seit dem 13. Jahrhundert ergaben sich erhebliche Schwierigkeiten; denn seit dieser Zeit mußten die Pilger, eingepfercht in schlechte Herbergen, warten, bis die mohammedanischen Beamten mit ihren Leuten eingetroffen waren, die das Geleit nach Jerusalem übernahmen. Die Überprüfungen waren kleinlich und bürokratisch, und ein Vergleich mit den heutigen Kontrollen an manchen Grenzen der Ostblockländer liegt nahe. In Jerusalem selbst durften sich die Pilger gewöhnlich zwei Wochen aufhalten. Der Besuch der Grabeskirche war nur zweimal im Jahr frei und mußte mit der horrenden Summe von fünf bis neun Dukaten erkauft werden. So konnte es vorkommen, daß arme Pilger, die kaum noch über das Lebensnotwendige verfügten, vom Ziel ihrer Sehnsucht ausgeschlossen blieben!

Man muß immer wieder staunen, daß sich trotz der drohenden Gefahren durch umherschweifende Beduinen genug Pilger fanden, die von Jerusalem aus bis an den Jordan zogen, an dessen Wasser sich allerhand frommer Aberglaube knüpfte. Vereinzelte Wagemutige setzten, wie wir aus zeitgenössischen Berichten wissen, die Reise noch nach Damaskus oder zur Sinaihalbinsel fort. Der Großteil der Pilger aber kehrte auf dem gleichen Weg und unter den gleichen Strapazen und Gefahren wieder nach Venedig zurück. In der deutschen Heimat genossen die Pilger dann ein ähnliches Ansehen wie heute die Mekka-Pilger in den islamischen Ländern. Und wie diese ihre Häuser mit Szenen ihrer Pilgerfahrt schmückten, suchten auch die Jerusalem-Pilger durch kleine oder große Nachbildungen des Heiligen Grabes die Erinnerung an ihre denkwürdige Reise wachzuhalten.

Literatur

Goez, Werner: Von Pavia nach Rom. Ein Reisebegleiter entlang der mittelalterlichen Kaiserstraße Italiens, Köln 1976

Hell, Vera und Hell, Hellmut: Die große Wallfahrt des Mittelalters, Tübingen 1965

Hüffner, Hermann-Josef: Sant'Jago. Entwicklung und Bedeutung des Jacobskultes in Spanien und dem Römisch-Deutschen Reich, München 1957

MANFRED FIRNKES

Zweihundert Jahre Kreuzzüge

Voraussetzungen religiös-politischer Art – Der sogenannte »Anlaß« – Geschichte des Ersten Kreuzzugs – Königreich Jerusalem – Ritterorden – Zweiter Kreuzzug: der große Fehlschlag – Dritter Kreuzzug: »Magere Ausbeute« – Kreuzzüge im 13. Jahrhundert – Beurteilung: Anspruch und Ergebnisse, die Folgen für Europa.

Die im 11. Jahrhundert einsetzenden Kreuzzüge bleiben nicht auf einige wenige Jahre beschränkt. Sie sind vielmehr ein rund 200 Jahre das christliche Abendland erschütterndes Phänomen. Um ihrer Bedeutung wenigstens annähernd gerecht zu werden, werden hier alle Züge ins Heilige Land dargestellt, obwohl sie zeitlich weit über diesen Band in die Epoche der Staufer (Band 3) hinübergreifen.

Die vom französischen Kloster Cluny ausgehende Reformbewegung zielte letztlich gegen den Kaiser und forderte für den Papst den Vorrang vor der höchsten weltlichen Macht. Die neu gewonnene Autorität in kirchlichen Fragen suchte das Papsttum sofort auf die Politik umzulegen, weil nur durch staatliche Macht die Wahrung seiner Unabhängigkeit möglich schien. Doch die territoriale Ausdehnung nach Süditalien stieß auf den Widerstand der Normannen, die sich dort erfolgreich gegen Sarazenen und Byzantiner behauptet hatten. Nachdem sie als Bundesgenossen gewonnen waren, dachte Papst Gregor VII. daran, mit ihrer Hilfe den christlichen Einfluß in den islamischen Osten auszudehnen und propagierte einen heiligen Glaubenskrieg für die Wiedergewinnung der biblischen Stätten Palästinas, allerdings nicht ohne Hintergedanken. Mindestens genauso wichtig erschien ihm der Einsatz politischer Macht für eine Zurückführung der seit 1054 getrennten griechischen Ostkirche in den Schoß der heiligen römischen Kirche.

Der Investiturstreit verhinderte vorläufig den Plan, doch der Gedanke eines »Kreuzzuges« blieb lebendig und sollte bald zum großartigen Zeugnis des Zusammengehörigkeitsgefühls aller abendländischen Christen unter der Leitung der Päpste werden. Gregors Vorstellung war so neuartig nicht, im Grunde stellte sie die Verbindung dar von Wallfahrten ins Gelobte Land mit einem »heiligen« Krieg gegen Ungläubige, wie er zu dieser Zeit in Spanien gegen die mohammedanischen Omajjaden und Almoraviden geführt wurde. Seit Kaiser Kon-

Symptomatische Darstellung des Kreuzzugsgedankens.
»Christus gefolgt von seinen Rittern« auf dem Weg nach Jerusalem. Kreuzzugsdarstellung des 14. Jahrhunderts. London, British Museum.

stantin im 4. Jahrhundert über dem angeblichen Grab Jesu in Jerusalem eine Kirche hatte errichten lassen, und seine Mutter Helena das Kreuz wiedergefunden hatte, war der Pilgerstrom zu den heiligen Stätten nicht mehr abgerissen.

Aus echter religiöser Überzeugung folgte man den Spuren Christi, hoffte, durch die Bußwallfahrt so manche Fehde tödlichen Ausganges vergeben zu bekommen oder seine Sündenstrafen ermäßigen zu können. Abenteurer glaubten, ihr Glück zu finden, Kaufleute vor allem aus Genua, Pisa und Venedig hatten die Bedeutung des Orienthandels erkannt und suchten neue Beziehungen zu knüpfen, zumal der Orient damals besonders verlockende Reichtümer zu verheißen schien.

Der Gedanke, solche Einzelunternehmungen zu einem großen, wirksamen Gesamtzug zusammenzufassen, lag in der Luft, und nur die Kirche konnte die verschiedenen Antriebe unter einer höheren Idee vereinen.

Gegen Ablaß bewaffnet nach Jerusalem

Von der früheren Toleranz der Mohammedaner gegenüber den Jerusalem-Pilgern war nicht viel übriggeblieben, seit die seldschukischen Türken Palästina und Syrien 1071 den fatimidischen Kalifen Ägyptens entrissen, noch im gleichen Jahr die Byzantiner geschlagen und Kleinasien überschwemmt hatten. Wallfahrer wie einheimische Christen wurden in der Religionsausübung schwer behindert, Mißhandlungen und Schikanen aller Art nahmen ständig zu. Unsicherheit war die erste Reaktion im Abendland, dann machte sich Empörung breit, die unterschiedslos alle Christen in ihrem durch die Reformen gesteigerten Glaubensempfinden erfaßte. Als daher Papst Urban II., ehemals Prior in Cluny, auf der Synode im französischen Clermont im November 1095 mit zündenden Worten zur Befreiung Palästinas unter seiner Führung aufrief, scholl ihm begeistert der Ruf »Gott will es« entgegen. Der Papst war aber Realist genug, sein Vorhaben politisch abzusichern: Seinen Entschluß hatte entscheidend ein Hilfeersuchen gefördert, das der griechische Kaiser Alexios Komnenos vor der Synode an ihn gerichtet hatte. Dessen unerläßlicher Unterstützung vor allem für die Vorsorgung eines Heeres und der Stellung von Schiffen sicher, hat Urban II. durch das Versprechen des Ablasses aller Sünden, der Aufhebung aller Zinsen für die Teilnehmer und des Schutzes für ihre Person, die Angehörigen und ihren Besitz, im ganzen Abendland jubelnden Widerhall gefunden. Zehntausende hefteten sich noch auf der Synode nach alter Pilgersitte das rote Kreuz auf die rechte Schulter. Der Papst, der persönlich in Frankreich umherreiste, und begabte Kreuzzugsprediger wie Peter von Amiens gewannen unzählige Freiwillige. Abgesehen von den Spaniern, die ihren eigenen Glaubenskrieg führten, fiel nur die Reaktion der Deutschen äußerst kühl aus. Der gebannte Kaiser Heinrich IV. dachte nicht daran, dem Papst zu helfen und hatte in diesem einen Fall das Volk hinter sich. Infolgedessen war der Teilnehmerkreis an der ersten Jerusalemfahrt weitgehend auf den Einflußbereich des Papstes beschränkt. Franzosen und Normannen trugen die Hauptlast.

Der Erste Kreuzzug (1096–1099): Judenverfolgung, Führungsstreit und Rückschläge

In Bischof Adhemar von le Puy, der in Clermont zum päpstlichen Legaten bestellt worden war, besaß das Unternehmen zwar einen geistlichen Führer, um eine zentrale politische Führung war es aber schlecht

Auf dem Weg zum Kreuzzug. *Ein Mönch erteilt einem Kreuzritter das Abendmahl – Darstellung des 13 Jahrhunderts, Reims, Kathedrale.*

bestellt. Mit Gottfried von Bouillon, dem Herzog Niederlothringens, seinem Bruder Balduin, Graf Robert von Flandern, dem Nordfranzosen Robert von Normandie, dem Südfranzosen Graf Raimund von Toulouse und den beiden Normannen Bohemund von Tarent und Tankred hatte sich ein so gleichwertiger Kreis an tüchtigen Heerführern versammelt, daß keiner den Oberbefehl des anderen ertragen hätte. Um Reibereien zu vermeiden und um den Zug organisatorisch zu vereinfachen, entschloß man sich, getrennt zu marschieren. Sammelpunkt für alle sollte Konstantinopel sein, wo das weitere Vorgehen mit Kaiser Alexios abzusprechen war.

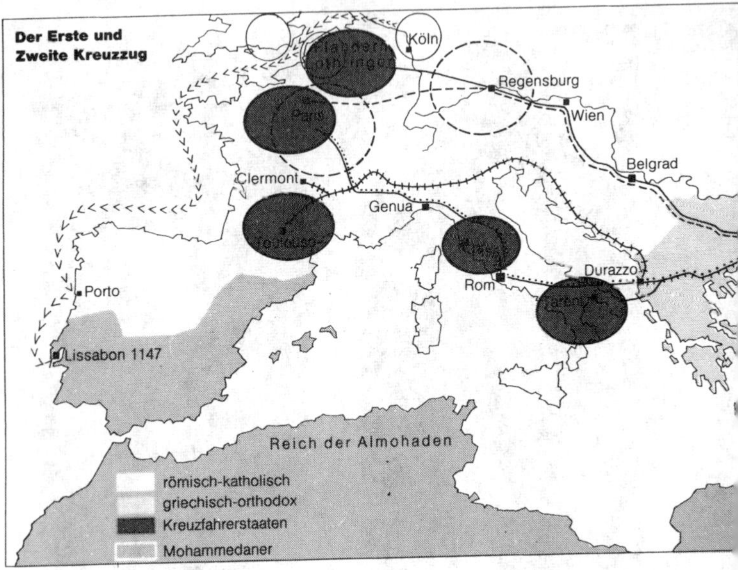

Mit der Begeisterung hatte die Organisation überhaupt nicht Schritt halten können, ein Beweis, wie überfordert der Papst in der Führerrolle war. Zügellose Haufen von Bauern, Leibeigenen, Habenichtsen und Abenteurern bewegten sich im Frühjahr 1096 rhein- und donauabwärts, dehnten den Begriff der »Feinde Christi« auf die Juden aus und richteten unter ihnen ein grausames Blutbad an (siehe auch Seite 206). Als sie auf dem Weitermarsch auch im christlichen Ungarn und Bulgarien plünderten und brandschatzten, ereilte sie schnell ihr Schicksal. Der größte Teil dieser habgierigen Religionsfanatiker hat Konstantinopel nie erreicht, und für die wenigen, die Peter von Amiens durchgebracht hatte, war in Kleinasien der Traum vom Reichtum im Sommer zu Ende.

Zu dieser Zeit war auch Gottfried von Bouillon mit Lothringern und Flandern aufgebrochen und zog durch Deutschland, Ungarn, Bulgarien nach Konstantinopel. Raimund von Toulouse hatte ebenfalls den Landweg die heutige jugoslawische Küste entlang gewählt und sein Heer in Durazzo mit dem Roberts von Flandern vereinigt, der durch Italien marschiert und von Bari aus übers Meer gesegelt war. Die Normannen, die in Brindisi in See gegangen waren, stießen in Ochrid zu diesem großen Heereskörper, und gemeinsam zog man über Saloniki weiter nach Byzanz. Kaiser Alexios staunte nicht schlecht. Mit einem

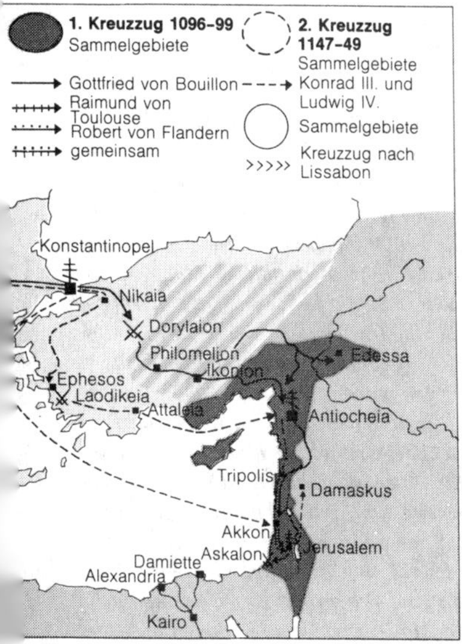

Die Übersicht über die Sammelgebiete und Routen des Ersten und Zweiten Kreuzzugs zeigt die Dimensionen dieser Bewegung, aber auch, welche Bedeutung vor allem dem französischen Raum als Ausgangspunkt der Kreuzzüge zukommt.

Heer von 250000 Mann hatte er überhaupt nicht gerechnet und sah sich vor schwerwiegende Versorgungsprobleme und staatspolitische Konsequenzen gestellt. Denn daß z.B. die kriegsliebenden Normannen, seine alten unteritalienischen Gegner, nur aus Frömmigkeit und ohne handfeste Eroberungsabsicht mitgezogen waren, mochte er beim besten Willen nicht glauben.

Balancepolitik Kaiser Alexios' – Egoistische »Kreuzfahrerstaaten«

Kaiser Alexios' Politik mußte daher darauf abzielen, es erst gar nicht zu einer Sammlung der Heere in der Hauptstadt kommen zu lassen, sondern sie einzeln ins Landesinnere abzudrängen. Durch kluge Verhandlungen gelang sogar mehr. Die Führer des Zuges verpflichteten sich durch Lehnseid und versprachen, ihm alle eroberten Gebiete und Städte, soweit sie zuvor zum Byzantinischen Reich gehört hatten, erneut zu unterstellen.
Im Mai 1097 fanden sich alle Heeresteile zur Belagerung der feindlichen Stadt Nikaia (Nicäa) auf dem kleinasiatischen Festland zusammen. Rasch zeigte sich, wie wenig den mitziehenden Griechen zu

Wilde Vorläufer des Ersten Kreuzzugs
Ein Bericht des Albert von Aachen

Nicht lange, nachdem Peter von Amiens ausgezogen war, begeisterte ein gewisser Priester namens Gottschalk, ein Deutscher aus der Rheingegend, der sich durch Peter zu diesem selben Zug nach Jerusalem hatte hinreißen lassen, durch seine Predigt eine große Anzahl von Leuten aus aller Herren Länder zu einem gleichen Pilgerzug. Aus verschiedenen Gegenden Lothringens, des östlichen Frankreich, Baierns und Schwabens brachte er mehr als 15000 Pilger zusammen, Ritter und gewöhnliches Fußvolk. Er sammelte auch eine ganz unglaubliche Menge Geld und alles, was sonst zur Reise notwendig war, und die Schar soll ganz friedlich ihres Weges gezogen sein bis ins Königreich Ungarn. Und als sie mit des Königs Kolmany gnädiger Erlaubnis nach Wieselburg gekommen waren, wurden sie dort und im nahegelegenen Schloß ehrenvoll aufgenommen, und man gab ihnen die Erlaubnis, für sich die nötigen Lebensmittel einzukaufen. Und auf Befehl des Königs ward überall Friede angesagt, damit nicht bei einem so großen Heer Zwistigkeiten irgendwelcher Art entstehen könnten. Aber während sie nun dort einige Tage blieben und anfingen, sich in der Gegend umherzutreiben, da ließen sich Baiern und Schwaben, lauter hitzige Leute, und andere nicht minder törichte Pilger, zu großer Trunkenheit hinreißen, verletzten den angesagten Frieden und raubten den Ungarn Wein, Gerste und andere Lebensmittel. Und schließlich raubten und erschlugen sie auf den Feldern Rinder und Schafe, töteten die Ungarn, die Widerstand leisteten und das Vieh retten wollten, und begingen noch eine Menge anderer Frevel, die wir nicht alle wiedergeben können, und benahmen sich eben ganz wie ungehobeltes und ungebildetes Landvolk, frech und schamlos.

Aus: Geschichte des ersten Kreuzzugs von Albert von Aachen (oder Aix um 1130).
Übers.: H. Hefele

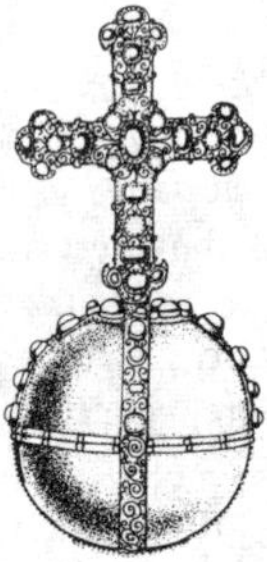

Eine der seltenen Darstellungen eines Kreuzfahrerschiffes.
Mosaik aus einer Folge von Darstellungen des Vierten Kreuzzuges. Ravenna, San Giovanni Evangelista (13. Jahrhundert).

trauen war. Durch geheime Verhandlungen erreichten sie die Übergabe der Stadt, die Kreuzfahrer zogen, in zwei Abteilungen getrennt, weiter und stießen bei Dorylaion im Landesinnern auf das seldschukische Heer.

Obwohl den Christen die Kampfesweise der türkischen und arabischen Völker seit Ottos II. Niederlage von 982 gegen die Sarazenen bei Cotrone in Unteritalien hätte bekannt sein müssen, ließen sie sich durch die vorgespiegelte Flucht der Feinde täuschen und wären in ihrer Sorglosigkeit umzingelt und niedergemacht worden, hätte ihnen nicht die andere Gruppe unter Gottfried und Adhemar Hilfe gebracht.

Hunger, feindliche Überfälle und Hitze verlangsamten den weiteren Weg des Heeres. Zum größten Feind aber entwickelten sich bei dem völligen Fehlen einer straffen Führung die internen Reibereien und Spannungen, die zum erstenmal etwa 100 Kilometer vor Antiocheia ausbrachen, als der Lothringer Balduin und der Normanne Tankred

GOTTFRIED VON BOUILLON

Kein anderer Teilnehmer am ersten Kreuzzug hat bei der Nachwelt solchen Ruhm geerntet wie Gottfried von Bouillon, Herzog von Niederlothringen. Die Legende machte ihn zum Nachfahren Parzivals und des Schwanenritters und stellte ihn als Inbegriff christlichen Rittertums neben König Artus und Karl den Großen in die Reihe der »neun guten Helden«. Dante versetzte ihn in seinem »Paradiso« bewundernd unter die größten Glaubenskämpfer. Trotzdem scheint heute festzustehen, daß sein Anteil an der Eroberung des Heiligen Landes stark überschätzt wurde. In seiner äußeren Erscheinung entsprach der um 1060 geborene hochgewachsene, breitschultrige und ungewöhnlich kräftige Junggeselle dem Heldenideal seiner Zeit. Als zutiefst frommer Mensch mit aufrechtem Charakter und aufgrund seiner soldatischen und organisatorischen Fähigkeiten genoß er hohes Ansehen. Als Gottfried zusammen mit seinen Brüdern dem Kreuzzugsaufruf Papst Urbans II. folgte, machte er seinen gesamten Besitz zu Geld in der festen Absicht, sich im Orient auf Dauer niederzulassen. An der Spitze von etwa tausend Rittern und mehreren tausend Fußsoldaten aus Brabant und Flandern brach er Ende August 1096 auf und stand am 15. Juli 1099 als einer der ersten Eroberer auf den Zinnen Jerusalems. Aus der Wahl zum Herrscher des neuen Königreichs Jerusalem ging er als unumstrittener Sieger hervor. Beeindruckend seine Erklärung, »keine goldene Krone tragen zu wollen, wo Jesus Christus eine Dornenkrone getragen hatte«! So nannte er sich demütig nur »Beschützer des Heiligen Grabes«. Das kurze Jahr seiner Herrschaft war ausgefüllt mit Auseinandersetzungen um die künftige Organisation der Kreuzfahrerstaaten und erfolgreichen Kämpfen mit den moslemischen Nachbarn. Gottfried starb am 18. Juli 1100 wohl an Typhus und wurde in der Kirche zum Heiligen Grab beigesetzt. *(H. H.)*

unverhüllt um die Errichtung einer eigenen Herrschaft in der Stadt Mamistra rangen. Als Tankred nicht nachgab, setzte Balduin sich vom Heer ab und eroberte auf eigene Faust 1098 das Gebiet diesseits und jenseits des Euphratoberlaufes. Edessa wurde Hauptstadt der gleichnamigen Grafschaft unter Führung Balduins, der das eigentliche Ziel des Zuges zugunsten eigener Interessen schon längst aus den Augen verloren hatte.

Währenddessen hatten die übrigen Kreuzfahrer die starke Festung Antiocheia belagert, kamen aber ohne die notwendigen Belagerungsmaschinen nicht weiter. Erfolg versprach erst im Frühjahr 1098 ein Flottenkontingent aus Genua, das Lebensmittel und neue »Pilgerkrieger« heranbrachte.

Trotz dieser Verstärkungen dauerte es noch ein Vierteljahr, bis im Juni die Stadt nach neunmonatiger Belagerung durch Verrat fiel. Bohemund von Tarent hatte ihn in die Wege geleitet und ließ sich diese Initiative mit dem Besitz der Stadt für sich und seine Nachkommen bezahlen. Doch das Kreuzheer hatte sich selbst eine Falle gestellt: Die Seldschuken hielten noch die Burg, und von außen nahte ein türkisches Entsatzheer. Von beiden Seiten eingeschlossen, wagten die ausgehungerten Pilger einen verzweifelten Ausfall, als man auf das Traumgesicht eines Mitstreiters in der Kirche des heiligen Petrus die angebliche »Heilige Lanze« ausgegraben hatte. Der Glaube an Gottes unmittelbaren Beistand mobilisierte die letzten Kräfte und brachte den Rittern den für unwahrscheinlich gehaltenen Sieg, Bohemund von Tarent den endgültigen Besitz der Stadt.

Nach Gründung des Fürstentums Antiocheia durch Bohemund, der damit also den zweiten »Kreuzfahrerstaat« nach Edessa ins Leben rief, mußte Gottfried von Bouillon mit dem Restheer alleine weiterziehen.

Am 6. Juni 1099 lag endlich das Ziel vor aller Augen, Jerusalem. Wenn wir dem Bericht des Wilhelm von Tyros glauben dürfen, war nur noch 20000 Reitern dieses einstigen Riesenaufgebotes der Blick auf die zinnengekrönte Stadt vergönnt. Über fünf Wochen zog sich die Belagerung hin, dann fiel Jerusalem am 15. Juli 1099 in einer Woge von Greueln und Blut, Lobgesängen und Freudentränen. Gottfried von Bouillon wurde als »König von Jerusalem« der Schutz und die Verwaltung der Stadt angetragen, doch in Selbstbescheidung und aus Achtung vor der »Dornenkrone« Jesu nannte er sich nur »Beschützer des Heiligen Grabes«.

Einen Monat später bestand Gottfried von Bouillon die erste Herausforderung und besiegte ein ägyptisches Heer von siebenfacher Übermacht bei der Seestadt Askalon.

Das christliche Königreich Jerusalem und die lehnsabhängigen »Kreuzfahrerstaaten«

Genau ein Jahr danach war Gottfried von Bouillon tot, sein Bruder Balduin übernahm als »König von Jerusalem« die Herrschaft. Die Gefahren, mit denen die Kreuzritter seit ihrem Zug durch Kleinasien zu kämpfen hatten, blieben die gleichen: Äußere Feinde und innere Uneinigkeit rüttelten immer wieder an der Stabilität dieses ›Fremdkörpers‹ inmitten heidnischer Umgebung. Die Landwege für Nachschub und frische Pilgerkräfte waren weit, und immer nur ein Bruchteil der ursprünglichen Menge langte wohlbehalten an. Hätten nicht Genua, Pisa und Venedig über das Meer verhältnismäßig schnelle und vollständige Hilfe gebracht, wären die »Kreuzfahrerstaaten«, zu denen 1109 noch die Grafschaft Tripolis hinzukam, weder lebensfähig gewesen noch hätten sie in den folgenden Jahrzehnten ihr Territorium durch Eroberung der Seestädte Cäsarea, Akkon, Tyrus, Sidon und Beirut erweitern können. Sowohl die Grafschaften Edessa und Tripolis als auch das Fürstentum Antiocheia standen in recht lockerer Lehnsabhängigkeit zum Königreich Jerusalem. Die erste Klasse des Lehnsadels, die Barone, wurden bei allen wichtigen politischen und juristischen Entscheidungen befragt, ihre Lehen waren in männlicher und weiblicher Linie erblich, und wie der König in seinem königlichen Territorium, so übten die Vasallen in ihren Gebieten unmittelbar die Hoheitsrechte über Gesetzgebung, Rechtsprechung, Zölle, Märkte und Münze aus. Noch unabhängiger waren die Kirche – dem Patriarchen von Jerusalem unterstanden fünf Erzbischöfe mit vielen Bischöfen – und die unter italienischem Einfluß stehenden Küstenstädte organisiert, in denen die freiheitliche Entwicklung der oberitalienischen Stadtstaaten (siehe auch Band 3) vorweggenommen wurde. Inmitten einer glaubensfeindlichen Umwelt konnte ein so großzügig geführtes Staatswesen nur bestehen, wenn die Wahrung und Verteidigung des Glaubens, dessentwillen man den Kreuzzug unternommen hatte, als gemeinsames Ziel trotz aller nationalen Unterschiede lebendig blieb.

Johanniter und Templer – Die neuen Ritterorden

Gegenüber all den Kräften, die einer Anpassung an die Mohammedaner das Wort redeten, verkörperten die neugegründeten Orden der Johanniter und Templer das ständig mahnende Gewissen. Wenn sie die Ideale des Rittertums mit der Askese mönchischer Lebensweise zu

Text der Zeit

Kreuzzugsstimmung bei Franzosen und Deutschen im Jahre 1096
Aufgezeichnet durch den Chronisten Ekkehard von Aura

Die westlichen Franken konnten sich leicht überreden lassen, ihre Gefilde zu verlassen; denn Gallien hatte einige Jahre hindurch bald Bürgerkrieg, bald Hungersnot, bald Sterblichkeit schwer heimgesucht [. . .]. Von den übrigen Nationen erzählten die einen Gemeinden oder Personen, außer dem apostolischen Aufruf seien sie durch gewisse unter ihnen aufgetretene Propheten oder durch himmlische Zeichen oder Offenbarungen in das Land der Verheißung gerufen, andere, sie seien durch irgendwelche Bedrängnisse zu solchen Gelübden bewogen worden; ein großer Teil derselben zog nämlich mit Weib und Kind und mit dem ganzen Hausrat beladen aus. Zu den Ostfranken aber, den Sachsen und Thüringern, den Baiern und den Alemannen erscholl dieser Ruf, gar nicht zumeist wegen jener Spaltung, die zwischen Staat und Priestertum von der Zeit des Papstes Alexander bis auf den heutigen Tag ebensosehr uns den Römern als die Römer uns verhaßt gemacht und schon, ach, verfeindet hat. Daher kam es, daß fast das ganze deutsche Volk beim Beginn des Auszuges mit der Ursache desselben unbekannt die so vielen Legionen Reiter, die durch sein Land zogen, die so vielen Scharen Fußgänger und die so vielen Haufen von Landleuten, Frauen und Kindern als in unerhörter Torheit Rasende verhöhnten, weil sie für Gewisses nach Ungewissem greifend das Land ihrer Geburt eitel verließen, nach dem unsicheren Land der Verheißung mit sicherer Gefahr eilten, auf ihr eigenes Gut verzichteten, nach fremdem gierig trachteten. Aber obgleich unser Volk viel trotziger ist als die übrigen, so neigte sich dennoch angesichts des göttlichen Erbarmens die Teutonenwut endlich dem Worte derselben Verkündigung zu, nachdem sie sich von den Scharen der Durchziehenden über die Sache von Grund aus hatten belehren lassen.

Aus: Chronik des Ekkehard von Aura (1096).
Übers.: W. Pflüger

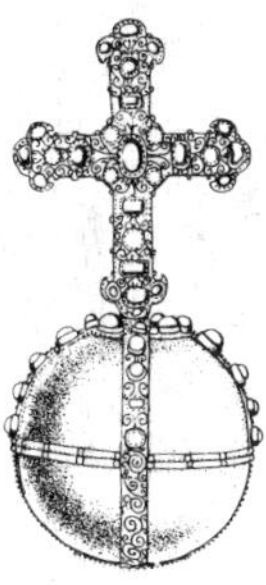

Auszug eines Kreuzritterheeres.
Dieses Fresko zeigt eine Fülle von Details aus der Zeit der Kreuzzüge. Neben den Fortifikationen einer christlichen Stadt sind vor allem auch die topfförmigen

Helme mit Nasenschutz, die Schilde mit ihren Bemalungen und das Kreuzritteremblem zu erkennen. Fresko in der Kapelle der Kreuzritter von Cressac. Paris, Musée des Monuments Français.

verbinden und zu steigern suchten, so war das ihre Antwort auf die cluniazensische Reformbewegung einerseits und die besonderen Anforderungen des Heiligen Landes andrerseits.
In klarer Abgrenzung zum Islam taten die Ritterorden alles, pilgernde Glaubensbrüder gegen Übergriffe der Heiden zu schützen, ihnen sicheres Geleit zu verschaffen, Geld und Verpflegung zur Verfügung zu stellen und sie bei Krankheit zu pflegen. Schon früh hatten Kaufleute aus dem italienischen Amalfi in Jerusalem ein Hospital gebaut, das Johannes dem Täufer geweiht war. Es war die Keimzelle der »Johanniter« oder »Hospitaliter«, die zentralistisch von einem Großmeister geführt wurden und als Ritter nach Ablegung der mönchischen Gelübde »Armut, Keuschheit und Gehorsam« sich ganz dem Krankendienst verschrieben, ehe allmählich die caritative Tätigkeit von den militärischen Erfordernissen in den Hintergrund gedrängt und dienenden Brüdern (Servienten) überlassen wurde, während die Ritter den Schutz der Pilger übernahmen und Geistliche die religiöse Betreuung der Kranken. Das Ordenskleid, schwarzer Mantel mit weißem Kreuz, unterschied die Johanniter äußerlich von den Templern, deren weißen Mantel ein rotes Kreuz schmückte.
1144 aus einem Zusammenschluß von acht französischen Rittern entstanden, die im Königspalast nahe der Stelle des früheren salomonischen Tempels wohnten, breitete sich dieser Orden, der als viertes Gelübde die Verteidigung und den Kampf gegen die Moslems forderte, schnell aus. Dank der Unterstützung durch den Mönch Bernhard von Clairvaux, der offiziell die Ordensregel mit ausgearbeitet hatte, wurde die Vereinigung anerkannt und vom Papst mit vielen Privilegien ausgestattet. Macht und Einfluß nahmen zu, damit natürlich auch die Gefahren der Verweltlichung, des Standesdenkens und der Herausbildung eines eigenen Staates innerhalb der Kreuzfahrerstaaten.

Der Zweite Kreuzzug (1147–1149): Großes Aufgebot, Naivität, Uneinigkeit

In den Jahren nach Balduins Tod (1118) verlief die Schwächung der ›fränkischen‹ Königsherrschaft in Jerusalem parallel mit dem Auftreten militärisch begabter und energischer gegnerischer Fürsten, die darangingen, die christlichen Gebiete vom Rand her mit Erfolg zurückzugewinnen. Der Fall Edessas 1144 löste im Abendland einen Schock aus. Schon drei Jahre später begann deshalb ein zweiter Kreuzzug, an dessen Zustandekommen Bernhard von Clairvaux den größten Anteil hatte. Seine Begeisterung, tiefe Religiosität und glänzende Beredsam-

keit faszinierten die Volksmassen und entfachten einen Sturm zustimmenden Jubels auch unter denen, die solchen Glaubensfahrten bisher ferngeblieben waren. An Weihnachten 1146 nahm der deutsche König Konrad III. zusammen mit seinem Neffen, dem Herzog Friedrich (Barbarossa) von Schwaben, im Dom zu Speyer nach einer eindringlichen Predigt Bernhards das Kreuz, gewonnen wie sein königlicher Nachbar Ludwig VII. von Frankreich, der sich an Ostern in Vézelay mit seiner Gemahlin, seinem Bruder und vielen Grafen und Bischöfen zur ›militärischen Wallfahrt‹ entschlossen hatte. Die zwei mächtigsten Herrscher des Abendlandes waren aufgrund ihrer Führungsqualitäten Garanten eines selbstverständlichen Erfolges.
Hoffnungsvoll startete das deutsche Aufgebot im Mai 1147 von Regensburg. Erlauchte Namen wie Herzog Friedrich von Schwaben, Welf VI. von Baiern, Heinrich von Österreich, Markgraf Hermann von Baden oder die Bischöfe Otto von Freising und Stephan von Metz hatten ihre Aufgebote zu einem Heer von etwa 30000 Mann unter Führung Konrads III. beigesteuert. Auf dem traditionellen Landweg kamen die Ritter über Belgrad und Nisch rasch voran. Am 20. Juli war Sofia erreicht. Doch der bislang reibungslose Nachschub aus Byzanz kam ins Stocken, als sich in Philippopel erstmals das untergründige Mißtrauen und die Spannungen in einem Straßengefecht zwischen Deutschen und Griechen entluden. Von da ab gab es laufend Schwierigkeiten. Verschärfend kam hinzu, daß zur gleichen Zeit, wie nach Absprache, die Intimfeinde von Byzanz, die Normannen, die griechische Insel Korfu eroberten und die Küsten der Peloponnes plünderten. Als König Konrad III., vom byzantinischen Kaiser Manuel durch reiche Geschenke zu schnellem Weitermarsch bewegt, sich in Kleinasien nicht entscheiden konnte, ob er den gefahrloseren, doch längeren Küstenweg oder die kürzere Route über Ikonion nehmen sollte, teilte er das Heer. Otto von Freising schickte er mit den militärisch ungeschulten Teilnehmern die Küste entlang, er selbst brach ins Landesinnere auf und provozierte durch diese unkluge Entscheidung den schmählichen Untergang des stolzen Heeres in der Nähe von Dorylaion. Ein Zehntel nur, unter ihnen auch Konrad III. und Barbarossa, entkam im November nach Nikaia und traf dort auf König Ludwig VII. von Frankreich, der auf demselben Weg nachgekommen war. Um ein neuerliches Desaster zu vermeiden, zogen beide gemeinsam die Küste entlang. In Ephesos erkrankte Konrad III. und kehrte nach Konstantinopel zurück, während Ludwig unter großen Verlusten die Südküste erreichte und über das Meer nach Antiocheia segelte.
Im Frühjahr 1148 trafen sich beide Könige in der Heiligen Stadt wieder und berieten die nächsten, politisch notwendigen Schritte. Doch

Text der Zeit

Bericht eines unbekannten Autors:
Konrad III. nimmt 1146 das Kreuz

Der heilige Vater Bernhard [von Clairvaux] begab sich nach Speyer, um dort einige Fürsten miteinander zu versöhnen, da durch ihre Feindschaft viele von der Beteiligung an dem Kreuzzug abgehalten wurden [. . .] Schon in Frankfurt hatte der heilige Mann den König insgeheim ermahnt, zu Zeit so reichlicher Erbauung auf sein Heil bedacht zu sein. Als aber der König erwiderte, er denke nicht daran, sich an der Kreuzfahrt zu beteiligen [. . .]. Zu Speyer forderte dann der heilige Abt den König bei der öffentlichen Ansprache namentlich und am Tage Johannes des Evangelisten nochmals insgeheim zur Kreuzfahrt auf und legte ihm nahe, die Gelegenheit zu einer so leichten, kurzen, ehrenvollen, heilsamen Buße [. . .] nicht zu versäumen. Der König antwortete darauf, er wolle es sich überlegen, sich mit den Seinen darüber beraten und Bernhard am nächsten Tag Bescheid geben.
Da trieb der Geist Gottes während des Hochamtes den heiligen Vater an, ohne Aufforderung und wider alles Herkommen zu erklären, der Tag dürfe nicht ohne Predigt verstreichen. Am Schlusse derselben wandte er sich an den König und sprach zu ihm nicht wie zu einem Fürsten, sondern von Mensch zu Mensch. Er hielt ihm das Jüngste Gericht vor Augen, wie er da vor Christus als bloßer Mensch stehen und dieser ihn fragen werde: »Was hätte ich dir Gutes tun können und habe dir nicht getan?« Bernhard schilderte Konrad die Erhabenheit seines Königtums, seinen Reichtum, seine Klugheit [. . .] und seine Körperstärke. Diese Worte trafen den Menschen in König Konrad so, daß er mitten während der Ausführungen Bernhards unter Tränen rief: »Gibt's der Herr, so will ich von jetzt an nicht mehr undankbar erfunden werden. Ich bin bereit, Ihm zu dienen, wann immer er mich ruft.« Sprach's, das Volk nahm ihm das Wort von der Lippe, brach in Gottes Lobpreis aus, und die Erde widerhallte von dem Jubel der Menge. Dem König wurde nun sofort das Kreuz angeheftet, der heilige Abt trug das Banner vom Altare weg und gab es dem König in die Hand, auf daß er es im Heere des Herrn persönlich trage. Mit dem König empfing dessen Neffe und zahllose andere Fürsten das Kreuz.

Aus: S. Bernardi miracula in itinere Germanico patrata (Wunderbericht von der Deutschlandreise des hl. Bernhard – anonym).
Übers.: J. Bühler.

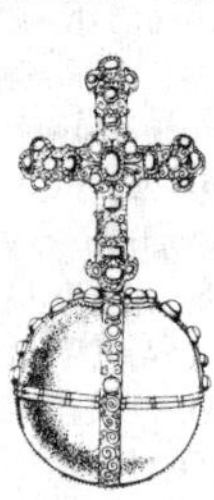

nicht die wichtige Rückgewinnung Edessas und die Sicherung der Nordostgrenze wurde beschlossen, sondern ausgerechnet die Eroberung der mit Jerusalem verbündeten Stadt Damaskus, ein Ergebnis, das an Einfalt und Konzeptlosigkeit nicht zu überbieten war. Als gar die Barone des Königreiches Jerusalem vor Damaskus den Abbruch der Belagerung forderten, weil sie mit Gold bestochen worden waren, segelte Konrad III., der Intrigen müde, am 8. September 1148 enttäuscht ab, Ludwig VII. folgte im Frühsommer 1149. So hoffnungsvoll der Kreuzzug begonnen hatte, so ernüchternd ergebnislos ging er zu Ende.

Verändert hatte man im Heiligen Land gar nichts, den Mohammedanern höchstens ein ermutigendes Zeugnis eigener Unfähigkeit geliefert. Angeschlagen war der Kriegsruhm des Abendlandes, gelitten hatte die Überzeugung von der Fähigkeit der Könige, der Glaube an Gottes allmächtige Hilfe war schwankend geworden, unzählige Menschen hatten umsonst den Tod gefunden. Getrennt war man marschiert, getrennt wollte man siegen, und hatte nicht einmal die simpelste Vorbedingung dafür erfüllt gehabt, eine gemeinsame Planung und Durchführung der Fahrt. Was halfen da alle nachträglichen Vorwürfe an den Initiator Bernhard von Clairvaux, was nützte dessen Rechtfertigung mit dem Hinweis auf die Zuchtlosigkeit der Teilnehmer? Der religiöse Überschwang des Gefühles wich allenthalben einer skeptischeren Einstellung gegenüber solchen Kriegszügen.

Vor allem in Deutschland scheute man sich nicht, die Unzulänglichkeiten offen beim Namen zu nennen und die Kreuzzüge gar als »Werk des Teufels« abzutun. Doch alle wohlmeinende oder sarkastische Kritik in Deutschland oder Frankreich änderte nichts an der sich dramatisch verschlechternden Situation der Christen in Palästina. Die Aktivität des Handelns war schon längst den schwächlichen Königen Jerusalems entglitten, ein übermächtiger Gegner begann systematisch die Heilige Stadt einzukreisen: 1171 hatte Sultan Saladin Ägypten erobert, 1174 Damaskus besetzt und Mesopotamien 1183 gewonnen. Abgeschnitten von allen Versorgungssträngen, saßen die morgenländischen Christen gleichsam in der Falle, die Saladin erbarmungslos zuschnappen ließ. Bei Hattin in der Nähe des Sees Genezareth erfüllte sich am 4. Juli 1187 das Schicksal des Königreiches Jerusalem. Das Ritterheer wurde völlig aufgerieben, der König, sein Bruder, der Großmeister der Templer und viele Vornehme gerieten in Gefangenschaft. Beirut, Sidon und Akkon gingen verloren, Jerusalem mußte im Oktober kapitulieren. Das christliche Kreuzzeichen wurde vom Tempel Salomons heruntergestürzt und zersprang. Symbolhafter konnte der endgültige Untergang des christlichen Jerusalem nicht ausfallen.

Grausamkeit der Kampfhandlungen im Namen Christi. *Ein Kreuzritter ersticht einen ›Schwarzen‹, einen ›Mohren‹ oder ›Sarazenen‹, wie auch immer die Araber bezeichnet wurden. Fresko der Kirche von Tavent/Frankreich.*

Der Dritte Kreuzzug (1189–1192): Der Tod des Kaisers führt Regie

Bei aller Sympathie für die Kreuzfahrerstaaten hatte Europa bislang Hilfe nur immer dann aufgeboten, wenn, wie bei Edessa, wichtige Vorposten an den Islam gefallen waren. Aber jetzt war das Zentrum selbst, das Herzstück Palästinas für alle Christen verlorengegangen. Ungeheure Bestürzung packte das Abendland, mit einem Schlag vergaß man alle Vorbehalte und früheren Enttäuschungen, statt ständiger Rivalität herrschte plötzlich Einmütigkeit. Nach einem Aufruf Gregors VIII. 1187 zur Tilgung der Schmach normalisierte der inzwischen König und Kaiser gewordene Barbarossa sein spannungsreiches Verhältnis mit dem Nachfolgepapst Clemens III. Die Könige von Frankreich und England, Philipp II. August und Heinrich II. beschlossen, ihre Fehde ruhen zu lassen und nahmen das Kreuz. Als Heinrich II. 1189 gestorben war, übernahm sein Sohn Richard von Poitou, wegen seiner Kühnheit »Löwenherz« genannt, die Verpflichtung des Vaters. Zusammen mit dem französischen König brach er im Juni 1190 von Vézelay in Burgund auf, von Messina aus fuhr man nach Palästina. Nach der Vereinigung mit Barbarossas Heer wollte man in diesem Riesenunternehmen Saladin zeigen, auf wessen Seite die besseren Truppen und der richtigere Gott stünden. Aber was beide nicht ahnen konnten, Barbarossa war bei ihrem Abmarsch nicht mehr am Leben. Mit deutscher Gründlichkeit, gespeist aus den eigenen Erfahrungen während des Zweiten Kreuzzuges, hatte er das Unternehmen vorbereitet gehabt und seit dem Aufbruch in Regensburg am Georgstag 1189 die Truppen unter üblichen Schwierigkeiten durch die Byzantiner einigermaßen vollzählig bis nach Kleinasien geführt. Ein eindrucksvoller Sieg bei Ikonion öffnete den ungestörten Weg bis nach Antiocheia. Saladin wich respektvoll über den Euphrat zurück, doch das Schickal wurde sein bester Verbündeter. In den reißenden Fluten des Saleph ertrank der 65jährige Kaiser vor den Augen der Seinen am 10. Juni 1190. Ohne den führenden Kopf war der Zug zum Scheitern verurteilt. Ein Teil des Heeres trat sofort den Heimweg an, mit dem Rest zog Barbarossas Sohn Friedrich V., Herzog von Schwaben, weiter nach Antiocheia, dann über Tyrus, wo der Verstorbene beigesetzt wurde, nach Akkon. Nur mehr 5000 Mann konnte er dort den Kreuzfahrern, die diese wichtige Seefestung belagerten, zuführen.

Als Friedrich V. schon im Januar 1191 starb, war das allzu schnelle Ende der deutschen Bemühungen gekommen. Hilfe konnten nur noch der französische und der englische König anbieten. Während Philipp II. von Frankreich von Messina aus auf dem direkten Weg nach Akkon gesegelt war und im April 1191 das Belagerungsheer verstärkte, ließ sich »Löwenherz« mehr Zeit und entriß im frühen Sommer erst die Insel Zypern dem Byzantinischen Reich, ehe er am 5. Juni ebenfalls vor Akkon anlangte. Knapp einen Monat später gelang die Eroberung der Stadt nach fast zweijähriger Belagerung. Es sollte der einzige militärische Erfolg bleiben. Das hochfahrende Wesen des engli-

Krak de Chevalliers – arabisch-christliche Synthese einer Kreuzritterburg.
Abschnittsburg, entstanden aus einem arabischen Wachtturm, gegen die Kreuzfahrer ausgebaut, von diesen erobert und mehrfach umgebaut und

vergrößert. Beeindruckend die Dimensionen. Die Staffelung der Mauern und die Vielzahl der Höfe und Flankentürme wurden schließlich auch in Europa übernommen.

schen Königs und die ständigen Reibereien zwischen Engländern und Franzosen spalteten die Kreuzritter völlig. König Philipp II. setzte sich daher schon Ende Juli enttäuscht und ärgerlich ebenso in die Heimat ab wie Herzog Leopold von Österreich, der von »Löwenherz« durch das Herabreißen seiner gehißten Flagge schwer gekränkt worden war. Auf eigene Faust versuchte jetzt Richard »Löwenherz«, das Unternehmen mit der Rückeroberung Jerusalems abzuschließen. Zweimal stand er dicht vor dem Ziel, zweimal vertat er die Chance. Ein dreijähriger Waffenstillstand, der Besitz der Küstenstädte von Jaffa bis Tyrus und der ungehinderte Zugang der Christen zum Heiligen Grab waren, gemessen an der vereinigten Heeresmacht der drei mächtigsten Könige Europas, eine magere Ausbeute des letzten ›gesamteuropäischen‹ Kreuzzuges.

Der Schiffbruch von Richard »Löwenherz« auf seiner Heimfahrt vom Heiligen Land 1192 zwischen Venedig und Aquileja und seine Gefangennahme durch Leopold V. von Österreich (der ihn an Kaiser Heinrich VI. weitergab: mit der Folge der Lehnsabhängigkeit des englischen Königs vom deutschen Kaiser) mutet wie ein symbolischer Abschluß des ersten Abschnittes der Kreuzzugsbewegung an.

Die Kreuzzüge des 11. und 12. Jahrhunderts: Eine Zwischenbilanz

Hält man an dieser Stelle einmal inne für ein vorläufiges Fazit aus der Perspektive des Papsttums, dann war die Kreuzzugsbewegung des 11. und 12. Jahrhunderts von den offenen und heimlichen Zielen her ein Fehlschlag. Der dem Rausch religiöser Begeisterung folgende Massenaufbruch konnte weder politisch noch organisatorisch kanalisiert werden und entglitt den Päpsten immer mehr. Das Heilige Land wurde nicht endgültig für das Christentum gesichert, geschweige denn als Lehen des Papstes vergeben, wie es dem päpstlichen Legaten Dagobert von Pisa beim ersten Kreuzzug vorgeschwebt hatte. Die erhoffte Wiederangliederung der Ostkirche blieb auch weiterhin ein Wunschtraum. Die Begeisterung hatte schon nach dem Zweiten Kreuzzug einen gewaltigen Dämpfer erlitten, doch immer wieder verstanden es die Päpste, den glimmenden Funken neu zu entfachen. Aber den Kreuzfahrten des 13. Jahrhunderts fehlte der mitreißende Schwung und die spontane Ehrlichkeit der ersten Stunde. Die Solidarität der christlichen Staaten Europas war auf der Strecke geblieben, profanere Ziele verdeckten immer mehr die Lauterkeit der ursprünglichen Idee. Der Vierte Kreuzzug mag ein Beispiel dafür sein.

Der Vierte Kreuzzug (1202–1204): Plünderung Konstantinopels, Gewinn und endgültiger Verlust Jerusalems

Den Vierten Kreuzzug, zunächst als ein fast ausschließlich nationalfranzösisches Unternehmen gegen das islamische Ägypten geplant, für das Venedig den Truppentransport übernahm, funktionierte der 94jährige venezianische Doge Enrico Dandalo aus eigensüchtigen Interessen kurzerhand um: Erst mußten die Kreuzritter das von Venedig abgefallene Zara an der dalmatinischen Küste erobern, dann Kurs auf Konstantinopel nehmen, um den entthronten Kaiser Isaak I. Angelos und seinen Sohn Alexios, Schwiegervater und Schwager des deutschen Königs Philipp von Schwaben, wieder in ihre rechtmäßige Herrschaft einzusetzen, ein Geschäft, das auch bei sehr genauem Hinsehen rein gar nichts mehr mit ›Kreuzzug‹ zu tun hatte! Weniger pure Hilfsbereitschaft als vielmehr handfeste handelspolitische Gesichtspunkte Venedigs waren die eigentlichen Gründe für die Unterstützung. Der Papst gab seinen Segen, stellte doch Alexios den Anschluß der griechischen Kirche an die römische in Aussicht.

1203 gelang die Eroberung der Hauptstadt, Isaak wurde aus dem Gefängnis befreit und mit seinem Sohn auf den Kaiserthron erhoben. Doch beide hatten die Rechnung ohne das Volk gemacht. Die Bewohner Konstantinopels wollten weder die von Alexios den Kreuzfahrern in Aussicht gestellten 200000 Silbermark zahlen noch eine kirchliche Wiedervereinigung mit Rom dulden. Sie revoltierten und wählten einen neuen Kaiser, der Alexios erdrosseln ließ. Daraufhin eroberten die christlichen Ritter im April 1204 zum zweitenmal die Stadt, plünderten sie barbarischer als der schlimmste Feind und errichteten ein »Lateinisches Kaiserreich«, dessen erster Kaiser Balduin von Flandern wurde. Venedig sicherte sich aus Handelsinteressen die Küstenstriche des adriatischen und ägäischen Meeres sowie die wichtigsten Inseln Korfu, Aigina, Euböa und Kreta. Nur der Papst ging leer aus. Eine kirchliche Vereinigung war unter den Umständen der Eroberung selbst gewaltsam nicht vorstellbar, und den eigentlichen Zweck des Kreuzzuges hatten die Venezianer gründlich verwässert. Trotz oder gerade wegen dieser Enttäuschung rückte der Papst nicht von seinen Plänen ab.

Alle Hoffnung ruhte nun auf dem deutschen Kaiser, dem Staufer Friedrich II., der nach dem öfteren Hinausschieben einer Jerusalemfahrt, im September 1227 endlich von Brindisi absegelte, aber wegen einer Seuche, die ihn selbst ergriff, am dritten Tag in Süditalien wieder an Land ging. Das von ständigem Mißtrauen geprägte Verhältnis zwischen Papst und Kaiser schlug daraufhin in offene Feindschaft um. Papst Gregor IX. warf Friedrich II. Verstellung vor und belegte ihn mit dem Bannfluch. Um zu zeigen, daß die Krankheit echt gewesen war, löste Friedrich im folgenden Jahr das Kreuzzugsversprechen ein und fuhr ins Heilige Land. Ohne Krieg, allein durch diplomatisches Geschick, basierend auf seinen guten Beziehungen zur arabischen Welt und der Beherrschung der arabischen Sprache, erreichte er vom Sultan in einem zehnjährigen Waffenstillstand die Rückgabe Jerusalems, Bethlehems, Nazareths und der Städte und Landschaften zwischen Akkon und Jerusalem. Doch der Papst neidete um der Person des Kaisers willen auch diesen großartigen politischen Erfolg. In seinem Namen mußte der Patriarch von Jerusalem Stadt und Heiliges Grab mit dem Interdikt belegen. Friedrich II. krönte sich daher selbst am 18. März 1229 zum König von Jerusalem, kehrte indes wegen unüberbrückbarer Differenzen mit den Templern und dem Patriarchen im Sommer nach Unteritalien zurück.

15 Jahre hielt seine Vereinbarung. Dann ergriffen die Christen Palästinas unklugerweise in dem innenpolitischen Machtkampf der Moslems zwischen den Bewohnern von Damaskus und dem Sultan Ägyptens Partei für Damaskus. Der Waffenstillstand wurde damit gegenstandslos, die Christen mußten die diplomatische Unbesonnenheit bitter büßen. Zum zweitenmal und jetzt endgültig fiel Jerusalem am 24. August 1244 in die Hände der ›Ungläubigen‹. In der Schlacht bei Gaza am 18. Oktober wurde das christliche Aufgebot total aufgerieben, nur die Festungen Jaffa, Akkon, Tripolis und Antiocheia konnten sich halten.

Im Abendland machte sich wieder einmal schmerzliche Ernüchterung breit. Hektische aber wirkungslose Aktivität verdeckte die deutliche Ohnmacht. Trotz heilloser Zerstrittenheit von Kaiser- und Papsttum war die Kreuzzugsidee noch nicht untergegangen, aber ihre Umsetzung in die politische Wirklichkeit endgültig zum Scheitern verurteilt. Nur ein Idealist wie der französische König Ludwig IX., der Heilige (1226–1270) konnte gegen den allgemeinen Strom der Kreuzzugsabneigung schwimmen und ein sechstes und siebtes Unternehmen beginnen.

König Ludwig von Frankreich und seine beiden Kreuzzüge 1248–1254 und 1270

Die Schreckensnachricht von der Einnahme Jerusalems 1244 hatte Ludwig spontan zum Kreuz greifen lassen. 1248 löste er sein Versprechen ein und segelte von Aigues-Mortes aus im September nach Zypern und von dort nach Ägypten, ging bei Damiette an Land, trotz Behinderung durch die ägyptische Flotte, wurde aber beim Vormarsch nach Kairo im April 1250 mit einem Großteil des Heeres umzingelt und gefangengenommen. Gegen die Übergabe Damiettes und die Zahlung einer Million goldener Byzantiner freigelassen, blieb Ludwig noch vier Jahre in Palästina, ohne infolge des dezimierten Heeres viel ausrichten zu können. Nimmt man den fehlgeschlagenen Krieg 1270 gegen Tunis hinzu, muten die beiden Unternehmungen wie ein Rückzug des Kreuzzugsgedankens in Raten an. Ein paar letzte, seichte und wirkungslose Geplänkel, um das Gesicht einigermaßen zu wahren, dann hatte sich die Idee endgültig totgelaufen. Der christliche Rest Palästinas blieb sich selbst überlassen, keine Hand regte sich mehr zu neuerlicher Unterstützung. Tripolis fiel 1289, Akkon, das letzte wichtige Bollwerk, ergab sich im Mai 1291. Die ›Franken‹ räumten freiwillig die letzten Plätze, Tyrus, Sidon und Beirut. Eine knapp 200jährige christliche Herrschaft über die heiligen Stätten war am ruhmlosen Ende angekommen.

Wesen und Auswirkungen der Kreuzzüge

Die historische Forschung tut sich immer noch schwer mit den Kreuzzügen. Die Bandbreite ihrer Beurteilung reicht von erbitterter Ablehnung bis hin zu begeisterter Zustimmung, die Teilnehmer werden entsprechend als verirrte religiöse Phantasten oder als Zeugen tiefer Glaubensinbrunst geschildert. Sicher wird man der Erscheinung nicht gerecht, wollte man sie an den Anschauungen unseres aufgeklärten, Gefühlen so mißtrauisch begegnenden Jahrhunderts messen. Der mittelalterliche Mensch hat gerade in der Zeit der kirchlichen Friedensbewegung, ausgelöst durch die Reformen Clunys, eine religiöse Verinnerlichung großen Ausmaßes erfahren und weitgehend den Vorranganspruch des Papstes gegenüber dem Kaiser aus Religiosität in seinem Privatleben nachvollzogen.

Selbst der fehdeliebende Adel sollte unter dem Einfluß der Gottesfriedens- und treuga-dei-Bewegung auf den gewohnt schnellen Griff zum Schwert verzichten oder wenigstens seine Kampfes- und Rauflust christlichen Zielen unterstellen. Zur Auffassung vom Ritter als Soldat im Dienste Gottes, ›miles Christi‹, war es dann nur ein kleiner Schritt, und im ›heiligen‹ Krieg eines Kreuzzuges fand sich für sie ein neues, höheren Idealen dienendes Betätigungsfeld. Guten Gewissens konnte der Ritter unter dem ›Lehnsherrn‹ Christus weiterhin seine Rauflust austoben und mit der Teilnahme an einer Pilgerfahrt sogar noch etwas für sein Seelenheil tun.

Die Kreuzzüge im Überblick

Die cluniazensische Reformbewegung stand dem Kampf gegen Ungläubige positiv gegenüber. Aus der Verbindung der Jerusalemwallfahrten mit dem befürworteten Glaubenskrieg gegen die Mohammedaner entstand der Gedanke der Kreuzzugsbewegung, als 1071 die Seldschuken Palästina erobert hatten. Am 26. November 1095 verkündet Papst Urban II. in Clermont den Kreuzzug unter begeisterter Zustimmung der Anwesenden mit dem Ruf: »Deus lo volt«, »Gott will es«.

1. Kreuzzug 1096–1099:	*Träger sind hauptsächlich Franzosen, Flandern und Normannen. Eroberung Jerusalems am 15. Juli 1099, Bildung von Kreuzfahrerstaaten: Königreich Jerusalem, Fürstentum Antiocheia, Grafschaft Tripolis, Grafschaft Edessa. 330000 Teilnehmer, von denen 40000 im ›Heiligen Land‹ ankamen.*
Ritterorden:	*1048: Johanniter (Hospitaliter), benannt nach dem Johannes dem Täufer geweihten Spital in Jerusalem. Nach dem Verlust Palästinas 1291 Ausweichen nach Zypern, 1309 nach Rhodos, von 1530–1789 auf Malta (Malteser). Tracht: schwarzer Mantel mit weißem Kreuz.*
	1119: Templer, benannt nach der Wohnung nahe dem Salomonischen Tempel, 1291 Ausweichen nach Zypern, dann nach Frankreich, 1312 Ordensaufhebung durch Papst Clemens V. Tracht: weißer Mantel mit rotem Kreuz.
	1190: Deutscher Orden (Deutschherren) vor Akkon gestiftet, nationaldeutscher Charakter, Missionierung der Pruzzen; 1230–1280 (Hochmeister Hermann von Salza), seit 1309 Hauptsitz: Marienburg in Ostpreußen.
2. Kreuzzug 1147–1149:	*Träger: Deutsche unter König Konrad III. und Franzosen unter Ludwig VII. Unternehmen wird ein Mißerfolg. 240000 Teilnehmer, 90000 kamen an.*
3. Kreuzzug 1189–1192:	*Nach der Einnahme Jerusalems durch Saladin 1187. Universale Heerfahrt Kaiser Friedrichs I. (Barbarossa), der Könige von Frankreich und England. Scheitern des Zuges nach dem Tod Barbarossas und wegen Uneinigkeit im Heer. 350000 Teilnehmer, 280000 kamen an.*
4. Kreuzzug 1202–1204:	*Ursprünglich gegen Ägypten gerichtet, mißbräuchliches Umlenken des Zuges gegen Kon-*

	stantinopel durch Venedig, 1204 Eroberung Konstantinopels, Errichtung eines »Lateinischen Kaiserreiches« (bis 1261), Zerstörung des byzantinischen Bollwerks gegen die Araber. 30 000 Teilnehmer, die alle nie das Heilige Land sahen.
Kinderkreuzzug 1212:	*Vor allem französische und deutsche Kinder über Genua und Marseille. Die meisten der vielen tausend Kinder starben an Krankheiten, verhungerten, ertranken oder wurden als Sklaven verkauft.*
5. Kreuzzug 1228/29:	*Kreuzzug des gebannten Kaisers Friedrich II., vertraglich garantierter Zugang zu den heiligen Stätten in Jerusalem, Bethlehem und Nazareth.*
6. Kreuzzug 1248–1254 und 7. Kreuzzug 1270:	*Kreuzzüge des französischen Königs Ludwig IX. bleiben erfolglos.*
1291:	*Eroberung Akkons durch die Araber, Räumung Palästinas, Ende der Kreuzzüge.*
Folgen:	*Einflüsse der Araber in Naturwissenschaft, Philosophie, Dichtung, Baukunst, Ausdehnung des Orienthandels, Aufkommen der Geldwirtschaft, des Städtewesens und der neuen Schicht der »Bürger« im Abendland.*

Die Faszination von Ideen und die daraus resultierende unkontrollierte Reaktion der Masse war auch dem Mittelalter nicht fremd; die Ereignisse der »heiligen Glaubenskriege« beweisen es zur Genüge.

Kinderkreuzzüge

In geradezu grotesker Übersteigerung ahmten Tausende von Kindern aus Frankreich und Deutschland die schwärmerische Begeisterung der Erwachsenen nach und brachen 1212 zu einem »Kinderkreuzzug« auf. Ihr religiöser Idealismus zerbrach aber schnell an der militärischen Kriegswirklichkeit, das weitere Schicksal war grausam: Die überlebenden Jungen wurden versklavt, die Mädchen mißbraucht und in Harems und Bordelle verschleppt. Den Geistlichen und anderen vernünftigen Leuten, die diesen Zug für völligen Unsinn erklärt hatten, leisteten die Kinder heftigen Widerstand und behaupteten, die Geistlichen seien Ungläubige. So berichten die Annalen des Klosters Marbach im Jahr 1212.

Mit großer Wahrscheinlichkeit sind die tieferen Ursachen dieser kindlichen Massenhysterie, dieser Faszination durch eine ›Bewegung‹ im wirtschaftlich-sozialen Bereich zu suchen. Den Kreuzzügen von 1096 und 1147–1149 gingen schreckliche Hungersnöte voraus, die weite Teile der Bevölkerung in Not und Elend brachten. Den kreuzfahrenden Kindern mag ein Leben ohne diese Entbehrungen vorgeschwebt haben, Eltern werden hungrige Esser nicht immer zu Hause gehalten haben.

Wenn trotz emphatischer Zustimmung und oft erstaunlicher Opferbereitschaft der ritterlichen ›Gottesstreiter‹ die Kreuzzugsbewegung ihr Ziel letztlich dennoch verfehlte, lag das entscheidend am Konflikt zwischen Kaisertum und Papsttum um die höchste Macht. Sie blockierten sich gegenseitig. Das Fehlen einer zentralen Leitung war und blieb deshalb das Handikap aller unternommenen Züge, strategische Fehler, persönliche Rivalitäten und teilweise Unfähigkeit der einzelnen Heeresführer, überhandnehmende Macht- und Geldgier, oft mangelnde Ausrüstung und gröbster Leichtsinn ließen jedes hoffnungsvolle Unternehmen auf ein Minimum an Effektivität zusammenschrumpfen. Schwere Strapazen und unvermutete Schrecknisse waren die Begleiter jeder Pilgerreise. Trotzdem riß der Strom der Ritter ins Heilige Land über 200 Jahre nicht ab. Wären nur Abenteuerlust, finanzielle Anreize oder kalte Berechnung und nicht echte religiöse Überzeugung im Spiel gewesen, hätte die Idee nicht einen so langen Zeitraum durchgestanden und wäre nicht von allen Völkern des christlichen Europa in vorher nie gekannter Einigkeit getragen worden.
Daß der Adel über alle politischen Grenzen hinweg sich dieser Universalität im »Rittertum« bewußt wurde, war genauso eine Frucht der Kreuzzüge wie der Sieg dieser Ritter an einer ganz anderen Front: Der Osten blieb zwar verloren, doch die christliche Offensive hatte den Islam im Westen in die Defensive gedrängt: Sizilien entrissen die Normannen schon in der zweiten Hälfte des 11. Jahrhunderts den Arabern, in Spanien gewann die »Reconquista«, die »Rückgewinnung« vor allem unter dem Nationalhelden Rodrigo Diaz de Vivar, »Cid« genannt, dem Christentum neuen Boden.
Auf der anderen Seite haben auch die Araber das Abendland in vieler Hinsicht verändert. Das Schachspiel fand den Weg zu uns, die arabischen Ziffern sind seitdem fester Bestandteil unserer Zahlenwelt geblieben und haben die römischen fast völlig an den Rand gedrängt. Ein breiter Strom naturwissenschaftlichen Wissens in Medizin, Mathematik und Astronomie floß nach Europa, und viele griechische Schriftsteller lernte man erst durch Vermittlung der Mohammedaner kennen.
Selbst die Ritter fanden Gefallen an der höheren Lebens- und beachtlichen Geisteskultur ihrer Gegner. Nach ihrem Vorbild schufen sie sich in ihren Burgen eine neue »Wohnqualität« mit Teppichen, Vorhängen, Glasfenstern und teilweise fließendem Wasser, fanden unter Einfluß der arabisch-persischen Poesie einen neuen, vertieften Zugang zu der Dichtung, deren schönste Frucht der Minnesang wurde, und fühlten sich durch den Vergleich mit den hochstehenden sittlichen Vorstellungen der Araber in den eigenen Ritteridealen der Treue,

Ehre, Tapferkeit und der Minne bestärkt. Das von den Arabern befreite Mittelmeer erlaubte einen ungefährdeten Handelsaustausch eigener Produkte mit den Stoffen, Teppichen, Gewürzen und Spezereien des Orients, der hauptsächlich über die italienischen Seestädte Pisa, Genua und Venedig lief.
Die Folge war insgesamt das Aufsteigen der neuen, selbstbewußten und reichen Schicht der »Bürger«, die in den Städten die Verwaltung selbst in die Hand nahmen und dem Feudaladel den Rang abzulaufen begannen.

Literatur

Erdmann, Carl: Die Entstehung des Kreuzzugsgedankens, Stuttgart 1955
Mayer, Hans Eberhard: Geschichte der Kreuzzüge, Stuttgart 1973
Pernoud, Régine: Die Kreuzzüge in Augenzeugenberichten, Düsseldorf 1961
Runciman, Steven: Geschichte der Kreuzzüge, 3 Bde., München 1957–1960
Waas, Adolf: Geschichte der Kreuzzüge, 2 Bde., Freiburg 1956
Wollschläger, Hans: Die bewaffneten Wallfahrten gen Jerusalem, Zürich 1973

MANFRED FIRNKES

Geschichtsschreibung unter Ottonen und Saliern

Die Anfänge in griechisch-römischer Tradition – Chroniken, heute eigenartig anmutenden Gesetzen folgend – Die Annalistik, Abkömmling der christlichen Ostertafeln – Förderung der Geschichtsschreibung durch Otto I. – Lebensbeschreibungen – Geschichtsschreibung in Sachsen – Ursprungsgeschichten – Agitation, Propaganda, Reichsgeschichte oder Heilsplan?

Es ist eine alte Erfahrungstatsache, daß in Zeiten äußerer Bedrohung oder gar kriegerischer Auseinandersetzungen die Musen den Waffen weichen müssen. Am Ende des 9. und zu Beginn des 10. Jahrhunderts war im Zentrum Europas von der »Karolingischen Renaissance« nicht mehr viel zu spüren. Normannen, Ungarn und Sarazenen verunsicherten durch überraschende Raubzüge die Bewohner des West- und Ostfrankenreiches und Italiens. Blühende Städte wurden erobert, die Klöster, Wiegen und Stätten der Kultur, lagen verödet, ihre kostbaren Handschriftensammlungen waren wie die der Domschulen geplündert oder verbrannt. Der von Karl dem Großen geförderte Strom der Dichtung und Geschichtsschreibung war zu einem dünnen Rinnsal geworden, das in der politischen Auflösung des Frankenreiches ganz versikkerte.

Regino von Prüm

Ein Werk wie die »Weltchronik« des Abtes Regino aus dem Eifelkloster Prüm, die mit dem Jahre 908 endete, war und blieb die große Ausnahme für die folgenden 150 Jahre. Nach dem ›jahresweisen‹, ›annalistischen‹ Prinzip, jedoch größere Zeitabschnitte zusammenfassend, hatte Regino von Christi Geburt an wichtige historische Ereignisse in lateinischer Sprache festgehalten: »Denn unwürdig erschien es mir, daß, während die Geschichtsschreiber der Hebräer, Griechen, Römer und anderer Völker das geschichtliche Tun ihrer Zeit in Büchern uns zur Kenntnis übermittelt haben, über unsere, obwohl viel näher liegende Zeit, so tiefes Schweigen herrscht. Als ob in unseren Tagen menschliches Handeln verschwunden wäre oder sich vielleicht nichts ereignet hätte, was der Überlieferung wert wäre oder sich, falls solche erinnerungswürdigen Taten doch vollbracht wurden, keine geeigneten Geschichtsschreiber gefunden hätten.« Bewahrung des Geschehenen, Einfügung der eigenen Zeit in den großen Gang der Weltgeschichte und bewußte Berufung vor allem auf die bedeutenden Historiker der Antike sind Ziele, zu denen sich Regino mit diesem Vorwort bekennt, und nicht nur er. Freilich, die Anknüpfung an die griechischen und römischen Klassiker und ihre Nachahmung im Stil oder gar der Tiefe ihrer Gedanken gelang weniger oft als es den Wünschen entsprach. Und doch blieben sie dem Mittelalter Vorbilder, an denen man sich orientierte, selbst wenn die Wurzeln nicht direkt zu ihnen hinabreichten, sondern bei den christlichen Autoren der Spätantike zu suchen sind, die wie Eusebius († 339), Hieronymus († 420) oder Orosius († nach 418) in »Weltchroniken« aus christlicher Sicht eine zusammenhängende Darstellung wichtiger Begebenheiten der Weltgeschichte vom Beginn der Welt an aufgeschrieben haben und die christliche Zeitrechnung mit den verschiedenen heidnischen oder der jüdischen Datierung zu synchronisieren suchten.

Originalität kann man heute von den mittelalterlichen Geschichtsschreibern nicht erwarten, sie ist ein Wertmaßstab unserer Zeit, über den Antike und Mittelalter gar nicht sprachen; ja die Schriftsteller dokumentierten ihre Belesenheit geradezu dadurch, daß sie Passagen anderer wortwörtlich oder leicht paraphrasiert ohne Stellenangabe zitierten. So sind auch die Geschichtsschreiber des Mittelalters gar nicht originell, für unsere Begriffe ›Plagiatoren‹, in ihren Denkschemata an der Antike festgefahren und in ihrer stofflichen Konzeption recht einfach – vom Stil ganz zu schweigen! Der dürre, trockene Annalen-Chronikenstil bekommt nur in den Lebensbeschreibungen ab und zu etwas Farbe.

Frutolf von Michelsberg, Ekkehard von Aura und Otto von Freising

Noch war Regino von Prüm die Koordination der verschiedenen Zeitrechnungselemente nicht gelungen. Erst eineinhalb Jahrhunderte später hat der Mönch Hermann von der Bodenseeinsel Reichenau, einem Zentrum nicht nur der Literatur sondern auch der Malerei und bildenden Kunst in ottonisch-salischer Zeit, die Zeitbestimmung dadurch vereinheitlicht, daß er in seinem »Chronicon« von Christi Geburt bis zum Jahr 1054 die Jahre ausschließlich »nach Christi Geburt« zählte. Wieder etwa 100 Jahre später erreichte die Entwicklung mit Bischof

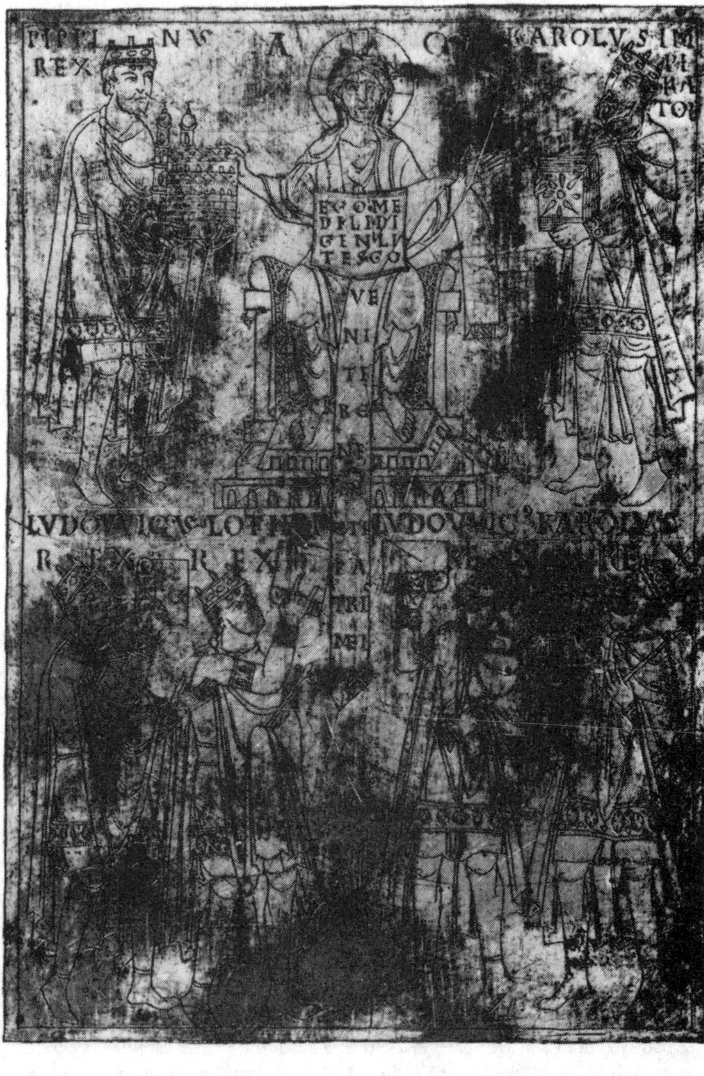

Liber aureus von Prüm: Prunk-Sammelhandschrift der Salierzeit.
Vergoldeter ziselierter
Vorderdeckel (um 1101–1106). Trier, Stadtbibliothek.

Otto von Freising († 1158) ihren Höhepunkt. Seine beiden Vorläufer in der Salierzeit, Prior Frutolf vom Kloster Michelsberg in Bamberg († 1103), der zur wichtigen Quelle für das Leben Heinrichs IV. wurde, und sein Fortsetzer, Abt Ekkehard aus dem Kloster Aura bei Bad Kissingen († 1125), in dessen Werk sich der ganze Konflikt im Verhältnis Heinrichs V. zum Papsttum widerspiegelt, haben uns ebenfalls unersetzliche Quellen hinterlassen. Unter Übernahme entscheidender Gedanken des heiligen Augustinus und seines Schemas der sechs Weltzeitalter gelang aber Otto von Freising in vielen Partien seines Werkes »Chronica sive historia de duabus civitatibus« (»Chronik oder Geschichte von den zwei Staaten«) eine der Antike ebenbürtige christlich-philosophische Deutung der Weltgeschichte.
An den heutigen Maßstäben darf man die Chroniken allerdings nicht messen, ganz gleich, ob sie die Welt in den Mittelpunkt stellen oder ein Bistum, ein Kloster, die Kaiser oder Päpste. Denn nicht so sehr die natürliche Verknüpfung der Ereignisse noch der Kausalzusammenhang, die Frage nach Ursache und Wirkung, interessierte in erster Linie, sondern das Festhalten wichtiger Geschehnisse in zeitlicher Ordnung von einem fiktiven Schöpfungsdatum aus bis in die selbsterlebte Gegenwart. Schwierigkeiten einer Gliederung dieser universal angelegten Geschichtsbetrachtung kannte man nicht: Die Chronisten übernahmen das spätantike Schema von der Abfolge der vier Weltreiche (Assyrer-Babylonier, Meder-Perser, Makedonen-Griechen, Römer) oder die Einteilung nach den sechs Weltaltern, die durch Augustinus Verbreitung gefunden hatte.

Christlicher Kalender und politische Annalen im Mittelalter nah verwandt

Noch einfacher hatten es die »Annalisten«, Verfasser von »Annalen« oder »Jahrbüchern«, die nur nach aufeinanderfolgenden Jahren gliederten. Das taten zwar die Chronisten auch, und die Übergänge zwischen beiden Gattungen sind in diesem Punkte fließend, doch schrieben die Annalisten meist anonym, ohne großen literarischen Ehrgeiz, reihten knapp, trocken und streng chronologisch die Fakten jahrweise aneinander, ohne auf eine zusammenhängende Darstellung oder die Zusammenfassung zumindest größerer Zeitabschnitte Wert zu legen.
Entstanden ist diese zweite Gattung in Verbindung mit den »Ostertafeln«, die über einen längeren Zeitraum das jährlich wechselnde Osterfestdatum festhielten, nach dem sich die anderen Hochfeste des Kirchenjahres ausrichten. Die ursprünglichen Einschübe wichtiger

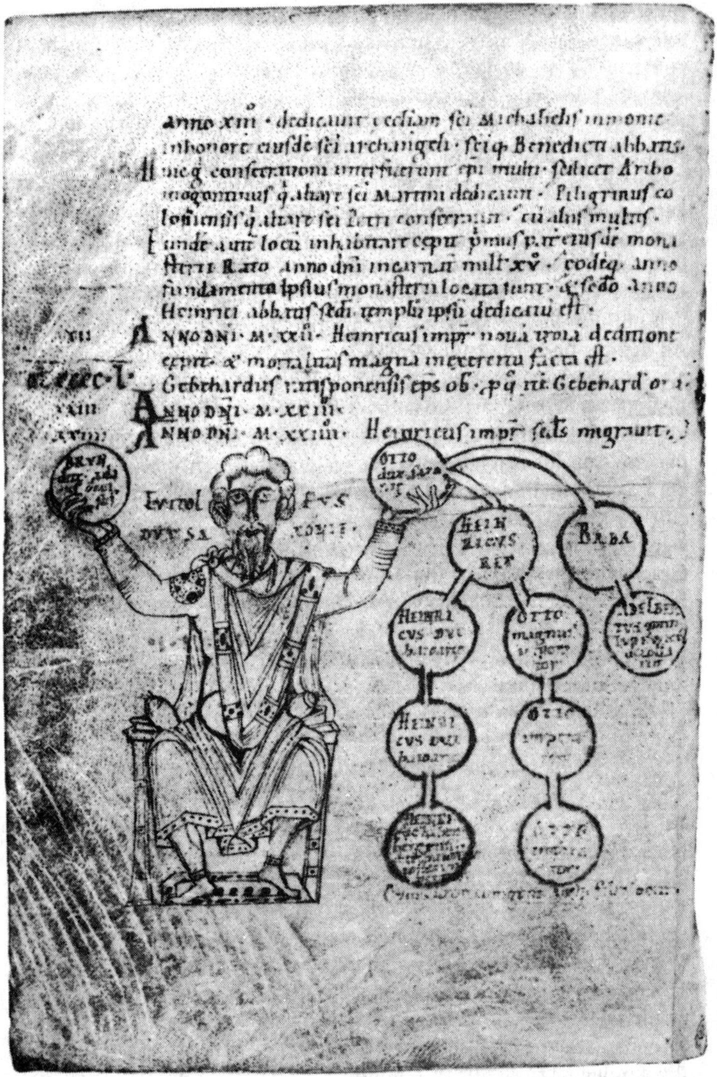

Eine wichtige Quelle für das Leben Heinrichs IV.:
Die »Chronica« des Frutolf von Michelsberg. Illustrierte Seite der um 1099 in Bamberg erschienenen Pergamenthandschrift. Jena, Universitätsbibliothek.

Jahresereignisse neben dem Ostertermin des betreffenden Jahres verselbständigten sich rasch, zumal diese »Ostertafeln« mit ihren Notizen von Kloster zu Kloster, von Kirche zu Kirche weitergegeben, abgeschrieben und mit eigenen Zusätzen versehen wurden.

Seit den »Annales regni Francorum« (Reichsannalen) der karolingischen Zeit ist diese Form der Geschichtsschreibung nicht mehr abgerissen und in der ottonisch-salischen Zeit des 10. und 11. Jahrhunderts zu neuer Blüte gelangt. So hat der Mönch Adalbert vom Kloster St. Maximinus in Trier, von Otto I. 968 als erster Bischof des neugegründeten Erzbistums Magdeburg eingesetzt, die Weltchronik Reginos von Prüm in einfacherer, annalistischer Form bis zum Jahre 967 fortgesetzt (»Continuatio Reginonis«, Fortsetzung des Regino). Vertraut mit den Geschehnissen in Italien, Lothringen und natürlich dem Ostfrankenreich, bleibt sein Werk für Ottos I. Zeit eine objektive und unentbehrliche Quelle allerersten Ranges, gespeist aus dem Rückgriff auf andere Annalen wie die vom Kloster Reichenau oder Fulda, vor allem aber gegründet auf eigene Erfahrung. Die enge Verzahnung von Religion und Politik, die, wie für die Karolinger, so auch für die Zeit der Ottonen charakteristisch ist, reicht deutlich bis in die Geschichtsschreibung hinein. Wenn mit der »Continuatio«, der Fortsetzung der Reichsannalen durch Adalbert nach einem halben Jahrhundert literarischer Dürre zugleich neues geistiges und künstlerisches Leben erwachte, dann dank der Initiative und Förderung Ottos I. Sein Impuls ist um so höher zu bewerten, weil er selbst die denkbar schlechtesten Vorbedingungen mitbrachte: spät erst hat er Lesen und Schreiben gelernt. Die aufkeimende Geschichtsschreibung in Klöstern oder Domschulen zunächst des sächsischen Raumes, erfreute sich Ottos I. vollster Unterstützung, und sicher hatte sie auch politische Bedeutung. Die Annalen des Klosters Hersfeld (bis 984/1044), des Domstiftes und des Michaelklosters in Hildesheim (bis 1043 bzw. 1040) und die Quedlinburger Annalen geben wertvolle Nachrichten über die ottonische Zeit, die im Kloster Abdinghof in Paderborn entstandenen »Annales Patherbrunnenses« über die Regierung der Salier und den Beginn der staufischen Herrschaft.

Weitgehend aus dem Rahmen fällt das »Annales« betitelte Werk des Hersfelder Mönches Lampert († etwa 1080), eine auch stilistisch glänzende Leistung. Mit der Schöpfung beginnend, werden die knappen, in annalistischer Form dargebotenen Ereignisse der Weltgeschichte, die aus mehreren Vorlagen stammen (siehe *K: Kompilation Seite 295*), vom Jahr 1040 an immer ausführlicher, bis sie ab den Jahren 1069–1077 in eine zusammenhängende Darstellung einmünden und den annalistischen Rahmen überschreiten. Für Heinrich III., Heinrich

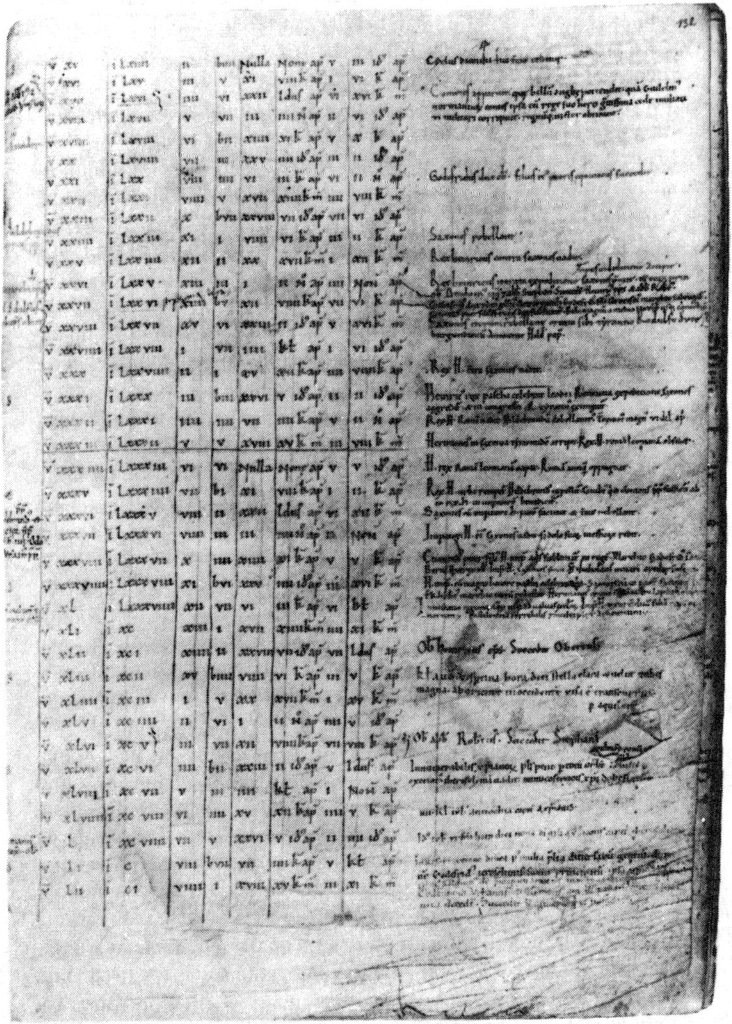

Politische Jahrbücher oder Annalen.
Eine Seite aus den Annalen des Gregorius Magnus. Darmstadt, Landesbibliothek.

Kompilation
(lat., eigentlich »Plünderung«)

Ein seit dem 16. Jahrhundert abschätzig gebrauchter Begriff für die im Mittelalter und in der Antike sehr beliebte Zusammenstellung von Ausschnitten aus verschiedenen Texten zu Lehrzwecken. Diese Art der Textproduktion kam in dem Maße in die Schußlinie der Kritik, als schriftstellerische Originalität gefordert wurde.

IV. und den Investiturstreit ist Lampert deshalb eine Hauptquelle, allerdings tendenziös, ganz gegen König Heinrich IV. eingenommen und daher mit Zurückhaltung zu benutzen.

Vitae und Gesta

Eine spezifischere Form der Geschichtsschreibung, eingeschränkt auf das Leben und Wirken bedeutender Heiliger, Herrscher oder Kirchenfürsten waren die hochgeschätzten Biographien, »Vitae« (lat.: Lebensbeschreibungen) genannt. Einhards Darstellung Kaiser Karls des Großen war die erste Herrschervita des Mittelalters gewesen, eine geglückte Verbindung der antiken Biographie mit eigenen Vorstellungen. Eigenartigerweise hat diese Form der Herrscherbiographie im Ostfrankenreich nicht Schule gemacht. Eine Vita Kaiser Heinrichs II. aus der Feder des Bischofs Adalbold von Utrecht, die hauptsächlich auf der Chronik Thietmar von Merseburgs (siehe unten) beruht, blieb unvollendet, die Vita Heinrichs IV., von einem treuen Anhänger, wahrscheinlich Bischof Erlung von Würzburg, »mit Tränen geschrieben, nicht ohne Tränen zu lesen«, war eine Ausnahme. Die »Gesta Chuonradi II. imperatoris« (lat.: Tatenbericht Kaiser Konrads II.) von seinem Kaplan Wipo und die »Gesta Frederici I. imperatoris«, verfaßt von Bischof Otto von Freising, sind im eigentlichen Sinne gattungsmäßig keine Biographien, sondern eher zwischen Biographie und Chronik anzusiedeln, weil sich die Darstellung nicht zu einem biographischen Lebensablauf abrundet oder Wert auf eine charakterliche Porträtierung legt, sondern nur bemerkenswerte Taten des betreffenden Papstes, Bischofs, Abtes oder Königs herausgreift. Wesentlich höher in der Gunst des Publikums und der Autoren standen Biographien markanter Kirchenfürsten. Nicht zufällig beginnt die Blüte dieses Vitentyps unter Otto I. Durch die von ihm geförderte enge Bindung der

Bischöfe an das Reich und die daraus resultierende Politisierung der hohen geistlichen Würdenträger konnte man die bisher blutleere Beschreibung ihres geistlichen Tuns mit den ungleich interessanteren weltlichen Tätigkeiten farbenprächtig auffrischen. Die Bischofsviten U(da)lrichs von Augsburg, Bernwards oder Godehards von Hildesheim, Alberos von Trier oder Brunos von Köln, des jüngsten Bruders Ottos I., repräsentieren diesen Typus der ottonisch-salischen Zeit.

Geschichtsschreibung in Sachsen – Produkt sächsischen Selbstbewußtseins

Die politisch führende Stellung Sachsens am Beginn des 10. Jahrhunderts hatte in diesem Teil des Reiches eine Geschichtsschreibung geradezu provoziert: Am Anfang steht ein typisches Produkt rein sächsischen Geistes, nur erklärlich aus dem großen Selbstbewußtsein dieses Stammes, dem Reich die Königs- und Kaiserdynastie der Liudolfinger (Ottonen) geschenkt zu haben. Es zählt zur Gattung der »Origines« (lat.: Ursprungsgeschichten eines Stammes) und ist ein Werk des Mönches Widukind aus dem Kloster Corvey an der Weser. Trotz des Titels »Res gestae Saxonicae« (lat.: Geschichte der Sachsen), gehören seine drei Bücher nicht zur Gattung der »Gesta«, sondern zu den »Origines«, weil er dem Beginn der Ottonen die Frühzeit des sächsischen Stammes, seinen Ursprung (origo) und die Landnahme voranstellt und bis zu Heinrich I. sich weitgehend auf das mündlich überlieferte Sagengut stützt, ehe er für die beschriebene Zeit bis 973 sich auf sicherere Quellen und eigene Kenntnisse verlassen kann. Wahrheitsgetreu, ohne einseitige Parteinahme, aber getragen vom Stolz auf den Sachsenstamm und seinen größten Vertreter, Otto I., schreibt er in erster Linie sächsische Geschichte, nicht Reichsgeschichte. Das ganze Mittelalter hindurch ist Widukinds Werk viel gelesen und benutzt worden, auch von Bischof Thietmar von Merseburg, der es neben den Quedlinburger Annalen in seiner Chronik verarbeitete.

Die acht Bücher der Thietmarschen Chronik bilden den Abschluß sächsischer Geschichtsschreibung in ottonischer Zeit. Ursprünglich als ein Bericht über die Geschichte Merseburgs und die Taten seiner Bischöfe gedacht, wäre es der Gattung der »Gesta« zuzuweisen, hätte sich nicht der Stoff unter seinen Händen zu einer Weltgeschichte geweitet, die zwar wegen der unsicheren Quellenlage auf jedes Ausschreiben früherer Gewährsmänner verzichtet, dafür aber um so mehr zeitgeschichtlichen Charakter trägt. Da Thietmar durch seine weitläufige Verwandtschaft mit dem gesamten Hochadel des Reiches verbun-

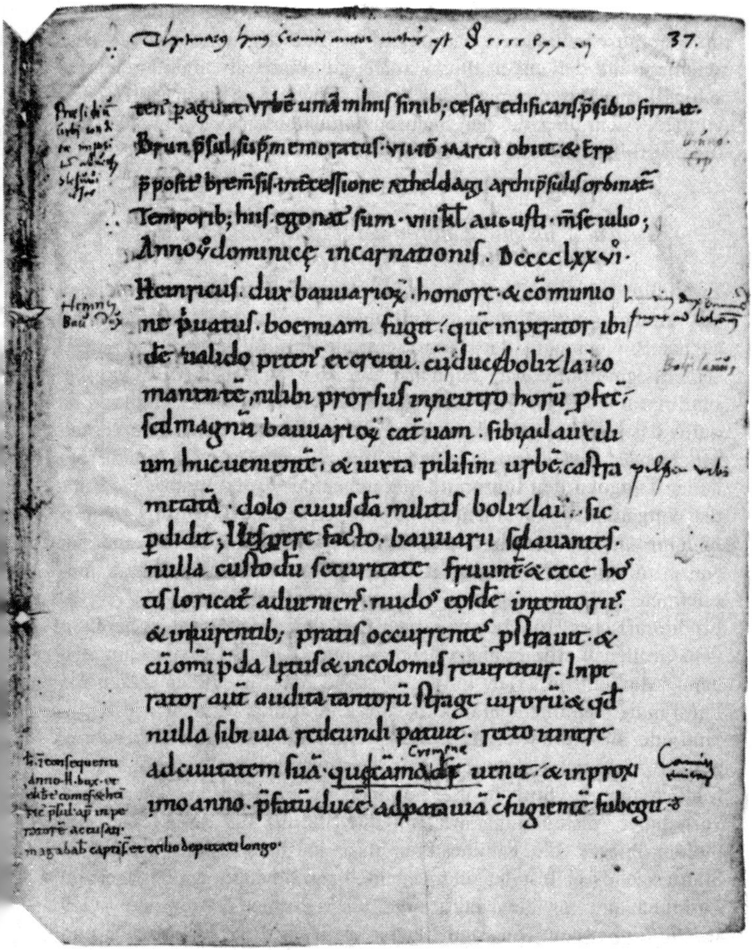

Eine ›zeitgeschichtlich orientierte Weltgeschichte‹ des sächsischen Stammes:
Die achtbändige Chronik des Bischofs Thietmar von Merseburg, die, aufbauend auf dem Werk des Mönches Widukind von Corvey, die sächsischen Herrscher und ihre Beziehungen auf der Basis der Reichspolitik darstellt. Die wiedergegebene Seite zeigt eigenhändige Ergänzungen Thietmars. Göttingen, Niedersächsische Staats- und Universitätsbibliothek.

den war, konnte er aufgrund dieser Beziehungen und eigener Erlebnisse ein anschauliches, recht objektives Bild der Herrscher Sachsens zeichnen und den engen Blickwinkel Widukinds durch eine reichsgeschichtliche Betrachtungsweise bis zu seinem Todesjahr 1018, überwinden. Auch über die den Sachsen benachbarten Slawenvölker gibt dieses großartige Werk Auskunft.

Die Klöster – Zentren der Geschichtsliteratur

Zweifellos haben in der Mitte des 10. Jahrhunderts Ottos des Großen erfolgreiche Politik und seine kulturellen Bemühungen dem zunächst zaghaften Neubeginn der Historiographie Impulse gegeben. Diese Geschichtsschreibung war zunächst auf den sächsischen Raum beschränkt und keineswegs reichsgeschichtlich orientiert. Widukind ist dafür das erste Beispiel. Daneben finden wir, wenn auch sehr vereinzelt, auswärtige Gelehrte wie den 961 zum Bischof von Cremona erhobenen Langobarden Liutprand, der neben der »Antapodosis« (»Buch der Vergeltung«) vor allem in der kurzen »Historia Ottonis« (»Geschichte Ottos«) die Jahre des starken Italienengagements und der Kaiserkrönung 960–964 zur Rechtfertigung königlicher Politik aufzeichnete.

Ein literarisches Hofleben wie unter Karl dem Großen gab es bei Otto dem Großen allerdings nicht, die berühmten Klöster Corvey, Gandersheim, Maximin in Trier, Fulda, Hersfeld oder St. Gallen waren die Zentren der beginnenden literarischen Entfaltung. Mönche wie Widukind oder Bischöfe wie Liutprand, lateinkundige Kleriker also, schrieben die Geschichte ihrer Zeit. Mit der literarischen Tradition wurde folglich auch die Sprache übernommen, das Lateinische. Selbst meist vornehmer Abstammung und mit der Bildung der Antike vertraut, hielten Priester die Ruhmestaten ihrer geistlichen oder weltlichen Standesgenossen fest, bei aller gegenteiligen Beteuerung nicht frei von Parteilichkeit, vor allem dann nicht, als die unter den Ottonen noch stabile Einheit von Kaiser und Papst im Investiturstreit zerbrach und die literarische Produktion Agitationsmittel und Sprachrohr der gegnerischen Lager wurde.

Ob man aus engem stammesgeschichtlichem Blickwinkel oder mit politischem Weitblick den Gang der Geschichte universal aneinanderreihte oder deutete, ob man für den eigenen ›Hausgebrauch‹ des Klosters oder der Bischofskirche schrieb, immer blieben die privaten und politischen Ereignisse Teil der großen Heilsgeschichte, die auf die Wiederkunft Christi ausgerichtet war.

Nach den Ottonen veränderte sich diese religiös orientierte Historiographie nur noch in geographischen und durch die Entwicklung der Politik bedingten Nuancen. Die erschütternden Machtkämpfe, die vom Autor selbst erlebte Zeit standen nun ganz im Mittelpunkt und ließen die Chroniken wie Annalen stark anschwellen. Vor allem die cluniazensische Reformbewegung entdeckte Augustinus neu und erhob seine Gedanken über Staat und Kirche, Gehorsam und Auflehnung, Frieden und Gerechtigkeit zum Richtmaß für politisches Handeln. Die Geschichtsschreibung, bis zu Thietmar von Merseburg weitgehend auf Sachsen zentriert, erfaßte unter den Saliern das rheinisch-süddeutsche Gebiet und weitete sich zu wirklicher Reichsgeschichte durch die feste Einbeziehung Italiens.

Literatur

Beumann, Helmut: Widukind von Korvei. Untersuchungen zur Geschichtsschreibung und Ideengeschichte des 10. Jahrhunderts, Weimar 1950

van Caenegam, Raoul Charles/Ganshof, François Louis: Kurze Quellenkunde des westeuropäischen Mittelalters, Göttingen 1964

Grundmann, Herbert: Geschichtsschreibung im Mittelalter, Göttingen 1965

Hellmann, Siegmund: Ausgewählte Abhandlungen zur Historiographie und Geistesgeschichte des Mittelalters, Darmstadt 1961

Lammers, Walther (Hrsg.): Geschichtsdenken und Geschichtsbild im Mittelalter, Darmstadt 1961

Wattenbach, Wilhelm/Holtzmann, Robert: Deutschlands Geschichtsquellen im Mittelalter, 1. Teil, Darmstadt 1967

HEINRICH PLETICHA

Die Reichskleinodien

Krönungsinsignien und Reliquien – Krone, Symbol des Gottesreiches auf Erden – Reichsapfel und -schwert – Sagenumwobener Säbel Karls des Großen – Oft beschworen: das Reichsevangeliar – Symbol der Unbesiegbarkeit: die Heilige Lanze – Krönungsornat – Die Wanderungen der Kleinodien im Lauf der Zeiten.

Täglich drängen sich heute Tausende in der Schatzkammer der Wiener Hofburg vor den Glasschreinen, in denen die Kaiserkrone und die anderen Kleinodien des Heiligen Römischen Reiches ausgestellt sind. Es kennzeichnet unsere Zeit, daß diese ehrwürdigen Zeugnisse eines Jahrtausends deutscher Geschichte als Touristenattraktion gelten. Wer aber von den Tausenden, die hier mehr oder minder flüchtig vor allem die Krone bestaunen, weiß schon, daß sie und die anderen Stücke einmal wie Reliquien behandelt, in Kapellen und Kirchen aufbewahrt und profanen Blicken entzogen wurden?

Das »rîche« wurde dieser Schatz schon im Mittelalter genannt, und in der Gleichsetzung mit dem Reich symbolisierte sich die tiefe Ehrfurcht vor den Kleinodien, die mehr waren, als kostbare Schmuck- oder Kleidungsstücke und vielmehr als sichtbarer Ausdruck der Reichs- und Kaiserherrlichkeit galten.

Nur wenige Besucher der Schatzkammer werden auch an das berühmte Bild Kaiser Karls des Großen von Albrecht Dürer denken. Es zeigt den Kaiser in vollem Krönungsornat, gekleidet in Adlerdalmatica und Krönungsmantel, in der Linken den Reichsapfel, in der Rechten statt des Zepters das Schwert, auf dem Haupt die Krone. Karl hat sie in Wirklichkeit ebensowenig getragen wie den ganzen Ornat. Alle diese Stücke sind jüngeren Datums und kamen zusammen mit anderen aus den verschiedensten Teilen des Abendlandes zum Reichsschatz, bis dieser im 15. Jahrhundert seine endgültige Form gewonnen hatte.

Schon seit dieser Zeit pflegte man ihn in zwei Gruppen zu teilen, nämlich in die eigentlichen Reichs-Kleinodien oder Krönungsinsignien, zu denen im weitesten Sinne auch der Krönungsornat zählt, und in das »Heiligtum«, das die verschiedenen kostbaren Reliquien bildeten, die man zusammen mit den Insignien aufbewahrte.

Geheimnisvoller Ursprung: Die Kaiserkrone

Den strahlenden und ehrfurchtgebietenden Mittelpunkt des Schatzes bildete und bildet auch heute noch die Kaiserkrone. Wie viele der Kleinodien, bleibt auch sie in ihrem Ursprung vom Schimmer des Geheimnisvollen umgeben, den ihr selbst gründlichste moderne kunsthistorische Untersuchungen nicht zu nehmen vermochten. Mit Sicherheit wissen wir heute, daß sie nicht die Krone Karls des Großen war, doch möglicherweise jene, mit der Otto der Große 962 in Rom gekrönt wurde. Wo sie geschaffen wurde, wird wohl letztlich nie ganz zu klären sein; Byzanz und Sizilien wurden als Herkunftsländer ebenso genannt wie Burgund. Heute beschränken sich die Vermutungen auf das Herz des alten Reiches und nennen die Klöster der Reichenau als Entstehungsort.

Die Krone besteht aus rundbogigen Goldplatten, reich verziert mit Perlen, Edelsteinen und Figurenemails. Jeder Stein und jedes Bild hat seine tiefere Bedeutung, sie sind hineingestellt in den großen Zusammenhang weltlicher Macht und vollkommener Frömmigkeit, und alles zusammen erhob die Krone zum Symbol des Gottesreiches auf Erden. Die Krone allerdings, mit der Otto der Große gekrönt wurde, wies – das wissen wir genau – eine etwas andere Form auf; denn ursprünglich war sie an den Seiten mit Perlengehängen geschmückt gewesen, auch Kreuz und Bügel stammen aus etwas späterer Zeit: das Kreuz wurde von Otto III. und der Bügel von Konrad II. hinzugefügt. Das ist aus der Umschrift »Chonradus dei Gratia Romanorum Imperator Augustus« erwiesen. Die größte Kostbarkeit an der Krone fehlt aber heute, nämlich »der Waise«, jener Edelstein, der die Stirnplatte zuoberst zierte, dort wo jetzt ein herzförmiger Saphir leuchtet. Es war einst der Leitstein der Krone, von dem Walther von der Vogelweide sang: »der stein ist aller fürsten leitesterne«. Ein Kranz von Legenden rankte sich um ihn. Schon die abenteuerliche Geschichte vom Herzog Ernst berichtet von seiner Herkunft aus dem Orient, Albertus Magnus erwähnt seine Fähigkeit, im Dunkel zu leuchten. Scharfsinnig haben moderne Forscher nachzuweisen gesucht, daß es ein »weinfarbener Augenstein«, ein Edelopal von einzigartiger Schönheit, gewesen sein soll. Bei der Übergabe der Kronjuwelen durch die Wittelsbacher an die Luxemburger im 14. Jahrhundert zierte er noch die Krone, doch seitdem ist er verschollen, und niemand weiß wie und wo.

Zum Bild des mittelalterlichen Kaisers, wie es uns Dürer überliefert hat, gehören auch Reichsapfel und Reichsschwert. Der Reichsapfel, eine mit Goldblech umkleidete Harzkugel, die von einem kleinen

Kreuz überragt wird, symbolisiert die Erdkugel. Der im Reichsschatz erhaltene Apfel stammt, wie wir heute annehmen, aus Köln und wurde Kaiser Heinrich VI. bei seiner Krönung von Papst Cölestin III. überreicht, ist also rund zweihundert Jahre jünger als die Krone. Das Reichs- oder Mauritiusschwert stammt dagegen vermutlich noch aus der Zeit der Salier. Seine goldene Scheide ist mit vierzehn kleinen Herrschermedaillons geschmückt und sein Griff ist von dem Welfen Otto IV. während dessen kurzer Regierungszeit (1209–1215) neu gefaßt worden. Als Symbol kaiserlicher Macht zählte es zu den höchsten und heiligsten Gütern des Reichsschatzes. Bei den Krönungen wurde es, die Spitze nach oben, im feierlichen Krönungszug dem Herrscher vorangetragen. Das letzte Mal übrigens, als 1916 Karl I. von Habsburg-Lothringen in Budapest zum König von Ungarn gekrönt wurde!
Daß der König oder Kaiser selbst das Schwert in der Hand hält, wie das Dürer darstellt, bildet eine Ausnahme. Auch auf den Medaillons des Reichsschwertes halten die Könige alle ein Zepter, das neben der Krone schon seit der Antike gebräuchliche Symbol der Herrschergewalt. Von den beiden sogenannten Zeptern des Reichsschatzes ist das eine in Wirklichkeit ein Weihwasserwedel, das andere stammt aus der ersten Hälfte des 14. Jahrhunderts, eine Arbeit deutscher Goldschmiede. Alle älteren Zepter sind dagegen verlorengegangen.

Säbel, Reichsevangeliar, Reichskreuz und Heilige Lanze

Zu den Krönungsinsignien im weiteren Sinne gehören dann noch der sogenannte Säbel Karls des Großen, das Reichsevangeliar, das Reichskreuz und die Heilige Lanze – letztere auch schon den Reliquien zugerechnet.
Um den Säbel Karls ranken sich verschiedene Sagen. Angeblich soll ihn der Kalif Harun al-Raschid, den heute die meisten bestenfalls aus den Märchen aus 1001 Nacht kennen, der aber als Zeitgenosse Karls des Großen der mächtigste Herrscher im Orient war, seinem Amtsbruder im Abendland übersandt haben. Die Sage erzählt weiter, Otto III. sei im Jahre 1001 heimlich in die Gruft Karls des Großen hinabgestiegen und haben den Kaiser auf einem Thron sitzend vorgefunden, seine Hand ruhte auf dem Reichsevangeliar und neben dem Thron sei der Säbel des Kalifen gestanden. Die Wirklichkeit ist weniger romantisch. Die kostbare Waffe stammt zwar aus der Zeit Karls, zählt also zu den ältesten Stücken des Schatzes, doch wurde sie wahrscheinlich in Ungarn oder in Südrußland gefertigt und kam durch Zufall in das Abend-

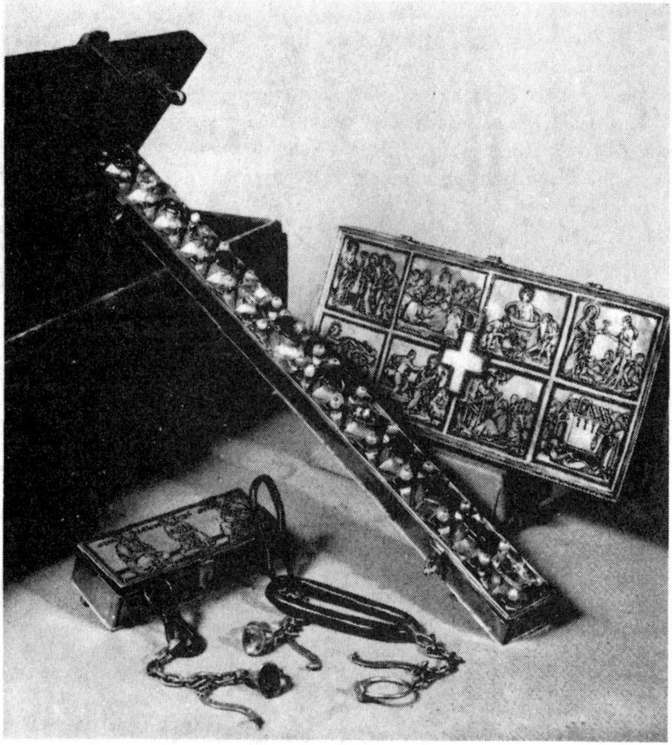

Reliquiare der Reichskleinodien.
Behältnisse kostbarer Reliquien, die Weihe und Würde des Königsamtes dokumentierten und garantierten.

land. Sie verbindet so Orient und Okzident, zugleich aber auch die Welt Karls des Großen mit dem römisch-deutschen Kaisertum und war angesehen genug, um einen wichtigen Platz bei der Krönungszeremonie einzunehmen: der Erzbischof von Köln gürtete den neu gekrönten Herrscher mit ihr.

Das zweite, angeblich auch in der Gruft Karls des Großen gefundene Kleinod war das Reichsevangeliar, das ähnlich wie der Säbel noch aus der Zeit des Kaisers stammt. Wahrscheinlich haben es fleißige Mönche in der berühmten Palastschule von Reims geschrieben und die 236

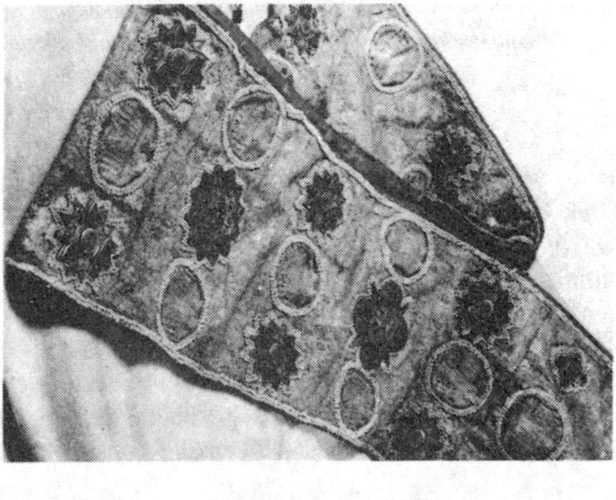

Das aufgeschlagene Reichsevangeliar*, entstanden in karolingischer Zeit, wahrscheinlich in der Palastschule von Reims. Die 236 purpurfarbenen Blätter sind reich mit Miniaturen und Initialen geschmückt. Der Krönungseid verlangte, die Hand auf die erste Seite des Johannes-Evangeliums zu legen.*

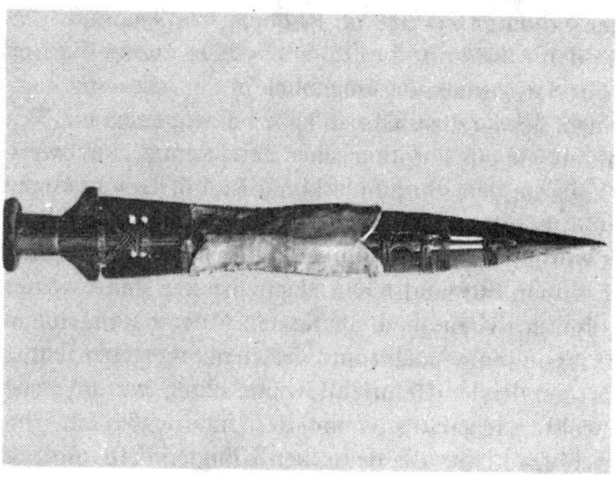

Links außen: Die mit Stickereien versehenen Handschuhe des Krönungsornats. Nebenstehend: Die legendenumrankte »Heilige Lanze«, die nach der Überlieferung einen Nagel vom Kreuz Christi bergen soll.

purpurgefärbten Pergamentblätter mit prächtigen Initialen geschmückt. Heute gilt es als sicher, daß Karl diesen Band zu seinem Besitz zählte und benutzte. Auch ihm war bei der Krönung ein Ehrenplatz zugewiesen; denn die Könige oder Kaiser mußten beim Eid ihre Hand auf das erste Blatt des aufgeschlagenen Johannes-Evangeliums legen. Deutlich zeichnet sich heute noch neben dem Bild des Evangelisten auf der gegenüberliegenden Textseite der Abdruck einer Hand ab als Spur der Schwurhände, die im Laufe eines Jahrtausends auf dieser Stelle ruhten.

Der prachtvolle Einband des Evangeliars ist wesentlich jünger, wahrscheinlich schuf ihn der Goldschmied Hans von Reutlingen um 1500 im Auftrag Kaiser Maximilians I. Der Schmuck des oberen Deckels zeigte Gottvater mit einer mitraähnlichen Krone, wie sie Maximilian selbst zu tragen pflegte.

Etwas jüngeren Ursprungs als das Evangeliar ist das Reichskreuz. Heinrich II. hat es wohl auf der Reichenau, in der Werkstätte, die auch die Krone schuf, in Auftrag gegeben, vollendet wurde es aber erst unter Konrad II. Es ist ein kostbares, mit Perlen und Edelsteinen besetztes goldenes Standkreuz, ein Symbol gleichermaßen des höchsten Christentums und Zeugnis der priesterlichen Gewalt des Herrschers. Es sollte die wertvollsten Reliquien des Reichsschatzes bergen, so einen Holzspan vom Kreuz Christi und vor allem in der Rückseite des Querbalkens die Heilige Lanze.

Diese war eines der seltsamsten Stücke des Reichsschatzes, und ein Kranz von Legenden rankt sich seit der Stauferzeit um sie. Den einen galt sie als jene Lanze, mit der nach der Legende Longinus bei der Kreuzigung die Seite Christi durchbohrte; den anderen als die Lanze des heiligen Mauritius, des Anführers der Thebäischen Legion, der zusammen mit seinen Soldaten um 300 im Rhônetal bei Agaunum (St. Maurice, Schweiz) den Märtyrertod erlitt, und wieder andere führten sie auf Karl den Großen zurück, der angeblich in der Mitte der Lanzenspitze einen Nagel des Kreuzes Christi habe befestigen lassen. Wir nehmen heute an, daß sie aus karolingischer Zeit stammt. Nachweisbar ist sie seit 922, als sie dem Burgunderkönig Rudolf II. von einem langobardischen Grafen überreicht wurde. Ihr Wert muß schon bald hoch eingeschätzt worden sein; denn nur so läßt es sich erklären, daß König Heinrich I. seinen burgundischen Nachbarn vier Jahre später geradezu nötigte, ihm das Kleinod zu überlassen. Aber erst, nachdem er erhebliche Konzessionen gemacht und Geschenke gegeben hatte, kam die Lanze in seinen Besitz. Heinrich I. wußte schon, warum er sie unbedingt haben wollte: sie galt als Symbol der Unbesiegbarkeit. Unter ihrem Schutz schlugen dann die deutschen Könige im 10. und 11.

Jahrhundert ihre Schlachten, bis sie endlich, ihrer kriegerischen Aufgabe ledig, nur noch als Reliquie verehrt wurde. Der heute fehlende Kreuzesnagel soll schon von Kaiser Karl IV. entwendet worden sein.

Die Kaisermäntel

Neben diesen Insignien nehmen sich die wichtigsten Gewänder des Krönungsornats verhältnismäßig jung aus. So wurde der erhaltene Krönungsmantel 1133 in Sizilien für den Normannenkönig Roger II. gefertigt. Mit dem Ende des Normannenreiches kam auch dieser Mantel an den Staufer Friedrich II., der ihn bei seiner Krönung in Rom 1220 trug. Von da an blieb er beim Reichsschatz und schmückte die Kaiser bis zum Ende des Heiligen Römischen Reiches Deutscher Nation.

Kostbarste Materialien und überragendes handwerkliches Können vereinen sich in ihm zu einem Werk von seltener, fremdartiger Schönheit. Die sarazenischen Handwerker verwandten orientalische Motive und bestickten rote byzantinische Seide mit goldenen Ornamenten und Figuren. Zu beiden Seiten einer stilisierten Palme stürzen sich zwei Löwen auf niederbrechende Kamele. Den Rand des Mantels schmücken Sprüche in der sogenannten kufischen, eckigen Monumentalschrift des Arabischen.

Und so schritten also seit dem 13. Jahrhundert, seit dem Ausgang der Staufer die deutschen Kaiser unter einem arabischen Segensspruch zu ihrer Krönung: »Möge sich der Kaiser guter Aufnahme, herrlichen Gedeihens, großer Freigebigkeit und hohen Glanzes, Ruhmes und prächtiger Ausstattung und der Erfüllung der Wünsche und Hoffnungen erfreuen. Mögen seine Tage und Nächte im Vergnügen dahingehen, ohne Ende und Veränderung.«

Aus kostbarem exotischen Stoff war auch das zweite wichtige Gewand des Reichsschatzes, die Adlerdalmatica, die man als eine Art priesterliches Meßgewand ansehen darf. Die purpurne Seide stammte aus China und war wohl schon im 13. Jahrhundert ebenfalls in Sizilien verarbeitet worden. Die Adlermedaillons allerdings, mit denen sie besetzt ist und die dem Gewand den Namen gaben, sind süddeutsche Arbeit, wahrscheinlich aus Nürnberg.

Wer wissen möchte, was für Mäntel die Kaiser vor der Stauferzeit trugen, muß im Bamberger Domschatz den Sternen- oder Himmelsmantel Heinrichs II. betrachten, ein mit kostbarer Goldstickerei verziertes Gewand aus blauer Seide. Solche Himmelsmäntel galten als Zeichen des von »Gott-gekrönt-seins«, des Gottesgnadentums der kaiserlichen Allmacht. Schon Otto der Große trug bei seiner Krönung in Rom einen ähnlichen Mantel, ebenso sein Sohn und sein Enkel und wohl auch die salischen Kaiser.

Die ›Gralsburgen‹ der wandernden Reichskleinodien

Die Aufzählung des Reichsschatzes ließe sich noch erweitern. Doch erreichen die übrigen Stücke, die kostbaren Behälter und die Reliquien, nicht mehr annähernd die Bedeutung der Krönungsinsignien und -gewänder. Ihre Schicksale sind aber eng mit dem Reichsschatz verbunden, und in allen spiegelt sich das wechselvolle Auf und Ab deutscher Geschichte. Die deutschen Könige und Kaiser schützten und bewahrten sie an sicheren Plätzen. In der Frühzeit sächsischer und salischer Herrscher wurden einzelne Stücke noch auf Fahrten durch das Reich oder – wie etwa die Heilige Lanze – auf Kriegszügen und in Schlachten mitgeführt, dann aber wieder sicher und gut bewacht auf verschiedenen Burgen gelagert.

Nach dem Ende des Streites zwischen Heinrich IV. und seinem Sohn Heinrich V. kam der Schatz erstmals auf den Trifels, wo er dann – mit Unterbrechungen – für eineinhalb Jahrhunderte verblieb. Man kann sich kaum einen schöneren Platz für eine solche Aufgabe vorstellen als diese Burg in der Pfalz; denn heute noch gehört die »Burgen-Dreifaltigkeit«von Trifels, Anebos und Münz (auch in der Gestalt des 19. Jahrhunderts) zu den beeindruckendsten Zeugen deutscher Burgenherrlichkeit. Wieviel mehr mögen die vorüberziehenden Reisenden im Mittelalter die Burg auf der steilen Höhe ehrfürchtig bestaunt haben, wo von den Männern des »Provisor imperialium«, des Kronhüters, bewacht und in geistlicher Obhut der Mönche des nahen Klosters Eußertal, die Kleinodien in dem heute noch erhaltenen Quaderturm lagerten.

Rudolf von Habsburg ließ sie dann für einige Zeit auf die Kyburg in der Schweiz bringen. Die nächsten Stationen waren nochmals der Trifels, danach Nürnberg und München. Als der Luxemburger Karl IV. deutscher König wurde, übernahm er den Reichsschatz und gab ihm auf dem Karlstein eine neue würdevolle Heimstätte. Man hat diese Burg im damals abgelegenen Bergwald südwestlich Prags einmal die »Gralsburg Böhmens« genannt, das ist ein treffender Vergleich, der die Großartigkeit auch dieser Anlage spiegelt. Als 1421 die Hussitenkriege Böhmen erschütterten, holten die Nürnberger den Reichsschatz nach langwierigen Verhandlungen heimlich zur »ewigen, unwiderruf-

lichen« Aufbewahrung in ihre Stadt, wo man eigens die Spitalkirche »Zum Heiligen Geist« dafür umbaute. Mit Zustimmung des Papstes erfolgte von nun an auch jährlich in Nürnberg die »Heiltumsweisung«, bei der am Freitag nach Ostern die Reliquien und Kleinodien des Schatzes vom Schopperschen Haus auf dem Hauptmarkt öffentlich vorgezeigt wurden. Mit dieser Weisung war sogar ein eigener kirchlicher Ablaß verbunden. Erst seit der Reformation wurde dieser feierliche Brauch abgeschafft.
Nürnberg behielt den Schatz bis zur Zeit der Französischen Revolution. Als 1796 französische Truppen unter Jourdan gegen die Stadt vorrückten, wurde er zuerst nach Regensburg und dann heimlich nach Wien weitergebracht. Erst 1818 wagten die Österreicher, den neuen Aufenthalt öffentlich bekanntzumachen. Nur noch einmal mußte er dann wieder auf Reisen gehen; denn Hitler holte nicht nur Österreich »heim ins Reich«, sondern auch die Reichskleinodien, die er erneut nach Nürnberg bringen ließ. Nach dem Ende des Zweiten Weltkriegs kehrten sie wieder in die Schatzkammer der Wiener Hofburg zurück.

Literatur

Biehn, Heinz: Die Kronen Europas und ihre Schicksale, Wiesbaden 1957
Engel, Hans-Ulrich: Die Straße nach Europa. Reichskleinodien und Kaiserkrönungen, Hamburg 1962
Fillitz, Hermann: Die Insignien und Kleinodien des Heiligen Römischen Reiches, Wien /München 1954
Haupt, Georg: Die Reichsinsignien, Leipzig 1939
Kugler, Georg Johannes: Die Reichskrone, Wien/München 1968

Allgemeine Literaturhinweise

Die folgende Übersicht bringt wesentliche Standardwerke zur Geschichte des Mittelalters, die ihrerseits wieder auf Spezialliteratur verweisen

Borst, Arno: Lebensformen des Mittelalters, Berlin 1973. – Sorgfältig ausgewähle Quellen vermitteln einen guten Eindruck in die verschiedenen mittelalterlichen Lebensbereiche. Lebendig geschrieben

Bosl, Karl: Europa im Mittelalter, Bayreuth 1978

Bosl, Karl: Reichsministerialität der Salier und Staufer, Stuttgart 1950/51

Buchner, Rudolf (Hrsg.): Quellen zur Geschichte Kaiser Heinrichs IV. – Ausgewählte Quellen zur deutschen Geschichte des Mittelalters (Freiherr-vom-Stein-Gedächtnisausgabe), Bd. 12, Darmstadt 1963

Castritius, Helmut /Lotter, Friedrich u. a.: Herrschaft, Gesellschaft, Wirtschaft, 2 Bde., Donauwörth 1973. – Geschichtsbetrachtung unter didaktischem Aspekt, lesbare Darstellung und interessante Quellen zur Alten, Mittleren und Neuen Geschichte

Dhont, Jan: Das frühe Mittelalter, Frankfurt 1968

Engels, Odilo: Die Staufer, Stuttgart 1977. – Eine sehr fundierte Studie, nicht ganz leicht zu lesen

Fuhrmann, Horst: Deutsche Geschichte im hohen Mittelalter, Göttingen 1978. – Gute Einführung mit reichen Literaturhinweisen

Gebhardt, Bruno: Handbuch der deutschen Geschichte, hrsg. von Herbert Grundmann, Bd. 1, Stuttgart 1970

Giesebrecht, Wilhelm von: Geschichte der deutschen Kaiserzeit, 6 Bde., Meersburg 1929/30. – Auch heute noch lesenswertes ›klassisches‹ Standardwerk des 19. Jhs.

Haller, Johannes: Das Papsttum. Idee und Wirklichkeit, Bd. 2, Reinbek 1965

Hampe, Karl: Das Hochmittelalter, Köln 1977. – Geschichte des Abendlandes von 900–1250

Jedin, Hubert (Hrsg.): Handbuch der Kirchengeschichte Bd. 3/1, Freiburg/Basel/Wien 1966

Kern, Fritz: Gottesgnadentum und Widerstandsrecht, Darmstadt 1970

Kottje, Raymund/Moeller, Bernd: Ökumenische Kirchengeschichte, Bd. 2, München 1978

Lautemann, Wolfgang/Schlenke, Manfred (Hrsg.): Geschichte in Quellen. Band 2: Mittelalter, München 1970

Le Goff, Jean: Das Hochmittelalter, Frankfurt 1965. – Politik und Kultur von 1060–1330

Le Goff, Jean: Kultur des europäischen Mittelalters, München 1970. – Überblick über die gesamteuropäische Entwicklung

Mitteis, Heinrich: Deutsche Reichsgeschichte, München 1978. – Unübertroffene Darstellung, obgleich schon etwas älter

Pörtner, Rudolf: Das Römerreich der Deutschen, Düsseldorf 1967. – Gut lesbar und bebildert

Runciman, Steven: Geschichte der Kreuzzüge, München 1968

Santifaller, Leo: Zur Geschichte des ottonisch-salischen Reichskirchensystems, Wien 1954

Sprandel, Rolf: Verfassung und Gesellschaft im Mittelalter, Paderborn 1975. – Eine etwas eigenwillige, aber sehr interessante Darstellung

Taddey, Gerhard: Lexikon der deutschen Geschichte Stuttgart 1977

Waas, Adolf: Der Mensch im deutschen Mittelalter, Graz/Köln 1964. – Lebendige Darstellung des Alltagslebens im Mittelalter

Sach- und Namensregister

Kursiv gesetzte Ziffern verweisen auf Abbildungen

Aachen *14*, 18, 48, 177, 231, 250
Aberacht 23
Abgaben 197
Ablaß 248, 260, 309
Abodriten 237, 241
Abschnittsburg *278/279*
Absolution 144
Acht 23, 24, 222, 232
Adalbero, Bischof von Metz 73
Adalbert, Bischof von Prag 39
Adalbert, Erzbischof von Hamburg-Bremen 49, 52, 120, 121
Adalbert, Erzbischof von Mainz 170, 216, 218
Adalbert, Mönch von St. Maximinus 293
–, »Continuatio Regionis« 293
Adel 22, 23, 31, 32, 36, 49, 53, 121, 173, 182, 188, 194, 235, 245, 283
Adelheid (Praxedis), Gemahlin Heinrichs IV. 159
Adelheid von Turin, Schwiegermutter Heinrichs IV. 144
Adhemar, Bischof von le Puy 260, 265
Agnes von Aquitanien und Poitou, Gemahlin Heinrichs III. 35-37, 118
Agrarwirtschaft 189-199
–, Ackererträge 189, 190
–, Bodenqualität 190
–, Dreifelderwirtschaft 189
Akkon 277, 283
Albero, Bischof von Trier 296
Albert von Aachen, »Geschichte des ersten Kreuzzuges« 212, 253, 264
Albrecht der Bär, Markgraf 227
Alexander II., Papst 119, 121, 134
»Alexanderlied«, Pfaffe Lamprecht 112
Alexios I. Komnenos, Kaiser von Byzanz 158, 260, 262, 263, 281
Allerheiligenkirche, Schaffhausen 101
Allodialgut 216
Alpenpässe 28, *251*
Alpirsbach, Klosterkirche *86*, 101
Althochdeutsch 109
Amalfi 156, 230
Ämterkauf 64
Amtseid 55
Anaklet II., Gegenpapst 224, 225, 228, *229*
Anathem siehe Kirchenbann
Ancona 248
Andernach 203
Anebos 308
Annalen 120, 150-152, 289, 291-296, *294*
–, Gregorius Magnus *294*
–, Lampert von Hersfeld 120, 150-152, 293, 295
–, Paderborner 293
–, Quedlinburger 293, 296
Anno, Erzbischof von Köln 111, 118, 120, 188
»Annolied« 111, 112
Anselm, Bischof von Lucca (später Papst Alexander II.) 119
Antiocheia 267
Apsis 95
Apulien 45, 225, 230
Araber 54, 58, 62, 157, *276*, 285, 286
Arbeit 186, 198
Architektur 83, 85, *86-90*, 91-103, *92-96*, *98*, *99*, *102*, *103*, *261*
–, gotische 95
–, ottonische 95
–, romanische 83, 85, 95, 96, 97-100
–, salische *86*, *87*, *88*, *89*, *90*, 92-103, *92-96*, *98*, *99*, *102*, *103*
–, typische Stilelemente 91
Arelat siehe Burgund
Aribert, Erzbischof von Mainz 16, 17
Arkaden 85, 91, 97
Armutsgelübde 272
Armutsideal 226
Askanier 227, 232, 233
Askese 73, 78, 109, 110, 112, 226
Augsburg, Dom *106*
–, Fürstentag in 143, 144
Augustinus 291, 299
Aureliuskirche, Hirsau *69*
Autonomiestreben, langobardisches 31, 32, 174
Aversa 45

Babenberger 232, 243
Baiern, Herzogtum 24, 232
Balduin von Flandern, König von Jerusalem 261, 265-268, 272, 281
Bamberg 44, 161, 201, 242, 243
Bann 23, 24, 43, 137, 188, 144, 173, 174, 224
Bari 149, 230
Bar Kochba-Aufstand 200
Basilika 85, 97, 101
–, altchristliche 85
–, römische 97
Bauern 13, 22, 183, 186, 189-199, 202, 203, 245
Baukunst, Auftraggeber 85
–, cluniazensische 79
–, gotische *86*, *87*, 95
–, ottonische 95
–, romanische 85, *86*, *87*, 95, 96, 97-100
–, salische *86*, *87*, *90*, 92-103, *92-96*, *98*, *99*, *102*, *103*
–, typische Stilelemente 91
Beamte 185, 187, 188
Beatrix von Tuscien 47
Befestigungen *62*, 177, *270/271*
Benedikt VIII., Papst 28

Benedikt IX., Papst 41, 43
Benediktinerorden 100
Benediktinerregel 34
Beneficium 53
Benevent 45, 47, 230
Benno II., Bischof von Osnabrück 121
Bergfried 41
Bernhard von Clairvaux 208, 209, *223*, 224, 225, 226, 236, 272, 273, 274
Berno, Abt von Cluny 64, 65, 67
Bernward, Bischof von Hildesheim 296
Bertha von Turin, Gemahlin Heinrichs IV. 171
Berthold I. von Zähringen, Herzog von Kärnten 118, 141
Berthold II. von Zähringen, Herzog von Schwaben 162
Berufe, »unehrliche« 186
Berufsbeamtentum 54, 55
Berufskrieger 54, 58
Besançon 142
Beschneidung 210, 211
Besiedlung 190, 227
Bevölkerungswachstum 25, 189, 192-193, 241
Bildhauerkunst 82, 104-108
Bildkunst 85, *104*, *106*
Bindegewalt 146
Bischofsinvestitur 49, 224
Bischofssitz 177, 178
Bischofswahl, freie 145
Bistumsstreit 132-135
Blendarkaden 97, 101
Böckelheim, Burg 165, 166
Bodenqualität 189
Bodfeld / Harz 51, 118
Bohemund von Tarent (Sohn Robert Guiscards) 261, 267
Böhmen 39, 40, 45, 52, 165, 219
Boleslaw I. Chrobry, König von Polen 26
Bonn *87*, 176, 208
Brauweiler, Benediktinerabteikirche *88*
Bremen 250
Brenner 246
Břetislav I., Herzog von Böhmen 26, 39, 40
Brixen, Synode von 153
Bronzeguß *106*, *223*
Brückenzoll 182
Brun, Bischof von Toul (später Papst Leo IX.) 44
Bruno, Bischof von Köln 296
Buchmalerei *69*, *113*, *126*, *156*, *163*, *168 / 169*, *204 / 205*, *214*, *238 / 239*, *290*, *292*, *304 / 305*
Buchproduktion 66, *297*
Bulle »Sicut Judaeis« 208
Burg 36, 41, 173, *179*, 308
Bürger 180, 183, 184, 199, 245, 285, 287
Bürgerkrieg 219, 228, 243, 269
Bürgertum 125, 287
Burgund 27, 28, 35, 37, 45, 52, 141, 175, 301

Byzanz 31, 44, 45, 227, 235, 258, 262, 301

Cadulus, Bischof von Parma (später Papst Honorius II.) 119
Calixt II., Papst 169, 170, 172-175
Canossa 68, 141-144, *143*, 149-152, 159, 174
Capua 45
»Carrocio« 33
»Causae et curae«, Hildegard von Bingen 242
Chlodwig, Frankenkönig 16
Christentum 112
Christianisierung 26, 27, 49, 161, 236, 237, 240
Christusdarstellung *70*, *101*, *116*
Chrodegang, Bischof von Metz 73
»Chronica«, Frutolf von Michelsberg *292*
»Chronica sive historia de duabus civitatibus«, Otto von Freising 291
»Chronicon«, Hermann von Reichenau 289
Chronik 289, 291
Cisa-Paß 246
Clemens II., Papst 43, 44, 126, 127
Clemens III., Gegenpapst 118, *140*, 153, 156-160, 165, 207, 277
Clemens V., Papst 284
Clermont-Ferrand, Synode von 162, 260
Cluny 12, 34, 36, 64-72, *66*, *67*, *76 / 77*, 78-80, *79*, 81, *81*, 82, 97, 136, 149, 187, 258
Cölestin III., Papst 302
Como 246
Constitutio de feudis 18, 27, 32-33
»Continuatio Regionis«, Adalbert von St. Maximinus 293
Corvey, Abtei 195
Cremona 31, 159
Crescentier 28

Damaskus 275
Damasus II., Papst 44
Damiette 283
Dänemark 24, 26, 52, 227
»De diversis artibus«, Theophilus 92
Desiderius, Abt von Monte Cassino (später Papst Victor III.) 157, 159
Designation 24, 145, 231, 236
Deutscher Ritterorden 12, 284
Dichtung, Salierzeit 109-115
–, Stauferzeit 115
»Dictatus papae« 131-134, 149
Dienstadel 54
Dienstleute 22
Dienstrecht 22
Dionysius, Bischof *104*

Diözesanverband 65, 72
Doppelvasallität 56-58
Dorfformen 190-192
Dorylaion, Schlacht von 265
Dramatik, christliche 111
Dreifelderwirtschaft 189, 191, 192
Dreikonchenanlage *86*
Dritter Kreuzzug 276-280, 284
Dualismus *79*, 149, 173

Edessa 208, 236, 267, 272, 275
Egilbert, Bischof von Trier 213
Ehelosigkeit 128, 134
Eigengut 23, 184, 216
Eigenkirchenrecht 78, 173
Einhard, »Leben Karls des Großen« 295
Einwohnerzahlen 198, 199
Eiserne Krone der Langobarden 30
Ekbert II. von Meißen, Markgraf 159
Ekkehard von Aura, Chronik des 269, 291
Elisabethschrein, Marburg *254*
Ellwangen, Stiftskirche *86*
Emanzipation, Kirche 109, 174, *229*
–, Papsttum 49-51, 127-175
–, städtische 31, 32, 125, 187, 188, 235, 287
Emicho von Leiningen, Graf 206, 212
Engelsburg, Rom 156
England 24, 52, 149, 209
Entvogtung 187
»Epos von König Rother« 113
Erblehen 22, 52, 56-58, 187
Erbrecht, dynastisches 145, 231, 235
Erich Emune, König von Dänemark 227
Erlung, Bischof von Würzburg, »Vita Heinrici IV imperatoris« 166-167
Ernährung 66, 67, 256
Ernst, Herzog von Schwaben 22-24, 29, 52
Ernteschäden 199
Erster Kreuzzug 12, 149, 212, 236, 260-272, *262 / 263*, 284
Ertrag, landwirtschaftlicher 189, 190, 195, 197
Erzabbau 48
Eugen III., Papst 226, 235, 236
Europa (um 1050) *130 / 131*
–, Politik 149
Exemption 65, 72
Exkommunikation 23, 139, 153
Ezzo, Domherr in Bamberg 110
–, »Lied von den Wundern Christi« 110

»Fahrende« 245
Fastensynode 139, 145
Fehde 36, 163, 174, 181, 233, 259

Fernhandel 31, 178, 179, 187, 199, 201, 245
Feudalisierung 58, siehe auch Lehnswesen, Landesherrschaft, Grundherrschaft
Filiation 78
Fluchtburg 177
Flügelaltar *69*
Forchheim 145
Frangipani, römische Patrizierfamilie 224
Franken, Herzogtum 24
Frankenreich 54, 187
Frankenstraße 246, 248
Frankfurt a.M. 250
»Franzosenweg« 255
Freckenhorst / Westfalen, Taufstein *105*
Freiburg / Breisgau 182, *183,* 184, 185
»Freiheit der Kirche« (»Libertas Ecclesiae«) 109, *130*
Freiheitsbewegung 159, 235
Freizügigkeit 184
Fresken *270 / 271, 276*
Friedensbewegung 163, 164, 174
Friedensgemeinschaft 23
Friedensschutz 181
Friedrich I. Barbarossa, Kaiser 57, 58, 138, 273, 277, 284
Friedrich I. von Staufen, Herzog von Schwaben 162, 216, 217, 220, 222, 231, 277
Friedrich II., Kaiser 281, 285, 307
Friedrich von Büren 22
»Friesen-Vororte« 179
Fron 201
Frühmittelhochdeutsch 109
Frutolf, Prior von Michelsberg, Weltchronik 291, *292*
Fulda, Kloster 293
Fünfter Kreuzzug 282, 283, 285
Fürstenopposition 144, 153, 165-172, 174
Futa-Paß 248

Gartenbau 191, 192
Gebhard, Bischof von Eichstätt (später Papst Victor II.) 44, 127
Geblütsrecht 145, 216, 217, 219
Gefolgschaft 21, 53, 54
Gehorsam 109, 272
Geistliche 35, 112, 128, 134
Gelasius II., Papst 172
Geldwirtschaft 209, 285
Gelehrte 245
Geleitschutz 184
Genua 31
Gerät, kirchliches 209
–, landwirtschaftliches 198
Gerichtsbarkeit 174, 185, 187, 203
Gernrode, St. Cyriacus *104*
Gerstungen, Frieden von 125
Gertrud, Tochter Lothars III. von Supplinburg 218, 222
Geschichte, europäische 217
»Geschichte des ersten Kreuzzuges«, Albert von Aachen 212, 253, 264
Geschichtsschreibung 12, 288-299
–, antike Tradition 288, 289
–, cluniazensische 112
–, ottonische 288-289, 293, 296-299
–, salische 12, 289-291, 293-296, 299
Gesta 295, 296
»Gesta Chuonradi II. imperatoris«, Wipo 18, 295
»Gesta episcoporum Trevororum« (»Taten der Bischöfe von Trier«) 213
»Gesta Frederici I. imperatoris«, Otto von Freising 295
Getreideanbau 191, 197
Gewohnheitsrecht 184
Geza, König von Ungarn 243
Gisela von Schwaben, Gemahlin Konrads II. 17, *20,* 23, 29
Gnesen 39
Godehard, Bischof von Hildesheim 296
Godehardschrein, Hildesheim *223*
Goldschmiedekunst 104-108, 113
Goslar *34,* 38, 48, *48, 50,* 51, *87, 123,* 177
–, Dom *50, 123*
–, Pfalz *34,* 48, *48, 87*
Gotik 83, 95
Gottesfriedensbewegung 163, 164, 236, 283
Gottesgnadentum 147
Gottfried der Bärtige, Herzog von Lothringen 47
Gottfried von Bouillon, Herzog von Niederlothringen 206, 261, 262, 265-268
Gottunmittelbarkeit 147
Grafschaftsverfassung 187
Gregor VI., Papst 43, 136
Gregor VII., Papst 43, 72, 118, 119, 121, 125, 126, 128, 129, 131-158, *140, 143,* 158, 170, 258
–, »Dictatus papae« 131-134
Gregor VIII., Papst 277
Gregor IX., Papst 210, 282
Gregor, Kardinal von St. Angelo (später Papst Innozenz II.) 224
Gregorius Magnus, Annalen *294*
Grenzmarken 41
»Gründungsstadt« 182
Gunhild, Gemahlin Heinrichs III. 24, 25, 35

Haimo, Biograph 72
Hamburg-Bremen, Erzbistum 149, 250
Handel 31, 32, 199, 202, 248, 287
–, Juden 202
–, Landwirtschaft 199
Handelsniederlassung 178, 179
Handelsstraße 254, 255
Händler 176, 201
Handwerk *50,* 176, 186, 201-203
Harzburg 121, *122,* 125
Hausgut 217, 228
Havelberg, Bistum 241
Heberegister 195
Heer *38,* 54, 58-63
Heeresfolgepflicht 53, 63
Heerstraßen 246, 248
Heilige Lanze 302, *304 / 305,* 306-308
Heiliges Land 236, 255-257
Heilsgeschichte 111, 113
Heilsplan 110, 111
Heimfallrecht 207
Heinrich I., König 296, 306
Heinrich II., Kaiser 11, 16, 28, 30, *119,* 203, 306, 307
Heinrich II., König von England 277
Heinrich III., Kaiser 11, 12, *14,* 16, 17, 24, 25, 33, *34,* 36, 37, 39-41, 44-48, 49-51, *50,* 52, 118-120, 126, 127, 134, 230, 293, 295
–, Designation 24
–, Herrschaftsauffassung 36
–, Investitur 36
–, Italienpolitik 44-48
–, Kirchenreform 41, 49-51
–, Ostpolitik 39, 40
–, Reichskirchenpolitik 36
Heinrich IV., Kaiser 11, 16, 23, 36, 51, 68, 72, 97, 100, 111, 118-169, *119, 123, 140, 142, 143, 163, 168 / 169,* 174, 188, 203, 207, 216, 260, 291, *292,* 293, 295, 308
–, Abfall Heinrichs V. 165
–, Absetzung 146
–, Absetzungsschreiben an Gregor VII. 146-147
–, Aufenthaltsorte *142*
–, Aufstand in Sachsen 121-126
–, Auseinandersetzung mit Gregor VII. 131-157
–, Auseinandersetzung mit Urban II. und Paschalis II. 164, 165
–, Gang nach Canossa 141-144, 150-152
–, Gegenkönig 144-153
–, Italienpolitik 159-162
–, politische Propaganda 139
–, Regentschaft 118-120
–, Thronverzicht 165
–, Verrat durch Heinrich V. 165-167
Heinrich V., Kaiser 11, 16, 119, 162, *163,* 165-175, *168 / 169,* 188, 209, 216, 219, 235, 291, 308
–, Abfall von Heinrich IV. 165-167
–, Fürstenopposition 165-172
–, Italienpolitik 170-172

–, Kaiserkrönung 170
–, Königswahl 162
–, Vertrag von Ponte Mammolo 170
–, Vertrag von Turri 170
Heinrich VI., Kaiser 302
Heinrich der Löwe, Herzog von Baiern und Sachsen 182, 231, 233, 237, *238/239*, 240, 241
Heinrich der Reiche, Herzog von Baiern 248
Heinrich der Schwarze, Herzog von Baiern 216, 218, 220
Heinrich der Stolze, Herzog von Baiern 218, 222, 225, 230, 232
Heinrich Jasomirgott, Markgraf von Österreich 233, 273
Heinrich von Melk, »Memento mori!« *114*, 115
Heiratspolitik 24, 25
Helmold von Bosau, »Slawenchronik« 182, 237, 240
Hermann, Graf von Salm-Luxemburg; Gegenkönig 153, 159
Hermann, Markgraf von Baden 273
Hermann von Reichenau, »Chronicon« 289
Herrschaftsanspruch 111, 129
Herrschaftsinsignien 300-309
Herrscherideologie 37, 51, 97, 118, 147
Hersfeld 123, 293
Hildebrand, Mönch (später Papst Gregor VII.) 43, 46, 119, 128
»Hildebrandslied« 112
Hildegard von Bingen 242
Hildesheim, Godehardschrein *223*
–, Michaelkloster 293
–, St. Godehard *84*
Hirsau *66*, 69, 72-75, *84*, *86*, 100, 109, 187
»Hirsauer Bauschule« 100-103
Höfische Kultur 22, 35, 36
Hofrecht 22
Hoftag 19, 217, 227
Hohenmölsen, Schlacht bei 153
Homburg 125
Honorius II., Papst 119, 222
Hospitaliter 272, 284
Hoyer, Graf von Mansfeld 170
Hugo, Abt von Cluny 36, 68, 79, 80, 151, 152
Humbert, Kardinalbischof von Silva Candida 46, 134
Hungersnot 197, 269, 285

Imad-Madonna, Paderborn *104*
Immunität 187
Ingelheim, Fürstentag in 165
Innozenz II., Papst 80, 223, 224, 225, 228, 230, 233
Investitur 127, 128, 129, 133, 137, 172-175
Investiturstreit 11, *69*, 78, *79*, 97, 100, 111, *126*, *130*, 134, *140*, 149, 161, 165-175, 225, 235, 241, 258, 269, 295, 298
Isaak I. Angelos, Kaiser von Byzanz 281
Islam 286
Italien 27, 35, 37, 45, *155*, 175
–, Salierzeit *157*

Jacobus de Voragine, Pilgerlegenden 252
Jagd 192
Jakobsbruderschaften 249-251
Jakobsmuschel *247*
Jakobus der Ältere, Apostel 248, 249
Jerusalem 159, 162, 165, 200, 253, 255, 257, 266-268, 272, 275, 281, 282, 284
Johannes XIX., Papst 28, 30
Johannes, Abt von Gorze 73
Johannes, Abt von St. Arnulf 73
Johanniter 268, 273, 284
Juden 12, 164, 200-211, 204-205, *207*, *210*, 236, 262
Jungcluniazenser 72

»Kaiserchronik« 112
Kaiserkrone 167, 300, 301
Kaiserswerth 120
Kalabrien 47
Kamba 16
Kampfordnung 60
Kanonische Wahl 175
Kapetinger 234, 235
Kardinalskollegium 216, 222
Karl I., der Große, Kaiser 18, 20, 201, 288, 300-302, 306
Karl IV., Kaiser 307, 308
Karolinger 56, 58, 113
Kaufleute 177, 179, 186
Keuschheitsgelübde 46, 272
Kinderkreuzzug 285
Kirche, Emanzipation 109, 174
–, Verweltlichung 35
Kirchenbann 23, 138, 139, 145, 150-152, 159, 224
Kirchenbau *76/77*, 85, *86-90*, 92-103, *92-96*, *98*, *99*, *102*, *103*
Kirchengut 64, 187
Kirchenreform 33-39, 41-47, *66*, *79*, 109-111, 134, 159, 174, 258
Kirchenstaat 44, 47
Kleidung 58, 203, *204/205*, 261
Klerus 127, 133
Klima 195
Kloster, Ernährung 66, 67
Klosteranlagen, Cluny 80, 81
Klosterbibliothek, Gorze 73
Klosterdisziplin 64, 72, 74, 75
Klostergut 64
Klosterreform 34-36, 64-67, 72-78, 109-111, 161, 258
Klosterverband, cluniazensischer 67-72
Klostervogt 64
Knut der Große, Dänenkönig 24, 25
Köln *86*, 149, 176, *178*, 185, 188, 200-203, 206, 209
Kommendation 54
Kompilation 295
Konchen 91, 100
Kongregation 67-72, 78
Königserhebung 173, 235
Königsgut 41, 54, 121, 173, 217
Königskrönung 13, 19, 29, 300-309, *304-305*
Königslutter, Stiftskirche *87*, *103*
Königsschutz 18-20
Königsumritt 18, 19
Königswahl 17, 145, 216-219
Königswinter 208
Konkordat, Wormser *135*, 149, 172-175, 216, 218, 219
Konrad II., Kaiser 16-33, *20*, *25*, 37, 47, 48, 52, 97, 100, *119*, 230, 301
–, Außenpolitik 24-33
–, erster Italienzug 30
–, Innenpolitik 17-24
–, Kaiserkrönung 30
–, Nachfolgesicherung 25
–, zweiter Italienzug 32
Konrad II., Herzog von Kärnten 16
Konrad III., König 12, 112, 162, 208, 224, 226, 231-244, *233*, 273-275, 284
–, Kampf mit den Welfen 213-233
–, Königswahl 231
–, Ostpolitik 236, 237
–, Reichsfinanzen 233-235
Konrad der Rote, Herzog von Lothringen 16
Konrad, Herzog von Schwaben, Gegenkönig 222, 231
Konrad, Herzog von Zähringen 281
Konrad, Sohn Heinrichs IV. 159, 160, 162, 174
Konstantinopel 262, 284, 285
Konzil 211
Körperkultur 72, 73, 81
Krak de Chevalliers *278/279*
Kreuzfahrerstaaten 208, *262/263*, 266, 268, 284
Kreuzgang *103*
Kreuzgratgewölbe 96
Kreuzritter *261*, 266, *270/271*, *276*, *278/279*
Kreuzzug 12, 61, 149, 159, 162, 165, 212, 226, 236, 237, 240-241, 243, 260-287, *262/263*, *265*, *270/271*
–, 1. 12, 149, 212, 236, 260-272, *262/263*, 284
–, 2. 226, 236, 237, 241, 243, *262/263*, 272-275, 284
–, 3. 276-280, 284
–, 4. *265*, 281, 282, 284, 285
–, 5. 282, 283, 285
–, 6. 282, 283, 285
–, 7. 285

–, Kinderkreuzzug 285
–, Überblick 284, 285
–, Wendenkreuzzug 236, 237, 240-241
Kreuzzugsbewegung 12, 202, 208, 236, 269
Kronlehen 58
Kronvasallen 57
Krypta *95,* 97, *103*
–, salische *95*
Kunst, »altdeutsche« 84
–, byzantinische 84, *137, 238 / 239*
–, germanische 84
–, gotische 83, 84
–, hochromanische 83, 84
–, karolingische 83
–, ottonische 83
–, romanische 12, 83-85
–, römisch-antike 84, 85
–, salische *70, 71,* 84
–, vorgotische 84
Kunsthandwerk 116, 119
Kurfürsten 227

Laieninvestitur 127, 134, 159, 173
Lampert, Abt von Hersfeld 120, 141, 150-152, 293, 295
–, Annalen 120, 150-152, 293, 295
Landesausbau 173, 193
Landesherren 194
Landesherrschaft 58, 138, 173
Landflucht 198
Landfrieden 18, 164, 173
Landleihe 53
Landwirtschaft 189-199, *191*
Langobarden 30, 44, 187
»Lateinisches Kaiserreich« 281, 285
Lateran, Rom 28, 46, 127, 162
Lausitz, Mark 26, 227
»Leben Jesu« 111
Lebensbeschreibungen 295, 296
Lechfeld, Schlacht 60
Lederproduktion 197
Legende 112
Lehen 18, 22, 26, 45, 52, 56-58, 60, 184, 234, 268, 280
–, Erblichkeit 22, 52, 56-58
Lehnshoheit, deutsche 222, 227
–, päpstliche 225
Lehnsmißbrauch 228
Lehnspyramide 57
Lehnswesen 12, 53-58, *55,* 228
Lehrdichtung 113
Leibeigene 183, 185
Leiheprinzip 56
Leitha 40
Leo IX., Papst 44-47, *46,* 134, 136
Leopold, Herzog von Österreich 280
»Lex Bajuvarica« 190
»Lex Salica« 190
»Liber aureus« von Prüm *290*
»Liber divinorum operum«, Hildegard von Bingen 242
Libertas Ecclesiae (Kirchenhoheit) 109, *130*
»Liber vitae meritorum«, Hildegard von Bingen 242
»Lied von den Wundern Christi«, Ezzo von Bamberg 110
Ligeitas-Eid (Legesse-Eid) 57
Limburg, Dom *86*
Limburg an der Haardt, Benediktinerabtei 97
Lindau 250
Lippoldsberg / Weser, Nonnenkirche *103*
Lisene 85, 91, *99,* 101
Literatur, Auftraggeber 112
–, geistliche 110, 111
–, höfische 111-115
–, Ottonenzeit 109
–, Publikum 109, 110
–, Salierzeit 12, 109-115
Liturgie 65, 78, 95, 104
Liutizen 237
Liutprand, Bischof von Cremona 298
–, »Antapodosis« 298
–, »Historia Ottonis« 298
Lodi 159
Lohnsteigerung 198
Lombardei 28, 43, 143
Lothar III. von Supplinburg, Kaiser 11, 12, 162, 170, 172-175, 214, 216-231, *219, 223,* 233, 235
–, Italienpolitik 225, 227-230
–, Kaiserkrönung 225
–, Königserhebung 220, 221
–, Lehnsgesetz 228
–, Nachfolge 231
–, Papstschisma 222-225
–, zweiter Italienzug 228
Lübeck 182, 250
Ludwig I., der Fromme, Kaiser 180
Ludwig VII., König von Frankreich 208, 226, 243, 273, 284
Ludwig IX., König von Frankreich 282, 285
Luitpold III., Markgraf von Baiern 220
Luitpold III., Markgraf von Österreich 216, 217
Lüneburg 250
Lüttich 165, 224
Luxusartikel 178

Machtanspruch, geistlicher 33
–, päpstlicher 33
–, weltlicher 33
Magdeburg 179
–, Erzbistum 149, 293
Mailand 31, 32, 132-135, 159
–, Bistumsstreit 132-135
Mainz *86, 94,* 100, 162, 165, 176, 201, 203, 206, 207, 212
Majolus, Abt von Cluny 68
Malerei 35, 104
Malteser 284
Mantua 143, 153
Manuel I., Kaiser von Byzanz 243, 273
Marburg, Elisabethschrein *254*
Maria Laach, Abtei *88,* 101
Maria Magdalena vom Heiligen Grab *104*
Markenpolitik 227
Mark Lausitz 26, 227
Mark Meißen 26, 227
Mark Schleswig 24
Markt 180-183
Marktfrieden 180, 181
Marktrecht 181
Marschalldienst 162, 224
Mathilde, Gemahlin Heinrichs des Löwen *238 / 239*
Mathilde, Markgräfin von Tuscien 51, 143, 144, 150, 151, 153, 159, 160, 162, 170
Mathildische Güter *155,* 170-172, 222
Maursmünster *87, 92*
Mäzene 85, 112
Mecklenburg 227, 241
Meißen, Mark 227
Melfi 230
»Memento mori!«, Heinrich von Melk *114,* 115
–, Noker 110, 115
Merian, Matthäus, »Topographia Alsatiae« *183*
Merowinger 53, 58
Merseburg *148,* 177, 227
Metz 73, 201, 242
Michaelkloster, Hildesheim 293
Mieszko II., König von Polen 26
Milzener Land 26
Miniatur *168 / 169*
Ministeriale 21, 22, 41, 54, 121, 125, 173, 184, 235
Minne 112
Minnesang 22, 115, 245
Missionierung 49, 227
»Mittelstädte« 199
Moissac / Frankreich, St. Pierre *116*
Mönch *261*
»Mönchisches Jahrhundert« 13, 104
Mönchschor 80
Mont Cenis 141
Monza 222
Mosaik *229, 265*
München *178,* 182, 308
Munt 54
Münz, Burg 308
Münzmeister 187
Münzrecht 48, 181, 182
Mutterkloster 67, 68, 78, 226
Mystik 115, 226

Nachfolgesicherung 24, 25
Nahrungsbedarf 192-193
Nahrungsmittelpreise 199
Nationalstaat, deutscher 56, 57
–, englischer 57
–, französischer 57
Naturalabgaben 199
Neapel 45
Neuss 212
»Neustadt« 182

Nikaia (Nicäa) 263
Nikolaus II., Papst 134
Noker, Mönch 110, 115
Normannen 44, 48, 52, 62, 154-158, 258, 260, 288
Normannenstaat 149, 225, 227, 235
Nürnberg 41, 208, 222, 307-309

Oberacht 23
Obergadenfenster 91, 97
Oberitalien 31, 32, 230, 235
Obst 191, 195
Odilo, Abt von Cluny 68, 80, 144
Odo, Abt von Cluny 68
Odo, Kardinalbischof von Ostia (später Papst Urban II.) 159
Orienthandel 259, 285, 287
»Origines« 296
Ornamentik, Baukunst 85
Osterspiele 111
»Ostertafeln« 291, 293
Osthandel 209
Ostpolitik, Lothar III. 227
Ostsiedlung, deutsche 26, 237, 240, 241
Ostwesthandel 41
Ottmarsheim, Nonnenstiftskirche Ste. Marie *88*
Otto I., der Große, Kaiser 16, 30, 37, 181, 201, 293, 295, 296, 298, 301, 308
Otto III., Kaiser 30, 39, 301, 302
Otto IV., Kaiser 302
Otto, Bischof von Bamberg 161
Otto, Bischof von Freising *140, 168 / 169,* 273, 291, 295
–, »Chronica sive historia de duabus civitatibus« 291
–, »Gesta Frederici I. imperatoris« 295
Otto von Northeim, Herzog von Baiern 118, 121, 125, 159, 174
Ottonen 16, 288-289, 293, 296-299

Paderborn, Imad-Madonna *104*
Paderborner Annalen 293
Padua 248
Pallas 48
Palmettenkapitell *87*
Panzerreiter 54, 58-62
Papsttum 28, 41, 45, 49-51, 127-175
–, Emanzipation 49-51, 127-175
Papstwahl 119, 134
Papstwahldekret 127, 128, 134
Parma 32, 246
Paschalis II., Papst 118, 165, 172
Passau, Bistum 149
Paßstraßen 246, 248, 255
Pataria 132-134, 159
Paulinzella / Thüringen, Kloster *70, 71,* 73, *86, 87*
Pavia 30, 31, 43, 52, 246
»Personenverband« 56, 145
Pest 189, 199
Peter, König von Ungarn 40
Peter von Amiens, Kreuzzugsprediger 206, 260, 264
Peterskirche, Rom 28, 225
Petrus Damiani, Kirchenreformer 65, 67, 134
Petrus Pierleone (später Papst Anaklet II.) 224
Petrus Venerabilis, Abt von Cluny 80
Philipp II. August, König von Frankreich 277, 280
Philipp von Schwaben, König 281
»Physica«, Hildegard von Bingen 242
Piacenza 159, 160, 228, 246
Pierleoni, römische Patrizierfamilie 224
Pilaster 85, 91
Pilger 45, 245-257, *247,* 254
Pilgerfahrten 13, 85, 250, 251, 283
Pilgerkleidung *247, 254*
Pilgerlegenden, Jacobus de Voragine 252
Pilgerstraßen 246, 248, 249, *250, 251,* 256, 257
Plastik 35, *101,* 104-108, *105, 106, 116, 119, 148, 191*
Plattenrüstung 58
Plünderungen 40, 47, 60, 264
Poitiers, Synode 164
Polen 26, 40, 45, 52, 209, 237, 240
Politik, europäische 218, 227
Pommern 26, 45
Ponte Mammolo, Vertrag von 170
Poppo, Abt von Stablo 97
Poppo, Bischof von Brixen (später Papst Damasus II.) 44
Prag 40, 201, 207, 208, 209
Praxedis (Adelheid), Gemahlin Heinrichs IV. 159
Preislied 110
Preßburg 26
Primas 216
Prioratsverfassung 68, 72
Privilegien 53, 172, 181, 183, 185, 188

Quaderbau 100
Quedlinburg, St. Servatius *87, 90,* 103
Quedlinburger Annalen 293, 296

Rabbiner 203
Radulf, Mönch von Clairvaux 208
Raimund, Graf von Toulouse 261, 262
Rainulf I. 45
Rammelsberg, Erzabbau 48
Ravenna 31, *265*
Recht, germanisches 23
Rechtsprechung 23
Reconquista 149, 236, 286
Reformbewegung 35, 119, 272, 299
Reformorden 85, 95, 97
Reformpartei, Rom 136
Regalien 32, 127, 137, 138, 170, 173, 181, 268
Regeltreue 67
Regensburg 40, 104, 176, 177, *180,* 207, 208, 209, 277, 309
Regino von Prüm, »Weltchronik« 288, 293
Reichenau, Kloster 293, 301, 306
Reichsacht 23, 222, 232
Reichsaufgebot 63
Reichsbischöfe 22, 28, 32
Reichsfinanzen 21, 54, 55
Reichsfürsten 57, 173, 216, 227, 241
Reichsgeschichte 296-298
Reichsgrenze 40, 41, 45
Reichsgut 219
Reichskirchenpolitik 41, 43, 49, 57, 128, 134, 137, 177, 219
Reichskleinodien 13, 151, 167, 232, 300-309, *303, 304 / 305*
Reichslandfrieden 163, 164, 208
Reichstag 19
Reichsverwaltung 21, 54-57
Reimpaar 110
Reimpredigt 111
Reliquiar 38, 105, *303*
Reliquien 38, 39, 95, 248, 300, *303,* 306, 307, 309
»Res gestae Saxonicae«, Widukind von Corvey 296
Richard »Löwenherz«, König von England 277, 280
Richenza, Gemahlin Lothars III. 225
Ritter 18, 32, 60-63, *61,* 112, 216, 259, 283
Ritterideal 22, 35, 36, 286
Ritterorden 12, 268, 272, 284
Robert, Graf von Flandern 181, 182
Robert Guiscard, Herzog von Apulien und Kalabrien 47, 136, 149, 154, 156-158
Rodung 193-195
Roger II., König von Sizilien 113, 225, 228, *229,* 230, 233, 241, 243, 307
Rom 27-31, 37, 45, 46, 52, 127, 136, 156, 157, 162, 224, 225, 228, 230, 231, 235, 246, 248, *251*
Romanik *64,* 83-85
–, salische *64*
Römerstraßen 20
Roncaglia, Reichstag 228
Ronçesvalles, Paß von 255
Rudolf I. von Habsburg, König 308

Rudolf II., König von Burgund 306
Rudolf III., König von Burgund 27
Rudolf von Rheinfelden, Gegenkönig, Herzog von Schwaben *69*, 118, 141, 144-153, *148*, *154*, 159, 174, 216
Rundbogen 85, *99*
Rüstung 54, 58, *59*, *61*
Ruthard von Mainz, Erzbischof 207

Sabbat 201, 202
Sachsen 18, 48-49, 121-126, 170, 209, 227, 230, 232
Sachsenspiegel *204 / 205*
Sächsische Weltchronik *154*, *156*, *163*
Saladin, Sultan 275, 277
Salerno 47, 136, 156, 157, 230
Salier 11, 12, 16, 17, *19*, 216, 289-291, 293-296, 299
Salomon bar Simson 206
Salz 178, 182
Salzburg, Bistum 149
Sammelhandschrift *290*
»Sankt Trudperter Hohes Lied« 115
Santiago de Compostela 248, 249, *250*, 252
San Zenno, Verona *191*
Sarazenen 44, 158, 253, 258, *276*, 288
Säule 85, *87*, 91
Schaffhausen, Allerheiligenkirche 101
Schenkung 80
Schiffsreise 256, 257
Schisma 27, 118-120, *130 / 131*, 149, 224, 228, 258, 280, 281
Schlesien 26
Schleswig, Mark 24
Schultheiß 187
Schuppenpanzer 58, *61*
Schutzbrief 201
Schutzherr, geistlicher 209
»Schutzjuden« 209
Schwaben, Herzogtum 24, 230
Schwarzrheindorf, St. Klemens *96*
Schweigegebot 67, 72, 74
»Sci vias«, Hildegard von Bingen 236
Sechster Kreuzzug 285
Silvester III., Gegenpapst 43
Simonie 21, 35, 43, 134, 135
Sizilien 44, 225, 235, 241, 301
Sklavenmärkte 40
Slawen 177
»Slawenchronik«, Helmold von Bosau 182, 237, 240
Sobeslav I., Herzog von Böhmen 222
Söldner 45, 60
Solidus 60
Spätromanik 108
Speyer 16, 19, 38, 51, 80, 94, 95, 97, *98 / 99*, 100, *119*, 188, 203, 207, 208, 222, 226, 273, 274
Staatsverständnis 56
Stadt 12, 31, 173, 174, 176-188, *178-180*, 183, 198, 199, 285
Stadtadel, römischer 44
Stadtentwicklung 178-180, *178*
Stadtherren 32, 44, 182, 185, 187, 235
Stadtmauer 180, 182, 183
Stadtrecht 181-186
Stadtverwaltung *186*, 187, 188
Staufer 216, 227, 228, 307
–, Kunst *70*, *71*, 84
Staufisch-welfischer Gegensatz 228, 244
St.-Bernhard-Paß 246
St. Cyriacus, Gernrode *104*
Steinfeld, Prämonstratenser-Klosterkirche *93*
Ste. Marie, Ottmarsheim *88*
St. Emmeram, Regensburg *104*
Stephan I., der Heilige, König von Ungarn 26
Stephan IX., Papst 134
Steuer 32, 187, 194, 201, 209
St. Godehard, Hildesheim *84*
St.-Gotthard-Paß 246
St. Klemens, Schwarzrheindorf *96*
St. Lazare, Cluny *79*
St. Maria im Kapitol, Köln *86*
St. Maximin, Kloster 78
St. Peter und Paul, Cluny 79
St. Peter und Paul, Hirsau *86*, 100
Straßburg 176, 181, 185, 186
Stratordienst 160, 161, 238
Streitschrift 134, 137, 139, *156*, *210*
St. Servatius, Quedlinburg *87*, *90*, *103*
Suidger, Bischof von Bamberg (später Papst Clemens II.) 43, 44, 126, 127
Süßkind von Trimberg, Minnesänger 209
Sutri, Synode von 27, 43, 52
Swatopluk, Herzog von Böhmen 209
Synagoge 200, 202, 203
Synode 27, 43, 52, 137, 162, 224, 260

Tacitus 176
Tankred 261
»Taten der Bischöfe von Trier« 213
Technik 197-199
Templer 268, 272, 275, 282, 284
Territorialisierung 31, 58, 173, 243
Theokratie 37
Theophilus, »De diversis artibus« 92
Thietmar, Bischof von Merseburg 295, 296, *297*, 299
–, »Chronik« 295, 296, *297*
Thronstreit, böhmischer 219, 220
Thüringen 123, 153
Tirol 230
Tochterklöster 68, 78
Töpferware *194*
»Topographia Alsatiae«, Matthäus Merian *183*
Toscana 222, 230
Tradition, antike 83, *106*
Traditionsbuch *214*
Translationstheorie 16, 17
Treueid 53, 54, 56, 145, 218
Treuevorbehalt 57
»treuga dei« 36, 163
Tribur, Fürstentag 120, 141
Trier 97, 100, 149, 176, *178*, 200, 201, 206, 213
Trifels 308
Tripolis 268, 283
Turri, Vertrag von 138, 170
Tuscien, Markgrafschaft 47
Tusculaner 28, 41
Tympanon *116*

Überschußproduktion 197
Udalrich, Herzog von Böhmen 26
U(da)lrich, Bischof von Augsburg 296
»Unehrliche« Berufe 186
Unfreie 22, *55*
Ungarn 26, 39, 40, 45, 62, 177, 209, 288
Ungarnfeldzüge 40
Universalismus *79*, 149
Unstrut, Schlacht an der 125
Unteritalien 44, 45, 47, 230, 233, 234
Untervasall 22
Urban II., Papst 80, 118, 159, 160, *160*, 164, 165, 206, 236, 260, 266, 284

Valois 234, 235
Vasallen 32, 53, 55, *55*, 60, 60-63, 125, 217, 218
Venedig 31, 227, 243, 256, 257, 285
Verkehr 55, 248
Verona 159, 160, *191*, 246
Verwaltung, mittelalterliche 20, 41
Victor II., Papst 44, 51, 119, 127
Victor III., Papst 118, 157, 159
Viehwirtschaft 191, *191*, 192, 193, 197
Vierter Kreuzzug *265*, 281, 282, 284, 285
Visé, Schlacht bei 165
Vitae 295, 296
»Vita Heinrici IV. imperatoris«, Erlung von Würzburg 166-167
Vogt 78, 184, 187
Vogtei 78
Völkerwanderung 176, 200, 201

Waffen 22, 58, *59*, 61, *61*, 62, 63, *168 / 169*, *259*, *270 / 271*, *276*

Wahl, kanonische 175
Wahlanzeige 219
Wahlrecht 64, 145, 173, 219, 231, 235
Wahlversammlung 17
Waik, Magyarenherzog 26
Waimar, Fürst von Salerno 45
Waldwirtschaft 195, 197
Wallfahrtsorte 181
Walther von der Vogelweide 245, 301
Warenhandel 202
Wäschebeuren 22
Wassermühle 198
Wazo, Bischof von Lüttich 49
Weinbau 191, *196*, 197
Weinsberg 232
Welf III., Herzog von Baiern 162
Welf IV., Herzog von Baiern 141, 159, 162
Welf VI., Markgraf von Tuscien 232, 233, 241, 273
Welfen 216, 225, 228, 232, *238/239*
Welfesholz, Schlacht 170
Welfisch-staufischer Gegensatz 228, 244
Weltabsage 109, 111, 112, 115
Weltbild 113
»Weltchronik« *154, 156, 163*, 288, 289, 293
–, Regino von Prüm 288, 293
–, Sächsische *154, 156, 163*
Weltgeschchte 111
Wendenkreuzzug 236, 237, 240-241
Werden an der Ruhr, Kloster 195
Westwerk *87, 92*
Wettiner 227
Wibert, Erzbischof von Ravenna (später Gegenpapst Clemens III.) *140*, 153
Widerstandsrecht 56
Widukind, Mönch von Corvey 296, 298
–, »Res gestae Saxonicae« 296
Wien 176, 177, 185, 209, 309
»Wiener Genesis« 110
Wiener Hofburg, Schatzkammer 300, 309
Wikinger 45, 177
»Wilder Kreuzzug« 264
Wilhelm, Abt von Hirsau *69*, 72, 74-75
–, »Wilhelmi consuetudinis Hirsaugienses« 74-75
Wilhelm Eisenarm 45
Wilhelm, Herzog von Aquitanien und Poitou 35, 64
Wilhelm von Tyros 267
»Wilhelmi consuetudinis Hirsaugienses«, Wilhelm von Hirsau 74-75
Williram, Abt 115
Wipo, Chronist 11, 18, 19, 21, 295
–, »Gesta Chuonradi II. imperatoris« 18, 295
Wirtschaft 21, 55
Worms 137, 163, 174, 176, 188, 201, 203, 207
–, Synode von 137
Wormser Konkordat *135*, 149, 172-175, 216, 218, 219
Wucher 209
Würzburg 100, 201, 208

Xanten, Judengemeinde 206

Zähringer 222
Zehnt 201
Zins 203
Zisterzienser 194, 195, 224, 226
Zölibat 128, 134
Zöllner 187
Zollprivileg 188
Zollrecht 32, 181, 182
Zünfte 186, 202
Zwangstaufe 203, 206, 207, 211
Zweiter Kreuzzug 226, 236, 237, 241, 243, *262/263*, 272-275, 284
Zwerggalerie 91, *99*, 100

ABBILDUNGSNACHWEIS

Aerofilms Limited, Boreham Wood (1); AERO-LUX, Frankfurt (1), Archiv für Kunst und Geschichte, Berlin (3); ars liturgica, Buch- und Kunstverlag, Maria Laach (1); Bayerisches Hauptstaatsarchiv, München (1); Klaus G. Beyer, Weimar (2); Bibliothèque Royale Albert I., Brüssel (1); Anni Borgas, Münster (1); Caisse Nationale des Monuments Historiques, Paris/Archives Photographiques (2), Deutsche Fotothek Dresden, Dresden (1); Deutsches Museum, München (1); Bildarchiv Foto Marburg, Marburg (24); Photographie Giraudon, Paris (2); Historia-Photo, Hamburg (1); Historisches Museum der Pfalz, Speyer (1); Maria Jeiter, Aachen (1); Franz Klimm, Speyer (1); Wolfgang Kreis, Kirchzarten (1); Kunsthistorisches Museum, Wien - Photo Meyer KG (4); Landesbildstelle Rheinland, Düsseldorf (1); Landesbildstelle Württemberg, Stuttgart (1), Landesdenkmalamt Westfalen, Münster (1); LEXIKOTHEK Verlag GmbH, Gütersloh (3); Bildagentur Mauritius, Mittenwald - Peters (1); Federico A. Mella, Mailand (1); Ann Münchow, Aachen (2); Niedersächsische Staats- und Universitätsbibliothek, Göttingen (1); Österreichische Nationalbibliothek, Wien (2); Dr. Heinrich Pleticha, Würzburg (1); Réunion des musées nationaux, Service de documentation photographique, Paris (1); Rheinisches Amt für Denkmalpflege, Bonn (1); Rheinisches Bildarchiv, Köln (2); roebild, Frankfurt - Busch (10); Inge und Arved von der Ropp, Rodenkirchen (1); Jean Roubier, Paris (2); Helga Schmidt-Glassner, Stuttgart (2); Staatliche Landesbildstelle, hamburg (1); Staatliche Museen zu Berlin - Münzkabinett (2); Staatsbibliothek, Bamberg (1); Staatsbibliothek Preußischer Kulturbesitz, Handschriftenabteilung, Berlin (1); Staats- und Stadtbibliothek, Augsburg (1); Stadtbibliothek, Schaffhausen (1); Städtische Museen Freiburg/Augustinermuseum, FReiburg (1); Universitätsbibliothek, Heidelberg (1); Universitätsbilbiothek, Jena (1); Hermann Wehmeyer, Hildesheim (1); Dr. Paul Wolff & Tritschler, Offenburg (1).